BECK'SCHE SONDERAUSGABEN

HERMANN BENGTSON

Herrschergestalten des Hellenismus

VERLAG C.H.BECK MÜNCHEN

Mit 12 Abbildungen im Text

CIP-Kurztitelaufnahme der Deutschen Bibliothek

Bengtson, Hermann
Herrschergestalten des Hellenismus
(Beck'sche Sonderausgaben)
ISBN 3 406 00733 3

ISBN 3 406 00733 3

Schutzumschlagentwurf von Wolfgang A. Taube, München

Satz und Druck: C. H. Beck'sche Buchdruckerei, Nördlingen
Printed in Germany

Vorwort

Die Erforschung des Hellenismus hat in den vergangenen Jahrzehnten bedeutende Fortschritte zu verzeichnen. Nicht nur in zahlreichen ergiebigen Einzeluntersuchungen, auch in einigen wertvollen zusammenfassenden Werken sind die verschiedensten Aspekte des hellenistischen Zeitalters aufgehellt worden. Insbesondere das Standardwerk Michael Rostovtzeffs „Social and Economic History of the Hellenistic World“ (Oxford 1941, 3 Bände) hat eine neue Epoche der hellenistischen Forschung inauguriert. Aber auch die politische Geschichte und die allgemeine Kulturgeschichte des hellenistischen Zeitalters sind durch größere Werke gefördert worden. So sind die beiden Bände der „Histoire politique du monde hellénistique“ von Édouard Will (Nancy 1966 und 1967) ein Repertorium, das jeder mit Dank benutzen wird, und dies umso mehr, als es an einer neueren zusammenfassenden Darstellung des hellenistischen Staatensystems immer noch mangelt. Auch die reichhaltige „Kulturgeschichte des Hellenismus“ von Carl Schneider (zwei Bände, München 1967 u. 1969), verdient hier eine Erwähnung.

Die Geschichte des Hellenismus, die Zeit vom Tode Alexanders d. Gr. bis zur Einnahme Alexandriens durch Octavian (323 bis 30 v. Chr.), bietet viele Gesichtspunkte, politische, wirtschaftliche und nicht zu vergessen auch militärische. Niemand kann hoffen, all diese Dinge in einem einzigen noch so umfangreichen Werk darzustellen. Wenn aber eine Seite in den neueren Darstellungen zu kurz gekommen ist, so scheint mir dies der *biographische Aspekt* zu sein, obwohl kein Zeitalter der Antike so viele überragende Persönlichkeiten hervorgebracht hat wie der Hellenismus. Allerdings ist die Quellenlage nicht immer befriedigend, und im Grunde lassen sich nur von jenen Persönlichkeiten blut- und lebensvolle Charakterbilder zeichnen, deren Biographien Plutarch in seiner Sammlung der *Vitae parallelae* überliefert hat. Doch scheint es der Mühe wert, neben den zweifellos interessanten Figuren des Demetrios Poliorketes und Pyrrhos auch einige andere hervorragende Persönlichkeiten der Diadochenzeit und einige Könige und Königinnen des Hellenismus zu neuem Leben zu erwecken, soweit dies dem nachschaffenden Historiker überhaupt möglich ist.

Natürlich ist der Mangel an biographischem Material vielfach ein ernstes Hindernis, und es ist nicht erlaubt, die historischen Lücken mit Anekdoten zu füllen, die in der Mehrzahl keinen Anspruch auf historische Glaubwürdigkeit erheben können. Als Theodor Birt seinerzeit die „Römischen Charakterköpfe" in die Welt hinausgehen ließ, da wurde das Buch von Liebhabern der Geschichte mit Begeisterung begrüßt, und zwar gerade wegen seines weithin anekdotischen Charakters. Ich fürchte, daß die Darstellung meines Buches mit Birts Werk nicht konkurrieren kann, denn sie beruht auf einer kritischen Benutzung der antiken Quellen, die leider vielfach gerade dort versagen, wo die Persönlichkeit ins Spiel kommt. Doch bieten die Lebensbilder der hellenistischen Könige und Königinnen dem Historiker und dem kritischen Leser des Interessanten genug, man muß es nur verstehen, die Dinge ins Licht zu setzen.

Der Verfasser hat sich bemüht, die Persönlichkeiten auf dem Hintergrund ihrer Zeit zu sehen. Wieweit dies gelungen ist, mag der Leser beurteilen. Und schließlich noch ein Wort zur Auswahl! Sie ist so getroffen, daß die Darstellung einen Überblick über die *ganze* Geschichte des Hellenismus bietet, beginnend mit der Herausbildung der hellenistischen Territorialreiche nach Alexanders Tod, endend mit der Annexion Ägyptens an das Imperium Romanum durch Octavian. Vielleicht wird man in der Reihe der hellenistischen Herrscher und Herrscherinnen die eine oder andere Persönlichkeit vermissen, im großen und ganzen scheint mir die Auswahl sachlich und quellenmäßig begründet.

Wer den Hellenismus nicht kennt, wird vielleicht überrascht sein über die Fülle moderner Aspekte, die sich hier ergeben. Das hellenistische Zeitalter ist eine Übergangszeit, deren Probleme in mancher Hinsicht den Problemen unserer eigenen Zeit verwandt und ähnlich sind.

Zum Schluß danke ich allen, die mir geholfen haben: Frau Adelheid Bodig für die Anfertigung der Reinschrift, meinem Schüler Dr. Ralf Urban für die Auswahl der Bilder, für die Anfertigung des Registers und die Hilfe bei den Korrekturen, Frau Dr. Ursula Pietsch für die Sorge um die Drucklegung.

München, im Frühjahr 1975 *Hermann Bengtson*

Inhaltsverzeichnis

Anhang

1

Ptolemaios I., König von Ägypten

* um 360, † 283/2 v. Chr.

Ptolemaios (der Name ist abzuleiten von *polemos,* „der Krieg“, und bedeutet „der Kriegerische“) ist der Gründer der nach ihm benannten Dynastie der Ptolemäer in Ägypten. Er hat im Altertum keinen Biographen gefunden. Plutarch von Chaironeia (etwa 46–127 n. Chr.), der das Leben des Demetrios Poliorketes, des Pyrrhos und des unglücklichen Spartanerkönigs Kleomenes III. beschrieben hat, ist uns eine Biographie des Ptolemaios I. schuldig geblieben; es gibt im übrigen auch kein Anzeichen dafür, daß er die Absicht gehabt hätte, das Leben des Ptolemaios zu beschreiben. Das ist sehr schade, denn das Leben dieses Mannes, der nahezu achtzig Jahre dabeigewesen ist, wäre eine Biographie wert gewesen, zumal diese achtzig Jahre sich über eine Zeit erstrecken, welche die größten Veränderungen in der Alten Welt gesehen hat: den Aufstieg Philipps II. von Makedonien, die Eroberung des Perserreiches durch seinen Sohn Alexander, die Bildung der Diadochenreiche und die allmähliche Konsolidierung der hellenistischen Staatenwelt – all dies hat Ptolemaios miterlebt, und an der Herausbildung der Diadochenreiche hat er sogar in maßgebender Stellung mitgewirkt.

Der Aufstieg eines makedonischen Adligen zum Generaladjutanten seines Königs Alexander, zum Satrapen und schließlich zum König von Ägypten bietet dem Betrachter eine Fülle von interessanten Gesichtspunkten, so daß es nicht leicht fällt, auch nur das Wichtigste auszuwählen. Wenn man jedoch Ptolemaios als Menschen charakterisieren will, so steht diesem Versuch der Mangel an biographischem Material im Wege. Wir besitzen zwar einige Fragmente seines historischen Werkes über Alexander, aber keinen einzigen authentischen Brief aus seiner Feder, so daß uns manche persönlichen Züge ganz unbekannt bleiben müssen.

Die Münzbilder zeigen, ebenso wie ein Porträtkopf (heute in Kopenhagen), einen sehr eindrucksvollen Charakterkopf, der fernab von jeder Idealisierung die hervorragenden Eigenschaften des Mannes widerspiegelt: Energie und Willen, gepaart mit Klugheit und hoher Intelligenz; diese Eigenschaften zeichnen den Mann aus, der es verstanden hat, sich einen sehr wertvollen Teil des Alexanderreiches zu sichern und diesen im Kampf gegen seine Rivalen auch zu behaupten. Besonders fallen bei dem Porträt die vorspringende Kinnpartie und die nicht weniger charakteristische Nase ins Auge: der Künstler hatte es nicht nötig, Ptolemaios zum Herrscher emporzustilisieren, sein Porträt ist so eindrucksvoll, daß sich kein Betrachter seiner Faszination entziehen kann.

Ptolemaios hätte es sich in der Wiege nicht träumen lassen, daß er einst als König sein Leben beschließen würde, und dazu noch in dem fernen Ägypten! Aber dies verdankte er Alexander, seinem Herrn, der die Waffen der Makedonen bis nach Ägypten und Indien getragen hatte. In der Tat ist der Alexanderzug von 334 bis 323 v. Chr. das große Erlebnis des Ptolemaios gewesen. In bereits vorgerücktem Alter ist er in einer Schrift auf diesen Zug zurückgekommen, um der Mitwelt und Nachwelt ein Bild Alexanders zurückzulassen, so wie er den König der Makedonen gesehen und selbst erlebt hatte. Dieses Alexanderbild ist in das Geschichtswerk des Griechen Arrian von Nikomedien (etwa 95 bis 175 n. Chr.) eingegangen und durch dieses die Grundlage der modernen Alexanderforschung.

Aus der Jugend des Ptolemaios weiß man nicht viel zu erzählen. Ptolemaios war der Sohn des Lagos und der Arsinoe. Die Familie der Mutter war die vornehmere, sie war mit dem makedonischen Königshaus verwandt (dieser Verwandtschaft konnten sich so manche Familien im Lande rühmen), sein Vater Lagos gehörte immerhin zu einer der angesehenen makedonischen Familien, deren wirtschaftliche Grundlage in Landbesitz bestand. Das Jahr der Geburt des Ptolemaios ist strittig. Nach dem Bericht in den „Langlebigen" (Makrobioi, lat. *Longaevi),* einer Schrift, die – zu Unrecht – dem Lukian zugeschrieben wurde, müßte Ptolemaios schon um 367 v. Chr. geboren sein. Wenn dieses Datum auch z. B. von Felix Jacoby als zutreffend angesehen wird, so scheint es dennoch zu früh zu sein; man wird eher die Zeit um 360 v. Chr. annehmen (H. Berve u. a.), da dieses Geburtsjahr sich mit den übrigen Lebensdaten gut vereinbaren läßt. Die Legende hat Ptolemaios als einen natürlichen Sohn des makedonischen Königs Philipp II. bezeichnet (dadurch würde er zu einem Halbbruder Alexanders), aber dies ist unwahrscheinlich und wohl nur zu dem Zweck erfunden, Ptolemaios, den König von Ägypten, als einen Königssohn zu legitimieren. Es handelt sich hier sicherlich um eine spätere Konstruktion, wie sie in der Diadochenzeit nicht für sich allein steht. Auf jeden Fall gehörte Ptolemaios zu den Freunden des jungen Kronprinzen Alexander, mit ihm hat er Makedonien verlassen, als sich der Zorn König Philipps gegen seine Gemahlin Olympias und deren Anhang richtete. Nach Philipps Ermordung im Jahre 336 kehrte Ptolemaios mit Alexander aus dem Exil in Epirus wieder nach Makedonien zurück, eine irgendwie hervorragende Stellung ist ihm jedoch noch nicht zuteil geworden.

Makedonien war kein reiches Land. Über ein Volk von Bauern und Hirten herrschte die Dynastie der Argeaden, die ihren Stammbaum von Herakles ableitete. Seit Alexander I. Philhellen (dem „Griechenfreund"), der von etwa 495 bis 450/440 v. Chr. regierte, war das Herrscherhaus als griechisch anerkannt, die Könige waren für ihre Person zu den Olympischen Spielen zugelassen. Aber der König der Makedonen war kein absoluter Herrscher, er war nur der *primus inter pares* unter seinen Adligen, und außerdem gab es noch die makedonische Heeresversammlung, die in wichtigen Staatsangelegenheiten befragt werden mußte. Das Leben am Hofe, zuerst in Aigai, dann, seit Philipp II., in Pella, war ausgesprochen patriarchalisch, der König umgab sich mit einer Anzahl von „Freunden", den Hetairen („Gefährten"). Er stattete sie mit Landbesitz aus, zum Teil auf dem Gebiet der eroberten griechischen Städte Olynth, Methone und Potidäa, die im übrigen als hellenische Gemeinden eine sehr wichtige Mission im Lande zu erfüllen hatten. Der Stolz der Makedonen war das Heer, bestehend aus der Reiterei, den Hetairen, und dem Fußvolk, den Pezhetairen, diese ausgerüstet mit baumlangen Stoßlanzen, den Sarissen, denen kein Gegner standzuhalten vermochte. Wenn König Philipp auch für seinen Sohn griechische Lehrer ausgewählt hatte, darunter den später so berühmten Philosophen Aristoteles, so spielte dennoch die griechische Kultur im Lande keine entscheidende Rolle. Zwar hatten einsichtige Könige wie Archelaos (413–399) griechische Dichter und Künstler nach Makedonien eingeladen, aber diese Periode ging wieder vorüber, und als Ptolemaios seine Jugend verlebte, da stand Philipp II. im Kampf mit seinem athenischen Gegner Demosthenes, in einem Duell, das im Jahre 340 in den entscheidenden Krieg zwischen Makedonien und Athen und dessen Bundesgenossen einmündete. Auf dem Schlachtfeld bei Chaironeia (in Böotien) wurde dieser Kampf zugunsten der makedonischen Monarchie entschieden (am 2. August 338) und damit eine Weltenwende heraufgeführt: von nun an bestimmte nicht mehr die Polis, sondern die Monarchie makedonischer Prägung den Lauf der Weltgeschichte.

Philipp II. aber hatte nicht nur viele Feinde, er hatte auch viele Frauen; von ihnen sind nicht weniger als sieben aus den antiken Quellen mit Namen bekannt. Aber nur Olympias war ihm zur rechten Hand angetraut. Den Versuch, Kleopatra, die Tochter Attalos', an ihre Stelle zu setzen, büßte Philipp mit seinem Leben: er wurde bei den Hochzeitsfeierlichkeiten in Aigai von einem jungen makedonischen Offizier namens Pausanias, angeblich wegen einer persönlichen Beleidigung, niedergestoßen (Herbst 336). Mit diesem tragischen Tod Philipps II. endet eine wichtige Epoche der makedonischen Geschichte. Was nun folgt, ist die Regierung seines Sohnes Alexander III., den die Geschichte Alexander den Großen genannt hat (336–323).

Das große Ereignis im Leben des jungen Ptolemaios war der Alexanderzug. Mit ihm erschloß sich den Makedonen eine neue Welt: die Gebirge und

Ebenen Kleinasiens, der schneebedeckte Taurus, die Küstenebenen Phönikiens mit ihren großen Seestädten Tyrus und Sidon. Übrigens gehörte Ptolemaios nicht zur engsten Umgebung des Königs, in der Schlacht bei Issos (333) war er dabei, auch Ägypten hat er mit dem König betreten; dies zeigt unter anderem der Bericht, den er in seinem Alexanderbuch über den Zug zur Ammonsoase gegeben hat, der in romanhafter Weise ausgeschmückt ist. Aber noch viel mehr interessierte sich Ptolemaios für militärische und verwaltungstechnische Probleme. Sooft hiervon bei Arrian die Rede ist, liegt in der Regel die Darstellung des Ptolemaios als Quelle zugrunde. Diese Dinge – Militär und Verwaltung - waren seine starken Seiten, auf diesen Gebieten hat Ptolemaios Überdurchschnittliches geleistet. Aber erst die Katastrophe des Philotas (Herbst 330) riß ihn nach oben. Der König verlieh dem Ptolemaios die freigewordene Stelle eines Somatophylax (Leibwächter); damit gehörte er der engsten Umgebung des Herrschers an, ihm oblag nicht nur der persönliche Schutz des Königs, er wurde von diesem auch mit verschiedenen wichtigen Aufträgen betraut, bei denen ihm Gelegenheit gegeben wurde, sich auszuzeichnen. So gelang es ihm, den Königsmörder Bessos (er hatte Dareios III. auf der Flucht umgebracht, um ihn nicht in die Hände Alexanders fallen zu lassen) nach vielen Wechselfällen festzunehmen. Diese nicht ganz ungefährliche Aktion hat Ptolemaios selbst mit großer Anschaulichkeit und Lebendigkeit, vielleicht nicht ohne eine gewisse Übertreibung zu seinen eigenen Gunsten, beschrieben. In der neueren Forschung besteht die Neigung, die Darstellung des Ptolemaios scharf zu kritisieren, doch wird dabei übersehen, daß zu ihrer Kontrolle nicht das geringste Material aus anderen Quellen zur Verfügung steht. Im übrigen wird man die Gefangennahme des Bessos um so höher bewerten, als diese Tat gegen einen verschlagenen und grausamen Feind durchgeführt werden mußte, der dazu noch über die Sympathien weiter Teile der iranischen Bevölkerung verfügte. Als Kuriosum mag noch erwähnt werden, daß Ptolemaios bei seinem Vormarsch an den Oxus-Fluß eine Ölquelle entdeckt hat. Mit diesem Stoff wußte man damals nichts anzufangen. Der Seher Aristandros deutete die Quelle als ein Zeichen der Mühen und ihrer endgültigen Überwindung. Eine ganz besondere Heldentat des Ptolemaios war sein Zweikampf mit einem König der Inder, ein Ereignis, das in der Landschaft Peukelaotis stattgefunden hat. Zweikämpfe sind ein in der antiken Überlieferung oft verwandtes Motiv, aber hier besteht nicht der geringste Grund, an der Geschichtlichkeit des Zweikampfes zu zweifeln.

Seit dieser Zeit hat man Ptolemaios mit den schwierigsten Aufgaben betraut. So erhielt er den Auftrag, die Eroberung des hohen Aornosfelsens (Pir-sar) vorzubereiten, der dem Alexanderheer den Vormarsch nach Indien versperrte. Hier ist es ihm allerdings nicht gelungen, die Feste im ersten Ansturm zu nehmen, sie konnte erst nach systematischer Belagerung bezwungen werden. Bei den Kämpfen der Makedonen gegen die Inder muß in Betracht gezogen werden, daß diese der Kriegstechnik der Makedonen in keiner Weise gewachsen waren. Dies erklärt die großen und durchschlagenden Erfolge Alexanders in Indien zur Genüge. Von den einzelnen militärischen Aktionen in Indien zu berichten, würde hier zu weit führen. Es mag aber gesagt werden, daß Ptolemaios durch den Anteil an der Kriegsbeute ein reicher Mann geworden ist. Nicht durch Zufall gehörte er zu den Trierarchen, die von Alexander ausgewählt worden sind, um die Flotte auf dem Hydaspes zu erbauen. Die Trierarchie ist eine ursprünglich attische Institution, sie ist hier in Indien durch Alexander erneuert worden. Und nur die Reichsten unter den Freunden Alexanders waren dazu imstande, eine Trierarchie zu übernehmen.

Als Alexander bei dem Sturm auf die Mallerstadt durch einen Pfeilschuß in den Brustkorb schwer verwundet wurde, war der Leibwächter Ptolemaios – nach seinem eigenen Zeugnis – nicht in seiner Nähe, obwohl eine spätere Quelle ihn zum Retter des Königs gemacht hat, was aber der historischen Wahrheit nicht entspricht. Daß Ptolemaios bei den Kämpfen vor der Stadt der Brahmanen Hamartalia durch einen vergifteten Pfeilschuß verwundet worden ist, bezeugt zwar nur die kleitarchische Überlieferung, die Tatsache selbst erscheint aber nicht unglaubwürdig. (Daß Alexander in einem Traum das Heilkraut für die Wunden des Ptolemaios gesehen habe, ist natürlich eine spätere legendenhafte Ausschmückung.)

Ptolemaios hatte sich, insbesondere in der letzten Phase des Asienfeldzugs, als ein hochqualifizierter Offizier erwiesen, ausgezeichnet durch Umsicht und persönliche Tapferkeit; eine führende Rolle hat er allerdings noch nicht gespielt. Männer wie Perdikkas und Krateros standen sicherlich dem König näher, um von Hephaistion, dem Busenfreund Alexanders, ganz zu schweigen. Aber Hephaistion starb schon im Herbst des Jahres 324, er hatte im Essen und Trinken nicht Maß gehalten und mußte früh, noch vor dem König, ins Grab steigen.

Auf der Massenhochzeit zu Susa heiratete Ptolemaios eine vornehme Perserin, Artakama, auch Apame genannt, eine Tochter des Artabazos. Er erfüllte mit der Hochzeit einen Herzenswunsch seines Königs, ebenso wie die anderen Offiziere und Soldaten, Alexander wollte die beiden führenden Völker seines Reiches, die Makedonen und Perser, miteinander versöhnen und in ehelicher Gemeinschaft verbinden, damit sie in Eintracht die Herrschaft über das Reich ausüben könnten. Man darf dabei nicht übersehen, daß die Makedonen, Verheiratete und Unvermählte, schon an die 10 Jahre fern der Heimat weilten und daß es zwischen ihnen und den iranischen Frauen zu vielfachen Bindungen gekommen war, die nun, wenigstens zu einem Teil, legalisiert wurden. Die Verschmelzungsidee Alexanders war eine primär politische Idee, die Massenhochzeit zu Susa sollte erst den Anfang bilden. Aber der König konnte nur den Grundstein zur Völkerverschmelzung legen, alles andere ist wegen seines allzufrühen Todes unausgeführt geblieben.

Von der Perserin Artakama (oder Apame) findet sich in der späteren Überlieferung keine Spur mehr, im Leben des Ptolemaios hat sie keine Rolle gespielt, wohl aber Thaïs, eine Hetäre, die im Heeresgefolge Alexanders mitgezogen war und, wie Kleitarch berichtet, den Anlaß zur Zerstörung der persischen Paläste von Persepolis gegeben hatte. Doch scheint dies eine romanhafte Überlieferung zu sein, die keinen Glauben verdient. Als Geliebte des Ptolemaios ist Thaïs in die Geschichte eingegangen. Ptolemaios wird sie nach dem Tode Alexanders zu sich genommen haben, er kannte sie aber schon früher. Dieser Verbindung zwischen Ptolemaios und Thaïs entstammten mehrere Kinder, zwei Söhne, Leontiskos und Lagos, dazu eine Tochter Eirene. Von dieser ist bekannt, daß sie den Stadtkönig Eunostos von Soloi auf Cypern geheiratet hat. Aber dies gehört in eine etwas spätere Zeit. Daß sich Ptolemaios neben seiner Gattin eine Geliebte hielt, daran hat von seinen Zeitgenossen niemand Anstoß genommen. Ähnliches ist übrigens auch von mehreren seiner Nachfolger in Ägypten bekannt.

Mit dem Tode Alexanders am 10. Juni 323 v. Chr. in Babylon begann eine neue Zeit, auch für Ptolemaios. Die makedonische Heeresversammlung bestimmte zum Nachfolger Alexanders seinen schwachsinnigen Halbbruder Philipp III. Arrhidaios und das noch ungeborene Kind Alexanders und der Rhoxane, falls es ein Knabe sei. Die erste Stelle im Reich war damit wieder besetzt, aber in ganz unzulänglicher Weise, denn keiner der beiden Könige war imstande, die Regierung auszuüben, ein fataler Zustand, der zu den schwersten Verwicklungen und zu endlosen Kämpfen geführt hat. Außerdem befand sich Philipp III. in Makedonien, weitab von Babylon, dem neuen Mittelpunkt des Alexanderreiches. Größere aktuelle Bedeutung kam der Bestellung der drei Großwürdenträger des Reiches zu, die gleichfalls die Heeresversammlung in Babylon vorgenommen hat: *Perdikkas* wurde Chiliarch von Asien, *Krateros* „Vorsteher des makedonischen Königtums", *Antipater* Stratege von Europa; dieser wurde in seinem Amt bestätigt, da man keinen besseren an seine Stelle setzen konnte. Der mächtigste Mann aber war ohne Zweifel Perdikkas, der von Babylon aus die Zügel des Reiches in der Hand hielt. Zu diesen bevorzugten Paladinen des toten Königs gehörte Ptolemaios nicht, ebensowenig wie Peukestas, Antigonos der ‚Einäugige' (Monophthalmos) und der Grieche

Eumenes aus Kardia (auf der Halbinsel Gallipoli). Diese Männer mußten sehen, wie sie ihre Ansprüche durchsetzen konnten. Bei der unter der maßgebenden Leitung des Perdikkas erfolgten Satrapienverteilung in Babylon hat Ptolemaios zweifellos ganz hervorragend abgeschnitten. Man kann sagen, daß er hier das Große Los gezogen hat. Denn ihm wurde Ägypten zugesprochen. Vermutlich hat Ptolemaios es verstanden, nicht nur die makedonische Heeresversammlung, sondern auch Perdikkas in seinem Sinne zu beeinflussen, sonst wäre dieses Ergebnis kaum zustande gekommen. In Ägypten gab es freilich eine Schwierigkeit: das Land besaß in dem Griechen Kleomenes von Naukratis bereits einen sehr fähigen Verwalter. Man bestimmte, daß er sich als Unterstatthalter (Hyparch) dem Ptolemaios unterzuordnen habe. Diese Regelung bedeutete einen Kompromiß; er konnte jedoch nicht von Dauer sein, wenn erst Ptolemaios das volle Gewicht seiner Persönlichkeit in die Waagschale warf. Die Überlieferung ist dem Kleomenes alles andere als gewogen; man wird nicht fehlgehen, wenn man hier die Propaganda des Ptolemaios wirken sieht, die den Griechen mit allen Mitteln zu diskreditieren versucht. Kleomenes' Verhalten unter Alexander verdient übrigens keinen Tadel, auch seine Politik der Thesaurierung nicht, mit der er einen großen Schatz baren Geldes zusammengebracht hat, angeblich nicht weniger als 8000 Talente. Für Kleomenes schuf die Ernennung des Ptolemaios zum Satrapen von Ägypten eine ungemein schwierige Situation, denn Ptolemaios hatte die Exekutive in den Händen, Kleomenes mußte sich ihm unterordnen, ohne jedoch seine Verbindungen mit Perdikkas in Babylon preiszugeben – was letzten Endes seinen Untergang verursacht hat. Ptolemaios hat ihn kurzerhand umbringen lassen, womit er sich eines unbequemen Rivalen entledigte (noch im Jahre 323). Ptolemaios hat sich wegen der Ermordung des Kleomenes keine Skrupel gemacht: zu stark war der Wille der Diadochen zur Macht ausgebildet, Menschenleben bedeuteten ihnen wenig, auch in dieser Hinsicht waren sie echte Makedonen.

Das Land Ägypten war dem Ptolemaios nicht unbekannt, die Vorzüge seiner Lage und Bevölkerung hatte er schon unter Alexander im Jahre 332/1 v. Chr. in Augenschein nehmen können. Ägypten war durch einen breiten Wüstensaum im Osten wie im Westen abgeschirmt. Wie die Ereignisse der Diadochenzeit zeigen sollten, war das Land praktisch unangreifbar, das Delta war wegen seiner vielen Flußarme und Kanäle für jeden Aggressor nur unter größten Schwierigkeiten zu überwinden. Dazu kam noch die starke Grenzfestung Pelusion, die den Eintritt in Ägypten von Osten her verwehrte. Das Land war leicht zu verteidigen, und selbst wenn es einem Angreifer gelingen sollte, die Grenzverteidigungszone zu überwinden, so bot die riesige Entfernung im Niltal zwischen dem Delta und Oberägypten wiederum ein schweres Hindernis. Mehr als eintausend Kilometer lagen zwischen der Hauptstadt Alexandrien und Elephantine, dazu kam noch die Dodekaschoinos bis hin nach Hierasykaminos, die allerdings erst in der Zeit nach dem ersten Ptolemäer dem Reich eingegliedert worden ist. Die Breite des Landes war dagegen äußerst gering, nur im Delta betrug die Entfernung von Osten nach Westen an der breitesten Stelle etwa 250 Kilometer. Das Fruchtland war sehr knapp, es blieb im wesentlichen auf das enge Tal des Nils beschränkt. Alles kam hier darauf an, die Autorität der Regierung auch in den weit entfernten Landesteilen zur Geltung zu bringen. Dies aber machte die Einrichtung einer gut durchorganisierten Verwaltung zur Notwendigkeit. Und ebenso wichtig war ein exakt funktionierender Nachrichtendienst. Manches konnte von den Pharaonen und von den Persern übernommen, vieles aber mußte ganz neu gestaltet werden, insbesondere galt es, die Verwaltung des Nillandes mit griechischem Geist und griechischer Intelligenz zu durchdringen, sonst wäre die Herrschaft des ersten Ptolemäers eine Episode geblieben.

Vollständig fremd waren Ägypten, das Land und seine Bewohner, den Griechen und Makedonen nicht. Schon Herodot hatte dem Land um die Mitte des 5. Jhs. v. Chr. einen im übrigen nur kurzen Besuch abgestattet, und auch nach ihm waren so manche Griechen in das Nilland gekommen, um hier Handel zu treiben. Ägyptische Götter waren den Griechen und Makedonen nicht unbekannt, die Isis und der Gott Ammon der Oase Siwa hatten sich längst ein Heimatrecht auch außerhalb Ägyptens erworben – aber dies alles änderte nichts an der Tatsache, daß Ägypten für die Fremden ein Märchenland war, das bis zum Alexanderfeldzug fast ganz außerhalb des griechischen Gesichtskreises gelegen hatte. Unter Alexander hatte das Land eine makedonische Besatzung erhalten, Offiziere und Soldaten begannen sich hier einzuleben, obwohl die Umwelt auf sie einen überaus fremden Eindruck machen mußte. Von dem weiten Wüstenland hatten die Griechen und Makedonen vorher keine Kenntnis gehabt, und auch das Niltal bot viel Merkwürdiges und Seltsames, von dem man sich nichts hatte träumen lassen. Nicht weit von Memphis, der alten Hauptstadt Ägyptens, am Eingang zur Wüste erhoben sich die mächtigen Pyramiden, die, wie wir heute wissen, von Cheops, Chefren und Mykerinos erbaut worden waren. Dazu gab es zahllose Tempel der einheimischen Gottheiten, manche von ihnen waren zu ganzen Tempelstädten zusammengeschlossen wie im oberägyptischen Theben. Zu den Tempeln gehörten die vielen Priesterschaften, die zumeist mit großen Privilegien ausgestattet waren. Alexander hatte sie unangetastet gelassen, da ihm viel darauf ankam, sich das Wohlwollen der allmächtigen Priesterschaft zu erhalten.

Fremd war den Griechen und Makedonen auch die Vegetation des Nillandes, und nicht anders stand es mit der Tierwelt. Manche Tiere, die man in Griechenland überhaupt nicht beachtet hatte, galten in Ägypten als heilig, wie z. B. die Katzen. Schakale und Wölfe lebten an den Wüstenrändern, dazu kamen noch die Krokodile in den Gewässern, sie galten den Ägyptern gleichfalls als heilig und wurden entsprechend gepflegt. In den Sümpfen des Deltas hausten Myriaden von Wasservögeln mit ihrem bunten Gefieder, dazu zahllose Schlangen, Eidechsen und andere Kriechtiere. Über dem Lande spannte sich ein ewig blauer Himmel, Regen war selten, und die Menschen sehnten sich nach dem kühlen Nordwind, der aber nur selten eine kühle Brise vom Mittelmeer in das enge Niltal schickte.

Ebenso fremd wie die Tier- und Pflanzenwelt aber waren den neuen Herrn des Landes auch die alten Bewohner, die Ägypter. Sie waren aus einer Mischung semitischer und hamitischer Elemente hervorgegangen (dies scheint wenigstens die wahrscheinlichste Erklärung); durch das lange Zusammenleben im Niltal aber waren die Ägypter zu einer im Äußeren wie in ihrer geistigen Haltung einheitlichen Bevölkerung geprägt worden, die sich nicht nur von den asiatischen Beduinen, sondern auch von den Libyern sehr deutlich unterschied. Wenig Kontakte bestanden zu den Negern südlich der Landesgrenze. (Abbildungen von Negern sind in der ägyptischen Plastik und Malerei sehr selten.) Im übrigen waren die Ägypter ein fleißiges und geduldiges Volk, an die Herrschaft der Fremden hatten sie sich von jeher gewöhnt. Ihre Sprache, das Ägyptische, bildete allerdings ein bedeutendes Hindernis für die Verständigung mit den Fremden. Ob sich nun die Eroberer des Aramäischen, wie die Perser, oder des Griechischen, wie die Makedonen, bedienten, dies machte für den ägyptischen Fellachen keinen Unterschied, da er beide Sprachen nicht verstand. Auch unter den Makedonen und Griechen gab es nur wenige, die sich Kenntnisse des Ägyptischen angeeignet hatten, so daß sie sich mit den Einheimischen verständigen konnten. Aber es waren keine großen Schwierigkeiten zu überwinden, denn die Technik der makedonischen Verwaltung war zweckmäßiger und straffer als die pharaonische; dazu kam noch, daß nicht wenige der vornehmen Ägypter mit den Makedonen zusammenarbeiteten, so wie sie es einst auch unter den Persern gemacht hatten. In dieser Hinsicht brauchte sich Ptolemaios I. keine Sorgen zu machen. Schließlich gab es im Lande auch noch Griechen, die Einwohner von Naukratis, die sich seit mehreren Jahrhunderten an die Zusammenarbeit mit den Ägyptern gewöhnt hatten. Aber man mußte Rücksicht nehmen auf die allmächtige Priesterschaft, die im ganzen Lande über große Besitztümer verfügte. Schon die Perserkönige hatten versucht, die ägyptische Priesterschaft unter staatlicher Kontrolle zu halten, Ptolemaios hat diese Linie fortgeführt. Im übrigen war den Makedonen und

Griechen die ägyptische Götterwelt fremd, nur Ammon, Isis und Osiris hatten sich auch außerhalb des Nillandes Anhänger und Verehrer erworben. Ptolemaios dürfte gefühlt haben, daß hier etwas geschehen müsse; er hat deswegen versucht, in der Göttergestalt des Sarapis (entstanden aus Osor-Apis) einen neuen Reichsgott zu schaffen. Angeblich soll das Bild des Sarapis von Sinope am Pontos nach Alexandrien überführt worden sein. Es gibt freilich noch heute Forscher, die glauben, Sarapis sei ein babylonischer Gott, schon Alexander habe ihn in den letzten Tagen seines Lebens befragen lassen, um Heilung von seiner tödlichen Krankheit zu finden – aber diese Auffassung, vertreten von C. F. Lehmann-Haupt und in unseren Tagen von C. Bradford Welles, führt zu großen sachlichen Schwierigkeiten, sie muß als unhistorisch angesehen werden. Sarapis, der neue Gott, hat nicht nur bei den einheimischen Ägyptern, sondern auch bei den Fremden, den Makedonen und Griechen, Anklang gefunden; Tempel und Weihinschriften künden vom Kult des Sarapis, doch haben sich die alten Götter der Ägypter durch ihn nicht verdrängen lassen. Man wird annehmen müssen, daß Ptolemaios mit der Schaffung des Sarapis einem religiösen Bedürfnis entgegenkam. Doch hat ihn dies nicht gehindert, ägyptischen wie griechischen Gottheiten die gebührende Verehrung zu zollen, wovon zahlreiche Inschriften aus allen Gegenden Ägyptens Zeugnis ablegen. Auch hat Ptolemaios nicht wenige Tempel der ägyptischen Gottheiten restauriert oder neu errichtet.

Die eigentliche Bedeutung Ägyptens beruhte auf seiner Landwirtschaft. Alljährlich wurden riesige Kornmengen von den Feldern auf die Tenne, von der Tenne in die Vorratshäuser auf dem Lande gebracht, von hier aus transportierte man sie auf dem Nil in die großen Speicheranlagen von Alexandrien. Das Korn, vor allem Weizen und Gerste, war ein wichtiger Ausfuhrartikel, die Schiffe brachten das Korn nach Griechenland, Kleinasien und nach Italien, wo das ägyptische Getreide mit dem sizilischen konkurrierte. Die Bauern wurden bei der Aussaat, beim Dreschen und beim Korntransport streng überwacht; ein Heer von Funktionären und Tausende von Arbeitern waren ständig unterwegs, um die Felder und die Deichanlagen auf dem flachen Lande in Ordnung zu halten. Über allen schwebte der Dioiketes, den man als den Finanz- und Wirtschaftsminister des Reiches bezeichnen kann; er hielt von Alexandrien aus die Fäden der gesamten Staatswirtschaft in seinen Händen.

In der Außenpolitik des 1. Ptolemäers ist trotz ihrer Vielfalt eine einheitliche Linie nicht zu verkennen: in allem, was Ptolemaios I. getan oder unterlassen hat, macht sich das Bestreben geltend, die Position des Reiches zu stärken und nach allen Seiten auszubauen. Ptolemaios war ein Meister in der Selbstbeschränkung, er hat es sein Leben lang vermieden, irgendwelchen utopischen

Zielen nachzujagen. Hierdurch unterscheidet er sich in bemerkenswerter Weise von anderen Diadochen, die mit ihren zu hoch gesteckten Ambitionen gescheitert sind. Bei aller Verehrung für sein großes Vorbild, den König Alexander, ist Ptolemaios niemals mit seinen Plänen ausgeufert, von ihm gilt vielmehr der Satz: „In der Beschränkung zeigt sich erst der Meister." Wenn man so will, war Ptolemaios ein nüchterner Partikularist, der sich nicht dazu verleiten ließ, die Hände nach der Herrschaft über das gesamte Alexanderreich auszustrecken. Und dies umso weniger, als ihm die Stellung des Reichsverwesers nach dem Tode des Perdikkas im Jahre 321 angeboten worden ist. Der ungeheuren Schwierigkeiten, das Gesamtreich zu regieren und zusammenzuhalten, ist sich Ptolemaios immer bewußt gewesen. In dieser Hinsicht hat er in Lysimachos, dem Herrscher von Thrakien, und Kassander, dem Sohn Antipaters, der sich zum König von Makedonien aufgeschwungen hat, gleichstrebende Genossen gefunden.

Dabei ist Ptolemaios alles andere als ein Friedensfürst gewesen. Er hat in seinem Leben zahlreiche Kriege geführt, nur in seinen letzten Regierungsjahren hat er dem vorgerückten Alter den Tribut entrichtet. Aber diese Kriege waren, jedenfalls nach seiner Auffassung, notwendig, wenn er sich als Herrscher von Ägypten behaupten wollte. Kriegführung und Strategie des Ptolemaios zeichnen sich durch ihre bedächtige und vorsichtige Art aus. Ganz anders als Alexander hat er niemals alles auf *eine* Karte gesetzt. Wenn er sich entschloß, eine Schlacht zu schlagen, so hat er sie mit großer Sorgfalt geplant und es auch an der psychologischen Vorbereitung nicht fehlen lassen.

Die Annalen der Ptolemäer, die in moderner Zeit zum ersten Mal Jacques Joseph Champollion Figeac, der Bruder des großen Ägyptologen, im Jahre 1819 aufgezeichnet hat, berichten über eine ganze Fülle von kriegerischen Ereignissen, die sich in der Zeit des ersten Ptolemäers abgespielt haben: Feldzüge nach Kyrene, Koilesyrien, Cypern und Griechenland, dazu die Abwehr von zwei Invasionen, zuerst des Perdikkas, dann des Antigonos des „Einäugigen" (Monophthalmos). All diese Unternehmungen zeigen die Fähigkeit des Ptolemaios, selbst mit schwierigen Lagen fertig zu werden, anderseits aber auch die Tatsache, daß überall und in jeder Situation eine kluge Selbstbeschränkung des Herrschers festzustellen ist. Wiederholt hat Ptolemaios Unternehmungen abgebrochen, und zwar in einem Stadium, das durchaus noch zu Hoffnungen berechtigte. Das Gefühl für Sicherheit und Solidität zieht sich wie ein roter Faden durch die ganze Außenpolitik des Lagiden. Anderseits ist der Vorwurf der Entschlußlosigkeit, der ihm oft gemacht worden ist, sicherlich nicht begründet, doch zeigt dieser Vorwurf, welchen Eindruck seine Politik der Risikolosigkeit auf die modernen Betrachter gemacht hat.

Die Eroberungen des ersten Ptolemäers außerhalb von Ägypten beginnen mit seinem Eingreifen in Kyrene im Jahre 322. Hier waren nach dem Tode Alexanders innere Unruhen ausgebrochen, dabei hatten die Oligarchen den kürzeren gezogen und sich an Ptolemaios um Hilfe gewandt. Der Satrap aber sandte den Ophellas nach Kyrene. Diesem gelang es, den Spartaner Thibron, den Gegner der Oligarchen, zu schlagen und Kyrene in die Abhängigkeit des Ptolemaios zu bringen. Ptolemaios kam selbst nach Kyrene (322 oder spätestens 321), um hier nach dem rechten zu sehen. Kyrene aber mit seinem Umland war eine sehr wichtige Erwerbung. Die Cyrenaica mit ihren Griechenstädten war ein Hort hellenischer Kultur, die hier seit der Großen Griechischen Kolonisation feste Wurzeln geschlagen hatte. Berühmt war die Cyrenaica durch das Silphion, das im Lande angebaut wurde. Es war ein begehrtes Arzneimittel, das in der ganzen Antike, selbst noch in der spätesten Zeit, verwandt worden ist, wie dies Synesios von Kyrene bezeugt. Aber die Erwerbung Kyrenes war noch in einer anderen Hinsicht epochemachend: Ptolemaios, der Satrap, tritt hier zum ersten Mal als der Schirmherr einer bedeutenden Griechenstadt auf, die Beziehungen zwischen Stadt und Herrscher werden durch ein von Ptolemaios erlassenes Diagramm geregelt, von dem jedoch nicht feststeht, ob es bereits im Jahre 322/1 oder erst zu einem späteren Zeitpunkt (312 oder 308 v. Chr.) erlassen worden ist.

In welches Jahr man auch immer die Urkunde datieren wird –, daß sie den 1. Ptolemäer zum Verfasser hat, ist sicher. (Frühere Datierungsversuche, wie z. B. der von G. De Sanctis, das Diagramm dem 3. Ptolemäer zuzuweisen, können heute wohl als endgültig erledigt gelten.) Dem Diagramm liegt das Bestreben des Herrschers zugrunde, sich mit einer autonomen Stadt zu arrangieren, die unter die Gewalt des Herrschers gekommen ist, und zwar in der Weise, daß die Autorität des Stadtherrn in jeder Weise gewahrt wird. Die Position des Ptolemaios wird durch einen von ihm selbst bestimmten Vertrauensmann in Kyrene wahrgenommen. Die Ordnung ist insofern von großer grundsätzlicher Bedeutung, weil hier der Versuch unternommen wird, die Erfordernisse des Flächenstaates mit den Interessen einer griechischen Polis zu vereinbaren, ein Problem, das in der Geschichte der hellenistischen Staatenwelt die verschiedenartigsten Lösungen, darunter auch wenig befriedigende, gefunden hat. Griechisches Freiheitsbewußtsein und herrscherliche Autorität – diese Begriffe mußten hier auf einen gemeinsamen Nenner gebracht werden, die Welt hatte sich seit Alexander verändert, die Polis hatte ihre einzigartige Stellung verloren, die sie in der Geschichte des klassischen Griechentums behauptet hatte, der Territorialstaat war im Begriff, an ihre Stelle zu treten.

In dem gleichen Jahr (322) hatte Ptolemaios einen eindeutigen Erfolg über den Chiliarchen Perdikkas errungen. Perdikkas hatte sich in der Zwischenzeit zum Reichsverweser aufgeworfen. Von dieser Position aus, die aber von seinen Rivalen keineswegs anerkannt wurde, glaubte er den Satrapen bindende Befehle erteilen zu können. Hier ging es um die Beisetzung der Leiche Alexanders d. Gr., die immer noch keine endgültige Ruhestätte gefunden hatte. Alexander hatte im Heiligtum des Ammon in der Oase Siwa beigesetzt werden wollen, sein Wunsch ist jedoch niemals erfüllt worden. Perdikkas wollte die Leiche nach dem fernen Aigai in Makedonien, der alten Königs- und Begräbnisstadt der Makedonen, schaffen lassen. Aber Arrhidaios, der mit der Überführung betraute ehemalige Generaladjutant Alexanders, weigerte sich, diesen Befehl auszuführen. Ptolemaios hatte ihn in Syrien überredet, den Leichnam nach Ägypten zu bringen, wo er zunächst in der alten Krönungsstadt Memphis eine Ruhestätte gefunden hat. Später, aber noch unter der Regierung des 1. Ptolemäers, ist er dann nach Alexandrien überführt worden, wo der tote König in dem sog. Sema, dem „Grabmal", bestattet worden ist. Alexander war der Stadtgründer, ihm sind im Sema von Ptolemaios hohe Ehren erwiesen worden. Alexander war von nun an der Schirmherr und Patron des Ptolemäerreiches, solange dieses überhaupt bestanden hat; an seinem Grabe fungierten für den Totenkult die Alexanderpriester, Männer der vornehmsten Familien der makedonischen Aristokratie, gelegentlich haben die Ptolemäerkönige auch in eigener Person dieses Amt bekleidet. Nach der Eroberung Alexandriens durch die Römer hat Augustus i. J. 30 v. Chr. das Grab Alexanders besucht; daß er durch eine ungeschickte Bewegung der Leiche die Nase abgebrochen habe, wie Cassius Dio (LI 16,5) erzählt, ist eine Legende. Seit dieser Zeit hören wir nichts mehr von dem Grabmal, auch die modernen Ausgräber haben seine Spuren nicht wiedergefunden.

Schon längst hatte der Chiliarch Perdikkas in Ptolemaios seinen bedeutendsten Widersacher erkannt. Perdikkas war außerdem bestrebt, sich in den Besitz Ägyptens und seiner reichen Hilfsquellen zu setzen. Ptolemaios aber hatte sich den Gegnern des Perdikkas angeschlossen. Dies lieferte den Vorwand für die Invasion des Landes durch die Truppen des Perdikkas im Jahre 321. Bevor aber Perdikkas die Grenze Ägyptens erreicht hatte, mußte sich Ptolemaios der makedonischen Heeresversammlung stellen, um sich für sein Verhalten zu rechtfertigen. Da es gewiß ein Leichtes gewesen wäre, Ptolemaios wegen verschiedener Delikte, vor allem wegen der Ermordung des Kleomenes von Naukratis, zu verurteilen, bleiben gewisse Zweifel an der Überlieferung bestehen[1]. Ob nun aber die Rechtfertigungsszene historisch ist oder nicht – genug, Ptolemaios kam ungeschoren davon. Der Grund hierfür war die Tatsache, daß er im Heere über große Sympathien verfügte. Über den Feldzug des

Perdikkas nach Ägypten finden sich in den Quellen manche Widersprüche, sie lassen es geraten erscheinen, die Angaben der Überlieferung mit Vorsicht zu benutzen. Dies aber scheint ganz sicher zu sein: Perdikkas hat in zwei Treffen den kürzeren gezogen, er vermochte das Kastell Kamelonteichos nicht zu nehmen und erlitt außerdem beim Übergang über den Nil bedeutende Menschenverluste, dabei spielten die Untiefen des Stromes und gefräßige Krokodile eine Rolle. Offenbar unter dem Eindruck der schweren Verluste fanden sich im Lager des Perdikkas Verschwörer zusammen. Der Chiliarch wurde in seinem eigenen Feldherrnzelt ermordet, dabei hat Peithon, einer der ehemaligen Leibwächter Alexanders, eine führende Rolle gespielt. Ptolemaios wußte jedenfalls, was er diesem Mann zu verdanken hatte, denn Peithon wurde, zusammen mit Arrhidaios, zum vorläufigen Vormund der regierungsunfähigen Könige Philipp III. Arrhidaios und Alexander IV. bestellt, während unter den Freunden des Perdikkas ein Blutbad angerichtet wurde. Angeblich sollen nicht weniger als fünfzig Männer zum Tode verurteilt und hingerichtet worden sein.

Nach Abwehr der Invasion des Perdikkas saß Ptolemaios fest im Sattel, er war im Ansehen bei seinen Genossen so hoch gestiegen, daß man ihm auf der Zusammenkunft in Triparadeisos (in Nordsyrien) in aller Form die Reichsverweserschaft angetragen hat (321). Dies hat Ptolemaios aber abgelehnt. Er hatte sich längst ganz eindeutig für Ägypten entschieden; es kam ihm alles darauf an, die eigene Position in diesem Lande weiter auszubauen und zu festigen. Für sein Land brauchte er, um vor Einfällen von Palästina her sicher zu sein, ein Glacis, und dieses konnte seiner Natur nach nur Syrien sein. Dieses Land hat Ptolemaios in schnellem Zugriff okkupiert, nachdem er den dort regierenden Satrapen Laomedon gefangen gesetzt hatte. Von den Einwohnern Syriens hatte der Lagide keinen Widerstand zu befürchten, sie haben niemals den Versuch gemacht, sich gegen seine Herrschaft aufzulehnen. Doch hat Ptolemaios verschiedene Städte mit Besatzungen belegt, um sie gegen Überfälle der benachbarten Herrscher zu sichern. Syrien aber blieb von nun an ein Zankapfel, um den in der Folgezeit zahlreiche Kriege geführt worden sind.

Ptolemaios hatte keinen Rechtstitel auf Syrien; dies ist übrigens schon von Zeitgenossen, so von Hieronymos von Kardia (bei Diodor XVIII 73), hervorgehoben worden. Aber Ptolemaios hatte dieses Land nötig, um die Ostgrenze Ägyptens zu sichern. Dazu kam noch der Besitz der Phönikerstädte mit ihren bedeutenden Flotten, die für Ptolemaios von geradezu unschätzbarem Wert waren. Zwar haben seine Gegner, vor allem Antigonos „der Einäugige“, wiederholt versucht, ihm den Besitz der phönikischen Küste streitig zu machen, aber die Zeit arbeitete für Ptolemaios, nicht für seine Gegner. Ptolemaios hatte im Jahre 317 Berenike, die Tochter des Lagos und der Antigone, einer Halbschwester des 1. Ptolemäers, geheiratet. Und im Winter 317/6 war Eumenes hingerichtet worden, man hatte ihn nach einer Niederlage an Antigonos ausgeliefert. Der Tod dieses Mannes, der am nachdrücklichsten die Einheitsidee verfochten hatte, war von seinen Gegnern, auch von Ptolemaios, mit Genugtuung begrüßt worden; sie übersahen dabei, daß Antigonos nunmehr freies Feld in Vorderasien erhalten hatte. Dies zeigte sich bei dem Konflikt zwischen Antigonos, dem Strategen von Asien, und Seleukos, dem Satrapen von Babylonien. In dem Streit stellte sich der ägyptische Satrap ganz entschieden auf die Seite des Seleukos: wo auch immer Ptolemaios der Zentralgewalt Abbruch tun konnte, da hat sich der überzeugte Partikularist eingeschaltet. In dem Krieg gegen Antigonos (315 bis 311 v. Chr.) hatten sich Kassander, Lysimachos, Ptolemaios und Seleukos zusammengefunden. Der letztere hatte nach seiner Vertreibung aus Babylonien in Ägypten Zuflucht gesucht. In diesem Krieg ging es auch um die Vorherrschaft in Griechenland, das für die Diadochen immer noch eine große materielle und ideelle Bedeutung besaß. Die Machthaber erließen Freiheitsmanifeste, in denen sie den Griechen die Freiheit verkündeten, zuerst Antigonos im Jahre 315, dann auch Ptolemaios im Jahre 314 – die Freiheit der Griechen begann allmählich zu einem Streitobjekt der Diadochenpolitik zu werden, wobei sie sich gegenseitig den Rang abzulaufen versuchten. Ptolemaios hat sich sogar, wie die Urkunden erweisen, für die agonistischen Spiele der Griechen interessiert, auch hierbei stehen politische Interessen im Hintergrund. Sehr wichtig war auch das Eingreifen des Ptolemaios auf der Insel Cypern, die im Schnittpunkt wichtiger Handelslinien gelegen war. Seit dem Jahre 313 gehörte die Insel Cypern zum Reich des Ptolemaios, mit einer Reihe von Stadtkönigen Cyperns war der Lagide verbündet. Als Statthalter hatte er seinen Bruder Menelaos auf der Insel eingesetzt, nachdem sich ein früherer Versuch mit dem Stadtkönig von Salamis namens Nikokreon als hinfällig erwiesen hatte, da dieser sich durch Antigonos zum Abfall von Ptolemaios hatte bestimmen lassen. Von nun an war Menelaos der Repräsentant des Ptolemaios auf der Insel, er hatte die Stellung eines Vizekönigs inne und führte den Titel „Stratege von Cypern“ (der für ihn von Pausanias überlieferte Satrapentitel ist sicher nicht korrekt). In das Jahr 313 fällt auch ein Aufstand in Kyrene; die ptolemäische Besatzung in der Burg wurde belagert, es gelang aber einem Entsatzheer unter dem Strategen Agis, den Aufstand niederzuwerfen. Ob man das berühmte Diagramm (s. o. S. 21) auf diesen Aufstand beziehen kann, läßt sich nicht entscheiden. Auf jeden Fall aber war Kyrene seit 313/2 fest mit Ägypten verbunden. Es ist immerhin möglich, daß dieser Aufstand von außen her angezettelt worden ist, um Ptolemaios

Schwierigkeiten, vor allem auch in seiner Griechenlandpolitik, zu bereiten. Doch darüber berichten die Quellen nichts.

Von größerer Bedeutung aber war die *Schlacht bei Gaza* (312 v. Chr.). Hier haben Ptolemaios und Seleukos den Sieg über Demetrios Poliorketes, den Sohn des Antigonos, davongetragen. Ptolemaios hatte zahlreiche Gefangene erbeutet, von denen ein Teil zur Verstärkung der Besatzungsarmee in Ägypten angesiedelt wurde. Syrien, das vorübergehend verlorengegangen war, kehrte wieder unter die Herrschaft des Lagiden zurück. Seleukos aber machte sich auf den Weg nach Babylonien, wo die Kämpfe zwischen ihm und Antigonos in den folgenden Jahren andauerten, bis sich Seleukos zum Marsch in die Oberen Satrapien entschloß, wobei er bis an die Grenzen Indiens gelangt ist. Die Expedition begann im Jahre 308 und hat Seleukos jahrelang von Babylonien ferngehalten.

In den Frieden des Jahres 311, der zwischen Antigonos einerseits und seinen Gegnern, Kassander und Lysimachos, andererseits abgeschlossen wurde, waren ursprünglich weder Ptolemaios noch Seleukos eingeschlossen, doch ist Ptolemaios dem Frieden später beigetreten. Die darauf folgenden Jahre hat Ptolemaios benutzt, um sich an der Süd- und Westküste Kleinasiens ebenso wie in Griechenland Stützpunkte zu erwerben. Dabei operierte die ptolemäische Flotte von der Insel Kos aus. Hier wurde dem Ptolemaios im Jahre 308 der spätere 2. Ptolemäer, von der Nachwelt Philadelphos genannt, geboren. Übrigens hatte Ptolemaios den Versuch unternommen, mit Kleopatra, der Schwester Alexanders d. Gr., die sich in Sardes aufhielt, Verbindung aufzunehmen. Aber Antigonos durchkreuzte den Plan, indem er Kleopatra kurzerhand umbringen ließ. Eine eheliche Verbindung zwischen Ptolemaios und Kleopatra hätte dem Lagiden eine bedeutende Erhöhung seines Ansehens gebracht, er wäre dadurch in die Familie Alexanders aufgenommen worden. Die Gestalt des verstorbenen Königs hatte immer noch nichts von ihrem Zauber verloren. Kleopatra war damals ungefähr 47 Jahre alt (sie dürfte um 355 geboren sein), aber darauf kam es nicht an, es war der große Name ihres Bruders, der ihrer Person den Wert verlieh.

In Griechenland hatte Ptolemaios nicht allzu viel erreicht, als er im Jahre 308 den griechischen Boden wieder verlassen hat. Allein die Städte Korinth, Sikyon und Megara hatte er durch Besatzungen sichern können. Sie wurden dem Befehl des Strategen Leonidas unterstellt. Im übrigen sind diese Städte die einzigen Besitzungen, welche Ptolemaios jemals in Griechenland innegehabt hat, aber auch diese standen nur kurze Zeit unter seiner Herrschaft, auf keinen Fall länger als bis zum Jahr 302, in welchem in Griechenland durch Antigonos und Demetrios neue Verhältnisse mit der Gründung des panhellenischen

Bundes von Korinth geschaffen worden sind. Aber auch diese Veränderung ist bekanntlich nur von ganz kurzer Dauer gewesen.

Man fragt sich, ob Ptolemaios in Griechenland eine weitausgreifende Außenpolitik verfolgte oder ob er sich nur neben den anderen Diadochen zur Geltung bringen wollte. Die Besitzungen waren von Ägypten aus nur schwer zu behaupten, und sie sind auch nach wenigen Jahren wieder aufgegeben worden. Auf jeden Fall ist die Griechenlandpolitik des Lagiden eine Episode geblieben; sie zeigt im übrigen, daß Ptolemaios sich ohne weiteres von Unternehmungen getrennt hat, wenn er eingesehen hatte, daß sie im ganzen undurchführbar waren. Und für eine Beherrschung großer Teile Griechenlands reichten seine Kräfte nicht aus, da diese auch anderswo gebraucht wurden. Übrigens hat der 2. Ptolemäer in der Stadt Methana, später Arsinoë genannt, in der nordöstlichen Peloponnesos sich einen Stützpunkt geschaffen, der den Ptolemäern gewissermaßen als Wachtposten in Griechenland gedient hat. Methana ist etwa hundert Jahre im Besitz der Ptolemäer verblieben.

Ein starker Einschnitt im Leben und in der Politik des 1. Ptolemäers ist die Seeschlacht bei Salamis auf Cypern im Jahre 306. In ihr hat Ptolemaios durch Demetrios Poliorketes, den Sohn des Antigonos, eine entscheidende Niederlage hinnehmen müssen. Nur mit den Trümmern seiner Flotte konnte sich Ptolemaios von Salamis nach Kition retten, Cypern mußte er vollständig aufgeben, die Seemacht des 1. Ptolemäers war auf lange Jahre hin schwer angeschlagen, die Seeherrschaft ist auf Demetrios übergegangen. Antigonos und Demetrios haben den Seesieg dazu benutzt, um die Annahme des Königstitels zu begründen. Ptolemaios, der Unterlegene, ist den beiden Machthabern hierin gefolgt, zweifellos um damit zu dokumentieren, daß er sich den beiden an die Seite stellte. Ptolemaios hat sich, wahrscheinlich im Jahre 305[2], zum König proklamieren lassen. Unmittelbarer Anlaß dazu dürfte ein Sieg über Antigonos an der Ostgrenze Ägyptens gewesen sein (S. 71 f.). Als die Inselstadt Rhodos im Jahre 304 von Demetrios zu Wasser und zu Lande belagert wurde, da hat Ptolemaios durch seine Hilfe viel zum Ausharren der Rhodier beigetragen. Die Rhodier haben ihm dies nicht vergessen, sie haben dem 1. Ptolemaios göttliche Ehren zuteil werden lassen.

In der großen Koalition des Jahres 302 gegen Antigonos stand Ptolemaios, wie zu erwarten, wieder auf der Gegenseite, auf der sich fast alle namhaften Diadochen zusammengefunden hatten: Kassander, Lysimachos, Seleukos und Ptolemaios. Das Kriegsglück entschied gegen Antigonos. Er unterlag in der Schlacht bei Ipsos, unweit von Synnada in Kleinasien (301). Ptolemaios hatte wiederum Syrien besetzt, mußte dies aber vorübergehend aufgeben, weil in seinem Rücken, in der Cyrenaica, ein Aufstand ausgebrochen war. An der

Schlacht bei Ipsos hat er nicht teilgenommen, auf Südsyrien wollte er aber nicht verzichten und hat dies auch wieder für sich in Anspruch nehmen können. Aus dieser Situation heraus sind in der Folgezeit nicht weniger als sechs syrische Kriege geführt worden, in denen sich Ptolemäer und Seleukiden gegenüberstanden. Bis zum Jahre 200 v. Chr. haben die Ptolemäer das sog. Koilesyrien und die phönikische Küste behaupten können. Die Grenze verlief an der Küste zwischen Kalamos und Tripolis (nicht nördlich davon am Eleutherosfluß = Litani, den man früher für den Grenzfluß gehalten hat), so daß sich die Stadt Arados außerhalb des ptolemäischen Gebiets befunden hat. Im Binnenland bog die Grenze allerdings beträchtlich nach dem Süden ab, sie verlief in ungefähr nordsüdlicher Richtung zwischen den Gebirgen des Libanon und Antilibanon, Damaskos war den Seleukiden verblieben. Auf jeden Fall aber bedeutete der Besitz des südlichen Syrien (sog. Koilesyrien) einen bedeutenden Machtzuwachs für Ptolemaios. Das Land diente bei der Verteidigung Ägyptens als ein Vorfeld (Glacis), das im Bedarfsfall schnell geräumt werden konnte. Auch wirtschaftlich war Südsyrien sehr wertvoll, vor allem wegen der Zedern des Libanon, da Ägypten ein sehr holzarmes Land ist.

Diesem Erfolg an der Ostgrenze steht ein entsprechender Gewinn an der Westgrenze Ägyptens gegenüber: Magas, der Stiefsohn des 1. Ptolemäers, nahm im Jahre 298 die Cyrenaica ein, die vier Jahre lang von Ptolemaios unabhängig gewesen war. Magas erhielt in Kyrene die Stellung eines Vizekönigs, er war in jeder Weise von seinem Stiefvater abhängig.

Von großer Bedeutung aber war die Tatsache, daß Ptolemaios I. seit dem Jahr 287/6 als Protektor des Nesiotenbundes auftritt. Der Nesiotenbund war eine Vereinigung zahlreicher Inseln der Kykladen, die bisher unter der Vorherrschaft des Demetrios Poliorketes gestanden hatten. Schon vorher, im Jahre 294, hatte der Lagide die Insel Cypern zurückgewinnen können. Das Gesamtergebnis gipfelte in der Errichtung eines um das Ostbecken des Mittelmeeres gelegenen Seereiches, dessen Hauptstützpunkte in den großen phönikischen Seestädten, in Cypern und in zahlreichen Inseln der Kykladen bestanden. Philokles, der König von Sidon, war ein eifriger Parteigänger der beiden ersten Ptolemäer.

In der inneren Politik bedeutet die Regierung des 1. Ptolemäers einen neuen Anfang. Dies gilt nicht nur im Hinblick auf die einheimische Bevölkerung Ägyptens, sondern auch für die anderen dem Reich angehörenden Völker. Im ganzen ist es wahrscheinlich, daß Ptolemaios gewisse Grundzüge der Politik Alexanders d. Gr. weitergeführt hat. Die eigentliche Aufgabe bestand für ihn darin, zwischen der makedonisch-griechischen Führungsschicht und den Einheimischen einen *modus vivendi* zu finden. Es wäre ganz verfehlt anzunehmen, daß die Ägypter in rücksichtsloser Weise ausgebeutet worden wären. Ptolemaios wußte genau, was er an ihnen hatte, ihre Arbeitskraft war unschätzbar. Das Steueraufkommen Ägyptens beruhte weithin auf den Erträgen der Landwirtschaft, in welcher der größte Teil der einheimischen Bewohner Lohn und Brot gefunden hat. Ptolemaios ist nicht müde geworden, die Grundzüge des hellenistischen Königsideals auch nach außen hin zu verkündigen: der König war der Wohltäter *(euergétes)*, der Retter und Helfer *(sotér)* der Untertanen. Dabei wurde zwischen Griechen und Nichtgriechen grundsätzlich kein Unterschied gemacht. Im übrigen geht diese Auffassung auf rein griechische Ideen zurück. Doch hatte die Welt der Pharaonen den 1. Ptolemäer nicht unberührt gelassen. So verbinden sich in der Darstellung des Königs auf den Denkmälern griechische und altägyptische Züge, diese letzteren vor allem unter seinen Nachfolgern, je weiter die Zeit der Ptolemäerdynastie fortschreitet.

Mit den einheimischen Großgrundbesitzern hat sich Ptolemaios I. arrangiert, irgendeinen entscheidenden Einfluß auf die Landesverwaltung hat er ihnen nicht zugestanden. In diesem Punkt unterschied er sich bemerkenswert von seinem Vorbild Alexander, der die Aristokratie der Perser zur Administration herangezogen hatte. Wenn Ptolemaios den Regierungssitz des Landes von Memphis nach Alexandrien verlegte, so waren hierfür äußere Gründe maßgebend: Alexandrien hatte eine unvergleichlich günstige Lage im Hinblick auf die Verbindungen mit Syrien und der Ägäis, es war einer der ersten Seehäfen der Alten Welt, in seiner Bedeutung wohl nur von Karthago übertroffen. In Oberägypten hat Ptolemaios durch die Gründung der Stadt Ptolemaïs ein eigenes Zentrum geschaffen, das hier die Funktionen einer Provinzhauptstadt übernommen hat. Anders als die Seleukiden hat der ägyptische Herrscher sich bei den Städtegründungen eine weise Beschränkung auferlegt: er hatte kein Interesse daran, autonome oder wenigstens halbautonome städtische Zentren zu gründen, da hierdurch für die Verwaltung neue Probleme entstanden wären.

Wenn Ptolemaios nach der Schlacht bei Gaza (312) achttausend Kriegsgefangene auf das flache Land in Ägypten verteilen ließ, so steht auch dies im Zusammenhang mit einer gewissen Militarisierung des Landes: die Gefangenen wurden in das Heer eingereiht, sie bildeten einen sehr erwünschten Gegensatz zu der großen Masse der einheimischen Ägypter, die den Griechen und Makedonen in der Zahl mehr als zehnfach überlegen waren. Ägypten war ein Land, in dem eine Minderheit von Fremden die Herrschaft ausübte, die Ägypter aber waren die Lastenträger im Dienste einer fremden Dynastie, ein Zustand, an den sie sich freilich schon seit Jahrhunderten gewöhnt hatten. Das

Heer und die Einkünfte waren die Säulen der Herrschaft des 1. Ptolemäers, mit ihrer Hilfe vermochte er eine sehr glückliche Außenpolitik zu führen, die den Interessen des Landes und der Dynastie voll gerecht wurde. Zu den Ratgebern des 1. Ptolemäers gehörte vor allem der Grieche Demetrios von Phaleron, der den Anstoß zur Gründung des Museions in Alexandrien gegeben hat, aber auch der ägyptische Priester Manetho von Sebennytos. Ihm verdanken wir eine Geschichte der Pharaonen, geschrieben in griechischer Sprache. Sie ist leider nur in Bruchstücken auf uns gekommen.

Von säkularer Bedeutung war die *Gründung des Museions in Alexandrien.* Durch diese Gelehrten- und Forschungsstätte ist Alexandrien der Mittelpunkt der hellenistischen Wissenschaft geworden, ein Vorbild für andere ähnliche Institute. Die ersten Jahre seiner Regierung mußte Ptolemaios allerdings auf den Aufbau und Ausbau seiner neuen Hauptstadt Alexandrien verwenden. Der Architekt Sostratos von Knidos erbaute den Leuchtturm auf der Insel Pharos. Er wurde zu den sieben Weltwundern gezählt. Auf Deinokrates von Rhodos geht der Stadtplan zurück. Alexandrien hatte die Form einer Chlamys, d. h. eines Parallelogramms, das an den vier Ecken abgeschnitten war (A. Bouché-Leclercq). Von den Gebäuden ist so gut wie nichts erhalten geblieben, da Alexandrien stark überbaut worden ist. Doch sind immerhin die Grundmauern des Sarapeions (aus der Zeit des 3. Ptolemäers, 246–221 v. Chr.) wiedergefunden worden.

Demetrios von Phaleron war durch ein wechselvolles Schicksal von Athen schließlich nach Alexandrien verschlagen worden. Er hatte als Regent des makedonischen Machthabers Kassander die Stadt Athen in den Jahren 317 bis 307 noch einmal zu hoher Blüte geführt, hatte dann aber Athen verlassen müssen, als dieses unter die Herrschaft des Antigonos und Demetrios geraten war. Nach Ägypten ist er wohl erst nach Kassanders Tod (wahrscheinlich im Jahre 298) gekommen. Auf diesen Mann geht die Idee der Gelehrtenakademie in Alexandrien zurück. Sie führte nach griechischen Vorbildern den Namen Museion, d. h. die Arbeit der Gelehrten stand unter dem Schutz der Musen. Schon die Pythagoräer hatten den Musen einen Altar errichtet, aber das eigentliche Vorbild war die Schule des Peripatos unter Aristoteles und Theophrast in Athen, aus der Demetrios von Phaleron hervorgegangen war. Es wird kaum ein Zufall sein, daß sich unter den ersten Gelehrten in Alexandrien zwei Mediziner befanden, Erasistratos und Herophilos, von denen der erstgenannte ein Schüler Theophrasts gewesen ist. Mit diesen beiden Namen sind die glänzenden Anfänge der medizinischen Wissenschaft in Alexandrien verbunden. Es wird erzählt, Herophilos habe sogar Vivisektionen, und zwar an Verbrechern, vorgenommen, die ihm zur Verfügung gestellt worden sind.

Berühmt ist auch der Mathematiker Eukleides (Euklid). Ob es freilich historisch ist, daß er dem alten Ptolemaios gesagt haben soll, es gäbe für den König keinen eigenen Weg zur mathematischen Wissenschaft, ist zweifelhaft. Doch charakterisiert die Anekdote ebenso den Freimut des Eukleides wie die Wißbegierde des Königs, Eigenschaften, die sicher historisch sind. Von der Insel Kos stammte der Philologe Philitas, er wurde zum Erzieher des Thronfolgers, des späteren Ptolemaios II., bestimmt. Er war Gelehrter und Dichter in einer Person. Zu seinen Schülern gehörte Zenodot, der als ein strenger Kritiker Homers in die Geschichte der Philologie eingegangen ist. Die Zeitgenossen haben allerdings über die „im Museion gefütterten Bücherkritzler" die Lauge ihres Spottes ausgegossen, aber dies hat die späteren Ptolemäer nicht gehindert, die Forschungsstätte (mit der eine große Bibliothek verbunden war) weiter auszubauen und mit immer größeren Mitteln auszustatten. Das Museion aber steht am Anfang aller gelehrten Akademien, es ist in Rom und Byzanz nachgeahmt worden, und auch die mittelalterlichen Universitäten knüpfen an diese Forschungsstätte wieder an. Große Bedeutung hatte die riesige Bibliothek, sie enthielt mehrere hunderttausend Papyrusrollen, die den Gelehrten für ihre Forschungen zur Verfügung standen. Erst auf der Grundlage zahlreicher Handschriften war es der alexandrinischen Philologie möglich, sich beispielsweise in die Textprobleme der homerischen Epen zu vertiefen und unter Zugrundelegung der besten Handschriften einen Text zu konstituieren, der von der Nachwelt rezipiert worden ist.

Ptolemaios hat an dieser Entwicklung sicherlich seine Freude gehabt. Denn er war selbst literarisch interessiert, wenn auch nicht für die Dichtung, so doch für die Geschichtsschreibung. In ihm lebte die Erinnerung an den großen König Alexander, dem er auf dem Asienzug zur Seite gestanden hatte. Nachdem er den Leichnam des Königs nach Ägypten hatte überführen lassen (s. o. S. 22), faßte er den Entschluß, die Taten des Königs in einem Geschichtswerk der Nachwelt zu überliefern. Hierfür hatte er sich Aufzeichnungen gemacht, auch die Ephemeriden Alexanders sind ihm offenbar zugänglich gewesen. Doch ist Ptolemaios erst in vorgerücktem Alter dazu gekommen, den Entschluß in die Tat umzusetzen. Daß dies erst in den letzten Jahren seines Lebens geschehen ist, wie von einem Teil der Forschung angenommen wird, ist nicht gerade wahrscheinlich. Man wird damit rechnen müssen, daß Ptolemaios nach der Schlacht bei Ipsos (301), als er immerhin schon ein Sechziger war, für das Werk die nötige Muße gefunden hat. Die Schwierigkeit, dem Werk gerecht zu werden, besteht für die Nachwelt darin, daß – abgesehen von einigen wenigen mit Namen überlieferten Fragmenten – das Werk aus der „Anabasis Alexanders" von Arrian rekonstruiert werden muß, wobei die Ansichten in der modernen Forschung ganz beträchtlich auseinandergehen. Während beispielsweise Ernst Kornemann dem Ptolemaios einen großen Spielraum in Arrians Werk konzediert, sind andere wie H. Strasburger vom Gegenteil überzeugt. Die eine wie die andere Ansicht hat ihre Vorzüge, doch scheint die zweite Hypothese der Wahrheit näher zu kommen. Was Ptolemaios geben wollte, war eine dem Alexander angemessene Beurteilung seiner Taten und seiner Persönlichkeit. Dabei hat der Verfasser sich selbst natürlich nicht in den Hintergrund gestellt. Man wird also die Angaben des Ptolemaios kritisch überprüfen müssen, wie dies etwa in dem Buch von Jakob Seibert geschehen ist – aber im ganzen bleibt doch von der Darstellung soviel bestehen, daß sie als Grundlage eines Alexanderbildes dienen kann. Inwieweit es dem Verfasser gelungen ist, dem überragenden Phänomen des jungen sieghaften Königs gerecht zu werden, ist eine andere Frage. Sie wird wohl auch in Zukunft nicht beantwortet werden können, da hierfür die notwendigen Voraussetzungen fehlen. Man darf nicht übersehen, daß dem Ptolemaios, als er an dem Werk zu schreiben begann, romanhafte Darstellungen Alexanders vorlagen, die sich mit dem Namen des Kleitarch von Alexandrien verbinden. Die Alexanderlegende hatte sogar schon zu Lebzeiten des Königs ihren Anfang genommen und ist nach seinem Tode üppig ins Kraut geschossen. Als Reaktion gegen diese romanhaften Alexandergeschichten wird man das Werk des Königs Ptolemaios betrachten dürfen. Das bedeutet nicht, daß alle irgendwie romanhaften Elemente aus dem Werk des Ptolemaios verbannt worden wären. Dies bestätigen etwa die Berichte über den Zug Alexanders zur Oase Siwa, bei dem ihm – nach Ptolemaios – zwei Schlangen als Führer gedient haben sollen. Auch die von einem späten Schriftsteller (Synesios von Kyrene) aufgezeichnete Anekdote über den Befehl Alexanders, daß die Soldaten Haupt- und Barthaar zu scheren hätten, ist hierfür ein Zeugnis unter mehreren. Doch im großen und ganzen herrscht im Werk des Ptolemaios Sachlichkeit, ja sogar Nüchternheit, wie sie einem Soldaten als Verfasser anstehen. Von der Dämonie Alexanders war in dem Werk nichts zu spüren, auch das Problem des Volkstums und die grundlegend wichtige Frage, wie sich Alexander sein Verhältnis zu den verschiedenen Völkern des Reiches, insbesondere zu den Persern, gedacht hat – dies alles ist, wenn hier wegen des fragmentarischen Zustandes der Überlieferung überhaupt ein Urteil gestattet ist, von Ptolemaios beiseite gelassen worden. Und doch hätte man hierüber das Urteil des Ptolemaios gern erfahren, denn er stand ja in Ägypten ganz ähnlichen Volkstumsproblemen gegenüber! Aber diese Dinge waren zur Zeit der Niederschrift des Alexanderwerks ein sehr heißes Eisen, man wird von einem Herrscher nicht erwarten können, daß er sich in einem literarischen Werk hierüber in grundsätzlicher Weise geäußert hat. Im übrigen wird niemand dem Ptolemaios verargen, wenn es ihm widerstrebte, den anderen Diadochen, seinen Konkurrenten und Widersachern, in diesem Werk Ruhmeskränze zu winden, im Gegenteil! Seinem Rivalen Perdikkas macht er posthum den Vorwurf, er habe sich zu wenig um die Disziplin seiner Soldaten gekümmert, Antigonos der „Einäugige", der Erzfeind des Ptolemaios, wird, soweit wir dies beurteilen können, in dem Alexanderwerk überhaupt totgeschwiegen. Man mag dieses Verhalten des Königs kleinlich nennen, aber auch ein König ist nur ein Mensch, seine Sympathien und Antipathien haben sich auch in dem Geschichtswerk niedergeschlagen. Hierfür gibt es übrigens viele Parallelen aus alter und neuer Zeit, so daß das Verhalten des Ptolemaios immerhin nicht ganz unverständlich ist. Arrian, der Grieche aus Nikomedien, der vierhundert Jahre nach Ptolemaios lebte (etwa 95 bis 175 n. Chr.), hat wohl gewußt, warum er das Werk des Ptolemaios als Grundlage für sein eigenes Alexanderbuch genommen hat. In seinem Werk spricht Ptolemaios als Feldherr und Politiker, die Erfahrungen eines langen Lebens hatten ihn gelehrt, im Leben Alexanders das Wesentliche zu erfassen und das Unwesentliche beiseite zu lassen.

Die Familie des Ptolemaios. Ptolemaios I. war dreimal verheiratet, das erste Mal mit Artakama, der Tochter des Artabazos, mit der er sich auf der Massenhochzeit von Susa vermählt hatte (s. o. S. 14). Seine zweite Frau war Eurydike, eine Tochter Antipaters, der mehrere Diadochen zu Schwiegersöhnen gehabt hat, weil er sich einer stattlichen Zahl von Töchtern rühmen konnte. Der zweiten Ehe des Ptolemaios entstammt Ptolemaios Keraunos (der „Wetterstrahl"), der als ein finsterer Wüterich in die Diadochengeschichte eingegangen ist, weil er nach der Schlacht bei Kurupedion (281) seinen Freund und Gönner Seleukos I. ermordet hat. Auch Meleagros ist ein Kind dieser zweiten Frau. Dazu kommen noch zwei weitere Söhne und mehrere Töchter, Lysandra, Ptolemaïs und Theoxene. Sie haben eine bedeutende Rolle in den Ehebündnissen der Diadochen gespielt. So war Lysandra in erster Ehe mit Alexander, dem Sohn des makedonischen Machthabers Kassander, vermählt, in zweiter Ehe mit Agathokles, dem Sohn des Lysimachos von Thrakien. Beide, Kassander ebenso wie Lysimachos, waren überzeugte Partikularisten, auch dies wäre bei den ehelichen Verbindungen ihrer Söhne mit der Tochter des Ptolemaios zu berücksichtigen. Die zweite Tochter, Ptolemaïs, heiratete Demetrios Poliorketes, die dritte namens Theoxene den Tyrannen Agathokles von Syrakus. In den beiden Eheschließungen spiegeln sich die maritimen Interessen des ersten Ptolemaios wider. Im übrigen ist die Ehe des Ptolemaios und der Eurydike zerbrochen, weil der Lagide seinen ältesten Sohn Ptolemaios Keraunos von der Thronfolge ausschloß und den Sohn der Berenike, Ptolemaios, später Philadelphos genannt, zum Thronfolger bestimmte. Ptolemaios hatte inzwischen Berenike, eine Makedonin, zu sich genommen, aus dieser Verbindung sind vier Kinder hervorgegangen: der im Jahre 308 auf Kos geborene Ptolemaios (der spätere Thronfolger), dazu der sehr viel jüngere Lysimachos, ferner die Töchter Arsinoe (später vermählt mit dem König Lysimachos von Thrakien) und Philotera. Doch hatte Berenike noch eine lange Wartezeit vor sich, bis sie endlich von Ptolemaios zu seiner legitimen Gemahlin erhoben worden ist (wahrscheinlich erst gegen 290 v. Chr., als Ptolemaios immerhin schon ein hoher Sechziger war). Im übrigen heißt es von Berenike, daß sie ihren Gatten in seinen älteren Jahren vollkommen beherrschte, sie war dafür verantwortlich, wenn Ptolemaios Keraunos aus der Nachfolge verdrängt und ihr eigener Sohn Ptolemaios an seine Stelle gesetzt wurde. Dazu noch drei Kinder, die Thaïs, die ehemalige Geliebte Alexanders, dem Ptolemaios geboren hatte (s. o. S. 15). Für die Thronfolge kamen sie natürlich nicht in Betracht.

Das Familienleben des 1. Ptolemäers ordnet sich ein in die Gewohnheiten der Diadochen, die in der Regel monogam gewesen sind. Natürlich ergaben sich aus der Existenz einer Kinderzahl von verschiedenen Frauen Spannungen, die auch auf das politische Gebiet übergegriffen haben. Im großen und ganzen ist Ptolemaios der Schwierigkeiten Herr geworden; die Folgen der Verdrängung des Ptolemaios Keraunos hat ein anderer, Seleukos I., zu spüren bekommen. Im übrigen hat der erste Ptolemäer in dem Sohn der Berenike, dem späteren Philadelphos, einen würdigen Nachfolger gefunden. Über ihn wird in einem eigenen Kapitel zu handeln sein (s. u. S. 111 ff.).

Ptolemaios I. starb am Ende des Jahres 283 (vielleicht auch erst zu Beginn des folgenden Jahres). Zwei Jahre vorher hatte er seinen Sohn Ptolemaios zum Mitregenten bestimmt (285), so daß der Thronwechsel im Lagidenreich ohne Schwierigkeiten vonstatten gehen konnte.

Die Nachwelt wird dem 1. Ptolemäer die Anerkennung für seine Leistung als Herrscher von Ägypten nicht versagen. Er hatte erkannt, daß dieses Land für seine Herrschaft eine sichere Grundlage bilden konnte, wenn es ihm gelang, die Länder östlich und westlich von Ägypten zu kontrollieren und die allgemeine Machtstellung des Nillandes durch die Schaffung eines um das Ostbecken des Mittelmeeres gelegenen Seereichs zu verstärken. Dies ist dem 1. Ptolemäer in jeder Weise gelungen, doch ist nicht zu übersehen, daß die Zeit für ihn gearbeitet hat. Die zentrifugalen Kräfte der Diadochenzeit, denen sich Ptolemaios aus Überzeugung angeschlossen hat, waren der Idee der Reichseinheit, vertreten vor allem durch Perdikkas und Antigonos den „Einäugigen", eindeutig überlegen, es konnte nach dem Tode Alexanders nur eine Frage der

Zeit sein, wann sich das große Universalreich in eine Anzahl von Teilreichen auflösen würde. Ptolemaios hatte Zeit zu warten, die Schlacht bei Ipsos (301) hat ihm definitiv recht gegeben, obwohl er selbst nicht zu den Mitkämpfern gehört hatte. Mit seinen Töchtern eine kluge und vorausschauende Heiratspolitik zu betreiben, war seine besondere Sorge, und wenn man die Reihe seiner Schwiegersöhne betrachtet (s. o. S. 32f.), so muß man dem Lagiden bescheinigen, daß seine Heiratspolitik erfolgreich gewesen ist. In ihr zeigt sich, ebenso wie auf den anderen Gebieten der Politik, die kluge Berechnung des 1. Ptolemäers. Überragend ist schließlich seine Leistung als Herrscher des von ihm begründeten Ptolemäerreiches. Umgeben von einer fremden indifferenten Bevölkerung, deren Sprache er nicht verstand, hat der König hier, mit der Hilfe von Soldaten, Funktionären und Ingenieuren, Großes geleistet, auch für die Wissenschaft, der er in dem Museion eine repräsentative Lehr- und Forschungsstätte geschenkt hat. Während es den Persern in ihrer fast zweihundertjährigen Herrschaft niemals gelungen war, das Land Ägypten mit dem Reich fest zu verbinden, hat Ptolemaios einen anderen Weg eingeschlagen, der schließlich zum Erfolg geführt hat: er hat die Ägypter zur Mitarbeit aufgerufen, vor allem die mächtige Priesterschaft, aber auch die unübersehbaren Scharen der Fellachen, die sich unter seinem patriarchalischen Regiment wohlgefühlt haben. Da das Nilland in der Zeit des 1. Ptolemaios von Kriegen verschont geblieben ist, bezeichnen die vierzig Jahre seiner Herrschaft eine hohe Blütezeit. Mag auch der Vorrang des Militärs ganz unbestreitbar sein – Ptolemaios war sich immer dessen bewußt, daß mit Zwang allein ein Volk nicht zu regieren ist. Allerdings gab es zwischen den einheimischen Ägyptern und den zugewanderten Makedonen und Griechen eine Scheidewand. In dieser Hinsicht war die Politik des 1. Ptolemäers ein Rückschritt gegenüber Alexander, den er in verschiedenen Kulten, vor allem in Alexandrien, hoch geehrt hat. Diese Politik entsprach den Notwendigkeiten, sie wurde dem Lagiden durch die äußeren Umstände geradezu aufgezwungen. Militär und Verwaltung, dazu die Finanzen, sind zu allen Zeiten das Rückgrat eines jeden zivilisierten Staates, hier bedurfte es einer zuverlässigen Führungsschicht, wie sie nur die Makedonen und Hellenen zu stellen vermochten. Dies aber hat Ptolemaios gewußt, und nach diesem Grundsatz hat er auch gehandelt. Als Ptolemaios im Alter von nahezu achtzig Jahren abberufen wurde, da war Ägypten mit seinen Nebenländern, der Cyrenaica, mit Cypern und Koilesyrien, sicherlich der am besten verwaltete Staat unter den Monarchien, die aus dem Weltreich Alexanders hervorgegangen waren. Seine Währung stand hoch im Kurs, mit zahlreichen Herrschern und Stadtgemeinden waren dauerhafte Bande der Freundschaft geknüpft, wesentliche Probleme der Wirtschaft und Administration waren durch den 1.

Ptolemäer entweder bereits gelöst oder doch wenigstens einer Lösung zugeführt worden. Und neue Erkenntnisse für die Wissenschaft waren aus der Arbeit der alexandrinischen Gelehrtenakademie zu erwarten. Die Verpflichtungen, die ihm das Herrschertum auferlegt hatte, waren durch den Lagiden gewissenhaft erfüllt worden. Dazu hatte er eine Dynastie begründet, die nach ihm benannte Dynastie der Ptolemäer, die bis zum Jahre 30 v. Chr. über Ägypten regiert hat. Unter den späteren Königen aus dem Hause der Ptolemäer waren bedeutende, aber auch weniger bedeutende Herrscher und Herrscherinnen; für alle aber war der Gründer der Dynastie ein Vorbild, das im Kult weiterlebte und dessen Erinnerung zu allen Zeiten in Ehren gehalten worden ist.

Literatur

A. Bouché-Leclercq, Histoire des Lagides I (Paris 1903, Neudr. Brüssel 1963), S. 15ff.; H. Volkmann, RE XXIII (1959) Sp. 1603ff. s. v. Ptolemaios 18; J. Seibert, Untersuchungen zur Geschichte Ptolemaios' I. (Münchener Beitr. z. Papyrusforsch. u. antiken Rechtsgesch., Heft 56, 1969), dazu Gerh. Wirth, Bibliotheca Orientalis 30, 1973, Sp. 407–418. – Zur Familie des 1. Ptolemäers siehe K. J. Beloch, Griech. Gesch. IV, 2 (1927) S. 176ff.

Anmerkungen

1. J. Seibert, Untersuchungen zur Gesch. Ptolemaios' I. (1969) S. 118ff.
2. Dies ist der Ansatz der chronographischen und urkundlichen Quellen, während die literarischen Quellen das Jahr 306 angeben, was aber nicht begründet ist. Das Richtige steht schon bei Beloch, Griech. Gesch. IV 1 (1925) S. 156 A. 2.

2

Seleukos I.

* 358, † 281 v. Chr.

Zu den führenden Diadochen gehört Seleukos, der Sohn des Antiochos und der Laodike, ein Makedone aus dem kleinen Ort Europos. Sein Leben war reich an Wechselfällen, in Glück und Unglück hat er jedoch stets den Adel seiner Gesinnung bewahrt. Seleukos hat ein großes Reich begründet, das nach ihm benannte Seleukidenreich, und bei dem Versuch, in die Heimat Makedonien zurückzukehren, ist er dem Dolch des Ptolemaios Keraunos zum Opfer gefallen. Bei seinem Tode war er schon ein hoher Siebziger, aber immer noch voll von Plänen, die er unausgeführt zurücklassen mußte.

In der Antike hat Seleukos keinen Geschichtsschreiber gefunden, der sein Leben und seine Taten beschrieben hätte. Diese Tatsache ist eigentlich überraschend, denn das Leben des Mannes hätte – ebenso wie das Leben des Ptolemaios – des Wissenswerten genug und übergenug geboten, aber Plutarch, der ihn gelegentlich erwähnt, hat ihm keine eigene Biographie gewidmet, und was der Grieche Appian aus Alexandrien (um 160 n. Chr.) in seinem Abriß der „Syrischen Geschichte“, Kap. 53 ff., von Seleukos zu berichten weiß, ist in vieler Hinsicht unbefriedigend. Wenn dennoch im folgenden versucht wird, dem Leben und der Persönlichkeit des Seleukos gerecht zu werden, so müssen dabei die Lücken der Überlieferung in Kauf genommen werden. Auf so manche Fragen gibt es keine Antwort, aber die Größe seiner Leistung wird niemand verkennen, der sich bemüht, ihn auf dem Hintergrund seiner Zeit zu verstehen.

Als Alexander in Babylon verstarb (10. Juni 323 v. Chr.), war Seleukos 35 Jahre alt, sofern man der Überlieferung Glauben schenkt, die ihm bei seinem Tode im Jahre 281 ein Alter von 77 Jahren zuweist. Aber diese Tradition ist nicht unbestritten; nach Appian soll Seleukos nur 73 Jahre alt geworden sein, nach Eusebius dagegen 75. Doch es spricht manches dafür, daß man mit 77 Jahren zu rechnen hat[1]. Seleukos befand sich im Heere Alexanders und hat mit diesem den Perserfeldzug von Anfang an mitgemacht. Doch sind irgendwelche hervorragenden Taten des Seleukos nicht überliefert; es wäre aber möglich, daß sie von einer späteren Überlieferung, die *gegen* Seleukos eingestellt war, verschwiegen worden sind (W. Otto). Seleukos selbst hat diese Überlieferung nicht berichtigt, sei es, daß er auf eine Korrektur keinen Wert gelegt hat, sei es, daß es nichts Wesentliches zu ändern gab. In der Geschichte des Alexanderzuges findet sich in den ersten sieben Jahren, von 334 bis 327, keine Spur von seinem Namen. Appian nennt Seleukos *stratiótes*. Das bedeutet „einfacher Soldat", aber diese Charakteristik wird der Stellung des Mannes sicherlich nicht gerecht. Wenn daher Seleukos im Jahre 326 (vor der Porusschlacht) das Kommando über die Leibhypaspisten Alexanders führt, – in der Schlacht selbst erscheint er mit anderen zusammen als Führer der Pezhetairenphalanx –, so ist dies nur möglich, wenn man annimmt, daß er auch schon vorher in persönlichem Kontakt mit Alexander gestanden haben muß, weil dieser ihm sonst schwerlich das wichtige Kommando anvertraut hätte, das militärische Erfahrung und taktisches Verständnis voraussetzt. Umso bemerkenswerter ist das Schweigen der Überlieferung über seine Tätigkeit vor dem Jahre 326! Auf der Massenhochzeit zu Susa (324) nahm Seleukos die Tochter des Baktriers Spitamenes mit Namen Apame zur Ehefrau – er folgte damit dem Wunsch seines Königs, der die führenden Völker seines Reiches, die Makedonen und Perser, offenbar aber auch die anderen Iranier, miteinander verschmelzen wollte. Aus der Ehe mit Apame stammt Antiochos I., der älteste Sohn und spätere Nachfolger des Seleukos. Während die anderen Diadochen nach dem Tod des Königs ihre iranischen Frauen verstießen, hat Seleukos der Apame die Treue gehalten. Vielleicht hat sie es noch erleben müssen, daß sie im Jahre 299/8 eine Rivalin erhielt, denn in diesem Jahr hat Seleukos mit Stratonike, der Tochter des Demetrios Poliorketes, eine neue Ehe geschlossen. Er war damals schon ein hoher Fünfziger, die zweite Ehe war das Ergebnis einer vorübergehenden politischen Konstellation, die bald der Vergangenheit angehören sollte. In den Adern der Nachkommen des Seleukos floß makedonisches und iranisches Blut, doch ist die makedonische Komponente im Charakter der Seleukiden immer die dominierende geblieben. Die Seleukiden legten auf ein gutes Verhältnis zur iranischen Bevölkerung großen Wert, und man braucht sich deshalb nicht zu wundern, wenn so manche Iranier in hohe Stellen im Heer und in der Reichsverwaltung der Seleukiden aufgestiegen sind.

In den letzten Tagen Alexanders weilte Seleukos in seiner Nähe. Er nahm an dem Gastmahl des Medios teil, dem letzten, bei dem auch Alexander zugegen war. Seleukos gehörte zu den vornehmen Makedonen, welche den Gott Sarapis in Babylon (unter dem sich wohl ein babylonischer Gott ähnlichen Namens verbirgt) im Tempelschlaf (Inkubation) nach der Heilung des todkranken Königs befragten. Es war vergebens, der Gott versagte sich den Bitten der Freunde, und Alexander starb am 10. Juni 323, entweder an der Malaria oder an einer Lungenentzündung, die auf die Verwundung im Thorax durch einen Pfeilschuß in der Mallerschlacht zurückzuführen ist. Nur noch zwei Einzelheiten sind aus dem Leben des Seleukos zur Zeit Alexanders bekannt: die eine betrifft einen nach Kilikien entlaufenen Sklaven des Seleukos, um den sich Alexander persönlich gekümmert haben soll, indem er anordnete, Nachforschungen nach ihm anzustellen. Von Plutarch (Leb. d. Alex. 42, 1) wird dies als eine besondere Wohltat des Königs gegenüber seinem Freund Seleukos gepriesen. Die andere Geschichte ist zwar eine Legende, aber es verlohnt sich doch, sie hier zu erzählen. Danach habe ein Windstoß das Diadem Alexanders, das Stirnband, das Zeichen der Königswürde, davongetragen; an einem Halm von Schilfrohr auf dem Grab eines der alten Könige sei das Diadem hängen geblieben. Eine andere Version wußte zu berichten, daß ein Matrose nach dem Diadem getaucht sei. Er habe es dem König gebracht, nachdem er die Binde sich um den Kopf gelegt habe. Das Diadem sei ganz unbenetzt vom Wasser gewesen, worauf ihm der König ein Talent als Belohnung habe aushändigen lassen. Die Seher aber hätten dem König geraten, er solle den Überbringer auf der Stelle töten lassen, andere aber hätten davon abgeraten, kurz, man wußte mit dem Ereignis nichts Rechtes anzufangen. Eine dritte Version schließlich brachte Seleukos hiermit in Verbindung: dieser sei es gewesen, der das Diadem aus dem Wasser herausgeholt habe, Seleukos habe es um seinen Kopf gebunden, damit es nicht vom Wasser benetzt würde. Das Ereignis sei als Vorzeichen dafür gedeutet worden, daß Alexander in Babylon sterben und Seleukos über den größten Teil des Alexanderreiches herrschen würde, und zwar über ein Territorium, das größer sei als die Länder der Diadochen. Bemerkenswerterweise hat auch Arrian in seiner Alexandergeschichte die Episode erwähnt (VII 22, 5). Als Retter des Diadems wird hier (Quelle ist der Alexanderhistoriker Aristobul) ein phönikischer Matrose erwähnt. Es habe aber, so schreibt Arrian, auch noch eine andere Version gegeben, wonach der Retter vielmehr Seleukos gewesen sei. Auch bei Arrian wird dies als ein Vorzeichen dafür angeführt, daß Seleukos über den größten Teil des Alexanderreiches herrschen werde. Arrian und Appian gehen hier offensichtlich auf die gleiche Quelle zurück, die Seleukos vor allen anderen Diadochen auszeichnet. Bemerkenswert ist übrigens die Tatsache, daß in der Prophezeiung mit mehreren selbständigen Reichen nach dem Tode Alexanders gerechnet wird. Das aber ist zweifellos ein *vaticinium ex eventu;* die Überlieferung kann daher erst in der vorgerückten Diadochenzeit entstanden sein; vor 312 v. Chr. ist sie schlechterdings unmöglich, sie setzt die Expedition des Seleukos in den Osten und sehr wahrscheinlich sogar die Entwicklung nach der Schlacht bei Ipsos (301) voraus; denn vorher kann davon keine Rede sein, daß Seleukos über den „größten Teil" des Alexanderreiches geherrscht habe.

Aber es wurden noch andere wunderbare Dinge von Seleukos erzählt. Ob sie historisch sind, ist allerdings sehr zweifelhaft. So soll Seleukos auf dem

Alexanderzuge im Jahre 334 das Orakel von Didyma bei Milet befragt haben, ob er nach Makedonien zurückkehren werde. Das Orakel soll geantwortet haben: „Kümmere dich nicht um Europa, Asien ist für dich viel besser". In Makedonien sei auf dem großen Herd seines väterlichen Hauses ein mächtiges Feuer aufgeflammt, obwohl es niemand angezündet hatte. Das ewige Feuer ist, wie bekannt, das Symbol des Herrschertums, Alexander hat es von den Achämenidenkönigen übernommen, und von Alexander ist es auf die Diadochen und durch diese zu den Römern gekommen, für die es in der Kaiserzeit bezeugt ist. Ein anderes Vorzeichen der Königsherrschaft ist der Traum der Laodike, der Mutter des Seleukos. Sie soll einen Ring gefunden und diesen ihrem Sohn Seleukos übergeben haben. Dieser aber werde die Herrschaft dort ausüben, wo der Ring verlorengehe. Es habe sich um einen Siegelring gehandelt, auf dem ein Anker eingraviert gewesen sei. Seleukos aber habe diesen Ring in der Gegend des Euphrats verloren. Als er sich auf dem Weg nach Babylon befunden habe, sei er gegen einen Stein gestoßen, der Stein sei zerbrochen, und das herausgebrochene Stück habe die Form eines Ankers gehabt. Die Seher hätten den Anker als ein Zeichen für ein Gefängnis gesehen, Ptolemaios aber, der sich in der Begleitung des Seleukos befand, habe dies als ein Symbol der Sicherheit gedeutet. Den Anker hat Seleukos in seinen Siegelring aufgenommen.

Es besteht kein Zweifel, daß diese Legenden die Herrschaft des Seleukos in Babylonien voraussetzen. Sie sind ohne Ausnahme nach 312 v. Chr. entstanden. Und es dürfte kaum ein Zufall sein, daß auch Ptolemaios mit diesen Dingen in Verbindung gebracht wird. Hatte doch der Sieg des Ptolemaios und Seleukos über Demetrios Poliorketes bei Gaza im Jahre 312 den Weg nach Babylonien wieder geöffnet.

Seleukos war der Begründer einer neuen Dynastie. Alexander galt der Legende als der Sohn des Zeus-Ammon, Seleukos aber wurde als der Sohn des Apollon bezeichnet. Die Geburtslegende, die sicherlich nicht gegen den Willen des Herrschers ausgebildet worden ist, wußte zu berichten, daß der Gott Apollon der Vater des Seleukos sei, nicht der Makedone Antiochos. Die Mutter Laodike habe von Apollon als Geschenk einen Ring mit eingraviertem Anker erhalten, dazu den Auftrag, diesen Ring dem Sohn, wenn er geboren sei, zu übereignen. Und in der Tat sei am folgenden Tag ein Ring dieser Art im Bett gefunden worden; der Sohn Seleukos aber habe auf dem Schenkel ein Muttermal in der Form eines Ankers getragen. Laodike habe diesen Ring dem Sohn mit auf den Alexanderzug gegeben, nachdem sie ihm die Vaterschaft des Apollon enthüllt habe. Seleukos habe nach dem Tode Alexanders eine Stadt gegründet, in deren Namen sich die Erinnerung an seine göttliche Herkunft erhalten habe: Seleukos nannte die Stadt zwar nach seinem irdischen Vater Antiocheia, das Land in der Umgebung der Stadt aber wurde dem Gott Apollon geweiht. Als Zeichen ihrer Abstammung aber hätten die Söhne und Enkel des Seleukos auf ihrem Schenkel ein Muttermal in der Gestalt eines Ankers getragen.

Niemand wird an dieser Erzählung[2] verkennen, daß es sich bei ihr um eine typisch hellenistische Geburtslegende handelt. Der Ursprung der Seleukidendynastie wird auf einen göttlichen Ahnherrn zurückgeführt. Die Seleukiden haben diese Legende ganz bewußt gefördert, Seleukos durch die Gründung der Stadt Antiocheia und des großen Apollon-Tempels von Daphne in der Nähe der Stadt, später auch Antiochos IV. (175–164), der den Tempelbezirk wiederherstellen ließ. Bereits im 3. Jh. v. Chr. muß diese Legende verbreitet gewesen sein; eine Inschrift aus Ilion (aus der Zeit des 1. Antiochos, des Nachfolgers des Seleukos) nennt Apollon den „Ahnherrn der Familie" *(archegòs tou génous)*. Und in einem Asklepioshymnos von Erythrai in Ionien wird Seleukos geradezu als der Sohn des Apollon bezeichnet. Den heutigen Menschen liegen diese Geburtslegenden sehr fern, in der Antike aber war die Kluft zwischen den Sterblichen und den Göttern nicht unüberbrückbar. Man war der Überzeugung, daß die Unsterblichen auf mannigfaltige Weise in das Leben der Menschen eingriffen, und wer zur Herrschaft berufen war, dem durften der göttliche Segen und der Glaube an die göttliche Abkunft nicht fehlen.

In das volle Licht der Geschichte tritt Seleukos, wie gesagt, erst nach dem Tod Alexanders. Die Neuordnung des Alexanderreiches in Babylon ist oben S. 15 im einzelnen geschildert worden. Sie verdankt ihre Entstehung einer Zwangslage; ein regierungsfähiger König war nicht vorhanden, ein Reichsverweser wurde wegen der Rivalität der Großwürdenträger nicht bestellt. Seleukos hat damals keine Satrapie erhalten, Perdikkas, der Großvezir, überwies ihm jedoch die Stellung des Chiliarchen, die früher Hephaistion, der Busenfreund Alexanders, innegehabt hatte. Als Chiliarch führte Seleukos den Befehl über die Hetairenkavallerie. Ob auch politische Aufgaben mit der Position verbunden waren, ist in der Überlieferung nicht zu erkennen. Doch war Seleukos ein mächtiger Mann, der das volle Vertrauen des Perdikkas genoß. Ob Seleukos auf die richtige Karte gesetzt hatte, erscheint jedoch zweifelhaft, denn die Stellung des Perdikkas war keineswegs gesichert, er hatte viele Neider und Rivalen, und unter den ehemaligen Generälen Alexanders dürfte es kaum einen einzigen gegeben haben, der mit der überragenden Position des Perdikkas einverstanden gewesen wäre. Zwar war es allgemein bekannt, daß Perdikkas dem Alexander in seiner letzten Zeit nahegestanden hatte (angeblich soll ihm der König sogar seinen Siegelring überreicht haben) – aber die anderen fühlten sich dem Perdikkas durchaus ebenbürtig, seinen Vorrang erkannten sie nicht an. Überhaupt gab es nach Alexanders frühem Ende keine allseits anerkannte Persönlichkeit, zumal weder Krateros noch Antipater in Babylon erreichbar waren. Die Reichsordnung von Babylon in den heißen Sommertagen des Jahres 323 v. Chr. trug bereits den Keim des Zerfalls des Universalreiches in sich; Perdikkas war nur der *primus inter pares,* er war den meisten unbequem, und sie sannen nur darauf, wie sie sich seiner wieder entledigen konnten. Die Gelegenheit bot sich bei dem Feldzug des Perdikkas gegen den Satrapen Ptolemaios I. von Ägypten im Jahre 321. Hier muß eingeschaltet werden, daß sich Perdikkas inzwischen zum Reichsverweser von Asien aufgeworfen hatte. Er sah in den Satrapen, die durch die Heeresversammlung in Babylon ihre Territorien erhalten hatten, seine Untergebenen, was diese natürlich nicht anerkannt haben. Aus dieser Situation ergab sich der Konflikt mit dem Satrapen von Ägypten. Das Unternehmen gegen Ägypten war ebenso schlecht vorbereitet, wie es durchgeführt wurde; die Einzelheiten sind o. S. 22f. dargestellt. Im Heer bildete sich eine Verschwörung, als ihr Opfer ist Perdikkas umgekommen. Die Überlieferung nennt Antigenes und Seleukos als die Mörder des Perdikkas. Antigenes war der Führer einer Elitetruppe, der Argyraspiden (der „Silberschildner"), Seleukos war Chiliarch. Beide bekleideten hohe Stellungen in der militärischen Hierarchie, beide waren mit Perdikkas unzufrieden. Dabei muß es offen bleiben, ob der Plan, Perdikkas zu ermorden, schon seit längerer Zeit feststand oder ob er erst nach dem militärischen Mißerfolg in Ägypten gefaßt worden ist. Außerdem wäre zu fragen, ob die Beteiligung des Seleukos an der Verschwörung auf ein geheimes Einverständnis mit Ptolemaios, dem Satrapen von Ägypten, zurückzuführen ist. Hierauf gibt es jedoch keine Antwort. Die Mordtat wirft aber zweifellos einen tiefen Schatten auf den Charakter des Seleukos, gleichgültig, welches Motiv auch immer ihn hierzu bestimmt haben mag.

In der Satrapienverteilung von Triparadeisos (in Nordsyrien) wurde dem Seleukos, vielleicht als Belohnung, Babylonien zugesprochen. Wir befinden uns immer noch im Jahre 321, das so viele wichtige Ereignisse gebracht hat. Übrigens ist dem Antigenes die Satrapie Susiane, die im Osten an Babylonien angrenzt, übertragen worden – auch er hat also eine wichtige Stellung in der Reichsverwaltung erhalten. Vorher hatte es in Triparadeisos einen ernsten Zwischenfall gegeben, Eurydike, die Gattin des Philipp Arrhidaios, hatte die Soldaten gegen den Reichsverweser Antipater aufgehetzt, Seleukos aber hatte Antipater in Schutz genommen. Wir kennen die Motive des Seleukos nicht, Antipater aber hat ihm die Hilfe durch die Übertragung der babylonischen Satrapie vergolten. Wer Babylonien beherrschte, hatte eine der wichtigsten

Stellungen in Vorderasien inne. Babylonien war reich an natürlichen Hilfsquellen, es verfügte über eine große Bevölkerung, seine zentrale Lage am Schnittpunkt der Straßen vom Mittleren Osten zum Mittelmeer und der Verkehrswege in den Flußtälern des Euphrat und Tigris verlieh der Satrapie eine Bedeutung, die wohl nur noch von der Satrapie Ägypten erreicht, wenn auch schwerlich übertroffen wurde.

Vier Jahre lang hat Seleukos in Babylonien als Satrap regiert, von 321 bis 317/6. Die Zeit war erfüllt von Kämpfen der Diadochen gegeneinander, an denen auch Seleukos beteiligt gewesen ist. In Vorderasien hatte sich nämlich Eumenes von Kardia zum Vorkämpfer für das Königtum aufgeworfen, er pflegte den Kult des toten Alexander in seinem Lager, und die Paradetruppe der Argyraspiden unter Antigenes bildete den Kern seiner Streitmacht. Aber er hatte in Antigonos dem ‚Einäugigen' einen machtvollen Gegenspieler, und die Heeresversammlung in Triparadeisos hatte Eumenes in Acht und Bann getan, weil er im Jahre 321 den Sieg über Krateros und Neoptolemos in Kleinasien davongetragen hatte. Krateros, der Abgott des makedonischen Heeres, und Neoptolemos waren im Kampf gefallen. In dieser Auseinandersetzung sah sich auch Seleukos gezwungen, Farbe zu bekennen, er entschied sich für Antigonos, versuchte aber, gegenüber Eumenes eine Art von bewaffneter Neutralität zu wahren. Als aber Eumenes auf dem Weg in die Susiane die babylonische Satrapie durcheilte, machte ihm Seleukos Schwierigkeiten. Er ließ einen Kanal zerstören und setzte das Land unter Wasser, doch Eumenes gewann mit Hilfe eines einheimischen Führers wieder Boden unter seinen Füßen. Nun schloß Seleukos mit ihm einen Vertrag, anderseits sandte er insgeheim Boten zu Antigonos mit der Bitte, ihm Hilfe zu leisten. Doch bevor dies geschehen konnte, war Eumenes in die Susiane entkommen. Antigonos ernannte Seleukos zum Satrapen der Susiane und beauftragte ihn mit der Belagerung der Hauptstadt Susa, die von dem Gazophylax (Schatzwächter) Xenophilos für Eumenes gehalten wurde. An der Schlacht in der Paraitakene, in der Eumenes endgültig unterlag (im Winter 317/6), hat Seleukos nicht teilgenommen, wohl aber hat er, ebenso wie Peithon, der ehemalige Generalgouverneur der Oberen Satrapien, dem Antigonos Truppen zur Verfügung gestellt. Obwohl sich Seleukos bemühte, Antigonos, den Strategen von Asien, mit allen Ehren in Babylon zu empfangen, kam es doch bald zu Zwistigkeiten, weil sich Antigonos nach Beseitigung seines Rivalen Eumenes als Beauftragter für ganz Vorderasien betrachtete. In dieser Eigenschaft, die er sich selbst beigelegt hatte, forderte er Rechenschaft von Seleukos über seine Verwaltung der babylonischen Satrapie. Dieses Ansinnen wies Seleukos mit der Begründung zurück, er habe sein Amt – auf Grund seiner Verdienste unter Alexander – von der makedonischen Heeresversammlung erhalten, nicht durch die Gnade des Antigonos. Es war der materielle Reichtum der babylonischen Satrapie, der in der Tat für den Besitzer von großem Wert sein mußte. Außerdem wollte Antigonos in Babylonien keine Ausnahme dulden, er sah in den Satrapen seine Untergebenen, die ihm zur Rechenschaft verpflichtet waren. Das Kräfteverhältnis war sehr ungleich, und dies ist dem Seleukos nicht verborgen geblieben. Seleukos glaubte sich in Babylonien nicht halten zu können und begab sich mit 50 Begleitern auf die Flucht nach Ägypten, wo er von Ptolemaios ehrenvoll aufgenommen wurde; denn auch dieser fühlte sich von den Aspirationen des Antigonos bedroht, der ganz offen das Universalreich Alexanders wiederherstellen wollte. Über die Flucht des Seleukos soll Antigonos recht froh gewesen sein, da er nun gegen seinen Rivalen keinen Zwang anzuwenden brauchte. Damit war die erste Periode der Herrschaft des Seleukos in Babylonien zu Ende (Sommer 316 v. Chr.).

In den folgenden vier Jahren (von 316 bis 312) stand Seleukos im Dienst des ägyptischen Satrapen Ptolemaios I. Er war in dieser Zeit nicht immer erfolgreich, manche Aktionen endeten sogar mit eklatanten Mißerfolgen. Die Devise der beiden Verbündeten und der mit ihnen gemeinsam operierenden Diadochen hieß Kampf gegen die Bestrebungen des immer mächtiger werdenden Antigonos, der bereits im Jahre 315 von Tyros aus verkündete, daß er die Reichsverweserschaft übernommen habe. Er stellte sich damit ganz eindeutig über alle anderen Diadochen, die natürlich die Usurpation, wenn sie anscheinend auch von der Heeresversammlung in Tyros sanktioniert worden war, nicht anerkannten. Aber sie vermochten vorerst nur wenig auszurichten; nur dem Ptolemaios gelang es, sich auf der Insel Cypern festzusetzen, indem er verschiedene Stadtkönige mit Gewalt dem Antigonos abspenstig machte. An diesen Aktionen war auch Seleukos beteiligt. Eine Flottenexpedition nach Lemnos und Kos war jedoch ebensowenig vom Glück begünstigt wie die Intervention in Karien zugunsten des Satrapen Asandros, der sich schließlich von Antigonos seiner Satrapie beraubt sah. Man braucht sich nicht zu wundern, wenn diese Operationen mehr oder weniger fehlgeschlagen sind: Ptolemaios hat hier keinen vollen Einsatz gewagt, da sich die Aktionen zu weit entfernt von seiner Basis Ägypten vollzogen. Für Seleukos waren diese Unternehmungen in jedem Fall sehr undankbar, da sie dem Antigonos keinen erheblichen Schaden zufügten. Seleukos mußte allmählich zu der Einsicht kommen, daß er auf diese Weise Babylonien niemals wiedersehen würde. Deshalb bestimmte er Ptolemaios, den Kampf zu Lande an einer Stelle aufzunehmen, an der Antigonos verwundbar war: in Syrien, das von Ägypten aus mit leichter Mühe erreicht werden konnte. Und in der Tat errangen Ptolemaios und Seleukos bei Gaza einen glänzenden Sieg über Demetrios Poliorketes, den Sohn des Antigonos (Frühjahr 312). Demetrios, der den Gegnern infanteristisch unterlegen war, hatte seine ganze Hoffnung auf die Elefantenwaffe gesetzt. Diese aber scheiterte an den Hindernissen: die Gegner hatten Pfähle in den Boden gerammt und daran eiserne Ketten befestigt, in diesen verfingen sich die Elefanten, zumal die Aufklärung offenbar versagt hatte. Auch die Reiterattacke, die vom linken Flügel des Demetrios vorgetragen wurde, schlug nicht durch, und das Zentrum hat, ebensowenig wie der rechte Flügel, das Schicksal des Demetrios nicht wenden können. Demetrios verlor nicht nur zahlreiche Gefangene (angeblich 8000 Mann), auch die ganze *Aposkeué* ging verloren, d. i. das Lager mit dem gesamten Inhalt, das von den Gegnern erbeutet wurde. Aber die Sieger zeigten sich wider Erwarten großzügig: sie sandten die gefangenen Freunde und angeblich auch die gesamte *Aposkeué* dem Demetrios wieder zurück, indem sie ihn wissen ließen, daß sie den Kampf nicht um Beute, sondern um ihr gutes Recht geführt hätten, das Antigonos durch die Vertreibung des Seleukos aus Babylonien verletzt habe. Hegten sie die Hoffnung, auf diese Weise zu einem schnellen Frieden mit Antigonos zu gelangen? Antigonos aber dachte nicht daran, das südliche Syrien und Babylonien preiszugeben.

Für Seleukos war der Sieg bei Gaza eine der großen Wendemarken in seinem Leben. Er formierte eine Abteilung von 800 Infanteristen und 200 Reitern (nach anderen Quellen wären es 1000 Mann Infanterie und 300 Reiter gewesen) und zog mit ihnen in Eilmärschen durch die arabische Wüste nach Babylonien. Unsere Quelle (Diodor XIX 90) diskutiert an dieser Stelle ausführlich die Erwägungen, die Seleukos angestellt haben soll. Vor allem habe er auf die Sympathien der babylonischen Bevölkerung hingewiesen, aber auch auf die Tatsache, daß für die Mitkämpfer Alexanders nicht die Größe der zur Verfügung stehenden Machtmittel, sondern die Erfahrung und Intelligenz entscheidend sei, mit der Alexander einst die größten Taten vollbracht habe. Auch die Götter hätten dem Unternehmen zugestimmt, das Branchidenorakel habe ihn als König angeredet, und Alexander selbst, der ihm im Traum erschienen sei, habe ihm vollen Erfolg verheißen. In Karrhai angelangt, nahm Seleukos die dort wohnenden Makedonen in seine Schar auf; wer sich weigerte, wurde mit Gewalt gezwungen, sich dem neuen Herrn anzuschließen. In der Tat hatte sich Seleukos über die Stimmung der einheimischen Bevölkerung in Babylonien nicht getäuscht, die Menschen begrüßten ihn mit Freuden, und ein gewisser Polyarchos (über seine Funktion ist nichts Näheres bekannt) schloß sich ihm mit mehr als 1000 Mann an, die Anhänger des Antigonos aber retteten sich in die Burg von Babylon. Seleukos nahm jedoch die Feste mit stürmender Hand, seine Parteigänger, die hier von Antigonos gefangengehalten worden waren, sahen sich befreit. Doch war seine Herrschaft in Babylonien immer noch nicht fest gegründet. Antigonos entsandte gegen ihn eine Streitmacht unter Nikanor von insgesamt 17000 Mann. Nikanor hatte das Amt eines Strategen der Oberen Satrapien unter Antigonos inne. Seleukos war dem Nikanor zahlenmäßig eindeutig unterlegen, er hat aber das Heer des Gegners durch einen nächtlichen Überfall auseinandergesprengt; auf seiten Nikanors ist Euagros, der Satrap der Persis, gefallen. Ein großer Teil des Heeres trat in den Dienst des Seleukos; Nikanor selbst mußte mit seinen engsten Freunden die Flucht durch die Wüste wagen, er bedeutete von nun an für Seleukos keine Gefahr mehr. Dieser konnte vielmehr seine Herrschaft auch in einigen benachbarten Satrapien, in der Susiane und in Medien, zur Geltung bringen. Seine Erfolge teilte er dem Ptolemaios in einem Schreiben mit. Die Quelle (Diodor XIX 92,5) berichtet, Seleukos habe schon jetzt eine königliche Würde besessen und sei des Ruhms seines Feldherrntums würdig gewesen.

Die Bedeutung der Zurückeroberung Babyloniens wird dadurch unterstrichen, daß Seleukos im Herbst 312 eine neue Ära (Zeitrechnung) begonnen hat. Es ist dies die Seleukos-Ära, die später, nach dem Tode des Seleukos I., als Seleukidenära weitergeführt worden ist. Die Ära beginnt mit dem 1. Dios (Oktober) 312 v. Chr., dem Anfang des makedonischen Jahres. Für die Babylonier dagegen ist der Anfang der 1. Nisan (April) des Jahres 311. Der doppelte Anfang der Seleukos-Ära ist ein Symbol für die beiden Säulen, auf die sich seine Herrschaft stützte: den Makedonen gegenüber war er der anerkannte Führer, für die Babylonier war er der Landesherr, der das Territorium mit der Spitze seines Speeres erobert hatte. Es mußte das vornehmste Bestreben des Seleukos sein, das von ihm gewonnene Gebiet um Babylon als Mittelpunkt durch eine straffe Verwaltung zusammenzufassen und seine Herrschaft weiter auszudehnen. Dabei war er im wesentlichen auf sich allein gestellt, denn Ptolemaios, sein wohlwollender Bundesgenosse und Freund, war mit eigenen Problemen innerhalb und außerhalb Ägyptens beschäftigt, die übrigen Diadochen, mit denen er Freundschaft pflegte, insbesondere Lysimachos von Thrakien und Kassander von Makedonien, waren viel zu weit entfernt, als daß sie ihm hätten Hilfe leisten können. Zum Glück war Antigonos zu sehr mit den Angelegenheiten Kleinasiens und Griechenlands beschäftigt, so daß er sich nicht auf die Auseinandersetzung mit Seleukos in Babylonien konzentrieren konnte.

Zu den Quellen der Diadochengeschichte ist im Jahre 1924 eine babylonische Chronik in Keilschrift hinzugekommen, die der britische Assyriologe Sidney Smith veröffentlicht hat[3]. Es sind zwei Tontafeln, die aus den Schätzen des Britischen Museums in London stammen[4], sie haben in der Forschung ein großes Echo hervorgerufen, wiederholt sind sie Gegenstand historischer und philologischer Untersuchungen gewesen. Zuletzt hat sich – nach Walter Otto und W. W. Tarn – Bernd Funck mit dieser ‚Diadochenchronik' beschäftigt[5]. Die beiden Keilschrifttafeln bilden in einigen Punkten eine wesentliche Ergänzung, insbesondere zu Diodor, sie werfen auch auf die Tätigkeit des Seleukos seit 312 in Babylonien neues Licht. So scheint die Keilschriftchronik zu bestätigen, daß Seleukos nach seiner Rückkehr im Jahre 312 einige Zeit um Babylon, vor allem um den „Palast", kämpfen mußte, bis es ihm gelang, diesen einzunehmen, eine Einzelheit, die sich mit Diodors Bericht gut vereinbaren läßt.

Eine grundsätzliche Wende bringt dann der Friede des Jahres 311, der zwischen Antigonos einerseits, Lysimachos, Ptolemaios und Kassander anderseits abgeschlossen worden ist. Dem Antigonos wurde in diesem Frieden ein gewisses Oberaufsichtsrecht über Vorderasien konzediert, Lysimachos wurde als Herr von Thrakien, Ptolemaios als Herr von Ägypten anerkannt, während Kassander nur solange über Makedonien herrschen sollte, als der junge König Alexander IV., der Sohn Alexanders d. Gr., noch nicht mündig sei. Dieser Friede bedeutete eine gewisse Aufteilung des Alexanderreiches, wenn auch die Fiktion der Einheit durch die Person des jungen Königs noch aufrecht erhalten wurde. Bemerkenswert ist nun die Tatsache, daß Seleukos in diesen Frieden des Jahres 311 *nicht* miteingeschlossen war. Man wird dies damit erklären müssen, daß sich Antigonos nicht dazu bereit erklärt hatte, in aller Form auf Babylonien und auf die von Seleukos okkupierten umliegenden Gebiete zu verzichten. Daß dies die einzig richtige Erklärung ist, bestätigen die Angaben der Diadochenchronik, die von Kämpfen zwischen Seleukos und Antigonos in den Jahren nach 311 berichten. So ist es beispielsweise dem Antigonos gelungen, im Jahre 309/8 (?) in Babylon einzudringen; er hatte also die Hoffnung, Seleukos zu vertreiben, noch keineswegs aufgegeben, wenngleich er seine Hauptkräfte im Westen einsetzen mußte.

Die Diadochenchronik weiß außerdem von Plünderungen in Babylon und Umgebung zu berichten, auch Kutha sei erobert worden, wobei das Schatzhaus des Nergal ausgeraubt wurde. Seleukos, der offenbar zunächst aus dem Lande wieder verdrängt worden war (vielleicht war er auch in anderen Gegenden beschäftigt), konnte bald wieder nach Babylonien zurückkehren. Man findet ihn zunächst in Borsippa und dann wieder in der Hauptstadt des Landes. Schon unter der Regierung Alexanders d. Gr. hatte man damit begonnen, den Schutt des alten Tempels Esagila wegzuräumen, eine Arbeit, die, ebenso wie der Neubau des Tempels, unter Seleukos fortgeführt worden ist. Es existiert ein interessantes Dokument, in dem zu lesen steht, daß ein Sklave 'zur

Rettung seiner Seele' am 6. XI. des 6. Jahres Alexanders IV., d. h. etwa im Februar 310 v. Chr., für die Reinigung des Esagila-Heiligtums geopfert hat[6]. Die Weiterführung der Arbeiten an dem babylonischen Heiligtum zeigt das Interesse des Seleukos an dem einheimischen Kult. Dies erklärt, warum sich der Diadoche so großer Sympathien unter der einheimischen Bevölkerung erfreuen konnte.

Seit dem Jahre 308 hatte sich Seleukos einer neuen großen Aufgabe zugewandt, er konnte sie, von Antigonos unbehelligt, in den darauf folgenden Jahren zu Ende führen. Seleukos hat damals das gesamte vorderasiatische Gebiet von der Susiane und Medien nach dem Osten bis an die Grenzen Indiens unterworfen. Das Ergebnis findet sich in einer kurzen Zusammenfassung Appians (Syr. 55): danach habe Seleukos seine Herrschaft aufgerichtet über die Länder Mesopotamien, Armenien, Persis, Parthien, Baktrien, Arabien, die Tapurer, Sogdiana, Arachosien, Hyrkanien und die anderen Völker bis hin zum Indus. – Es ist klar, daß die Unterwerfung so großer Räume und so vieler Völker mehrere Jahre in Anspruch nehmen mußte. Sein Reich umfaßte nun den gesamten Komplex der östlichen Länder des Alexanderreiches und stellte in seiner riesenhaften Ausdehnung alle anderen Diadochenstaaten weit in den Schatten. Die Eroberung der Ostgebiete wird man sich so vorzustellen haben, daß die meisten Satrapen in diesen Ländern sich beeilten, die Oberherrschaft des Seleukos anzuerkennen, während die Iranier in ihm ihren Herrn sahen, der ihnen vor den Einfällen der barbarischen Steppenvölker des Nordens und Nordostens Schutz gewährte. Nicht zu vergessen ist schließlich, daß in den Militärkolonien des Ostens zahlreiche Makedonen wohnten, die sich nur zu behaupten vermochten, wenn sie an der Herrschaft des Seleukos einen Rückhalt fanden. Was Seleukos hier geschaffen hat, wird man als ein makedonisch-iranisches Reich bezeichnen dürfen. Dabei hatten allerdings die Makedonen die Führerschaft inne – aber auch zahlreiche vornehme Iranier sind zur Administration des Reiches mitherangezogen worden. Der eigentliche Gegner des Seleukos im Osten war der indische König Sandrokottos *(Çandragupta),* der Begründer der Maurya-Dynastie, der im Gebiet des Indus und des Ganges ein großes Reich mit der Hauptstadt Pataliputra (griechisch: Palibothra) errichtet hatte. Dieser König weigerte sich, als Vasall die Herrschaft des Seleukos anzuerkennen, er nahm den Kampf gegen die Makedonen auf. Der Krieg blieb jedoch ohne Entscheidung, am Ende schlossen die Gegner einen Vertrag, der, wie es scheint, beide Teile zufriedengestellt hat. Den größten Landgewinn hatte ohne Zweifel Sandrokottos zu verzeichnen, ihm wurde der Besitz großer Gebiete im westlichen Indien und in den weiter westlich gelegenen Territorien im Oberen Asien zugestanden: das Fünfstromland, Arachosien, die Paropamisaden mit dem wichtigen Kabultal, dazu noch Gedrosien, das allerdings zum größten Teil Wüste war – dadurch hatte das indische Maurya-Reich ein breites Vorfeld erhalten, wodurch es sich vor Einfällen vom Westen her abgeschirmt hat. Seleukos aber hatte sich 500 Elefanten ausbedungen, sie sollten in dem kommenden Krieg gegen Antigonos eine ganz entscheidende Rolle spielen. Seleukos nannte man von nun an den „Elefantenführer“ *(elephantárches).*

Die Beziehungen zwischen dem indischen König Sandrokottos und Seleukos waren für beide Teile von großer Bedeutung. Der Letztgenannte hatte, allerdings unter Preisgabe wichtiger Gebiete im Osten, eine Sicherung seiner Ostflanke erreicht, er konnte auf die wohlwollende Neutralität des Maurya-Herrschers rechnen, wenn die Entscheidung im Westen heranreifte. Mindestens ebenso wichtig aber war die Aufnahme von Handelsbeziehungen zu Wasser und zu Lande zwischen Babylonien und Indien. Man wundert sich nicht, wenn in der Folgezeit des öfteren Gesandtschaften der Seleukiden in Indien bezeugt sind, mehrere von ihnen unter Seleukos I. wurden von Megasthenes geführt, der das ferne Wunderland in seiner *Indiké* beschrieben und seine Eindrücke der Nachwelt überliefert hat. Die Darstellung des Megasthenes gewinnt dadurch noch an Wert, weil man sie mit einer einheimischen indischen Quelle, dem sog. *Arthaśāstra* des Kautilya, konfrontieren kann. Dieses Buch, eine Anweisung für die rechte Staatskunst von ausgesprochen machiavellistischem Charakter, ist sicherlich ein zeitgenössisches Werk, doch erscheint es nicht ausgeschlossen, daß einzelne Partien zu einer späteren Zeit eingeschoben worden sind. Nicht nur Megasthenes, sondern auch viele andere gebildete Griechen haben sich für Indien interessiert, auch die Ptolemäer haben versucht, sich neben den Seleukiden in Indien zur Geltung zu bringen.

Der Konflikt zwischen Seleukos und Antigonos war im Jahr 308 nur aufgeschoben worden. Von Bedeutung ist das Jahr 306/5. Denn nach dem Seesieg des Demetrios Poliorketes über Ptolemaios in der Seeschlacht bei Salamis auf Cypern hatte sich Antigonos mit dem Königstitel geschmückt und ihn zugleich auf seinen Sohn übertragen. Die übrigen Diadochen, Ptolemaios, Kassander, Lysimachos und Seleukos, parierten dies dadurch, daß sie sich von nun an gleichfalls Könige nannten, ein sinnfälliges Zeugnis dafür, daß man die Idee der Einheit des Alexanderreiches endgültig aufgegeben hatte. Übrigens hatte Seleukos den Königstitel in Babylonien schon früher geführt, der Zeitpunkt seiner Annahme fällt sicherlich vor 306[7], wenn auch die ersten keilschriftlichen Datierungen mit dem Königstitel erst aus dem Jahr 304 stammen.

Als Seleukos aus dem Osten zurückkehrte, hatte sich die Lage in Kleinasien zugespitzt. Kassander und Lysimachos fühlten sich von Antigonos bedroht, auch Ptolemaios I. trat mit ihnen in ein Bündnis. Die Koalierten rechneten mit der Hilfeleistung des Seleukos, dessen Elefantenwaffe von größter Bedeutung war. Gegenüber der Koalition, die um jeden Preis zur Offensive übergehen mußte, verfügte Antigonos über den Vorteil der inneren Linien; wenn sich die Gegner nicht vorsahen, gerieten sie in die Gefahr, einzeln von Antigonos überwältigt zu werden. Aber sie besaßen in dem König Lysimachos von Thrakien einen sehr fähigen Strategen, der die Fäden der Operationen in den Händen hielt. Die Aufgaben für die Koalierten waren nicht einfach. Denn es galt, Antigonos mit seiner Hauptstreitmacht solange zu beschäftigen, bis die Truppen der Koalition ihm im Felde einigermaßen ebenbürtig waren. Auch auf die Mitwirkung des Ptolemaios I. hatte man fest gerechnet. Aber dieser hatte es sich leicht gemacht. Er war nach einem ersten Vorstoß nach Syrien wieder in sein Stammland zurückgekehrt, angeblich soll er sich damit entschuldigt haben, er habe die Nachricht erhalten, daß seine beiden Verbündeten Lysimachos und Seleukos geschlagen worden seien. Dies aber war ein Irrtum. Seleukos hatte vielmehr mit seinem Heer in Kappadokien überwintert, die Vereinigung mit Lysimachos kam erst im folgenden Frühjahr (301) zustande, und zwar in Phrygien. Antigonos' Position in Kleinasien war dadurch geschwächt worden, daß Dokimos, der Gouverneur von Phrygien, auf die Seite der Verbündeten übergegangen war. Die Schlacht bei Ipsos (heute Sipsin, in der Nähe von Synnada) entschied gegen Antigonos. Obwohl sein Heer zahlenmäßig überlegen gewesen war, so hatten doch die von Seleukos eingesetzten Elefanten Furcht und Schrecken in den Reihen der Gegner verbreitet, und Demetrios hatte durch sein undiszipliniertes Verhalten zum Verlust der Schlacht wesentlich beigetragen. Mit dem Soldatentod des mehr als achtzigjährigen Antigonos war die Entscheidung darüber gefallen, daß von nun an ein System der Teilstaaten an die Stelle des Alexanderreiches treten sollte, dessen Idee von Antigonos so lange am Leben erhalten worden war.

Der Sieg bei Ipsos bedeutete für Seleukos den Gewinn neuer Territorien. Zwar hat er auf Annexionen in Kleinasien verzichten müssen – hier hat Lysimachos den Löwenanteil eingeheimst, denn fast das gesamte Kleinasien bis zum Taurus kam unter seine Herrschaft, so daß er jetzt über ein Reich zu beiden Seiten der Meerengen verfügte. Aber *Nordsyrien* und die angrenzenden Gebiete blieben für Seleukos übrig, und auch das *südliche Syrien* war dem Seleukos zugesprochen worden. Hier aber, in dem sog. Koilesyrien, hatte sich bereits Ptolemaios festgesetzt, der zur Aufgabe dieses Gebietes nicht zu bewegen war. Abgesehen von der großen wirtschaftlichen Bedeutung war Koilesyrien ein wertvolles Glacis für Ägypten, dessen Besitz dem Ptolemaios so wichtig schien, daß er auch einen Krieg mit seinem ehemaligen Verbündeten riskiert hätte. Um dieses Land haben die späteren Seleukiden und Ptolemäer nicht weniger als sechs Kriege gegeneinander geführt, erst Antiochos III. (223–187) hat Koilesyrien gewinnen können.

Das von Seleukos erworbene nördliche Syrien, später Syria Seleukis genannt, war im übrigen wichtig genug. Seleukos hatte damit Anschluß an das Mittelmeer erhalten, und es ist kein Zufall, wenn er unweit der Mündung des Orontes seine Hauptstadt Antiocheia gegründet hat. Sie war von nun an (seit 300 v. Chr.) seine eigentliche Residenzstadt, der Schwerpunkt des Reiches hatte sich damit beträchtlich nach dem Westen verschoben. Die Stadt erhielt eine große Garnison, und in ihrer Nähe fanden die Elefanten ihre Unterkunft, die in den Kriegen der Seleukiden eine große Rolle gespielt haben.

Die zwei Jahrzehnte nach der Schlacht bei Ipsos, die Zeit von 301 bis 281, bezeichnen eine wichtige Phase in der Geschichte des Seleukidenreiches. Seleukos, der den Untergang des Antigonos als hoher Fünfziger erlebt hatte, mußte sich jetzt der Konsolidierung seines Reiches zuwenden. Es bestand aus sehr verschiedenartigen Teilen: die Kernlandschaften waren Mesopotamien, dazu Nordsyrien und Medien. Um diese Gebiete fest in der Hand zu halten, hat Seleukos in ihnen zahlreiche Städte gegründet, eine Politik, die sein Sohn und Nachfolger Antiochos I. nach Kräften fortgesetzt und gefördert hat. Von dieser kolonisatorischen Tätigkeit der beiden Herrscher hat Eduard Meyer[8] gesagt: „Was die beiden ersten Seleukiden auf diesem Gebiet geleistet haben, ist in der Tat ganz erstaunlich und kaum begreifbar". Hinter dieser Kolonisation steht die Absicht der Seleukiden, aus Nordsyrien und Mesopotamien ein neues Makedonien zu machen. Zahlreiche Orts- und Landschaftsnamen erinnerten in diesem Raum an die alte Heimat. Hier gab es eine Landschaft Mygdonien, eine Stadt Anthemusia, und aus der alten Siedlung Thapsakos am Euphrat wurde das makedonische Amphipolis. Und der orientalische Ort Dura am mittleren Euphrat, der durch die Ausgrabungen der Académie des Inscriptions et Belles Lettres und der Yale University unter der Leitung von Franz Cumont und Michael Rostovtzeff weltbekannt geworden ist, dieser Ort hieß nun Europos, er trug den Namen der kleinen Siedlung in Makedonien, in der Seleukos geboren worden war. In der alten Hauptstadt des Zweistromlandes, dem traditionsbeladenen Babylon, hat sich Seleukos offenbar nicht allzu wohl gefühlt. Hier gab es zuviel Priester und Heiligtümer, hier überwog das einheimische Element der Bevölkerung so eindeutig, daß es hoffnungslos schien, Babylon zum Mittelpunkt des Makedonentums zu machen. Ganz anders stand es dagegen mit der Stadt Seleukeia am Tigris. Sie wurde von Seleukos I. in der Absicht gegründet, dem Zweistromland einen neuen Mittelpunkt zu geben. Die Stelle war vorzüglich gewählt: Seleukeia lag am Schnittpunkt zahlreicher Handelsstraßen zwischen Ost und West, Nord und Süd, so daß man sich nicht zu wundern braucht, wenn sich Seleukeia in kurzer Zeit zu einer typischen Großstadt entwickelte, die angeblich 600 000 Einwohner gezählt haben soll. Neben dieser Stadt gab es noch eine ganze Reihe anderer Gründungen, die den Namen Seleukeia, Antiocheia oder Apameia führten: in ihnen wurden zumeist makedonische Soldaten angesiedelt, aber auch zahlreiche Griechen, die aus dem Mutterland zugewandert waren, verliehen diesen neuen Städten einen ausgesprochen griechischen Charakter, denn die Städte waren nach griechischen Plänen angelegt, sie alle verfügten über ein griechisches Theater, über Gymnasien und über eine Agora, einen geräumigen Marktplatz, um den sich die Amtsgebäude gruppierten. Kurz, die ersten Seleukiden haben alles getan, um den Makedonen und Griechen in einer fremden Umgebung eine neue Heimat zu geben. Diese Kolonisierung weiter Räume des Ostens wird man nicht unterschätzen dürfen. Der Vorgang lehrt, daß Seleukos I. und sein Nachfolger Antiochos I. nach dem großen Vorbild Alexanders die Hellenisierung Vorderasiens in entscheidender Weise zu fördern versuchten. Der Erfolg ist ihnen nicht versagt geblieben. Wenn es den Makedonen und Griechen gelungen ist, sich gegenüber dem einheimischen Volkstum auf dem Boden Vorderasiens viele Jahrzehnte zu behaupten und sogar noch Eroberungen unter den Seelen der Einheimischen zu machen, von denen sich so manche für die hellenische Kultur gewinnen ließen, so sind die materiellen Grundlagen hierfür von Seleukos I. gelegt worden. Eduard Meyer hat besonders hervorgehoben, daß auch gerade das geistige Leben von diesen Städtegründungen in Vorderasien entscheidende Impulse erfahren hat. Es gibt in der Tat eine ganze Reihe von Männern, die sich als Philosophen und Gelehrte einen geachteten Namen gemacht haben: der Stoiker Diogenes von Seleukeia am Tigris (2. Jh. v. Chr.), sein Schüler Apollodoros, der Historiker Agathokles, genannt ‚der Babylonier'[9], ferner die im 1. Jahrhundert v. Chr. lebenden Historiker Apollodor von Artemita und der Historiker und Geograph Isidor von Charax. Doch sind dies nur wenige Namen, und mit der Blüte der hellenistischen Wissenschaft in Alexandrien unter den ersten Ptolemäern halten sie keinen Vergleich aus. Die Tradition der Chaldäer war eben in Babylonien ganz übermächtig, sie hat sich auch unter den Seleukiden erhalten. So ist beispielsweise auch die Kenntnis der Keilschrift weiter überliefert worden, erst in der frühen Kaiserzeit ist sie gänzlich erloschen. Das Wesentliche ist die Tatsache, daß Makedonen, Griechen und Einheimische in den neuen Gründungen gewissermaßen Wand an Wand zusammenwohnten; doch hat sich das makedonische Volkstum lange unvermischt erhalten, erst gegen Ende des 3. Jh. v. Chr. sind allmählich auch Einheimische in die führenden Schichten aufgestiegen, ganz ähnlich wie im ptolemäischen Ägypten. Da es an einer Statistik mangelt, sind diese Vorgänge im einzelnen schwer zu beurteilen. Die orientalischen Götter haben allerdings von Anfang an eine starke Anziehungskraft auch auf die Griechen und Makedonen ausgestrahlt. Diese glaubten nämlich, in ihnen die eigenen Götter, wenn auch unter fremden Namen, wiederzufinden. Seleukos I., verheiratet mit einer Iranierin, hat es verstanden, die Oberschicht der Iranier, aber auch der Babylonier und der anderen Völker Vorderasiens, für sich zu gewinnen. Von irgendwelchen Schwierigkeiten oder gar Aufständen der Einheimischen hören wir unter seiner Regierung nichts. Das Verhalten des Seleukos setzt ein hohes Maß von Verständnis und Einfühlungsvermögen voraus, und man wird hier dem Seleukos nachrühmen müssen, daß er die Entwicklung klarer vorausgesehen hat als die meisten seiner Zeitgenossen, auch als Ptolemaios I., der die Einheimischen zumeist nur zu den Lasten, nicht aber zur Mitregierung des Landes herangezogen hat.

Durch die territorialen Erwerbungen nach der Schlacht bei Ipsos war Seleukos in die Reihe der führenden Diadochen aufgerückt, sein Reich war der weite Raum von den Grenzen des Maurya-Reiches in Indien bis hin zum Taurus, durch den er vom Reich des Lysimachos getrennt wurde. Viele Völker hatten im Reich des Seleukos ihre Wohnstatt, und ihnen allen galt die uneingeschränkte Sorge des Herrschers. In der Außenpolitik aber hat er im Jahre 299/8 eine bemerkenswerte Wendung vollzogen. Sie wird charakterisiert durch sein Einvernehmen mit Demetrios Poliorketes und die Eheschließung mit Stratonike, der Tochter des Seekönigs, in Rhossos (Nordsyrien). Wie ist diese Wendung zu erklären? Seleukos hatte es dem Ptolemaios I. nicht verziehen, daß dieser das südliche Syrien okkupiert und der Herrschaft des Seleukos entzogen hatte, dem es nach dem Beschluß der Koalierten hätte zufallen sollen. Wenn aber Seleukos seine durchaus begründeten Ansprüche auf Koilesyrien geltend machen wollte, so bedurfte er vor allem der Unterstützung einer mächtigen Flotte, wie sie außer Ptolemaios nur Demetrios Poliorketes sein eigen nannte. Es mag sein, daß Apame, die erste Gattin des Seleukos, bei der zweiten Eheschließung noch am Leben war. Es gibt einen Ehrenbeschluß der Stadt Milet für Apame, der von der Forschung, wohl mit Recht, gerade in das Jahr 299/8 gesetzt worden ist[10]. Auch sind Doppelehen in der Generation der Diadochen nichts Besonderes. Zu einer Auswirkung des Bündnisses zwischen dem Schwiegersohn und dem Schwiegervater scheint es aber nicht gekommen zu sein. Ein Ehrendekret, das die Stadt Ephesos für einen Rhodier namens Nikagoras erlassen hat, spricht von der ‚Freundschaft' *(oikeiótes),* nicht von einem Bündnis, was doch wohl entscheidend ist[11]. Den Preis für die neue politische Konstellation hatte übrigens Pleistarchos, der Bruder des Kassander, zahlen müssen, er war aus Kilikien vertrieben worden, und zwar durch Demetrios. Seleukos hätte natürlich diese wichtige Küstenlandschaft gern für sich annektiert, aber Demetrios ging nicht auf sein Angebot ein, das Land war ihm für Geld nicht feil. Auch auf die phönikischen Metropolen Tyros und Sidon hat Demetrios nicht verzichtet, obwohl sie für Seleukos von größter Bedeutung gewesen wären, denn in ihnen endeten die großen Karawanenstraßen aus dem Fernen Osten, auf denen die Erzeugnisse Chinas, vor allem die Seide, in den Bereich des Mittelmeerraumes geschafft wurden. Als sich jedoch Demetrios wieder den griechischen Angelegenheiten zuwandte, im Jahre 297, da fühlte sich auch Seleukos von einer großen Sorge befreit, er konnte sich nun wieder der inneren Neuordnung seines Riesenreiches widmen. Und hier ist nun die Einsetzung des Antiochos I., des Sohnes der Apame, zum Statthalter der Oberen Satrapien (einschließlich Mesopotamiens) von großer Bedeutung, ein Ereignis, das wohl im Jahr 294 oder 293 stattgefunden hat. Wenn auch das Zweistromland in die dem Antiochos anvertrauten Gebiete miteingeschlossen worden ist, so wird man dies wohl darauf zurückführen müssen, daß der Thronfolger als Generalstatthalter des Ostens in Seleukeia am Tigris residieren sollte[12]. Antiochos I. war gleichzeitig Mitregent seines Vaters Seleukos, der im übrigen König über das Gesamtreich geblieben ist. Von einer förmlichen Reichsteilung kann hier also nicht die Rede sein. Dennoch bedeutet die Einsetzung des Sohnes als Generalgouverneur über den Osten des Reiches eine bedeutende Entlastung des Seleukos, der von nun an in der Regel in Antiocheia am Orontes residiert hat. Seleukos hatte dem Sohn seine eigene Frau Stratonike in die Ehe gegeben. Dies aber ist ein Ereignis, das in der Antike zu zahlreichen Legenden Anlaß gegeben hat. Dynastische Gründe sind gewiß nicht auszuschließen, im übrigen handelt es sich um eine ausgesprochene Liebesheirat. Was aber in den antiken Quellen hierüber zu lesen steht[13], ist romanhaft ausgeschmückt, vor allem die Rolle des Arztes Erasistratos (der vielmehr nach Alexandrien an den Hof der Ptolemäer gehört) ist eine Erfindung. Historisch mag aber die Einschaltung und Befragung der makedonischen Heeresversammlung durch Seleukos sein, die er von seinem Entschluß, dem Sohn die Statthalterschaft des Ostens zu übertragen und ihm Stratonike zur Frau zu geben, unterrichtet haben soll. Übrigens besaß Seleukos von der Stratonike eine Tochter, Phila mit Namen. Sie ist die spätere Gattin des makedonischen Königs Antigonos Gonatas. Die Abtretung der Gattin Stratonike durch Seleukos an seinen Sohn Antiochos ist in der gesamten Welt als eine Sensation empfunden worden, sie hat ebensoviel Aufsehen erregt wie die spätere Geschwisterhochzeit des Ptolemaios II. und der Arsinoe II. Wie konnte Seleukos dazu kommen? Ging es etwa um die Erhaltung der Dynastie? (Stratonike hat dem Antiochos zwei Söhne geboren.) In den antiken Quellen steht nichts davon. Man wird sich mit dem zufrieden geben müssen, was über die Liebe des Antiochos I. zu seiner Stiefmutter gesagt wird: denn es besteht nicht der geringste Grund, an diesem Motiv zu zweifeln. Geben wir Erwin Rohde das Wort! Er schreibt[14]: „Alle Welt kennt – und wäre es nur aus Goethes Anspielung in „Wilhelm Meister“ – die zarte Sage von Antiochos, der seines Vaters, des Königs Seleucus zweite Gattin, seine Stiefmutter Stratonice, heimlich liebte. Die verhohlene Glut machte den Jüngling krank und bettlägerig. Als nun keiner der Ärzte einen körperlichen Krankheitsgrund entdecken konnte, erkannte endlich der berühmte Erasistratus von Keos die Ursache des psychischen Leidens, indem er alle Schönheiten des Hofes durch das Krankenzimmer gehen ließ, und an dem heftigeren Herzschlag des Kranken bei dem Eintritt der geliebten Stiefmutter den Grund des Übels leicht bemerkte. Mit vorsichtiger Berechnung sagte der kluge Arzt dem Könige, seine, des Arztes Frau, liebe der Prinz. Als nun der König in ihn drang, durch Abtretung der Frau des Kranken Leben zu retten, fragte er: würdest denn du in einem ähnlichen Falle deine geliebte Gattin opfern? und als der König das unbedenklich bejahte, entdeckte er ihm den wahren Zusammenhang und der großmütige König trat dem Sohne die Stratonice wirklich ab.“ Rohde fügt noch hinzu: „Die Geschichte enthält in sich nichts Unmögliches, und man hat sie bisher auch als Wahrheit hingenommen“ (wobei er auf Droysen, Gesch. d. Hellenismus I S. 507 f. verweist). Dann aber kamen Rohde (mit Recht, wie wir hinzufügen) doch starke Bedenken, da die Sage bei griechischen Autoren auch auf andere Personen übertragen worden ist, wie z. B. auf den Arzt Hippokrates und den Sohn des makedonischen Königs Alexander I. Philhellen mit Namen Perdikkas. Dadurch werde, so meint Rohde, die Geschichte überhaupt fraglich. Es sei ein Romanmotiv, das auch in späterer Zeit benutzt worden sei, so z. B. von Heliodor im 4. Buch seiner „Äthiopischen Geschichten“. – Man wird die Erzählung im einzelnen auf sich beruhen lassen müssen, insbesondere die Einschaltung des Erasistratos ist aus chronologischen Gründen (er war damals noch viel zu jung[15]) ganz unglaubwürdig. (Übrigens wäre es nicht ganz unmöglich, daß diese Anekdote von dem Vater des Erasistratos mit Namen Kleombrotos auf den sehr viel berühmteren Sohn übertragen worden wäre.) An der Heirat ist jedoch kein Zweifel möglich. Die Diadochen waren auch in den Angelegenheiten ihrer Familie völlig souverän, und sie haben sich diese Souveränität durch die Heeresversammlung der Makedonen bestätigen lassen. Das dynastische Motiv dürfte letzten Endes den Ausschlag gegeben haben.

Als Demetrios sich im Jahre 288/7 v. Chr. zu seinem Feldzug gegen Kleinasien rüstete, da fürchteten die anderen Diadochen um ihre Herrschaft. Auch

Seleukos schloß sich dem Bündnis gegen Demetrios an, ebenso auch Lysimachos, der sich zuerst und am meisten bedroht fühlte, und Ptolemaios. Aber in Kleinasien ging nicht alles nach Wunsch des Demetrios. Nach einigen Anfangserfolgen wurde er von Agathokles, dem Sohn des Lysimachos, nach dem Osten abgedrängt, so daß er schließlich auf das Gebiet des Seleukos übertreten mußte. Nachdem er die Syrischen Tore durchschritten hatte, erschien Demetrios in der Landschaft Kyrrhestiké. Die weiteren Ereignisse, die Internierung des Demetrios und sein Ende in der Gefangenschaft, sind in der Lebensgeschichte des Demetrios im einzelnen geschildert worden (s. u. S. 83f.).

Schon bei dem gemeinsamen Kampf des Lysimachos und des Seleukos gegen Demetrios hatten sich Mißhelligkeiten zwischen den Verbündeten ergeben. Die Spannungen verstärkten sich, als die Witwe des Agathokles, des Sohnes des Lysimachos, mit Namen Lysandra, eine ptolemäische Prinzessin, sich zusammen mit ihrem Bruder Ptolemaios Keraunos und mit Alexander, dem Bruder des Agathokles, hilfesuchend an Seleukos wandte. Dabei soll Seleukos dem Ptolemaios Keraunos versprochen haben, ihn auf den Thron in Ägypten zurückzurufen. So steht es jedenfalls bei Memnon von Herakleia[16], der wahrscheinlich in der römischen Kaiserzeit geschrieben hat. Die Wirren im Hause des Lysimachos aber sind nur das auslösende Element gewesen, wichtiger waren sicherlich die machtpolitischen Gegensätze zwischen Seleukos und Lysimachos, die auf eine kriegerische Auseinandersetzung zusteuerten. Seleukos ist es dabei zustatten gekommen, daß die Herrschaft des Lysimachos in Kleinasien nicht besonders beliebt gewesen ist. Dies erklärt die Tatsache, daß Philetairos von Pergamon und Theodotos von Sardes sich unter den Schutz des Seleukos und ihm die in ihren Burgen aufbewahrten Geldmittel zur Verfügung stellten. Und sie waren sicher nicht die einzigen, die auf die Seite des Seleukos übergewechselt sind. Einen Heeresteil des Seleukos hat Alexander, der Sohn des Lysimachos, geführt. Alexander hat die Stadt Kotyaion in Phrygien eingenommen. Bemerkenswert ist hieran die Erzählung, daß sich Alexander einer doppelten List bedient haben soll: zuerst ist er als Bauer verkleidet in die Stadt gekommen; als er jedoch seine Kopfbedeckung abnahm, wurde er erkannt und mußte zu einer neuen List seine Zuflucht nehmen: er behauptete nun, er sei zur Rettung der Stadt gekommen, nicht um sie zu erobern. Dies hat man ihm allen Ernstes geglaubt. Alexander ließ daraufhin die Stadttore öffnen, worauf die im Hinterhalt liegenden Soldaten die Stadt mit stürmender Hand genommen haben. Die Entscheidungsschlacht zwischen Lysimachos und Seleukos aber fand auf dem Kurosfeld statt, unweit von Magnesia am Sipylosberge, dort wo 90 Jahre später die Scipionen den entscheidenden Sieg über Antiochos III. errungen haben. Wahrscheinlich hatte Seleukos sein Heer in zwei Teile geteilt;

während die eine Gruppe auf dem südlichen Weg durch die Kilikische Pforte und über Ikonion nach Westkleinasien marschierte, scheint die nördliche Heeresabteilung unter Alexander, dem Sohn des Lysimachos, über Ankara nach Sardes gelangt zu sein, diesem Heeresteil ist die nördliche Flankendekkung zugewiesen worden[17]. Die Schlacht bei Kurupedion fand etwa im Februar 281 statt. Möglicherweise hat auf seiten des Seleukos auch eine Hilfstruppe aus Bithynien mitgekämpft[18]. Der König Lysimachos hat, angeblich durch einen Speerwurf aus der Hand eines gewissen Malakon von Herakleia am Pontos, die tödliche Wunde empfangen. Die Frage, ob Seleukos in dieser Schlacht die Elefantenwaffe eingesetzt hat, ist nicht mit Sicherheit zu entscheiden.

Durch den Sieg bei Kurupedion hatte Seleukos das anatolische Territorium gewonnen, es war speergewonnenes Land, auf rechtmäßige Art – nach der Auffassung der Diadochenzeit– erworben und dadurch sein Eigentum. Die kleinasiatischen Griechenstädte bemühten sich um die Wette, dem neuen Herrn ihre Unterwerfung zu bezeugen: unter ihnen befanden sich so bedeutende Orte wie Ephesos, Milet, Priene und Ilion. Sie hatten zumeist keine andere Wahl, sie alle erhofften von dem Sieger Freundschaft und Wohlstand. Im übrigen ist aber der Übergang von der einen auf die andere Seite nicht ganz ohne Erschütterungen vor sich gegangen. In Ephesos hatte sich die seleukidische Partei erhoben, schon während des Krieges hatte sie aus ihren Sympathien für Seleukos kein Hehl gemacht. So konnte sich Arsinoe, die Witwe des Lysimachos, nur mit Mühe aus der Stadt auf die Schiffe retten. Eine ihrer Dienerinnen, die das Gewand der Königin angelegt hatte, kam auf der Flucht ums Leben (angeblich ist sie von einem Offizier des Seleukos getötet worden). Gegen Lysimachos und sein Haus hatte sich viel Haß angesammelt, der sich auf diese Weise entladen hat. Aber nicht alle Operationen des Seleukos in Kleinasien waren in gleicher Weise vom Glück begünstigt. So bildete sich in der Nordischen Liga, bestehend aus den Städten Herakleia am Pontos, Byzanz, Kalchedon und dem König des kappadokischen Pontos namens Mithradates, ein starkes Gegengewicht gegen die Herrschaft des Seleukos. Auch der bithynische König Zipoites scheint nicht zu den Freunden des Seleukos gehört zu haben.

Dies alles aber hat den Seleukiden nicht gehindert, sich mit dem Heer nach Makedonien in Bewegung zu setzen. Angeblich hat ihn die Sehnsucht nach der alten Heimat dazu veranlaßt. Aber dies kann nicht das einzige Motiv gewesen sein. Denn nach dem Tode des Lysimachos war nicht nur Thrakien ohne einen neuen Herrn, auch in Makedonien gab es keinen König mehr. Und Seleukos fühlte sich als Rechtsnachfolger des Lysimachos, der Sieg bei Kurupedion hatte ihm einen Rechtstitel auch auf das Land des Lysimachos in Europa verliehen. Und dieses Recht wollte er jetzt wahrnehmen. Der Weg nach Europa aber führte den König geradewegs in die Katastrophe. Nach dem Übergang über den Hellespont fand Seleukos in der Nähe der Stadt Lysimacheia von der Hand des Ptolemaios Keraunos, seines Gastfreundes, ein jähes Ende. Der Zeitpunkt der grausigen Mordtat liegt nach einer keilinschriftlichen Datierung zwischen dem 26. August und dem 25. September 281, d. h. etwa sieben Monate nach der Schlacht bei Kurupedion. Seleukos hinterließ seinem Sohn und Erben Antiochos I., dem er vor seinem Aufbruch nach Europa die Statthalterschaft über das gesamte vorderasiatische Reich übergeben hatte, ein riesiges Territorium, das sich vom Hellespont bis fast nach Indien erstreckte, ein Gebiet, wie es in einer Hand seit den Tagen Alexanders d. Gr. nicht mehr existiert hatte. Nur mit dem Alexanderreich kann das, was Seleukos geschaffen hatte, verglichen werden. Das Reich war die Heimat vieler Völker und Stämme, unter denen die Makedonen und die Iranier die wichtigsten waren. Eine Idee Alexanders schien hier noch einmal ihre Verwirklichung zu finden. Aber es fehlte das Stammland Makedonien, und das Streben, auch dieses Land seinem Reich hinzuzufügen, hat Seleukos ins Verderben gestürzt.

Die moderne Forschung hat die Leistungen des Seleukos ganz unbestritten anerkannt. Aber die Meinungen, ob er seine Erfolge dem Glück oder dem Charakter verdankt, sind hier, wie so oft, geteilt. B. G. Niebuhr hat Seleukos vor vielen Jahren als ein „wahres Glückskind, nirgends ausgezeichnet als Held und Staatsmann“ bezeichnet, während ihn Jacob Burckhardt den „vielleicht edelsten unter den nächsten Diadochen Alexanders“ genannt hat. An beiden Urteilen ist etwas Wahres, aber von einem Glückskind sollte man dennoch nicht sprechen. Denn was Seleukos auch immer in die Hand genommen hat, hat er mit Energie und Umsicht zu Ende geführt. Man erinnere sich seiner wagemutigen Rückkehr nach Babylonien im Jahre 312, man denke an den Zug in die Oberen Satrapien bis an die Grenzen Indiens! Und man vergegenwärtige sich seine wohlüberlegte Strategie in den Kriegen gegen Antigonos und Lysimachos! Und wenn ihm seine Unternehmungen in so hervorragender Weise gelungen sind, so ist dies zweifellos auf seine hohe strategische Begabung zurückzuführen, die sich in Anlage und Durchführung vorzüglich bewährt hat. Dazu kam eine geschickte Behandlung der Menschen, die nicht nur von seinen engsten Mitarbeitern gerühmt worden ist. In Patrokles und Demodamas hatte er hervorragende Helfer an seiner Seite, die das Beste gegeben haben, um seine Erwartungen zu erfüllen. Auch gerade die Städtegründungen zeigen ein hohes Maß von Intelligenz und Voraussicht; seine Pläne, die sich auf die Erkundung des Kaspischen Meeres richteten, ferner die Absicht, zwischen dem Schwarzen Meer und dem Kaspischen Meer einen Kanal zu bauen, beweisen sein lebhaftes Interesse an geographischen und wirtschaftlichen Projekten, die aber nur zum Teil ausgeführt werden konnten. Seine Menschenfreundlichkeit dokumentiert sich in der Aufnahme von Flüchtlingen an seinem Hof, denen gegenüber er immer eine offene Hand bewiesen hat. Wenn ihm etwas fehlte, so war es die kritische Beurteilung der Menschen, die sich um sein Wohlwollen bemühten. Sein Vertrauen zu Ptolemaios Keraunos ist ihm von diesem schlecht gelohnt worden. In seinem Streben nach der Macht ist auch Seleukos vor Gewalttaten nicht zurückgeschreckt. Die Ermordung des Perdikkas ist hierfür ein Beispiel. Aber im großen und ganzen hat er sich von Grausamkeit freigehalten, und es ist wahr, daß er sich bemüht hat, ein gerechter und wohlwollender Herrscher zu sein. Seine Pflichten als König hat er ernst genommen. So pflegte er darüber zu klagen, daß er eine so überaus große Zahl von Briefen lesen und schreiben müsse, um seinen Pflichten als König zu genügen. In mancher Hinsicht erscheint Seleukos als ein zweiter Alexander, und nicht ohne Grund ist er im Altertum als zweiter Gründer des Reichs der Makedonen *(conditor imperii Macedonici)* und als Sieger der Sieger *(victor victorum,* griech. Nikator) bezeichnet worden.[19] Das sind hohe Ruhmestitel. Sie zeigen, daß Seleukos wohl fähig gewesen wäre, das Alexanderreich noch einmal in *einer* Hand zu vereinigen. Aber dieses letzte und höchste Ziel hat ihm das Schicksal versagt, und doch geht der Ertrag seines nahezu achtzigjährigen Lebens weit über das Menschenmaß hinaus. Es besteht kein Zweifel darüber, daß es immer wieder die Gestalt und das Vorbild Alexanders gewesen sind, die seinem Streben Ziel und Richtung gegeben haben.

Antiochos I. (er regierte von 281 bis 261) ist sein ältester Sohn, er ist wohl im Jahre 324 geboren und hat ein Alter von etwa 63 Jahren erreicht. Er stammt aus der Ehe des Seleukos mit Apame. Die anderen Kinder der Apame, auch zwei Töchter, spielen in der Geschichte keine Rolle. Nach dem nicht sehr zuverlässigen Johannes Malalas (6. Jh. n. Chr.) sollen die beiden Töchter Apame und Laodike geheißen haben, aber dies mag auf sich beruhen bleiben. Von der Tochter Phila aus der Ehe des Seleukos I. und der Stratonike war bereits die Rede. Nicht völlig sicher ist die Existenz von zwei Neffen des Seleukos mit Namen Nikanor und Nikomedes, sie sollen angeblich von der Schwester des Seleukos namens Didyma stammen. Auch hierfür ist der Syrer Johannes Malalas der einzige Zeuge. Eine Betrachtung der Familienverhältnisse lehrt, daß Seleukos, als er die Sechzig überschritten hatte, sich über den Fortbestand der Dynastie Gedanken machen mußte. Er fand einen Ausweg, indem er seine Gattin Stratonike seinem Sohn und Erben Antiochos überließ.

Literatur

E. Bevan, The House of Seleucus I (1902, Neudr. 1966); F. Stähelin, RE II A (1921) Sp. 1208 – 1234 s. v. Seleukos nr. 2 (sehr reichhaltig); K. J. Beloch, Griech. Geschichte IV 1 und 2 (1925 u. 1927); insbesondere zur Genealogie: IV 2 S. 197 – 198; H. Bengtson, Griech. Gesch., 4. Aufl. (1969) S. 375 ff.

Anmerkungen

1. H. Berve, Das Alexanderreich I(1926) Nr. 700 s. v. Seleukos.
2. Überliefert bei Justin, Epitome des Pompeius Trogus XV 4, 1 ff.
3. Sidney Smith, Babylonian Historical Texts relating to the Capture and Downfall of Babylon, London 1924.
4. BM 34660 und BM 36313.
5. In memoriam Eckhard Unger (Baden-Baden 1971) S. 217 ff.
6. J. Köhler u. A. Ungnad, Hundert ausgewählte Rechtsurkunden (1911) S. 61. Die Urkunde stammt aus Uruk.
7. Plutarch, Leb. d. Demetr. 18.
8. Eduard Meyer, Blüte und Niedergang des Hellenismus in Asien (1925) S. 21.
9. Die Fragmente bei Jacoby, FgrHist 472. Wann Agathokles gelebt hat, ist strittig; er dürfte aber wohl ins 3. Jh. v. Chr. gehören, schwerlich in eine frühere Zeit, obwohl dies Ed. Schwartz, RE s. v. Agathokles nr. 24, angenommen hat.
10. A. Rehm, Milet. Das Delphinion I (1914) S. 262.
11. Dittenberger, OGI 10, dazu J. Seibert, Dynastische Verbindungen (1967) S. 49–50.
12. H. Bengtson, Strategie II S. 80.
13. Plut. Demetr. 38; App. Syr. 59–60 u. a.
14. E. Rohde, Der griech. Roman und seine Vorläufer, 3. Aufl. (1914) S. 55–56.
15. Erasistratos ist in der Zeit zwischen 310 und 300 v. Chr. geboren; s. Wellmann, RE VI (1907) Sp. 333 s. v. Erasistratos nr. 2.
16. Memnon c. 12,2 (FgrHist 434 ed. Jacoby).
17. H. Heinen, Untersuchungen zur hellenist. Gesch. (1972) S. 27.
18. Grabinschrift des Bithyners Menas, vgl. H. Heinen a. a. O. S. 28 u. 36.
19. Curt. Ruf., Hist. Alex. XXXVIII 7,1; XVII 2,2.

3

Demetrios Poliorketes

*337 (oder 336), † 283 v. Chr.

Im Nachlaß Jacob Burckhardts fand sich ein Manuskript von neunzehn Quartblättern mit dem Titel „Demetrios der Städtebezwinger". Die Handschrift liegt jetzt im Jacob Burckhardt-Archiv zu Basel. In der Studie[1], die offenbar als Vortragsmanuskript gedient hat, versucht der bekannte Schweizer Kulturhistoriker ein Lebensbild des Demetrios zu entwerfen, wobei er sich im großen und ganzen an der Plutarchvita des Demetrios orientiert. Offensichtlich hat ihn die Gestalt des Makedonen fasziniert. Denn das Gesamtbild ist sehr günstig ausgefallen. Doch hat es Burckhardt nicht verschmäht, einige der von Plutarch überlieferten Anekdoten wiederzugeben, obwohl doch ihr Wahrheitsgehalt sehr zweifelhaft ist. Plutarch aber stand dem Demetrios kritisch gegenüber, er hat die Schattenseiten seines Charakters keineswegs ignoriert, aber im ganzen überwiegen bei ihm doch die ritterlichen Züge seiner Persönlichkeit, so daß sich niemand dem Eindruck der Plutarchbiographie entziehen kann.

Was Plutarch und Burckhardt erzählen, ist aber nicht die ganze Wahrheit. Plutarch ging es nicht um die Frage, ob Demetrios gute oder schlechte Politik gemacht hat, er versuchte vielmehr, in seine Persönlichkeit einzudringen und diese zu erfassen. Dabei waren ihm die Anekdoten von großem Wert. Die Gesichtspunkte Plutarchs können wir uns nicht mehr ohne Einschränkungen zu eigen machen, wir müssen vielmehr fragen, was Demetrios im Rahmen seiner Zeit geleistet und was er seinen Zeitgenossen schuldig geblieben ist. War er nur eine kometenhafte, vorübergehende Erscheinung oder ist aus seinem Wirken etwas Bleibendes hervorgegangen? Das ist die entscheidende Frage, der kein Historiker aus dem Wege gehen kann.

Demetrios entstammte einer vornehmen makedonischen Familie. Sein Vater war Antigonos, den die Geschichte Monophthalmos (den „Einäugigen") nennt, seine Mutter hieß Stratonike. Aus der Ehe der beiden entstammte noch ein weiterer Sohn mit Namen Philippos, der aber nicht sehr alt geworden ist (er ist im Jahre 306 verstorben). Als gehorsamer Sohn heiratete Demetrios im Jahre 321/0 v. Chr., also in sehr jugendlichem Alter, die Tochter des Antipater namens Phila. Sie war viel älter als ihr Gemahl, vorher war sie mit Krateros, einem der bedeutendsten Generäle Alexanders, verheiratet gewesen. Dieser aber war im Jahre 321 im Kampf gegen Eumenes gefallen. Der Ehe des

Demetrios und der Phila entstammte ein Sohn, Antigonos Gonatas, der von 276 bis 239 als König über Makedonien herrschte (s. u. S. 140ff.), dazu noch eine Tochter namens Stratonike. Sie war nach ihrer Großmutter benannt und heiratete später Seleukos I., der sie seinem ältesten Sohn, Antiochos I., abgetreten hat (s. o. S. 55f.). Phila endete nach dem Verlust Makedoniens im Jahre 287 durch Selbstmord, sie hatte das Unglück ihres Gatten nicht überleben wollen. Im übrigen war sie eine Frau von außerordentlichen Gaben. Ihre Herkunft aus der Familie des Reichsverwesers Antipater schuf ihr eine bedeutende Stellung in der Politik der Diadochen. Zu verschiedenen Malen hat sie sich mit Glück in die Politik eingeschaltet, vor allem als Vermittlerin zwischen ihrem Gatten Demetrios und ihrem Bruder Kassander. Ihre politische Begabung ist auf ihren Sohn Antigonos Gonatas übergegangen, dessen Herrschaft über Makedonien sie jedoch nicht mehr erleben sollte (s. u. S. 141).

Demetrios ist der erste unter den Diadochen, der ganz offen in Polygamie gelebt hat. Er hat für sich in Anspruch genommen, was sein großes Vorbild, Alexander, als Selbstverständlichkeit betrachtet hat. Noch während seiner Ehe mit Phila verband sich Demetrios mit Eurydike (307). Sie war die Witwe des Dynasten Ophellas von Kyrene, der den Tod durch Agathokles von Syrakus gefunden hatte. Eurydike entstammte, wie man sagte, dem Geschlecht der Philaïden in Athen, dem einst Miltiades und Kimon angehört hatten. Demetrios, der sich rühmte, die Stadt Athen von der Tyrannis des Kassander befreit zu haben, hat die Ehe mit Eurydike wohl vorwiegend aus politischen Gründen geschlossen, er wollte dadurch die Stadt Athen noch enger mit seiner Person verbinden. Die Athener haben jedenfalls diese Ehe für eine große Ehre gehalten. An der Tatsache, daß Demetrios seit Jahren in rechtmäßiger Ehe mit Phila gelebt hatte, hat niemand auch nur den geringsten Anstand genommen, die Quellen berichten jedenfalls nichts darüber. Vielleicht hat Demetrios geglaubt, aus der neuen Ehe zu gegebener Zeit Ansprüche auf Kyrene ableiten zu können (J. Seibert).

Nicht weniger von politischen Motiven bestimmt war die dritte Ehe des Demetrios, die er mit Deidameia, der Schwester des Pyrrhos, geschlossen hat (303 v. Chr.). Die Herrschaft des Schwagers in seinem Stammland Epirus stand damals auf sehr schwachen Füßen, aber Demetrios muß die Bedeutung des jungen Pyrrhos erkannt haben, den er immerhin zu seinem offiziellen Stellvertreter in Griechenland eingesetzt hat, nachdem die Schlacht bei Ipsos (301) ihm eine vernichtende Niederlage gebracht hatte. Pyrrhos sollte ihm offenbar behilflich sein, die Trümmer seines Reiches zusammenzuhalten. Was Demetrios auch immer mit dieser dritten Ehe beabsichtigt haben mag – die Verbindung der Häuser der Antigoniden und der Aiakiden hat beiden Teilen wenig Segen gebracht; denn als Pyrrhos, wahrscheinlich im Jahre 297, aus Alexandrien in sein Heimatland Epirus zurückkehren konnte, da starb Deidameia, und in der Folgezeit waren die beiden ehemaligen Schwager zumeist politische Gegner, weil beide ihre Hand nach der Krone Makedoniens ausstreckten.

Sehr viel weiter gesteckt waren die Perspektiven bei der vierten Heirat des Demetrios. Sie fand wahrscheinlich im Jahr 291 statt (ganz genau ist das Jahr nicht festzustellen), die Gattin war Lanassa, die Tochter des syrakusanischen Herrschers Agathokles. Sie brachte dem Demetrios als Brautschatz die Inseln Korkyra und Leukas, dazu ein politisches Bündnis mit Agathokles. Von da an war der Westen, Italien und Sizilien, in den Blickkreis des Demetrios gerückt, doch sollten sich die Westpläne nicht mehr realisieren lassen, da Demetrios im Jahre 287 aus Makedonien vertrieben wurde und damit seiner Basis beraubt war.

Und schließlich ist noch die Verbindung des Demetrios mit Ptolemaïs, der Tochter des 1. Ptolemäers und der Eurydike, zu erwähnen. Schon im Jahre 298 war sie mit dem Makedonen verlobt worden, aber erst viele Jahre später, im Jahre 287, wurde die Ehe in Milet vollzogen. Warum Demetrios diese Ehe – es war immerhin seine fünfte – geschlossen hat, bleibt ein Geheimnis, denn Demetrios war damals wenig mehr als ein Flüchtling, und Ptolemaïs, die sich aus Alexandrien entfernt hatte, konnte ihm nur wenig helfen. Übrigens ist aus dieser Ehe ein Sohn hervorgegangen namens Demetrios mit dem Beinamen „der Schöne", der später über Kyrene geherrscht hat.

Trotz dieser zahlreichen Ehen kann von einer Heiratspolitik im eigentlichen Sinne bei Demetrios nicht die Rede sein. „Die Ehen des Demetrios wurden zwar mit bestimmten, für den Augenblick vielleicht günstigen Absichten, aber insgesamt ziellos und mit überspitzten Plänen geschlossen . . . Allein bei der Verbindung mit Deidameia könnte man von einer klugen, planenden Heiratspolitik sprechen. Doch diese wurde durch die Vertreibung des Pyrrhos und den frühen Tod der Deidameia unwirksam" (J. Seibert). Diesem Urteil ist nur wenig hinzuzufügen: auch in den Eheschließungen des Demetrios spiegelt sich der unstete und wenig zielstrebige Charakter des Mannes wider. Irgendeine tiefere Bindung hat Demetrios, wie es scheint, zu keiner einzigen seiner Frauen empfunden, aber dies kann man ihm nicht zum Vorwurf machen, die Eheschließungen beruhten zumeist auf politischer Berechnung, und zu der ersten Ehe mit Phila war Demetrios in sehr jugendlichem Alter von seinem Vater Antigonos offensichtlich gezwungen worden.

Aufgewachsen ist Demetrios in Kelainai in Großphrygien. Die Stadt war die Satrapenresidenz seines Vaters. Dieser hatte schon früh den Charakter seines

Sohnes erkannt, er war glänzend begabt, vor allem für technische Dinge, besaß eine schnelle Auffassungsgabe und die Kunst, sich bei seinen Freunden beliebt zu machen. Was sich andere mit Mühe und Anstrengung erwerben mußten, das fiel dem Demetrios gewissermaßen von selbst in den Schoß. Es war denn auch kein Wunder, wenn sich in der Brust des jungen Mannes ein Überlegenheitsgefühl bildete. Er glaubte, allen anderen überlegen zu sein, ein Gefühl, das seine Sorglosigkeit in militärischen und politischen Dingen erklärt. Aber selbst nach schweren Niederlagen wie nach der von Gaza (im Jahre 312) oder nach der bei Ipsos (301 v. Chr.) hat sich Demetrios immer wieder schnell aufrichten können, er war ein Sanguiniker reinsten Wassers, Depressionen hielten bei ihm nicht lange an, die vorwiegende Stimmung war die Euphorie, die ihn oft aus prekären Situationen gerettet hat.

An dem Lebensweg des Demetrios stehen Erfolge und Mißerfolge in bunter Reihe, und es ist besonders bemerkenswert, mit welcher Leichtigkeit er die Wechselfälle des Lebens zu ertragen vermochte. Ohne sich zu ändern ist er bis an sein Lebensende immer der gleiche geblieben, unzugänglich für Belehrungen, auch die Schicksalsschläge haben ihn weder zur Vorsicht noch zur Einsicht bekehrt. Dies letztere gilt vor allem für den zweiten Teil seiner politischen Laufbahn, für die Jahre von 301 bis 283. Ganz anders hatten sich die Jahre *vor* Ipsos gestaltet. Damals hatte er ganz unter dem Einfluß seines Vaters Antigonos gestanden, dessen führende Hand in allem, was Demetrios getan oder unterlassen hat, unverkennbar ist. Dies alles änderte sich mit der Schlacht bei Ipsos. Die politische Entwicklung der nächsten zwanzig Jahre ist vielfach gegen das Konzept des Demetrios verlaufen (wenn man überhaupt von einem Konzept bei Demetrios sprechen kann). Die großen hellenistischen Territorialreiche, begründet von Lysimachos, Seleukos und Ptolemaios I., hatten sich bereits konsolidiert, so daß für Demetrios kein rechtes Betätigungsfeld mehr übrig gelassen war, eine Situation, die bei allem, was Demetrios seit Ipsos getan oder unterlassen hat, immer berücksichtigt werden muß. Die Welt hatte sich verwandelt, der Alleinherrschaftsanspruch des Antigonos war auf dem Schlachtfeld von Ipsos endgültig zu Grabe getragen worden. Im übrigen aber galt Demetrios den anderen Machthabern nicht als ein zuverlässiger Bundesgenosse, er war sprunghaft und treulos, seine Politik war schwankend, seine Gesinnung schwer durchschaubar. So haben ihn die Zeitgenossen gesehen, für sie war er ein Element der Unruhe und Unbeständigkeit, niemand konnte auf ihn bauen, jeder fürchtete sich vor ihm.

Bis zur Schlacht bei Ipsos ist es nicht schwer, hinter den Taten des Demetrios die ordnende Hand seines Vaters Antigonos zu sehen. Und das ist kein Wunder, denn Antigonos war die einzige Persönlichkeit, die, wenigstens von fern, an die große Figur Alexanders heranreicht. Auch für Demetrios war Alexander das große Vorbild, genauso wie für Pyrrhos. Demetrios versuchte Alexander zu kopieren, vor allem auch in Äußerlichkeiten, wie z. B. in der Rechtsneigung des Hauptes, die von den berühmten Standbildern Alexanders von der Künstlerhand des Lysippos allgemein bekannt ist. Als Demetrios 22 oder 23 Jahre zählte, wurde ihm der Schutz des wichtigen Syrien von seinem Vater anvertraut. Nach unserer Zeitrechnung ist es das Jahr 314 v. Chr. Antigonos war ein Mann vorausschauender Vorsicht: er hatte seinem Sohn einen militärischen Beraterstab beigeordnet, in dem sich Peithon, Nearch, Andronikos und Philippos befanden, alles bewährte Offiziere, auf deren Treue Antigonos bauen konnte. Von diesen Männern ist Nearch als Experte auf dem Gebiet der Seefahrt aus der Alexandergeschichte wohlbekannt. Der Gegner des Antigonos und Demetrios war der Satrap von Ägypten, Ptolemaios I. Es kam zunächst zu Kämpfen im Ebenen Kilikien, dann zu der Schlacht bei Gaza (312). Der Verlauf dieser Schlacht ist vor allem aus Diodor wohlbekannt, der sich hier wohl auf den Bericht eines Augenzeugen stützt. Wahrscheinlich ist dies Hieronymos von Kardia, der Freund des Eumenes, der nach dessen Tod (i. J. 317/6) auf die Seite des Antigonos übergewechselt war und von diesem in hohen Ehren gehalten wurde. Der für Demetrios unglückliche Ausgang der Schlacht war ein außerordentlich schwerer Rückschlag für die Aspirationen des Antigonos, die Gewinner aber waren Ptolemaios und Seleukos, der ehemalige Satrap von Babylonien. In der Schlacht hatte Demetrios alles auf eine Karte gesetzt, aber der Elefantenangriff scheiterte an den von Ptolemaios errichteten Hindernissen, die Elefanten gerieten ohne Ausnahme in Gefangenschaft. Aus dem Schlachtbericht gewinnt man den Eindruck, daß Demetrios alles von dem Stoß der Elefanten erwartet hatte, der sich aber als ein völliger Fehlschlag erwies (s. o. S. 46). Der Verlust der Schlacht bei Gaza hatte weitreichende Folgen für das Reich des Antigonos: Seleukos konnte in seine Satrapie Babylonien zurückkehren. Von dieser Basis aus hat er sich im Laufe der folgenden Jahre ein großes, weit nach dem Osten sich erstreckendes Reich aufgebaut, und zwar auf Kosten des Antigonos, der diese Eroberungen nicht zu verhindern vermochte. Und Ptolemaios hatte einen wertvollen Sieg im Kampf um das südliche Syrien (Koilesyrien) errungen. Auch der Erfolg des Demetrios über Killes, einen Strategen des Ptolemaios, hat die Lage nicht mehr ändern können.

Der Niederlage bei Gaza folgen, und zwar noch im gleichen Jahr 312, eine Expedition des Demetrios gegen die Nabatäer und danach, im Winter 312/1, eine Invasion in Babylonien. Aber weder die Unterwerfung der Nabatäer noch die Zurückeroberung Babyloniens wurde erreicht, es fehlte an Kräften, da

Antigonos an mehreren Fronten zu kämpfen gezwungen war. Immerhin hatte Demetrios bei seiner Expedition die Bedeutung des Asphalts erkannt, der im Toten Meer gewonnen und bis nach Ägypten ausgeführt wurde. Eine Ausbeutung der Asphaltquellen kam jedoch nicht zustande, weil die Nabatäer dies verhinderten.

Aber es fehlte auch nicht an Erfolgen. Zu den bedeutendsten gehört ganz zweifellos die Eroberung Athens im Jahre 307. Die Stadt hatte unter der Herrschaft des makedonischen Machthabers Kassander eine hohe Blütezeit erlebt (317–307), sie ist vor allem auf Demetrios von Phaleron zurückzuführen, den Kassander zu seinem Statthalter *(epimeletés)* in Athen eingesetzt hatte. Demetrios gelang es, den Hafen Piräus durch Überrumpelung zu nehmen, auch die Feste Munichia wurde nach kurzer Belagerung eingenommen, worauf Demetrios seinen triumphalen Einzug in die Stadt hielt. Die Athener überschlugen sich in Ehrenbezeugungen für Antigonos und Demetrios, sie nannten sie „Könige" und „rettende Götter" *(theoi sotêres).* Hier zeigt sich die Entwertung alter hoher Ehrentitel, die nunmehr in ganz verschwenderischer Weise ohne Maß und Zahl vergeben wurden. Zu ihren 10 Phylen haben die Athener damals noch zwei weitere geschaffen und sie nach Antigonos und Demetrios (Antigonis und Demetrias) benannt. Ihre Einführung hatte übrigens den Vorteil, daß das bürgerliche Jahr in Athen nicht mehr, wie bisher, in zehn, sondern nunmehr in zwölf Monate eingeteilt war und dadurch einigermaßen mit dem Umlauf des Mondes in Übereinstimmung gebracht werden konnte. Außerdem ist die Kapitulation Athens insofern von Bedeutung, weil hier eine große Stadt auf ihre Autonomie zugunsten eines Herrschers verzichtete, indem sie sich, durch äußere Umstände gezwungen, seinem Willen unterordnete. In den Ehrungen konnten sich die Athener nicht genug tun: für die „rettenden Götter" Antigonos und Demetrios wurde ein Priester bestellt, sein Name sollte in allen Urkunden genannt werden, er sollte hierin den Archon Eponymos ersetzen. Und in das Festgewand der Stadtgöttin Pallas Athene wurden zu den Namen des Antigonos und Demetrios noch ihre Bildnisse eingestickt. Diese hohen Ehrenbezeugungen lehren, daß die Athener Maß und Ziel längst verloren hatten, sie huldigten, wie M. P. Nilsson einmal gesagt hat, nur der tatsächlichen Macht, solange diese wohlgefällig und nutzbringend war. Bei all diesen Ehrenbeschlüssen spielte ein attischer Politiker namens Stratokles eine führende Rolle. Er war ein zynischer Spaßmacher, der es nicht lassen konnte, die Athener an der Nase herumzuführen. Plutarch erzählt von Stratokles eine Geschichte, die vielleicht sogar wahr ist: Als die Athener einst eine Niederlage zur See erlitten hatten (vielleicht ist damit die Seeschlacht bei Amorgos, 322 v. Chr., gemeint), da kam Stratokles den Unglücksboten zuvor und verkündete in Athen, daß ein großer Sieg errungen worden sei. Er hatte sich einen Kranz aufs Haupt gesetzt und forderte eine öffentliche Verteilung von Fleisch an das Volk, um den Sieg gebührend zu feiern. Nach zwei Tagen kamen die ersten Überlebenden aus der Seeschlacht und erzählten die Wahrheit. Die Athener machten nun Miene, Stratokles zur Rechenschaft zu ziehen, dieser aber blieb angesichts der tobenden Volksmenge ganz ungerührt und sagte nur: „Was habt ihr denn Schlimmes erlitten, wenn ihr es euch zwei Tage habt wohl sein lassen?“ Solcher Art war der Mann, der in Athen dem Demetrios die Wünsche von den Augen ablas.

Nicht weniger bedeutungsvoll war der Seesieg des Demetrios bei dem cyprischen Salamis im Jahr 306. In dieser Seeschlacht hat der Antigonide die schiefe Schlachtordnung des Epameinondas auf das Seegefecht übertragen. Das Ergebnis war, daß der Gegner, der Satrap von Ägypten, Ptolemaios I., den größten Teil seiner Kriegsschiffe und die Hälfte seiner Transportschiffe einbüßte.

Die Operationen waren anfangs für den Lagiden recht günstig verlaufen, denn Demetrios hatte zunächst nur ein paar kleinere Ortschaften im Nordosten der Insel besetzen können, Ptolemaios aber wollte sich auf ein riskantes Abenteuer nicht einlassen und gab die ganze Insel verloren, er segelte mit dem Rest seiner Schiffe nach Ägypten zurück, was ihm in neuerer Zeit sehr verdacht worden ist. Sein Bruder Menelaos, der Gouverneur von Cypern, fühlte sich von ihm im Stich gelassen und schloß mit Demetrios einen Kapitulationsvertrag. Die Insel war damit zu einem Teil des Reiches des Antigonos und Demetrios geworden, für Ptolemaios war sie mehr als ein Jahrzehnt lang – bis zum Jahr 294 – verloren.

Die Folgen der gewonnenen Seeschlacht bei Salamis waren beträchtlich. Antigonos hielt den Zeitpunkt für gekommen, sich mit dem Königstitel zu schmücken. Damit zeigte er vor aller Welt, daß er sich als Nachfolger Alexanders betrachtete. Als König *(basileús)* erhob er den ideellen Anspruch, Herrscher des gesamten ehemaligen Alexanderreiches zu sein. Auch auf seinen Sohn Demetrios übertrug er den Königstitel, Demetrios wurde damit sein Mitregent, eine Position, die ihn als den künftigen Nachfolger designierte. Demetrios aber stand im Zenit seiner Erfolge, er war 31 oder 32 Jahre alt, eine große Zukunft lag vor ihm, zumal wenn es den beiden Königen gelingen sollte, den Anspruch auf die Herrschaft über das Gesamtreich durchzusetzen. Demetrios aber war der Seekönig im östlichen Mittelmeer, nur im Westen hatte er in Agathokles von Syrakus einen ernsthaften Rivalen. Da der andere Erbe des Antigonos, Philippos, der Bruder des Demetrios, gerade damals verstarb, war aller Voraussicht nach der Zeitpunkt nicht mehr fern, an dem Demetrios das

Erbe seines siebzigjährigen Vaters übernehmen würde. Die Perspektiven eines großen Mittelmeerreiches tauchten vor seiner Seele auf, er fühlte sich als Nachfolger und Erbe des großen Alexander.

Aber da war noch Ptolemaios I., der Satrap von Ägypten. Ihm konnte man nur durch eine Invasion des Nillandes beikommen. Aber so einfach lagen die Dinge nicht. Vor allem schreckten die Spuren des Perdikkas, der im Jahre 321 mit seinem Einfall in Ägypten gescheitert und von seinen eigenen Offizieren ermordet worden war. Diese Ereignisse lagen zwar schon 15 Jahre zurück, aber sie waren nicht vergessen, und wer eine Expedition gegen Ägypten plante, der mußte die Schwierigkeiten des Geländes, vor allem aber die Überwindung der Nilbarriere, mit in Rechnung setzen. Hierzu aber waren große technische Vorbereitungen notwendig, vor allem mußte eine Zusammenarbeit zwischen dem Landheer und der Flotte vorbereitet werden. Alles kam darauf an, die Aktionen zu Land und zur See so aufeinander abzustimmen, daß Ptolemaios in die Zange genommen werden konnte. Da sich die Vorbereitungen zu lange hingezogen hatten, konnten die Operationen erst mit großer Verspätung im Oktober des Jahres 306 beginnen. Die Flotte hatte infolge der Herbststürme schwere Verluste zu beklagen, das Landheer vermochte die Sperre, die Ptolemaios bei Pelusion errichtet hatte, nicht zu überwinden. Dazu gab es noch zahlreiche Überläufer, die von Antigonos zu Ptolemaios überwechselten. Auch der Kriegsplan erwies sich nicht als glücklich. Er hatte einen kombinierten Angriff von Heer und Flotte gegen Alexandrien vorgesehen, dabei sollte das Landheer das Delta durchqueren, ein wegen der zahllosen Wasserläufe sehr schwieriges und kaum durchzuführendes Manöver. Zu allem Unglück hatte man nicht für genügend Verpflegung gesorgt, so daß der Rückzug nach Syrien unumgänglich wurde, weil hier größere Magazine vorhanden waren. Der ganze Feldzug kann schwerlich länger als etwa drei Wochen gedauert haben. Im einzelnen muß hier manches im dunklen bleiben, da, wie so oft, die Überlieferung äußerst lückenhaft ist. Und Demetrios? Er hatte als Führer der Flotte ganz entscheidende Fehler gemacht. So war es ihm nicht gelungen, im Nildelta einen Brückenkopf zu errichten, schon beim ersten Landungsversuch war er vom Gegner abgewiesen worden. Als er an der Mündung des Phatmischen Nilarmes (heute Damiette) landen wollte, hatten bei einer Nachtfahrt zahlreiche Schiffe die Orientierung verloren. Demetrios vergeudete viel Zeit damit, sie zu suchen, so daß Ptolemaios die nötigen Gegenmaßnahmen treffen konnte. Selbst wenn man die bekannten Schwierigkeiten einer Invasion Ägyptens in Rechnung stellt, so bleibt doch der Eindruck einer miserabel vorbereiteten und ebenso schlecht durchgeführten Angriffsoperation übrig: man hatte, sehr zum Schaden der Sache, auf seiten des Antigonos und Demetrios den

Gegner unterschätzt, und dies ist sicherlich zum großen Teil auf Demetrios zurückzuführen.

Einen bemerkenswerten Einschnitt im Leben des Demetrios bezeichnet die Belagerung der Inselstadt Rhodos im Jahre 305/4 v. Chr. Sie kündet außerdem eine neue Epoche der Kriegstechnik an. Die Inselstadt war durch Bande der Freundschaft eng mit dem 1. Ptolemäer verbunden; die Rhodier hatten sich geweigert, Demetrios bei seinem cyprischen Unternehmen zu unterstützen. Sicherlich wäre aber ein Ausgleich der beiderseitigen Interessen möglich gewesen, Antigonos wollte jedoch die Inselstadt als eigene Größe in seinem Machtbereich nicht länger dulden. Man staunt über die gewaltige Streitmacht, die gegen die Inselrepublik eingesetzt worden ist: 200 Kriegsschiffe, 170 Lastschiffe, dazu 40 000 Mann Belagerungstruppen mit entsprechender technischer Ausrüstung, vor allem mit Ballisten, die im Altertum an Stelle der Geschütze verwandt wurden. Der Belagerungsarmee hatte die Stadt eine Streitmacht von nur 5 000 Bürgern und 1 000 Paröken (Einwohner ohne Bürgerrecht) entgegenzusetzen. Dazu kamen noch Sklaven, deren Zahl nicht bekannt ist, die sich freiwillig zur Verteidigung gemeldet hatten. Zum Glück für Rhodos waren die Mauern gut im Stand, man war außerdem bestrebt, sie fortlaufend zu verstärken. Gegen die Stadtmauer führte Demetrios von der Seeseite zwei gedeckte Batterien *(chelónes)* und zwei vierstöckige Türme heran, welche über die Stadtmauer emporragten. Aber es gelang ihm nicht, in die Stadtmauer eine entscheidende Bresche zu legen, und wenn die Belagerer wirklich einmal die Mauern ersteigen konnten, so wurden sie von den Rhodiern mit letzter Kraft wieder zurückgeworfen. Auch die rhodische Flotte beteiligte sich, würdig ihres alten Ruhmes, an den Abwehrkämpfen. Als die Versuche des Demetrios, die Stadt von der See her zu nehmen, gescheitert waren, wurde der Angriff vom Land aus vorgetragen, wobei ein hoher Belagerungsturm, die Helepolis, eingesetzt wurde. Diese Helepolis hatte mehrere Stockwerke, sie war insgesamt 66 Ellen (etwa 30 m) hoch, auf jedem Stockwerk waren Ballisten aufgestellt. Die Helepolis war nach drei Seiten hin gedeckt, die vierte Seite war für den artilleristischen Einsatz offen, sie konnte aber im Bedarfsfall durch dicke Lederpolster geschlossen werden. Die Grundfläche der schwerfälligen Helepolis betrug 48 Ellen im Quadrat, sie stand auf Rädern, und zu ihrer Fortbewegung wurden nicht weniger als 3 400 Mann benötigt. Aber die Rhodier ließen sich auch durch die furchterregende Kriegsmaschine nicht einschüchtern, sie errichteten hinter der bedrohten Stadtmauer einen neuen Wall, für den das nötige Baumaterial aus den Tempeln, Theatern und Privathäusern zusammengeholt wurde. Selbst mit Minengängen hatte Demetrios kein Glück, da die Rhodier dazu übergingen, Gegenminen zu errichten, womit sie die Werke des Demetrios zum Einsturz brachten. Auch der Generalangriff des Demetrios gelangte trotz einiger Zerstörungen im Bereich der Stadtmauer nicht zum Ziel, der König wurde durch einen Ausfall der Rhodier sogar gezwungen, seine Belagerungsmaschinen aus dem Schußbereich der Rhodier zurückzuziehen. Als es den Belagerern schließlich doch gelungen war, in einem nächtlichen Überfall in die Stadt einzudringen, wurden sie durch einen Gegenstoß der rhodischen Reserven wieder herausgeworfen. Die Kämpfe waren außerordentlich hart, Demetrios hatte den Verlust wertvoller Unterführer und zahlreicher Soldaten zu beklagen, auf seiten der Rhodier hatten sich Hoch und Niedrig am Kampf um die Freiheit der Stadt beteiligt.

Als Demetrios zu der Einsicht gekommen war, daß eine Entscheidung mit Waffengewalt nicht zu erreichen sei, hat er die Gelegenheit benutzt – angeblich auf Anregung seines Vaters Antigonos –, mit den Rhodiern einen Waffenstillstand zu schließen. Diesem Vertrag folgte alsbald ein förmlicher Friedensschluß. Die entscheidenden Vermittlerdienste hatten die Ätoler geleistet. Den Rhodiern wurden Freiheit und Autonomie garantiert, die Stadt blieb ohne Besatzung, verpflichtete sich aber zu einem Bündnis mit den Königen Antigonos und Demetrios, allein gegen Ptolemaios brauchten die Rhodier keine Waffenhilfe zu leisten.

Die Belagerung von Rhodos hatte ein volles Jahr gedauert (305–304 v. Chr.). Hatte sie sich für Demetrios gelohnt? Vor vielen Jahren hat Benedictus Niese[2] geschrieben: „Erfindung, Verbesserung und Bau der Maschinen ward von Demetrios mit leidenschaftlichem Eifer betrieben; unterstützt von geschickten Technikern hat er hier Großes geleistet und die Kriegsmechanik sehr gefördert. In allen Anstrengungen ging er den Seinigen mit gutem Beispiel voran.“ Diesem Urteil wird man, was die technische Seite der Belagerung betrifft, sicherlich zustimmen – war aber, so fragt man, das Unternehmen überhaupt notwendig? Rhodos hatte dem Alexanderreich niemals angehört, und wenn man die bedeutende Handelsmetropole gezwungen hätte, sich in den Machtbereich eines Diadochenstaates einzugliedern, so hätte dies eine schwerwiegende Veränderung im Bereich des östlichen Mittelmeeres bedeutet. Eine derartige Veränderung hätten aber die übrigen Diadochen schwerlich auf die Dauer hingenommen. Der Krieg gegen Rhodos, wer auch immer für ihn verantwortlich gewesen sein mag, war daher von vornherein verfehlt, ebenso der Versuch, die Rhodier zwingen zu wollen, ihre Neutralität aufzugeben. Was technisch und militärisch in einem Kriege geleistet werden konnte, hatte die Unternehmung des Demetrios gezeigt, die politische Aufgabe, die sich Antigonos und Demetrios gestellt hatten, war nicht gelöst worden, da sie im Grunde nicht lösbar war.

Für die weitreichenden überseeischen Verbindungen der Rhodier ist es immerhin bemerkenswert, daß diese bald nach der überstandenen Belagerung einen Vertrag mit dem fernen Rom abgeschlossen haben; denn trotz des Widerspruchs namhafter Historiker (M. Holleaux u. a.) ist dieser Vertrag sicher ein historisches Faktum[3]. Aber es ist ein Treppenwitz der Weltgeschichte, daß ausgerechnet Rom im Jahre 164 der Selbständigkeit der Rhodier ein Ende bereitet hat.

Während Demetrios mit seiner Flotte vor Rhodos lag, hatten sich in Hellas wesentliche Veränderungen vollzogen. Hier hatte vor allem der makedonische Machthaber Kassander (er trug seit 304 den Königstitel) größere Fortschritte auf Kosten des Antigonos machen können. Es war unschwer abzusehen, daß mehr oder weniger ganz Griechenland unter seine Herrschaft gelangen würde, wenn man ihm weiterhin freies Spiel ließ. Es war die vordringlichste Aufgabe des Demetrios, dies zu verhindern. Hier bewies Demetrios eine glückliche Hand: er konnte nicht nur Chalkis auf Euböa, eine wichtige Sperrfeste am Euripos zwischen der Insel und Böotien, sondern auch die verlorengegangenen Besitzungen der Athener, darunter die Insel Salamis, auf die Seite des Antigonos zurückführen. An den Thermopylen wurde die wichtige Feste Herakleia gewonnen, und die Erfolge des Demetrios veranlaßten Böoter wie Ätoler, sich ihm zur Verfügung zu stellen. Die Jahre zwischen 304 und 301 sind, alles in allem, durch bedeutende Erfolge des Demetrios gekennzeichnet.

Man wundert sich nicht, wenn Demetrios bereits den Winter 304/3 v. Chr. in Athen mit großen Festen begangen hat. Er hatte seine Residenz im Parthenon aufgeschlagen, im Opisthodom war sein Hauptquartier, hier gingen die fremden Gesandten und Bittsteller ein und aus. Ständige Begleiterin des Demetrios war Lamia, eine bekannte Hetäre; sie war zwar einige Jahre älter als der König, aber sie hatte ihn völlig in ihrer Gewalt. Dies hat jedoch Demetrios nicht daran gehindert, sich auch um andere Frauen in Athen und um schöne junge Männer zu kümmern. Die *chronique scandaleuse* wußte so manche pikante Geschichte zu berichten, und die Liebesgeschichten des Demetrios warfen sogar ihren Schatten bis in die Politik. Die Athener kamen aus dem Staunen nicht heraus, im übrigen schwankten sie zwischen Folgsamkeit und Ungehorsam, die Volksversammlung bot das typische Bild einer führerlosen Menge, welche im entscheidenden Augenblick vor der Gewalt zu Kreuze kriecht.

Aber es blieb auch außerhalb Attikas für Demetrios noch manches zu tun. Da existierten auf der Peloponnes, nicht weit von Athen, Besatzungen fremder Herren in Korinth und Sikyon; das erstere wurde von Prepelaos im Auftrag Kassanders gehalten, das letztere gehörte dem Ptolemaios I. Am einfachsten kam man mit Korinth zu Rande. Prepelaos zog ab, die Stadt erbat sich von Demetrios eine Besatzung. Das war ein besonderer Glücksfall, denn eine regelrechte Belagerung von Akrokorinth hätte sicherlich lange Zeit in Anspruch genommen. Die Besatzung ist übrigens lange Jahrzehnte, auch noch unter Antigonos Gonatas, in der Stadt verblieben. Korinth ist auf diese Weise der Angelpunkt der makedonischen Besitzungen unter den Antigoniden in Griechenland geworden, erst im Jahre 243 ging Korinth wieder verloren, als Aratos von Sikyon es mitten im Frieden durch Überfall erobern konnte. Seit dieser Zeit gehörte Korinth zum Achäischen Bund, etwa 20 Jahre später aber kam die Stadt wieder unter makedonische Herrschaft (224).

Etwa um die gleiche Zeit, auf jeden Fall aber vor 303 v. Chr., ist auch Sikyon durch Philippos, den Strategen des Ptolemaios I., geräumt worden. Mit der Griechenlandpolitik des Ptolemaios war es zu Ende, sein Erbe ist hier, wie in Cypern, zunächst Demetrios gewesen.

Den Höhepunkt seiner Machtstellung hat Demetrios im Frühjahr 302 in Hellas erreicht. Damals ist von ihm der *Korinthische Bund* neu begründet worden. Dieser Bund war ein Spiegelbild des alten, von Philipp II. von Makedonien geschaffenen Korinthischen Bundes im Jahre 338/7. Beide Bünde, der alte wie der neue, waren Symmachien, d. h. Schutz- und Trutzbünde, die sowohl zur Verteidigung wie auch für Angriffskriege geschlossen worden waren. Aber es kam jeweils noch ein allgemeiner Landfriede hinzu, der für alle Mitglieder des Bundes gelten sollte. Der Korinthische Bund des Demetrios umfaßte nahezu ganz Griechenland. Doch hatte man Sparta nicht berücksichtigt, auch Thessalien stand außerhalb des Bundes. Eine Einigung mit den Spartanern erschien Demetrios zu schwierig und auch letzten Endes nicht lohnend, denn Sparta hatte damals keine wirkliche politische Bedeutung mehr. Auf einen Krieg wollte es Demetrios nicht ankommen lassen, da er andere wichtigere Aufgaben zu lösen hatte. Die Protektoren des Bundes waren die Könige Antigonos und Demetrios, die einzelnen griechischen Staaten entsandten ihre Vertreter in die Bundesversammlung *(Synedrion)*, die ihre Sitzungen in Korinth abzuhalten pflegte. Aus der Bundesversammlung wurde ein geschäftsführender Ausschuß von fünf Männern (sog. *Prohedroi)* bestimmt, und zwar durch die Könige bzw. durch den mit ihrer Vertretung beauftragten Strategen, der als Vizekönig anzusprechen ist. Diese Stellung hat Pyrrhos innegehabt (s. u. S. 94). Der eigentliche Gegner des Demetrios in Griechenland aber war der makedonische König Kassander, der durch seine Besatzungen immer noch Teile von Hellas unter Kontrolle hielt. Man wird die Neubegründung des Korinthischen Bundes nicht unterschätzen dürfen, zusammengenommen verfügte er über eine bedeutende Streitmacht, aber ihm war nur eine kurze Dauer beschieden, denn nach der Schlacht bei Ipsos (301) begann der große Abfall von Demetrios, seine Machtstellung in Hellas brach praktisch zusammen, und nur wenige Gemeinden haben seinem Sohn Antigonos Gonatas die Treue gehalten. Aber dennoch verdient der Versuch des Demetrios, eine leistungsfähige Bundesorganisation in dem durch die verschiedensten Interessen zerrissenen Griechenland zu bilden, die Aufmerksamkeit der Historiker. Was hätte den Griechen denn erwünschter sein können als das Ende der endlosen inneren Streitigkeiten? Und wäre nicht eine Zusammenfassung der militärischen und wirtschaftlichen Kräfte des Landes unter der Führung eines genialen Mannes ein Ziel gewesen, für das es sich gelohnt hätte, die größten Anstrengungen zu unternehmen? Man wird es bedauern, daß hier vieles unausgeführt bleiben mußte, weil sich die Zeit dem Vorhaben in den Weg gestellt hat. So ist der Korinthische Bund des Demetrios, anders als sein Vorgänger unter Philipp II. von Makedonien, nur eine ganz ephemere Erscheinung gewesen, er wäre heute wohl vergessen, wenn nicht die Entdeckung des Inschriftensteins mit der Bundesverfassung in Epidauros die Aufmerksamkeit der Forschung auf diesen Bund gezogen und ihm eine Bedeutung verliehen hätte, die vielleicht angesichts seiner kurzen Lebensdauer in den modernen Darstellungen übertrieben zu sein scheint.

Inzwischen hatte sich eine neue Koalition gegen Antigonos und Demetrios gebildet. Der *spiritus rector* war Kassander, der überhaupt immer wieder als ein fähiger Gegenspieler des Demetrios erscheint. Dieser Koalition gehörten Lysimachos, der König von Thrakien, Ptolemaios I. von Ägypten und Seleukos von Babylonien an. Im großen handelte es sich um eine Einkreisung des Antigonos, der nicht nur vom Westen, aus Makedonien und Thrakien, sondern auch vom Süden her, durch Seleukos, in die Zange genommen werden sollte. Allerdings verfügte Antigonos seinen Feinden gegenüber über den Vorteil der inneren Linien, aber die Entfernungen waren zu groß, als daß er diesen Vorteil wirklich hätte ausnutzen können. Um den Gegnern gewachsen zu sein, entschloß er sich, seinen Sohn Demetrios aus Griechenland abzuberufen, wodurch Kassander in die Lage versetzt wurde, einen Teil seines eigenen Heeres nach Kleinasien zu entsenden, da dieses in Hellas nicht mehr gebraucht wurde.

Es ist sehr merkwürdig, daß Demetrios mit Kassander einen regelrechten Vertrag geschlossen hat. Dieser sollte allerdings nur gültig sein, wenn auch Antigonos ihm zustimmen würde, was dieser jedoch verweigert hat. Obwohl Demetrios zur See sehr glücklich operierte, konnte die Vereinigung der Gegner, insbesondere des Lysimachos und des Seleukos, zu Lande in Großphrygien nicht verhindert werden. Die Entscheidungsschlacht wurde in der

Nähe von Synnada, bei Ipsos (heute Sipsin), geschlagen, und zwar im Sommer des Jahres 301. Antigonos hatte vorher den Versuch unternommen, Seleukos zur Rückkehr nach Babylon zu zwingen, das Antigonos in schnellem Zugriff durch ein Detachement hatte besetzen lassen – es war vergeblich, Seleukos kümmerte sich nicht um das Ablenkungsmanöver, er wußte nur zu gut, daß Lysimachos auf seine Hilfe angewiesen war und daß die Entscheidung nur in Kleinasien fallen konnte, die Nebenkriegsschauplätze waren ohne Bedeutung. Entscheidenden Wert für den Ausgang des Kampfes hatten die von Seleukos aus dem Osten, aus Baktrien und Indien, herangeführten Elefanten, angeblich insgesamt 400, denen Antigonos nur 75 entgegenzusetzen hatte. Die Elefanten mußten im Altertum die Rolle der modernen Panzerwaffe übernehmen, und in der Tat haben sie des öfteren den Ausschlag im Kampf gegeben. In der Zahl der Reiter waren sich die beiden Heere ebenbürtig (10500 auf der Seite der Koalierten, 10000 auf der Seite des Antigonos). Infanteristisch verfügte Antigonos sogar über die zahlenmäßige Überlegenheit: seinen 70000 Mann zu Fuß standen auf der Seite der Gegner nur 64000 gegenüber. Die Hauptschuld an dem Verlust der Schlacht geben die antiken Quellen dem Demetrios: bei der Verfolgung der von ihm geschlagenen gegnerischen Kavallerie habe er sich zu weit vom Schlachtfeld entfernt, so daß er in die eigentliche Entscheidung nicht mehr eingreifen konnte. Die Schlacht ging für den 80-jährigen Antigonos verloren, er selbst fiel tapfer kämpfend auf der Walstatt.

Die Schlacht bei Ipsos war eine der Schicksalsschlachten des Altertums. Der Traum vom Universalreich, den Antigonos und Demetrios geträumt hatten, war zerstoben, die partikularen Gewalten, verkörpert durch Lysimachos und Seleukos, hatten ihre Überlegenheit bewiesen, die Zukunft konnte nur durch die Partikularstaaten bestimmt werden. Was sollte Demetrios tun? Er war 36 oder höchstens 37 Jahre alt, er war voll von Plänen, die durch den Ausgang der Schlacht zunichte gemacht wurden. Wohin sollte er sich wenden? In Kleinasien hatte er nichts mehr zu suchen, denn dieses Land gelangte als Siegesbeute in den Besitz des thrakischen Königs Lysimachos, die übrigen Satrapien des Antigonos fielen dem Seleukos zu, der damit zu einem bedeutenden Territorialherrscher in Vorderasien emporstieg. Das südliche Syrien (Koilesyrien) hatte Ptolemaios I. okkupiert, er verspürte keine Lust, es wieder herauszugeben, obwohl er damit gegen die Vereinbarungen der Koalition verstieß. Man unterschätzt die Spannkraft des Demetrios, wenn man annimmt, er habe in dieser Lage resigniert. Er ist zwar in den folgenden Jahren ohne eine größere Festlandsbasis geblieben – das unterscheidet seine Position grundsätzlich von derjenigen der anderen Diadochen –, aber dies hat seine Aktivität eher erhöht als vermindert. Was er aus dem Zusammenbruch des väterlichen Reiches gerettet hat, waren im wesentlichen die Inseln der Ägäis, dazu das wichtige Cypern, an der kleinasiatischen Westküste verblieben ihm neben anderen Städten vor allem Milet und Ephesos, dazu in Phönikien die großen Metropolen Tyros und Sidon. Die Athener, die den Demetrios vor Jahren mit überschäumender Begeisterung aufgenommen hatten (s. o. S. 69), verschlossen ihm nun Hafen und Stadttore, seine Gattin Daidameia führte man in ehrenvollem Geleit außer Landes nach Megara. Aber es blieb ihm noch Korinth, doch war sein größtes Kapital seine Flotte, sie machte ihn für die anderen Diadochen immer noch bündnisfähig, insbesondere für Seleukos, der zur See nur wenig zu bestellen hatte, da die wichtigsten Häfen in Phönikien im Besitz seines Konkurrenten waren. Die beiden Könige trafen sich in der kleinen nordsyrischen Hafenstadt Rhossos am Meerbusen von Issos. Hier wurde die Hochzeit des Seleukos mit Stratonike, der Tochter des Demetrios, mit echt orientalischer Prachtentfaltung gefeiert (299/8). Es war dies eine typisch politische Heirat, denn beide, Schwiegervater und Schwiegersohn, waren isoliert, beide hatten kein Interesse daran, daß das südliche Syrien in den Händen des Ptolemaios verblieb. Aber an diesem Zustand sollte sich zunächst nichts ändern.

Andere Zeiten waren auch in Griechenland und Makedonien heraufgezogen. Der Tod des Kassander (wahrscheinlich im Jahre 298) bedeutet hier eine Wendemarke. In Athen hatte sich Lachares zum Tyrannen aufgeschwungen, wobei er die Unterstützung der Makedonen gefunden hatte. Hiermit aber wollte sich Demetrios nicht abfinden, Demetrios hatte nicht umsonst eine überlegene Flotte. Athen aber fand sich zu Wasser und zu Lande von allen Verbindungen abgeschnitten. Doch hielten die Athener dieses Mal bis zum äußersten stand, Lachares erwies sich als ein unverächtlicher Gegner. Als aber die Hoffnung auf Entsatz von außen her geschwunden war – eine Flotte des Ptolemaios I. war vertrieben worden –, da schlug dem Lachares die Stunde, er ließ seine Landsleute im Stich und entwich nach Böotien. Die Kapitulation Athens im Jahre 295 war für Demetrios ein bedeutender materieller und ideeller Machtzuwachs. Zwar bedeutete Athen machtmäßig längst nicht mehr das, was es bis zur Seeschlacht bei Amorgos (322) gewesen war, aber in den Augen der Griechen war es immer noch der geistige Mittelpunkt. Und Demetrios wußte die Stunde zu nutzen: er verkündete die Abschaffung der Diktatur (damit war die Vertreibung des Lachares gemeint) und die Wiederherstellung der Demokratie. Wieder waren die Athener von Demetrios begeistert, man war sogar bereit, ihm die Burg Munichia und den Hafen Piräus auszuliefern, denn nur wer auch diese beiden Punkte beherrschte, konnte sich mit Recht als Herrn von Athen betrachten. In die überschäumende Freude aber fiel ein Wermutstropfen: Demetrios hätte nun auch gern Sparta unter seine Herrschaft gebracht, aber der Versuch schlug gänzlich fehl, die Spartaner brachten dem abziehenden Heer des Demetrios sogar noch empfindliche Verluste bei (295). Dazu kamen andere Mißerfolge. Auf Cypern endete die Herrschaft des Demetrios durch eine Invasion des ersten Ptolemäers, am Westrand Anatoliens gingen die Besitzungen des Demetrios in die Herrschaft des Lysimachos über, vor allem der Verlust Milets war sehr schmerzlich, da diese Stadt über einen bedeutenden Handel verfügte. Sie mußte nun den thrakischen König Lysimachos in ihre Mauern aufnehmen.

Noch einmal riß es Demetrios nach oben. Die Ereignisse des Jahres 294 schufen eine grundlegende Veränderung in Makedonien, woran Demetrios selbst nicht unbeteiligt gewesen ist. Nach einem Intrigenspiel ohnegleichen, wobei Demetrios selbst vor Meuchelmord nicht zurückschreckte, ist es ihm gelungen, sich in den Besitz der makedonischen Königskrone zu setzen, die er immerhin sieben Jahre lang, von 294 bis 287, getragen hat. Makedonien hatte seit Kassanders Tod eine schlimme Zeit hinter sich. Die überragende Figur war die Königinwitwe Thessalonike, eine Tochter des Makedonenkönigs Philipp II., gewesen. Ihre Söhne von Kassander, Philippos, Antipater und Alexander, standen ganz unter ihrem Einfluß. Es gab viel Streit im Königshause. Schließlich ließ Antipater die eigene Mutter einfach umbringen, auch hier war es um die Macht gegangen wie später bei der Ermordung der Jüngeren Agrippina durch Nero. Alexander hatte den Epiroten Pyrrhos zu Hilfe gerufen, der sich das westliche Makedonien als Preis für seine Hilfe übergeben ließ. Aber auch Demetrios war im Anmarsch auf Makedonien. Er traf mit dem jungen Alexander in Dion zusammen, aber nicht nur die beiden Könige allein, sie hatten ihre Truppen mitgenommen, so daß die kleine Stadt das Aussehen eines Heerlagers hatte. Alexander aber geleitete seinen hohen Gast nach Thessalien, und hier, in Larissa, kam es zur Katastrophe. Demetrios ließ den jungen König der Makedonen, dessen Name so viel versprochen hatte, kurzerhand umbringen. Es wird berichtet, daß Alexander die Absicht gehabt habe, am nächsten Tag seinen Gast Demetrios zu ermorden. Wäre diese Überlieferung zutreffend, so wäre Demetrios bis zu einem gewissen Grade gerechtfertigt. Aber es bleiben ernste Zweifel, und wahrscheinlich handelt es sich hier nur um eine Schutzbehauptung des Demetrios. In einer flammenden Rede, in welcher er auf die Unfähigkeit der Söhne des Kassander und die von diesem durchgeführte Ausrottung der Familie Alexanders d. Gr. hinwies, soll er das Heer des jungen Königs für sich gewonnen haben. Die Heeresversammlung rief ihn daraufhin zum König der Makedonen aus. Demetrios hatte damit eine Position erreicht, die ihn weit über die anderen Diadochen hinaushob. Ihm standen von nun an die beträchtlichen Hilfsquellen Makedoniens, vor allem aber das allseits gefürchtete Heer, zur Verfügung. Es war kein Wunder, wenn sich in seinem Geist neue Pläne formten, die weit über die Grenzen Makedoniens hinaus sich mit fernen Dingen beschäftigten. Aber so ganz wolkenlos war der Himmel über Makedonien nicht: Demetrios hatte in Pyrrhos und Lysimachos zwei Nachbarn, denen der Aufstieg des Demetrios wenig gelegen kam. Ein starkes Makedonien war ihnen ein Dorn im Auge, denn damit hatte sich das gesamte Gleichgewicht der Diadochenstaaten verschoben, und vor allem im Hinblick auf die Beherrschung der Ägäis und der Meerengen, des Bosporus und der Dardanellen, ergaben sich neue Probleme. Beide, Pyrrhos wie Lysimachos, waren nicht gewillt, eine weitere Expansion des Antigonossohns hinzunehmen.

Im übrigen hat Demetrios in Makedonien nichts Außergewöhnliches geleistet. Man wundert sich hierüber nicht, wenn man weiß, daß er zu dem Land keine gewachsenen Bindungen besaß. Auch sein Vater Antigonos hatte niemals den Boden Makedoniens (nach dem Tode Alexanders d. Gr.) betreten, da hier sein Erzfeind Kassander das Feld beherrschte. Demetrios aber war ein hellenistischer Territorialherrscher. Ob er sein Königtum in Makedonien, Griechenland oder in Asien ausübte, war ihm im Grunde gleich, es ging ihm nicht um die Menschen, sondern einzig und allein um die Macht, um die Größe und Schlagkraft des Heeres und der Flotte, denn nur diese zählten in den Diadochenkriegen. Als Beherrscher eines großen Territoriums brauchte er eine neue Hauptstadt; sie mußte so gelegen sein, daß er von ihr aus seine hauptsächlichen Besitzungen ohne Schwierigkeiten erreichen und beherrschen konnte. Er fand diese Hauptstadt am Golf von Pagasai in Thessalien. Hier wurde die Stadt Demetrias gegründet, eine starke Festung, von Mauern umgeben und mit zahlreichen Türmen bewehrt. Die Belagerungskunst hatte nicht zuletzt durch Demetrios selbst in der hellenistischen Zeit beträchtliche Fortschritte zu verzeichnen, denen die Städtebautechnik Rechnung tragen mußte. Demetrias ist übrigens durch moderne Ausgrabungen wiedergefunden worden. Die Stadt hatte einen großen Hafen, der durch den leicht zu sperrenden Golf von Pagasai zugänglich war. Demetrias blühte bald empor, es wurde von einer Bevölkerung aus aller Herren Länder bewohnt, wovon die hier gefundenen Grabsteine Zeugnis ablegen. In Demetrias fanden sich Arsenale und Vorratsgebäude, dazu Werften und Schiffshäuser, aber es ist zweifelhaft, ob alle Pläne ausgeführt werden konnten, da die Zeit der Herrschaft des Königs in Thessalien nur sehr kurz gewesen ist. Von Demetrias aus wollte der König sowohl den Norden wie den Süden unter Aufsicht halten, und für diesen Zweck war der Ort in der Tat hervorragend geeignet.

Dem Reich des Demetrios in Makedonien, Thessalien und Griechenland fehlte nun noch das verbindende Mittelstück. Dies aber konnte nur *Böotien* sein, dem es gelungen war, seine Unabhängigkeit zu wahren. Dies aber war für einen Herrscher wie Demetrios besonders unbequem, und so kommt die Unterwerfung Böotiens durch Demetrios im Jahre 292 nicht überraschend. Als Kriegsgrund bot sich ihm das Eingreifen der Spartaner in Böotien an, die hier in der Tat nichts zu suchen hatten. Aber bevor noch Demetrios die Belagerungsmaschinen gegen die Mauern von Theben in Bewegung gesetzt hatte, gaben die Böoter den Widerstand auf. Auch in Böotien war von nun an der Wille des Monarchen oberstes Gesetz. Demetrios bestimmte, wer die maßgebenden Ämter im Lande innehaben sollte. Zur Überwachung der von ihm angeordneten Maßnahmen setzte er seinen Freund Hieronymos von Kardia ein, denselben, der später in so anschaulicher Weise die Geschichte der Diadochen beschrieben hat. Hieronymos wurde Harmost in Theben, d. h. er hatte das Amt eines Militär- und Zivilgouverneurs inne. Damit war auch Böotien in das griechische Reich des Demetrios eingefügt, ein neuer bedeutender Abschnitt seiner Herrschaft war mit Glück zu Ende geführt. Aber die Böoter gaben keine Ruhe, bei einem Abfall mußte die Stadt Theben regelrecht belagert werden, der aufgebrachte König ließ die Rädelsführer hinrichten. Dies war ganz gegen seine Art, da er sonst immer Milde gegenüber seinen Feinden zu üben pflegte. Angeblich ist es bei dieser Belagerung zu einer Kontroverse zwischen Demetrios und seinem Sohn Antigonos Gonatas gekommen. Und zwar hatte der Sohn dem Vater vorgeworfen, daß er auf das Leben der Soldaten nicht genügend Rücksicht nehme, worauf Demetrios meinte, daß man sich auf diese Weise unnötige Esser vom Halse schaffe. Zynismus war aber sonst nicht die Art des Demetrios, so daß man diese Anekdote als erfunden betrachten muß.

Der große Gegner des Demetrios aber war der epirotische König Pyrrhos. Er war für ihn umso gefährlicher, als er bei den Makedonen wegen seiner militärischen Qualitäten über große Sympathien verfügte. Dazu kam aber noch ein ganz persönlicher Zwist: Lanassa, die Tochter des Tyrannen Agathokles von Syrakus, die Gattin des Pyrrhos, rief Demetrios nach Korkyra, sie vermählte sich mit ihm und brachte ihm die Insel ein, dazu noch Leukas, womit Demetrios vorzügliche Positionen für eine künftige Westpolitik errungen hatte. Und es erhob sich die Frage, wie es in Sizilien weitergehen sollte, wo mit dem Ableben des Agathokles gerechnet werden mußte. Demetrios entsandte seinen Freund Oxythemis nach Syrakus; dieser war zugegen, als Agathokles im Jahre 289 die Augen schloß. Auch die darauf folgenden Ereignisse, die Ermordung des Sohnes des Agathokles, das Wiederaufleben der inneren Zwistigkeiten auf Sizilien und das Eingreifen der Karthager, haben sich unter den Augen des

Oxythemis vollzogen. Aber all diese Dinge hätten Demetrios schwerlich gehindert, in Sizilien einzugreifen, aber er mußte sich auf Makedonien konzentrieren, die Kämpfe mit Pyrrhos waren wieder aufgeflammt, es war dem Molosser sogar gelungen, ein makedonisches Heer unter dem Strategen Pantauchos vernichtend zu schlagen, wobei nicht weniger als 5 000 Mann in die Gefangenschaft des Pyrrhos gerieten (289).

Bald aber kam in Makedonien das Ende. Demetrios lag krank darnieder, da fielen vom Osten und Westen her Lysimachos, der König von Thrakien, und Pyrrhos in Makedonien ein (287), die Invasion wurde zur See durch Ptolemaios I. unterstützt. Ganz ohne Zweifel handelte es sich bei dieser Aktion um ein von langer Hand vorbereitetes und mit großem Aufwand durchgeführtes Unternehmen, das den Sturz und die Vertreibung des Demetrios zum Ziel hatte. Dieser aber hatte sich mit dem Plan einer Invasion in Kleinasien beschäftigt und hierzu eine große Streitmacht zusammengebracht. Wollte sich Demetrios wieder in den Besitz des Reiches des Antigonos, seines Vaters, setzen? Hielt er die Stunde für gekommen, seine Machtmittel auszuspielen, um die anderen Diadochen zu wesentlichen territorialen Zugeständnissen zu zwingen? Leider berichten die Quellen von seinen Plänen nichts, so daß der Historiker auf Vermutungen angewiesen ist. Wenn man aber liest, daß für die Expedition nicht weniger als 100 000 Mann und eine Flotte von 500 Schiffen vorgesehen waren, so muß es sich hier um sehr weitgesteckte Pläne gehandelt haben – selbst wenn man berücksichtigt, daß die Zahlen doch wohl beträchtlich übertrieben sind. Denn die Versorgung eines Heeres von 100 000 Mann wäre in jenen Zeiten auf unüberwindbare Schwierigkeiten gestoßen. Wie es heißt, soll Demetrios davon ausgegangen sein, daß die Herrschaft des Lysimachos in Kleinasien sehr unbeliebt war. Aus der Stimmung der Bevölkerung, denen die Königsherrschaft des Antigonos als das Goldene Zeitalter in Erinnerung war, mag Demetrios übertriebene Hoffnungen geschöpft haben. Vorgreifend mag noch erwähnt sein, daß Demetrios, kaum daß er den Fuß auf den Boden Kleinasiens gesetzt hatte, sich mit Ptolemaïs, der Tochter des ersten Ptolemäers und der Eurydike, vermählt hat. Was mag er damit beabsichtigt haben?

Aber zu dem Kriegszug ist es nicht mehr gekommen, Pyrrhos und Lysimachos überschwemmten mit ihren Heeren Makedonien, und Demetrios mußte eilends die Flucht ergreifen, von Beroia führte ihn der Weg nach Kassandreia. Phila, seine Gattin, wollte das Unglück ihres Mannes, der sie so oft betrogen hatte, nicht überleben, sie setzte ihrem Leben durch Gift ein Ende.

Makedonien war verloren, aber ein paar griechische Besitzungen blieben dem Demetrios erhalten. Die wichtigste war sicherlich Korinth mit der als uneinnehmbar betrachteten Burg Akrokorinth. Athen hat sich unter dem Archonten Diokles (wohl im Jahre 287/6) von der Herrschaft des Demetrios befreit. Der Piräus ist wahrscheinlich im Besitz der Makedonen verblieben, und das wäre auch kein Wunder, denn die Flotte des Demetrios war immer noch ein gefürchtetes Kriegsinstrument. Nur 10 000 Mann konnte er aus dem Zusammenbruch in Makedonien retten, sie wurden zu Schiff nach Kleinasien geschafft. Aber auch hier heftete sich das Unglück an seine Sohlen. Nach ein paar überraschenden Anfangserfolgen wandte sich das Blatt; Agathokles, der Sohn des Lysimachos, vermochte den ehemaligen König von Makedonien nach dem Osten abzudrängen, wodurch er sich von seinen griechischen Hilfsquellen abgeschnitten sah. Alle Versuche, sich in Kleinasien festzusetzen, schlugen fehl, so daß Demetrios schließlich den Plan erwog, sich nach Armenien oder nach Medien durchzuschlagen. Sein Heer schmolz durch Hunger und Unbilden der Witterung immer mehr zusammen; mit dem Rest, der ihm treu geblieben war, machte sich Demetrios auf den Weg nach Tarsos in Kilikien, das zum Reich des Seleukos, seines ehemaligen Schwiegersohnes, gehörte. An ihn richtete Demetrios einen Brief, mit der Bitte, ihm in der Not Hilfe zu gewähren. Seleukos hätte ihm gern den Wunsch erfüllt, aber Patrokles, einer seiner vornehmsten Ratgeber, warnte ihn dringend; es sei sehr unklug, sagte er, Demetrios in Kilikien ganz unbehelligt zu lassen. Als Seleukos mit Truppen in Kilikien erschien, wagte Demetrios einen letzten verzweifelten Kampf, aber die Vorteile, die er in ihm erringen konnte, gingen alsbald wieder verloren. Mehr gezwungen als freiwillig nahm er den Weg in die Landschaft Kyrrhestiké, aber hier ging es rasch mit ihm zu Ende, da es Seleukos gelungen war, ihm den Rest seiner Soldaten abspenstig zu machen. Nur mit ein paar Begleitern floh Demetrios in die Gegend des Amanosgebirges und versteckte sich in einem Wald. Von hier aus dachte er unter dem Schutz der Nacht die Küste zu erreichen, um zu Schiff nach Kaunos in Karien zu gelangen. Doch konnte Demetrios die Pässe des Gebirges nicht überwinden, weil diese vom Gegner bewacht waren. Er mußte daher wieder an seinen Ausgangspunkt zurückkehren. Es blieb nur noch übrig, sich dem Seleukos auf Gnade und Ungnade zu ergeben. Dieser aber war hocherfreut und bereitete dem Demetrios einen sehr ehrenvollen Empfang. Aber Seleukos war nicht Herr seiner Entschlüsse, er ließ sich wieder umstimmen und setzte Demetrios gefangen. Dieser wurde nach dem syrischen Chersonesos (Apamea) geführt und hier in ehrenvoller Internierung gehalten. Hier standen ihm genügend Diener zur Verfügung, auch für Unterhaltung war gesorgt, aber Demetrios fühlte sich sehr unglücklich, denn ihm fehlte die Freiheit, und sie konnte dadurch nicht ersetzt werden, daß seine Freunde die Erlaubnis erhielten, ihm Gesellschaft zu leisten. Seleukos, der nicht sein persönlicher Feind war, soll das Los des Gefangenen durch freundliche Briefe erleichtert haben. Demetrios aber hatte längst alle Hoffnungen begraben. Er schickte seinem Sohn Antigonos Gonatas und seinen Befehlshabern in Griechenland die Botschaft, sie sollten ihn als tot betrachten und weder den Briefen noch dem Siegel, das von ihm käme, Vertrauen schenken. Antigonos aber bot sich in hochherziger Weise dem Seleukos für die Freilassung des Vaters als Geisel an, auch andere Herrscher sollen sich den Bitten angeschlossen haben – mit Ausnahme des Lysimachos, der auch jetzt noch aus seinem Haß gegen Demetrios kein Hehl machte. Lysimachos soll – wenn es wahr ist – dem Seleukos sogar Geld geboten haben, wenn er die Menschheit von Demetrios befreite. Es wird berichtet, daß Demetrios seine Haft zunächst mit Würde ertragen hat, indem er sich der Jagd und körperlichen Übungen widmete, dann aber wurde ihm dies langweilig – er hatte immerhin die Schwelle der Fünfzig bereits überschritten –, er ergab sich dem Trunk und dem Würfelspiel, um hierin Vergessen zu suchen. Plutarch, der diese Einzelheiten überliefert, knüpft hieran Betrachtungen über die Nichtigkeit der Bestrebungen der Könige, die sich nur für Kriege und Gefahren begeistern und darüber die wahre Kunst zu leben vergessen. Sie kümmern sich nur um Schwelgerei und Vergnügen, anstatt um die wahren Werte des Lebens, die in der *areté* (lat. *virtus*) und in dem Streben nach dem Schönen *(tò kalón)* bestehen. So liest man es bei Plutarch (Leb. d. Demetr. c. 52,3). Insofern ist Demetrios für Plutarch ein vorzügliches Beispiel, an dem er die Vergänglichkeit alles irdischen Ruhmes und alles eitlen Strebens demonstrieren kann.

Die Gefangenschaft des Demetrios in Apamea dauerte drei Jahre, von 286 bis 283. Dann nahm ihn der Tod hinweg. Seine Untätigkeit und seine Unmäßigkeit hatten das Ende beschleunigt. Im übrigen ist Demetrios nur 53 oder 54 Jahre alt geworden. Der Historiker kann an dieser Stelle die Bemerkung nicht unterdrücken, daß Demetrios der Nachwelt einen großen Dienst hätte erweisen können, wenn er die Zeit seiner Gefangenschaft zur Abfassung seines Lebensberichtes benutzt hätte. Aber dazu hatte er offenbar weder Lust noch Neigung. Im übrigen zeigen die einschlägigen Kapitel Plutarchs, daß hier der Bericht eines Augenzeugen zugrunde liegt. Ob dies Hieronymos von Kardia gewesen ist, läßt sich nicht sagen. Ungewöhnlich wie das Leben des Königs waren auch die Zeremonien nach seinem Tode. Antigonos Gonatas ließ das Schiff, das die sterblichen Überreste des Vaters in die Heimat brachte, in feierlicher Flottenparade einholen. Die Asche befand sich in einer goldenen Urne, diese wurde auf dem größten Kriegsschiff aufgestellt. Wo immer die Flotte anlief, fanden sich Menschen, welche die Urne mit Kränzen schmückten, andere Gemeinden stellten das Trauergeleit. Als man in Korinth an Land ging, sah man die Urne, geschmückt mit dem königlichen Purpurgewand und dem Diadem auf dem Vorderdeck des Admiralsschiffes, umgeben von einem Ehrengeleit junger Männer in Waffen. Der Flötenvirtuose Xenophontes begleitete auf seinem Instrument die Schläge der Ruderer. Antigonos erweckte allgemeines Mitleid, als er, vor Schmerz gebeugt und unter Tränen, in der Öffentlichkeit erschien. Die sterblichen Reste des Demetrios wurden schließlich in seiner Königsstadt Demetrias beigesetzt. Sie sind niemals wieder ans Licht gekommen.

Plutarch schließt seinen Lebensbericht mit einer Übersicht über die Nachkommen des Demetrios. Seine Gattin Phila hat ihm Antigonos mit dem Beinamen Gonatas und die Tochter Stratonike geschenkt, zwei weitere Söhne führten den Namen des Vaters, Demetrios mit dem Beinamen „der Dünne" *(Leptós),* von einer illyrischen Frau, und der andere gleichen Namens, genannt Demetrios der ‚Schöne', von Ptolemaïs. Von Deidameia hatte er einen Sohn namens Alexander, von Eurydike stammte der Sohn Korrhagos. Das Geschlecht des Demetrios regierte in Makedonien über hundert Jahre, von 276 bis 168; der letzte seines Stammes war Perseus, der bei Pydna geschlagen wurde und in römischer Gefangenschaft verstarb. Von den Kindern des Demetrios haben zwei eine wichtige Rolle auf der Bühne der hellenistischen Politik gespielt, die Tochter Stratonike, vermählt mit Seleukos I., der sie dann seinem Sohn Antiochos I. überlassen hat, und Demetrios der Schöne. Dieser kam auf Bitten der Apame, der Witwe des Magas, nach Kyrene, um die Erbtochter Berenike zu heiraten. Ob es hierzu gekommen ist, verschweigen die Quellen. Nur so viel ist sicher, daß Demetrios der Schöne, wahrscheinlich im Jahr 258, in Kyrene ermordet worden ist. Anstifterin des Mordes war aller Wahrscheinlichkeit nach Berenike, die das Verhältnis des Demetrios mit ihrer Mutter Apame nicht dulden wollte. Dieser Demetrios ist übrigens der Vater des Antigonos Doson, der von 230/29 (?) bis 222/1 über Makedonien, zuerst als Reichsverweser, dann als König regierte.

Es fällt nicht leicht, einem Mann wie Demetrios Poliorketes gerecht zu werden. Er war sicher ein hochintelligenter Mensch, ausgestattet mit reichen Gaben des Geistes, aber ihm fehlte bei aller Energie etwas sehr Wichtiges, die Beständigkeit. Dies ließe sich an vielen Beispielen demonstrieren, das einzelne braucht hier aber nicht wiederholt zu werden. Auf die Menschen hat Demetrios eine große Faszination ausgestrahlt, nicht zum wenigsten auch auf seine Freunde, die immer wieder Beweise ihrer Anhänglichkeit und ihres Opfermutes gegeben haben. Der König konnte, auch in der Not, auf sie zählen, und er hat es ihnen reich gelohnt. Anders verhielt sich Demetrios zu den Frauen. Eheliche Treue war für ihn ein unbekannter Begriff, er hat vielmehr ganz offen die Polygamie praktiziert, und niemand hat sich darüber gewundert. Die Ehen sind aus politischen Gründen geschlossen worden, von persönlicher Zuneigung des Demetrios zu Phila, Deidameia, Lanassa oder Ptolemaïs wissen die Quellen nichts. Wenn eine Frau wie Phila, die ihrem Mann an Jahren weit voraus war, ihm bis zu ihrem Ende gedient hat, so ist dies ein Zeichen für ihren Charakter, nicht für die Liebe des Demetrios, der kühl über sie hinweggeschritten ist. Der große Schwarm der Hetären, Flötenspielerinnen und Schauspielerinnen bedeutete ihm wenig, mit Ausnahme der Lamia, die ihn offenbar durch ihre Intelligenz, weniger durch ihre Schönheit, zu fesseln verstand. Für die Zeitgenossen war die Hofhaltung des Demetrios eine Sensation, aber niemand hat daran Anstoß genommen, daß er sich erlaubte, was gewöhnlichen Sterblichen durch Sitte und Konvention untersagt war. Auch die anderen Diadochen hatten ihre Mätressen, nur traten diese nicht in so spektakulärer Weise in der Öffentlichkeit in Erscheinung, wie dies für Demetrios bezeugt ist. Aber um das Gerede der Zeitgenossen hat sich Demetrios nicht gekümmert, er war darüber erhaben, und diese Haltung wurde noch verstärkt durch die göttlichen Ehren, die ihm bereitwillig von den Untertanen dargebracht worden sind. Nach dem Tode seines Vaters in der Schlacht bei Ipsos (301) war zudem niemand mehr vorhanden, der ihn hätte in die Schranken weisen können.

Die Idee der Vergöttlichung lebender Herrscher hat im Leben des Demetrios eine bedeutende Rolle gespielt. Der entstehende Herrscherkult hat die Personen der Könige in eine göttliche Sphäre entrückt. Dies gilt ganz besonders für Demetrios, der für Schmeichelei sehr zugänglich war und seine Freude an überschwenglichen Ehrungen hatte. Es war kein Wunder, wenn sich zwischen dem vergöttlichten Herrscher und den Untertanen eine tiefe Kluft auftat, die durch das Verhalten des Demetrios nur noch erweitert wurde. Es gibt zahlreiche Beispiele für die Vergöttlichung des lebenden Demetrios. Die Athener, die sich früher spröde und ablehnend gegenüber der Apotheosierung der Könige verhalten hatten, begannen schon im Jahre 307 damit, ganz ungewöhnliche Ehrungen für Demetrios zu beschließen, weil er die Stadt von der Herrschaft des Kassander befreit hatte. Man feierte Demetrios als Retter *(sotér)* und Wohltäter *(euergétes)*; zusammen mit seinem Vater Antigonos errichtete man ihm einen Altar, an dem beide als die „Retter" verehrt wurden. Man sang ihnen Päane (Kultlieder), Prozessionen wechselten mit Opferfeierlichkeiten, musikalische Darbietungen mit Theateraufführungen. Für die Konkurrenz wurden Siegespreise ausgesetzt. So hören wir, daß ein gewisser Hermippos von Kyzikos den Siegespreis, als Dichter eines Päans, vor seinen Mitbewerbern davongetragen hat. Auch die Errichtung von vergoldeten Statuen für Antigonos und Demetrios an der Seite der Standbilder der Tyrannenmörder Harmodios und Aristogeiton war eine ganz ungewöhnliche Ehrung, die in der Vergangenheit keine Parallele findet. Über die Errichtung von zwei neuen Phylen mit den Namen Antigonis und Demetrias ist bereits an anderer Stelle (s.o.S. 69) das Nötige gesagt worden. Man beschloß, in Zukunft nur noch durch Theoren, d. h. Festgesandte, wie man sie zu den Götterfesten abordnete, mit den Herrschern zu verkehren – auch dies eine Ehrung, die als ganz ungewöhnlich bezeichnet werden muß. Den Antrag hatte Stratokles gestellt, der auch sonst als Schmeichler des Demetrios hervorgetreten ist. Auf die Spitze getrieben wurde der Kult des Demetrios durch eine Hymne, die ihm zu Ehren in Athen gesungen wurde. Sie war verfaßt in einem Kurzvers, der von den Griechen Ithyphallos genannt wurde. Diese Hymne ist übrigens ein lehrreiches Zeugnis für die vom alten Glauben enttäuschte Menschheit: die Olympischen Götter seien zu weit entfernt, sie gewährten den Menschen nicht ihr Ohr (sie seien also keine *theoî epékooi)* – Demetrios aber sei gegenwärtig, er sei nicht aus Holz oder Stein, sondern er existiere wirklich. Darauf folgt die Bitte an den in Erscheinung getretenen Gott *(theòs epiphanés),* die ätolische Sphinx vom Felsen herabzustürzen. – Der Päan[4] ist ein eindrucksvolles Dokument der Verehrung, die hier dem Machtmenschen Demetrios von seiten der Athener entgegengebracht worden ist. Alle Schranken zwischen der menschlichen und göttlichen Sphäre sind niedergerissen. Es konnte nicht ausbleiben, daß diese überschwenglichen Ehren im Charakter des Demetrios tiefe und dauerhafte Spuren hinterlassen haben. Es gibt Zeugnisse dafür, daß sich Demetrios als Weltbeherrscher gefühlt hat. Auf seinem Obergewand, der Chlanis, waren die Erde und die Himmelskörper eingewebt, und der Historiker Duris von Samos, der für diese Dinge ein besonderes Interesse hatte, berichtet sogar, daß er auf seinem Gewand die Erdkugel und die Sterne abbilden ließ. Niemand vor Demetrios hatte Ähnliches gewagt, selbst Alexander der Große nicht, Demetrios aber war ein Mensch, der durch sein exzentrisches und theatralisches Kostüm überall Aufsehen erregte und dadurch die Augen der Menschen auf seine Person zu lenken wußte. Um seinen breitkrempigen Hut pflegte er ein doppeltes Diadem zu tragen, dazu legte er ein Purpurgewand an und goldverbrämte, purpurrote Schuhe. Gold und Purpur aber sind die Attribute der Götter, und es kann kaum ein Zweifel darüber möglich sein, daß sich Demetrios mit seiner Tracht den Himmlischen an die Seite stellen wollte. Gerade in diesen Äußerlichkeiten zeigt sich die Idee des Gottkönigtums, die im Leben des Demetrios eine große Rolle gespielt hat.

In der Natur des Königs vereinigen sich tiefgreifende Gegensätze: auf der einen Seite Ritterlichkeit gegenüber Freunden und besonders auch gegenüber

Frauen, auf der anderen Seite Rücksichtslosigkeit in dem Streben nach politischen Zielen, wie dies vor allem die Ermordung des jungen Sohnes des Kassander dokumentiert (s. o. S. 79). Allerdings ging es um einen hohen Einsatz, um die Krone Makedoniens, aber auch dies kann das Vorgehen des Demetrios schwerlich rechtfertigen. Die Mitwelt, die sich an Gewalttätigkeiten politischer Art gewöhnt hatte, hat das Verbrechen des Demetrios ignoriert, niemand hat ihm einen Vorwurf daraus gemacht. Die Mitmenschen kümmerten sich vielmehr um die Extravaganzen des Herrschers, um seine Prachtentfaltung, seine Frauen und um sein Kostüm, mit dem er auf die Zeitgenossen einen tiefen Eindruck gemacht hat. Man kann dies bis zu einem gewissen Grad verstehen, denn für die Bürger der griechischen Poleis, insbesondere auch für die Athener, war Demetrios in seiner Erscheinung eine absolute Novität: einen Machthaber, der sein Hauptquartier auf der Akropolis von Athen aufschlug und der im Parthenon mit Hetären und Flötenspielerinnen Feste feierte, hatte man in der Stadt noch nicht gesehen. Und dieser Mann trug seit dem Jahre 306 den Königstitel, den einst der große Alexander getragen hatte. Die Polis hatte damals an Glanz und Pracht wenig zu bieten, ihre Uhr war abgelaufen, es war kein Wunder, wenn man dem Demetrios zu Füßen lag und von ihm schier Unmögliches erwartete. Zu dieser Einstellung der Bürger hat das großzügige Auftreten des Demetrios nicht wenig beigetragen, er hatte seine Freude daran, Feste zu feiern, und er war nicht kleinlich mit seinen Geschenken und Gunsterweisungen. Und Großzügigkeit wird zu allen Zeiten höher geschätzt als das Gegenteil.

Plutarch weiß in seinem „Leben des Demetrios" so manchen Ausspruch seines Helden zu berichten. Ob diese Worte historisch sind, ist eine andere Frage, doch mag das eine oder andere aus dem Geschichtswerk des Hieronymos von Kardia stammen, wenn hierfür auch kein sicherer Beweis zu erbringen ist. Anekdoten, die sich mit dem Leben des Demetrios und seines Vaters Antigonos befassen, hat es sicher schon zu ihren Lebzeiten gegeben. Dies aber zeigt die große Bedeutung, welche die beiden Machthaber in ihrer Zeit besessen haben. Und die Hetärengespräche, an denen es bei Plutarch nicht mangelt (siehe z. B. c. 27,4), gehören einer bekannten Gattung der griechischen Literatur an, für die zu allen Zeiten ein großes Interesse bestanden hat, wenn sie auch schwerlich Anspruch auf Authentizität erheben können. Etwas anders steht es mit der Wiedergabe der Träume. So erzählt Plutarch (c. 29), Demetrios habe vor der Schlacht bei Ipsos einen Traum gehabt, in welchem ihn Alexander in vollem Waffenschmuck nach der Parole gefragt habe. Als Demetrios erwiderte, sie laute „Zeus und Nike" (Sieg), habe Alexander gesagt, daß er sich entfernen und den Gegnern den Sieg bringen wolle. – Niemand weiß, ob der Traum historisch ist. Aber eins ist ganz sicher: die Gestalt Alexanders hat immer wieder den Geist des Demetrios beschäftigt, und es ist ganz natürlich, daß diese Gedanken auch in die Träume übergehen. Daß er seine Pflichten als König von Makedonien sehr leicht genommen hat, lehrt die Erzählung von den Bittschriften, die Demetrios ungeöffnet und ungelesen in das Wasser des Axiosflusses geworfen haben soll (Plut. Demetr. 42,2). Nur wenn er Lust hatte, widmete er sich den Regierungsgeschäften, und wenn es niemals zu einem echten Vertrauensverhältnis zwischen ihm und den Makedonen gekommen ist, so liegt die Schuld eindeutig auf der Seite des Königs, der in den Makedonen letzten Endes nur Untertanen gesehen hat. Bei dieser Einstellung werden auch die schweren Rückschläge verständlich, die ihn immer wieder getroffen haben. Dazu kommt noch eine gewisse Labilität seiner Gesundheit. Mehrfach, und zwar gerade in entscheidenden Situationen, ist Demetrios plötzlich erkrankt und auf kürzere oder längere Zeit nicht imstande gewesen, seine Pflichten als Herrscher wahrzunehmen.

Überhaupt ist das Bild der Persönlichkeit des Demetrios sehr schwankend. Großmut und Willkür stehen unverbunden nebeneinander. Und dazu kommt eine gewisse Unberechenbarkeit, die selbst seinen Freunden zu schaffen gemacht hat. Plutarch hat es ausgesprochen, daß dem Demetrios als Ziel die Wiederherstellung des väterlichen Reiches vorgeschwebt habe (Leb. d. Dem. 43,2). Wenn dies zutrifft, so hätte Demetrios das eigentliche Ziel seines Lebens nicht erreicht, denn sein Zug nach Kleinasien endete mit der Gefangennahme durch die Truppen des Seleukos. Ein Politiker und Stratege kann aber nur an dem gemessen werden, was er gewollt und was er erreicht hat. Das Urteil über Demetrios kann daher nur negativ ausfallen. Denn war der Plan des Demetrios im Jahre 287 überhaupt ausführbar? Auf dem Boden des ehemaligen Reiches des Antigonos Monophthalmos hatten sich zwei neue Reiche gebildet, das Reich des Seleukos in Vorderasien und das Reich des Lysimachos zu beiden Seiten des Hellesponts. Seit der Schlacht bei Ipsos (301) war mehr als ein Jahrzehnt verflossen, in dem diese Reiche, ebenso wie die anderen Nachfolgestaaten des Alexanderreiches, die nötige Zeit zur Konsolidierung gefunden hatten. Demetrios kam zu spät, er vermochte die Entwicklung weder aufzuhalten noch rückgängig zu machen. Seine Kräfte waren viel zu schwach, um es mit zwei so bedeutenden Gegnern, wie es Seleukos und Lysimachos waren, aufnehmen zu können. Ihm fehlte das notwendige Augenmaß, das weder der Politiker noch der Feldherr entbehren kann. Im Zeitalter der etablierten Territorialstaaten war Demetrios ein Unruhestifter, alle Herrscher fühlten sich von ihm bedroht, niemand hat ihm die Hand zum Bündnis gereicht. Im Leben des Demetrios überwiegen die abenteuerlichen Züge, seiner Persönlichkeit fehlt die Solidität und Beständigkeit, ohne die nichts Dauerndes geschaffen werden kann. So sind von seinem Wirken keine dauerhaften Spuren zurückgeblieben, doch ist die Erinnerung an seine ungewöhnliche Persönlichkeit im Altertum nicht erloschen, und in der Neuzeit hat ihn Jacob Burckhardt folgendermaßen charakterisiert[5]: „Er war kein Riese wie sein Vater, aber noch mächtig über das Mittelmaß, von heroischer Pracht des Anblicks, deutlich ein König; furchtbar und dann wieder von betörender Anmut; man lief ihm von weither entgegen, um ihn zu sehen und er konnte ganz Genuß und dann wieder ganz Tätigkeit sein und vermochte beides völlig getrennt zu halten; der beste Gesellschafter beim Gelage, prachtliebend und sogar weichlich, aber nüchtern im Kriege, von höchster Energie im Handeln; sein Ideal unter den Göttern war der stürmische und dann wieder üppige Dionysos". Dies alles ist sicherlich zutreffend, aber damit ist das Entscheidende noch nicht gesagt: das Leben des Demetrios war eine Episode in einer Zeit, zu deren Unruhe er selbst das meiste beigetragen hat.

Literatur

J. Kaerst, RE IV (1901) Sp. 2770–2792 s. v. Nr. 33; W. W. Tarn, Antigonos Gonatas (Oxford 1913, Neudr. 1969), Kap. 2–4; G. Elkeles, Demetrios der Städtebelagerer, Diss. Breslau 1941; E. Manni, Demetrio Poliorcete, Rom 1952; H. Bengtson, Griech. Gesch., 4. Aufl. (1969) S. 384 ff. – Der Name Poliorketes ist abgeleitet von *poliorkein,* „belagern", und bedeutet „der Belagerer".

Anmerkungen

1. Sie ist abgedruckt in den „Kulturgeschichtlichen Vorträgen", hg. von Rudolf Marx, Stuttgart 1959, Kröner Verlag, S. 343–372.
2. B. Niese, Gesch. d. griech. u. mak. Staaten I (1893) S. 329.
3. Siehe H. H. Schmitt, Rom und Rhodos, München 1957, S. 1 ff.
4. Siehe zu ihm V. Ehrenberg, in: Polis und Imperium (Zürich und Stuttgart 1965) S. 503 ff.
5. J. Burckhardt, Kulturgeschichtliche Vorträge (Kröners Taschenausgabe, Bd. 56), Stuttgart 1959, S. 347.

4

Pyrrhos, König der Molosser

* 319, † 272 v. Chr.

Das wechselvolle Leben des Pyrrhos – der Name bedeutet der „Rote", wahrscheinlich von der Haarfarbe – hat von jeher das Interesse der Biographen gefunden, und man braucht sich nicht zu wundern, wenn die Pyrrhosbiographie aus der Feder des fleißigen Plutarch (ca. 46–127 n. Chr.) in alter und neuer Zeit ungezählte Leser gefunden hat. Aber Plutarch hat das Rätsel des Lebens des Pyrrhos nicht zu lösen vermocht; es erscheint überhaupt fraglich, ob dies jemals gelingen wird. Die Frage, was Pyrrhos denn eigentlich gewollt hat, ist unbeantwortet geblieben, und eben aus diesem Grunde sieht die moderne Forschung, die sich ganz an Plutarch anschließt, in dem König der Molosser mehr oder weniger einen Abenteurer, dessen Leben durch ein zufälliges Ereignis beendet worden ist. Ob aber diese Auffassung berechtigt ist, muß zweifelhaft bleiben. Man wird immerhin darauf verweisen dürfen, daß kompetente Beurteiler in ihm den größten Feldherrn nach Alexander gesehen haben. Dies ist jedenfalls die Meinung Hannibals. Allerdings waren die Interessen des Pyrrhos einseitig auf die militärischen Dinge gerichtet. Ebenso wie Paul von Hindenburg scheint Pyrrhos niemals Bücher gelesen zu haben, die nicht zur militärischen Fachliteratur im engeren Sinn gehört haben. Immerhin hat er aber ein Werk über Taktik verfaßt (es ist nicht erhalten geblieben), dazu einen Band Memoiren. Wenn man die Existenz dieses zuletzt genannten Werkes angezweifelt hat, so ist dies unhaltbar. Pyrrhos war nicht ungebildet, aber seine Bildung war einseitig, und dies hat er in seinem Leben niemals verleugnet.

Pyrrhos entstammte dem Königsgeschlecht der Aiakiden in Epirus. Sein Vater hieß Aiakides, seine Mutter, die einem vornehmen thessalischen Adelsgeschlecht angehörte, trug den Namen Phthia. Außer Pyrrhos sind der Ehe zwei Schwestern, Deidameia und Troas, entsprossen, die erstgenannte eine der Frauen des Demetrios Poliorketes (s. o. S. 65 f.). An der Spitze der Ahnentafel des Pyrrhos figurierten Achilles und Herakles. Das Königtum der Molosser war in historischer Zeit doppelt besetzt, eine Anomalie, die sich auch in Sparta findet, jedoch mit dem Unterschied, daß bei den Molossern beide Könige aus dem gleichen Herrscherhaus stammten, während in Sparta die Agiaden und Eurypontiden je einen der beiden Könige stellten. Die Molosser waren neben den Chaonen und Thesprotern der bedeutendste Stamm der alten Epiroten.

Über das Volkstum der Epiroten gibt es nur Vermutungen. Während sie die einen für Illyrer halten, gelten sie den anderen als Griechen, doch scheint die illyrische Komponente ganz unbestreitbar, wenn auch der Einfluß der griechischen Zivilisation im Lande Epirus unverkennbar ist. Verkehrspolitisch lag Epirus an einer sehr wichtigen Stelle: das Land stand in Kontakt nicht nur mit Mittelgriechenland, Makedonien und Illyrien, wenn auch die Gebirge an seiner Ostflanke, vor allem der Pindus, den Verkehr nicht gerade erleichterten; womöglich noch wichtiger war die Tatsache, daß von Epirus und den vorgelagerten Inseln, vor allem von Korkyra aus, von jeher Seeverbindungen mit Unteritalien und Sizilien bestanden. Die zentrale Landschaft des Landes bewohnten die Molosser, größere Ortschaften gab es nur wenige, auch Dodona mit seinem berühmten Zeusorakel und Passaron waren nur unbedeutende Gemeinden, und es ist kein Zufall, daß sich Pyrrhos seine Residenz außerhalb des eigentlichen Epirus, in dem benachbarten Akarnanien, suchen mußte: es ist Ambrakia gewesen, das zum Mittelpunkt des ganzen Landes geworden ist.

Das Leben des Pyrrhos war von Anfang an von Gefahren umgeben; als er heranwuchs, hat er die Gefahr geradezu aufgesucht, in ihr ist er letzten Endes auch zugrunde gegangen. Sein Vater Aiakides hatte sich in die Auseinandersetzungen in Makedonien eingemischt. Hier stand Kassander, der Sohn des Antipater, gegen Olympias, die Mutter Alexanders d. Gr. Aiakides hatte Olympias und ihren Enkel, Alexander IV., den Sohn Alexanders d. Gr. und der Rhoxane, nach Makedonien zurückgeführt (317 v. Chr.). Aber Kassander behielt die Oberhand, er vermochte sich auch in Epirus durchzusetzen. Den damals erst zweijährigen Pyrrhos retteten treue Freunde nach Illyrien; wäre er in die Hände Kassanders gefallen, so wäre sein Schicksal zu früher Stunde besiegelt gewesen. In Illyrien fand Pyrrhos eine freundliche Aufnahme bei dem König Glaukias. Die Flucht von Epirus nach Illyrien mit ihren dramatischen Szenen, insbesondere mit einem gefährlichen Flußübergang, hat Plutarch in allen Einzelheiten mit eindrucksvoller Steigerung beschrieben. Quelle war wohl das Werk des Proxenos, des ‚Hofhistoriographen' des Pyrrhos. Bei Glaukias aber befand sich der kleine Knabe in besten Händen, der Illyrerkönig soll ihn schließlich sogar adoptiert und wie einen eigenen Sohn behandelt haben. Am Ende hat er ihn sogar nach Epirus zurückgeführt (306 v. Chr.), Pyrrhos war etwa 13 Jahre alt. Diese Ereignisse stehen im Zusammenhang mit den Veränderungen, die durch das Auftreten des Demetrios Poliorketes in Griechenland herbeigeführt worden sind. Sie warfen ihre Schatten bis nach Epirus, und bezeichnenderweise fällt in das Jahr 303 die Heirat der Deidameia und des Demetrios. In Epirus konnte sich Pyrrhos jedoch nicht lange behaupten, er wurde auf Betreiben Kassanders wieder verdrängt (302 v. Chr.). Wenig später finden wir ihn im Heer des Demetrios Poliorketes. In der Schlacht bei Ipsos in Phrygien (301) hat sich Pyrrhos tapfer geschlagen. Danach sieht man ihn in Griechenland, und zwar in der Stellung eines „Strategen von Hellas", d. h. als Beauftragten des Demetrios für die Städte des Panhellenischen Bundes. Bald schlossen die Diadochen wieder Frieden, und Pyrrhos mußte als Unterpfand des Vertrages sich nach Ägypten begeben. Hier hat er sich die Liebe und Hochachtung des 1. Ptolemäers erworben. Die Bande der Freundschaft wurden durch die eheliche Verbindung des jungen Pyrrhos mit Antigone, einer Tochter der Berenike aus ihrer ersten Ehe mit Philippos, einem im übrigen ganz unbekannten Makedonen, noch enger geknüpft. Wahrscheinlich im Jahre 297 durfte Pyrrhos von Alexandrien nach Epirus zurückkehren. Hier hatte inzwischen mit Unterstützung Kassanders ein anderer die Herrschaft übernommen: Neoptolemos, der Sohn des Alexander von Epirus und der Kleopatra. Neoptolemos war ein tatkräftiger Mann, Pyrrhos brachte mit ihm ein Übereinkommen zustande, wodurch er zum Mitregenten des Neoptolemos angenommen wurde. Vielleicht war das Ergebnis auch eine ‚Samtherrschaft', wobei sich die beiden Könige in die Regierung teilten. Das Übereinkommen wird nur verständlich, wenn sich Neoptolemos in einer Zwangslage befunden hat und Pyrrhos auf die Sympathien der Epiroten rechnen konnte. Aber dieser Zustand war nicht von langer Dauer, vermutlich waren es nur ein paar Jahre. Dann ließ Pyrrhos seinen Mitherrscher umbringen. In der Darstellung Plutarchs, die wohl auf Proxenos zurückzuführen ist, kann man eine Apologie der Mordtat lesen: Pyrrhos habe sich von Neoptolemos bedroht gefühlt und sei diesem mit seinem Mordanschlag zuvorgekommen, eine Version, die jedoch keinen Glauben verdient.

Der Tod seines Rivalen Neoptolemos machte Pyrrhos zum Alleinherrscher, bis zu seinem Tod hat ihm diese Stellung niemand mehr streitig gemacht. Seine Position war eine doppelte: Pyrrhos war der König der Molosser, des mächtigsten Stammes unter den epirotischen Völkerschaften, dazu war er Führer (Hegemon) des epirotischen Bundes. Dieser Bund war eine Symmachie, die sich dem König freiwillig unterordnete. Neben dem König gab es noch einen Prostates der Molosser. Wie sich Königtum und Prostasie zueinander verhalten, ist im einzelnen nicht bekannt. Man hat hier an das Nebeneinander der spartanischen Könige und der Ephoren erinnert. Auf jeden Fall aber war Pyrrhos als Heerkönig gewissen Beschränkungen unterworfen. Sie fanden darin ihren Ausdruck, daß die Volksversammlung der Molosser für die Verleihung von Bürgerrecht, von Proxenie, vielleicht auch für die Aburteilung von Staatsverbrechern, zuständig gewesen ist. Es mußte das Bestreben des Pyrrhos sein, sich eine von der Volksgemeinde der Molosser unabhängige Stellung aufzubauen. Dies konnte aber nur geschehen, wenn er auch die anderen epirotischen Stämme seiner Herrschaft unterwarf, vor allem die Chaonen und Thesproter, und daß er versuchte, auch fremde Gebiete zu annektieren, insbesondere die makedonischen Grenzbezirke, aber auch Teile Akarnaniens mit der Stadt Ambrakia.

Wenn in der späteren Überlieferung (Justin) Pyrrhos „König von Epirus“ heißt, so ist dies auf seine faktische Oberhoheit über das ganze Epirus zurückzuführen. Vor allem hat sich aber die Idee des hellenistischen Territorialstaates in dieser Bezeichnung niedergeschlagen. In diesem Sinne ist auch die bekannte Weihinschrift des Pyrrhos in Dodona zu deuten, die dieser nach seinem Sieg über die Römer bei Herakleia hat errichten lassen[1].

Wodurch hat Pyrrhos eigentlich auf seine Zeitgenossen einen so tiefen Eindruck gemacht? Die Überlieferung hebt – mit Recht – das charismatische Element an Pyrrhos hervor: die Große Zehe seines rechten Fußes besaß nach Ansicht seiner Zeitgenossen Wunderkraft, sie war imstande, Leberleiden zu heilen, wenn man sie berührte, so wie die Bourbonen Skrofeln geheilt haben. Aber dies ist noch nicht alles: wir wissen, daß sich Pyrrhos durch seine Träume leiten ließ, vor allem die Gestalt Alexanders d. Gr. hat ihm immer wieder vor seiner Seele gestanden. Pyrrhos kannte den großen König nur aus den Erzählungen der Älteren, trotzdem war Alexander sein Vorbild, dem er es gleichzutun versuchte. Die letzten Ziele des Pyrrhos werden uns auf immer verborgen bleiben, sicher ist nur das eine, daß ihm Epirus viel zu eng war und daß er weit über die Grenzen des Landes hinausstrebte. Sowohl das Königtum Makedoniens wie die Nachfolge des Agathokles in Sizilien wie die Herrschaft über weite Teile Italiens, vielleicht mit der Stadt Lokroi als Mittelpunkt – das alles waren Ziele seines Ehrgeizes. Warum er gescheitert ist, davon wird im folgenden die Rede sein.

Die Periode der Alleinherrschaft des Pyrrhos in Epirus dauerte 25 Jahre, von 297 bis 272 v. Chr. Was hat Pyrrhos in diesem Vierteljahrhundert geleistet? Das erste Ziel war die Herrschaft über Makedonien, das nach dem Tode Kassanders (298) den mächtigeren Nachbarn ausgeliefert war, dem Demetrios Poliorketes, dem Lysimachos von Thrakien und dem Pyrrhos. Von diesen drei Herrschern war Demetrios der skrupelloseste: durch blutigen Mord hat er sich den Weg auf den makedonischen Thron gebahnt. Durch die Tücke des Demetrios kam Alexander, der Sohn des Kassander, ums Leben. Demetrios aber herrschte sieben Jahre, von 294 bis 287, über das Land, nicht zum Glück seiner Bewohner, denn Demetrios kümmerte sich nicht um sie, ihm waren seine außenpolitischen Aspirationen wichtiger. So konnte er im Jahre 290 dem Pyrrhos die Insel Korkyra abnehmen. Wenn wir der Überlieferung Glauben schenken dürfen, so spielte bei diesem Ereignis Lanassa, die Tochter des Agathokles von Syrakus, eine Rolle: sie hatte Pyrrhos verlassen, weil dieser seine Gunst einer illyrischen Fürstentochter namens Birkenna zugewandt hatte. Da Pyrrhos über keine nennenswerte Flotte verfügte, mußte er diesen Verlust hinnehmen. Zu Lande war er aber immer noch überlegen. So besiegte er Pantauchos, den Strategen des Demetrios, ganz entscheidend (289). Als das makedonische Heer den Demetrios im Stich ließ, im Jahre 287, da wurde Pyrrhos an seiner Statt zum König der Makedonen ausgerufen. Aber der östliche Nachbar Makedoniens, der König Lysimachos von Thrakien, forderte einen Teil des Landes für sich; auf diese Forderung mußte Pyrrhos wohl oder übel eingehen, da er es nicht auf einen Kampf mit Lysimachos, einem hervorragenden Strategen und Herrscher, ankommen lassen wollte. Die Teilung des Landes zwischen den beiden Nachbarn – die Grenze hat wohl der Axios-Fluß gebildet – zeigt den Durchbruch des Prinzips des Territorialstaates auch in Makedonien, was im Hinblick auf die Ereignisse in Vorderasien niemanden überraschen wird. Als ‚König der Makedonen', bestellt durch die makedonische Heeresversammlung, hatte sich Pyrrhos eine Position errungen, die ihn ohne weiteres den anderen Diadochen an die Seite stellte. Aber nicht alle Schwierigkeiten waren damit behoben: in Lysimachos hatte er einen bedeutenden Rivalen, und niemand konnte wissen, wie sich Lysimachos in Zukunft zu Pyrrhos stellen würde. Und außerdem war die Gefahr von seiten des Demetrios und seines Sohnes Antigonos Gonatas nicht völlig beseitigt. Bemerkenswerterweise hat Pyrrhos in dem gleichen Jahr (287) der Stadt Athen einen Besuch abgestattet. Die Stadt hatte nach mancherlei Wechselfällen in diesem Jahr ihre Freiheit wiedererlangt, und Pyrrhos gab den Athenern den Ratschlag, sie sollten in Zukunft keinen König in ihre Mauern aufnehmen – wirklich, ein kluger Rat, der aber nur sehr schwer zu befolgen war, da die Machtmittel der Könige denen der Stadt Athen beträchtlich überlegen waren. Im übrigen sollte Pyrrhos bald andere Sorgen haben: sein Rivale Lysimachos, König von Thrakien, annektierte auch den westlichen Teil Makedoniens (284 v. Chr.), so daß dem Pyrrhos nur noch einige an Epirus angrenzende Landschaften verblieben, die er bereits im Jahre 294 v. Chr. von Alexander, dem Sohn des Kassander, erhalten hatte. Das makedonische Abenteuer des Pyrrhos hatte mit einem schweren Rückschlag geendet, er hatte die Krone Makedoniens wieder verloren und sah sich gezwungen, seine Tätigkeit anderen Gebieten und anderen Aufgaben zuzuwenden. Nur wenige Jahre danach, im Jahre 281, im Herbst, verstarb Seleukos I. infolge des Attentats, das Ptolemaios Keraunos auf ihn verübt hatte (s. o. S. 58 f.). Ptolemaios aber wurde durch die makedonische Heeresversammlung zum König der Makedonen ausgerufen –

ein Vorgang, der die tief gesunkene politische Moral schlagartig beleuchtet. Pyrrhos aber sah in Ptolemaios Keraunos seinen natürlichen Rivalen, er war bereit, seine Ansprüche auf Makedonien gegen den neuen Machthaber mit Waffengewalt durchzusetzen. Da wurde sein Streben in eine ganz andere Richtung gelenkt: die große Griechenstadt Tarent in Unteritalien wandte sich an Pyrrhos, mit der Bitte, ihr gegen die Römer zu Hilfe zu kommen. Die Situation hatte sich blitzartig verändert. Pyrrhos trug ihr Rechnung, indem er sich mit Ptolemaios Keraunos vertrug. Dieser stellte ihm Truppen für das Unternehmen in Italien zur Verfügung, Pyrrhos aber nahm das Angebot der Tarentiner an.

Der Entschluß des Pyrrhos, sich nach Italien zu begeben, eine Entscheidung, die übrigens von der epirotischen Volksversammlung gebilligt worden ist, bezeichnet den Anfang einer neuen Periode im Leben des Königs. Sechs Jahre lang, von 280 bis 274, hat Pyrrhos den Ruhm seines Feldherrntums in Italien aufleuchten lassen, große Erfolge hat er hier errungen, aber sein Ziel, seine Herrschaft in Unteritalien und Sizilien aufzurichten, hat er nicht erreicht. Im übrigen ist die Frage, welche Ziele sich Pyrrhos letzten Endes im Westen gesteckt hatte, immer noch nicht mit Sicherheit beantwortet. Plutarch (Leb. d. Pyrrhos c. 14) berichtet von einem Gespräch, das Pyrrhos mit seinem vertrauten Ratgeber Kineas, einem Thessaler, geführt hat. Bei dieser Unterredung habe ihn Kineas gefragt, was Pyrrhos zu tun gedenke, wenn es ihm gelungen sein werde, die Römer zu überwinden. „Dann, antwortete Pyrrhos, wird uns ganz Italien mit seinen großen Hilfsquellen zur Verfügung stehen". Auf die weitere Frage des Kineas, was dann geschehen solle, habe der König gesagt: „Sizilien ist ganz in der Nähe, die Insel ist leicht zu gewinnen, denn die Griechen dort sind uneinig, vor allem seitdem Agathokles nicht mehr am Leben ist". Kineas wollte nun erfahren, welche weiteren Pläne Pyrrhos zu verfolgen gedenke. Darauf der König: „Die nächsten Ziele sind Libyen und Karthago, und dann kann niemand von unseren Feinden uns noch Widerstand leisten". – Dies leuchtete dem Kineas vollkommen ein: Dann könne man Makedonien zurückgewinnen und in Sicherheit die Herrschaft über Hellas ausüben. Aber was dann? Pyrrhos erwiderte: „Dann, mein Lieber, werden wir Zeit und Muße haben für Symposien und Gespräche". Darauf Kineas: „Was hindert uns eigentlich, dies nicht sogleich zu tun? Wir brauchen dann nicht durch Blut und Gefahren zu waten und weder uns noch anderen Böses zuzufügen". – Das von Plutarch berichtete Gespräch ist natürlich unhistorisch, aber es gibt die Lage vor dem Italienfeldzug des Pyrrhos richtig wieder: die Pläne des Königs schweiften schon damals in die Weite, mit den Römern hoffte er ohne weiteres fertig zu werden, und auf die Insel Sizilien glaubte er als Schwiegersohn des Agathokles ein legitimes Anrecht zu besitzen. Und als Rächer und Fortsetzer des syrakusanischen Tyrannen wollte er auch mit Karthago abrechnen. Der Zuwachs an Machtmitteln sollte dann in Makedonien und Hellas eingesetzt werden. Jedoch ist nicht zu übersehen, daß Plutarch in seiner Pyrrhosbiographie vor allem die Idee der *Pleonexia,* des unersättlichen Machtstrebens, zur Darstellung gebracht hat. Außerdem hat er Pyrrhos – ebenso wie auch die anderen Diadochen – dadurch gebrandmarkt, daß er ihm Treulosigkeit gegenüber den von ihm abgeschlossenen und sogar beschworenen Verträgen vorgeworfen hat. Aber dieser Vorwurf ist – wenigstens in unseren Augen – nur zum Teil berechtigt, denn allein schon der Selbsterhaltungstrieb hat Pyrrhos geradezu gezwungen, sich nicht anders zu verhalten als seine Konkurrenten. Und, anders als diese, hat er sich nur ein einziges Mal mit dem Odium eines blutigen Meuchelmordes befleckt, durch den er sich des Neoptolemos (s. o. S. 94) entledigt hat.

Pyrrhos in Italien und Sizilien: Es war im Frühjahr 280 v. Chr., als Pyrrhos, von Epirus kommend, italischen Boden betreten hat. Die Tarentiner hatten nacheinander zwei Hilfegesuche an ihn gerichtet, doch erst nach Abschluß von längeren Vorbereitungen hatte sich Pyrrhos auf die Fahrt nach dem Westen begeben. Er hatte zahlreiche Söldner angeworben und eine große Transportflotte zusammengebracht. Sein Heer bestand zum großen Teil aus qualifizierten Berufssoldaten, die ihm der Ruhm seines Namens zugeführt hatte. Insgesamt hatte er ein Heer von 20 000 Söldnern, 3 000 thessalischen Reitern, 2 000 Bogenschützen, 500 Schleuderern und zwanzig Kriegselefanten unter seinen Fahnen versammelt. Doch dies war noch nicht alles, Pyrrhos konnte in Italien auf den Zuzug der Tarentiner und ihrer Bundesgenossen, dazu auf die Kontingente zahlreicher italischer Stämme, die mit den Römern verfeindet waren, mit Sicherheit rechnen. Die Überfahrt über die Adria soll sich unter dramatischen Umständen vollzogen haben, die Flotte sei durch einen aufkommenden Nordsturm viel zu weit nach dem Süden abgetrieben worden. Über die Abenteuer der königlichen Galeere weiß Plutarch (Leb. d. Pyrrhos c. 15) manche Einzelheiten zu berichten, wahrscheinlich auf Grund der Darstellung des Proxenos, vielleicht auch nach den Memoiren des Pyrrhos selbst. Nach der Landung an der Küste Messapiens soll Pyrrhos im ganzen nicht mehr als 2 000 Mann zu Fuß und nur zwei Elefanten zur Verfügung gehabt haben. Mit diesen wenigen sei er nach Tarent gekommen, wo sich nach und nach auch der Rest seines Heeres eingefunden habe. Die antike Überlieferung hat das Zusammentreffen des Kriegshelden mit den Bürgern von Tarent in bunten Farben ausgemalt, Pyrrhos habe die Gymnasien der Stadt als Brutstätten des Müßigganges geschlossen und die wehrhafte Jugend Tarents zum Waffendienst herangezogen, worauf so manche Bürger die Stadt verlassen hätten, weil sie von Pyrrhos keine Befehle entgegennehmen wollten. Wahrscheinlich hat man dem König in Tarent die Stellung eines ‚bevollmächtigten Strategen' übertragen. Kraft seiner Befehlsgewalt konnte Pyrrhos nun die notwendigen Maßnahmen für den Krieg anordnen, wobei er selbst vor rigorosen Maßnahmen wie vor der Inhaftierung politischer Gegner nicht zurückschreckte. Diese sind sogar außer Landes nach Epirus geschafft worden, wo sie ungefährlich waren.

Den Römern kam Pyrrhos sehr ungelegen. Nach dem Sieg der Römer über die Gallier (Schlacht bei Sentinum, 295) waren die Kämpfe gegen die Etrusker noch nicht beendet, auch die Lukaner und Bruttier waren gleichfalls den Römern feindlich gesinnt. Die Römer mußten die letzten Reserven aufbieten, angeblich sind sogar die *proletarii* unter die Waffen gerufen worden. Der Senat beschloß, einen der beiden Consuln des Jahres 280, P. Valerius Laevinus, dem Pyrrhos entgegenzusenden. Der König aber bot, wie dies unter hellenistischen Verhältnissen üblich war, dem Consul ein Schiedsgericht über Tarent an, was von Laevinus jedoch abgelehnt wurde. In der Tat war vorauszusehen, daß im Hinblick auf die Zusammensetzung eines derartigen Schiedsgerichts für die Römer wenig zu hoffen gewesen wäre.

Die erste große kriegerische Auseinandersetzung endete mit einem Sieg des Pyrrhos, aber die Entscheidung hatte lange auf des Messers Schneide gestanden, Pyrrhos selbst hatte in Lebensgefahr geschwebt. Im übrigen hatte die Schlacht – sie ist im Jahre 280 bei Herakleia am Siris geschlagen worden – gezeigt, daß die Römer es taktisch durchaus mit Pyrrhos aufnehmen konnten, hatten sie doch in bravouröser Weise zuerst mit ihrer Reiterei, dann auch mit dem Fußvolk den Übergang über den Fluß, gewissermaßen unter den Augen des großen hellenistischen Feldherrn, erzwungen. Erst das Eingreifen der Phalanx der Epiroten stellte die Lage wieder her, die Elefanten, die antike Tankwaffe, vollendeten den Sieg, sie richteten unter den Römern Verwirrung und schließlich Panik an, so daß diese sogar ihr Lager preisgeben mußten. Auf beiden Seiten waren die Verluste schwer; nach unserer besten Quelle, Hieronymos von Kardia, sind auf Seiten der Römer 7000 Mann, im Heere des Pyrrhos 4000 Mann gefallen, wobei aber die Verluste der Epiroten sehr viel schwerer ins Gewicht fielen, weil der König die Ausfälle unter seinen Söldnern nur mit Mühe wieder ersetzen konnte. Die antike Überlieferung berichtet von dem Ausspruch des Pyrrhos: „Noch ein solcher Sieg, und wir sind verloren!", aber wir wissen nicht, ob dieser Ausspruch nach Herakleia oder erst nach der Schlacht bei Ausculum gefallen ist. Aus den Worten des Pyrrhos ist der Begriff des „Pyrrhossieges" herausgesponnen worden, der übrigens als solcher in der antiken Tradition nicht zu belegen ist.

Nach der ersten Schlacht auf italischem Boden gingen die Völker der Lukaner, Bruttier und Samniten, dazu einige namhafte süditalische Griechenstädte, auf die Seite des Eroberers über, es waren dies vor allem Kroton und das epizephyrische Lokroi. Die zuletzt genannte Stadt war für Pyrrhos besonders wichtig, denn er gedachte sie zum Mittelpunkt seines Reiches zu machen, das er auf dem Boden Italiens begründen wollte. In Lokroi sind nicht weniger als 38 Bronzetafeln gefunden worden, auf denen „Zahlungen an den König" verzeichnet sind. Wenn es sich bei dem König um Pyrrhos handelt, wofür eine gewisse Wahrscheinlichkeit spricht, so sind diese Tafeln in die Zeit zwischen 280 und 276 zu setzen, denn in diesen Jahren hat sich der König Pyrrhos im Besitz der Stadt Lokroi befunden. Die Griechenstädte Unteritaliens sind zu den Kriegsausgaben des Pyrrhos mitherangezogen worden.

Im Anschluß an den Sieg bei Herakleia hat Pyrrhos einen Vorstoß gegen *Rom* unternommen, der ihn bis nach Anagnia, etwa 60 km südöstlich von Rom, geführt hat. Aber dieser Kriegszug war nur eine Demonstration, es wäre dem Pyrrhos auch ganz unmöglich gewesen, die Hauptstadt im ersten Anlauf zu erobern, da Rom über eine Mauer verfügte – aber dies war auch gar nicht die Absicht des Königs. Im übrigen stand immer noch das Heer des Laevinus im Felde, auch das zweite consularische Heer unter Coruncanius war durch den zwischen Rom und den Etruskern geschlossenen Waffenstillstand für andere Aufgaben frei geworden. Die Zeit für die Einleitung von Verhandlungen zwischen den Gegnern war gekommen, und in der Tat berichtet die Überlieferung, daß nach der Schlacht bei Herakleia eine römische Gesandtschaft von drei ehemaligen Consuln *(viri consulares)* in Tarent erschienen sei, die wegen des Austausches oder der Freilassung der römischen Gefangenen vorstellig werden sollte. Durch eine Gegengesandtschaft unter der Leitung des Kineas unterbreitete Pyrrhos seine Gegenforderungen in Rom: die Römer sollten auf alle mittelitalischen Landschaften verzichten, ihre Herrschaft sollte auf Latium eingeschränkt werden, dazu war an den Abschluß eines Bündnisvertrages zwischen Rom und Pyrrhos gedacht (diesen Vertrag wird man wohl als einen Nichtangriffspakt auffassen müssen). Infolge des entschlossenen Widerstandes des Ap. Claudius Caecus, der im Senat eine führende Rolle spielte, wurden die Vorschläge des Epiroten abgelehnt, wieder mußten die Waffen entscheiden. In der Schlacht bei Ausculum in Apulien (279 v. Chr.) wurde zwei Tage lang um die Entscheidung gerungen. Obwohl sich die Truppen des Pyrrhos im ganzen als überlegen erwiesen, so errangen sie doch keinen eindeutigen Erfolg, von einer Vernichtung der Römer konnte nicht die Rede sein, im Gegenteil, die Römer bezogen eine feste Bergstellung, die für die Epiroten unangreifbar war. Die Verluste auf beiden Seiten waren wiederum beträchtlich, Pyrrhos hatte 3500 Mann verloren, die Römer hatten dagegen sogar 6000 Mann eingebüßt. Eine Entscheidung hatte auch diese Schlacht bei Ausculum nicht gebracht, aber die Kräfte des Pyrrhos schmolzen immer mehr zusammen, während die Römer noch längst nicht am Ende ihrer Möglichkeiten angelangt waren.

Da trat eine überraschende Wendung im Schicksal des Pyrrhos ein: Die in Syrakus herrschende Partei richtete an ihn ein Hilfegesuch, sie bot ihm die Führerstellung im Kampf gegen die Karthager an. Das Bündnis zwischen der mächtigsten sizilischen Griechenstadt und dem gefeierten Kriegshelden war für die Karthager ein schwerer Schlag, sie fühlten sich auf Sizilien ernstlich bedroht und sahen sich nach Bundesgenossen um. Hier boten sich ihnen nach Lage der Dinge vor allem die Römer an, deren Krieg gegen Pyrrhos immer noch nicht entschieden war. Es kam zum Abschluß eines Bündnisvertrages zwischen Rom und Karthago; es ist dies der dritte zwischen diesen beiden Mächten geschlossene Vertrag, er dürfte wohl in das Jahr 279/8 fallen (die Chronologie ist umstritten). Der Vertragstext bietet insofern eine gewisse Schwierigkeit, als der Wortlaut nicht vollständig klar ist; soviel ist aber sicher, daß die Karthager befürchteten, die Römer könnten mit Pyrrhos zu einem Bündnis gelangen, wodurch natürlich die ganze Szenerie verändert worden wäre. Vor allem aber hätte Pyrrhos in diesem Falle in Sizilien völlig freie Hand gegen die Karthager bekommen (F. W. Walbank).

Der Entschluß des Pyrrhos, sich nach Sizilien zu begeben und die italischen Bundesgenossen, wenigstens fürs erste, einem ungewissen Schicksal zu überlassen, war natürlich außerordentlich gefahrenreich. Die Römer waren im Felde unbesiegt, und niemand konnte voraussehen, wie lange die italischen Völker auf der Seite des Epiroten ausharren würden, wenn Rom sich mit ganzer Kraft der Ordnung der Verhältnisse in Mittelitalien zuwandte. Ganz unzuverlässig war außerdem die Haltung der reichen Griechenstadt Tarent; hier hätte man den lästigen Bundesgenossen Pyrrhos am liebsten wieder nach Hause geschickt, als die unmittelbare Gefahr von seiten der Römer gebannt war. Auf der Überfahrt von Tarent nach Sizilien berührte Pyrrhos die Stadt Lokroi, wo sein Sohn Helenos zurückgelassen wurde, um von hier aus die Interessen des Pyrrhos in Unteritalien wahrzunehmen. In Tauromenion (heute Taormina) setzte Pyrrhos seinen Fuß auf sizilischen Boden, von hier aus ging es zu Schiff weiter nach Katana (Catania) und schließlich nach Syrakus. Die Karthager hoben bei der Ankunft des Pyrrhos die Belagerung der Stadt auf, so daß Pyrrhos mit geringer Mühe in den Besitz der Stadt gelangen konnte. Dieser überraschende Erfolg führte ihm fast die gesamten Griechenstädte der Insel zu, Leontinoi und Akragas waren die bedeutendsten. Pyrrhos aber nahm den

Kampf gegen die Karthager auf, er fiel in ihre Provinz in Westsizilien ein und eroberte eine Stadt nach der anderen. Sogar der Berg Eryx, der zu den wichtigsten Stützpunkten der punischen Herrschaft in Sizilien gehörte, wurde erstürmt, auch die Städte Heirkte und Panormos (Palermo) vermochten dem Pyrrhos nicht standzuhalten. Nur Lilybaeum konnte er nicht bezwingen. Das Friedensangebot der Karthager hätte Pyrrhos gern angenommen, aber er wurde durch fremde Einflüsse dazu bestimmt, es zurückzuweisen. Die Belagerung Lilybaeums mußte er nach einer Dauer von zwei Monaten aufgeben. Die Stadt war von der See her verproviantiert worden, alle Anstrengungen des Pyrrhos hatten sich als vergeblich erwiesen. Dies aber war der erste empfindliche Rückschlag für den Epiroten, der vorher von Erfolg zu Erfolg geeilt war.

Pyrrhos hatte in Sizilien unzweifelhaft eine Niederlage erlitten, die er nicht wieder wettmachen konnte. In der modernen Forschung hat man die Frage erörtert, welche Stellung für Pyrrhos in Sizilien anzunehmen ist. Pyrrhos ist hier als Erbe des großen Tyrannen Agathokles (gest. 289) aufgetreten und hat sich als König *(basileús)* von Sizilien bezeichnet. Damit stimmt jedoch Polybios (VII 4,5) nicht ganz überein, denn nach Polybios ist Pyrrhos in Syrakus zum Hegemon und Basileus ausgerufen worden. Diese Angabe wird wohl so zu verstehen sein, daß Pyrrhos gegenüber der Stadt Syrakus eine Sonderstellung innegehabt hat, die mit dem Begriff *Hegemon* umschrieben wird. Wie dem nun auch sein mag – Pyrrhos hat jedenfalls zwei Kronen auf seinem Haupt vereinigt, das Königtum von Epirus und das von Sizilien, eine Tatsache, die übrigens Justin (XXIII 3,2) ausdrücklich bestätigt. Aber, so fragt man, waren denn diese Gebiete wirklich von einem einzigen Herrscher zu regieren? Sizilien lag weitab von Epirus, und außerdem war Pyrrhos auf der Insel ganz von dem Wohlwollen der Griechenstädte, insbesondere von Syrakus, abhängig. Auf italischem Boden war seine Herrschaft weder in Tarent noch in Lokroi noch in den anderen Griechenstädten (wie z. B. in Kroton) fest gegründet. Die Griechen Unteritaliens folgten ihm vor allem aus Furcht vor Rom, und wenn Pyrrhos daran gedacht haben soll, Lokroi zum Mittelpunkt eines italischen Reiches unter seinem Sohn Helenos (der andere Sohn, Alexander, sollte König von Sizilien sein) zu machen, so standen der Ausführung dieses Projektes große Schwierigkeiten und vor allem die Macht der Römer im Wege.

In Sizilien war nicht alles nach dem Willen des Pyrrhos verlaufen, in Italien waren Herakleia, Kroton und schließlich auch Lokroi an die Römer verlorengegangen, die Hilferufe der italischen Völkerschaften waren immer dringender geworden. Als sich Pyrrhos gegen Ende des Sommers 276 von Sizilien nach Italien einschiffte, soll er gesagt haben: „Welchen Kampfplatz überlassen wir den Karthagern und Römern!" Aber dieser Ausspruch dürfte schwerlich historisch sein, er ist auf Grund der späteren Entwicklung geprägt worden und als ein typisches *vaticinium ex eventu* zu betrachten. Bei Rhegium büßte Pyrrhos mehr oder weniger seine gesamte Flotte ein, die Schiffe wurden von den Karthagern entweder versenkt oder schwer beschädigt. Zu allem Unglück mißlang ihm ein Anschlag auf die Stadt Rhegium, die damals unter der Herrschaft von campanischen Söldnern stand. Lokroi kehrte jedoch nach Überwältigung der römischen Besatzung wieder auf die Seite des Epiroten zurück. Von Lokroi aber war es nicht weit nach Tarent, das immer noch von einer epirotischen Besatzung gehalten wurde (275).

Die römischen Operationen waren im Jahre 276 durch den Ausbruch einer Pest behindert gewesen. Im Jahre 275 stellten die Römer wiederum zwei consularische Heere ins Feld. Pyrrhos wartete ihr Erscheinen gar nicht erst ab, sondern zog mit seiner Streitmacht nach Samnium. Hier stieß er bei dem Ort Maleventum (später Beneventum genannt) auf das befestigte Lager des Consuls M'. Curius Dentatus. Die von Pyrrhos angeordneten Operationen verraten dieses Mal keine sehr glückliche Hand, insbesondere vergeudete er die Kräfte seiner Soldaten durch einen ganz unnützen Nachtmarsch, anstatt die Römer in ihrem auf den Höhen liegenden Lager zu überfallen. Er wurde abgewiesen. So kam es in der Ebene zu einem entscheidenden Treffen, bei dem Pyrrhos den kürzeren zog, weil die Römer den Schrecken vor den Elefanten verloren hatten. Die Niederlage des Pyrrhos, an der es nichts zu rütteln gibt, wird verständlich, wenn man bedenkt, daß der König nun schon jahrelang ohne nennenswerte Unterstützung aus seinem Stammland Epirus geblieben war. Seine Hilferufe an Antigonos Gonatas und an den Seleukiden Antiochos I. waren ungehört verhallt, die italischen Bundesgenossen waren nicht mehr bereit, für die Sache des Pyrrhos große Opfer zu bringen, was Plutarch (c. 25) mit vollem Recht hervorgehoben hat. Die Einsicht, daß auf italischem Boden nichts Entscheidendes mehr zu erreichen sei, wird den König dazu bewogen haben, im Herbst des gleichen Jahres (275) von Tarent nach Epirus zurückzukehren. Das italische Abenteuer, das mit so großen Hoffnungen und Erfolgen begonnen worden war, wurde aufgegeben, doch blieb in Tarent eine Besatzung der Epiroten unter Milon, einem Feldherrn des Pyrrhos, und Helenos zurück. Das Heer in Stärke von 8000 Mann zu Fuß und 500 Reitern wurde nach Epirus eingeschifft. Wieviele Soldaten in Italien zurückgeblieben sind, darüber schweigt die Überlieferung (wenn Beloch die Hälfte des Heeres in Italien beläßt, so ist dies sicherlich übertrieben).

Es verlohnt sich, die Betrachtungen Plutarchs über den italischen Feldzug des Pyrrhos hier wiederzugeben (Leb. d. Pyrrh. c. 26): „Auf diese Weise mußte Pyrrhos seinen Hoffnungen entsagen, die er auf Italien und Sizilien gerichtet hatte. Sechs Jahre hatte er in den Kriegen dort verloren. Während er in seinen Unternehmungen unterlegen war, blieb sein Mut in den Niederlagen ungebrochen. An kriegerischer Erfahrung, an persönlicher Tapferkeit und an Wagemut galt er als der erste unter den damaligen Königen. Was er jedoch in seinen Unternehmungen gewonnen hatte, das zerrann ihm wieder in nichtigen Hoffnungen. Denn in seinem Streben nach Dingen, die er nicht besaß, verabsäumte er es, sich um Dinge zu kümmern, die ihm zur Verfügung standen. Deswegen verglich ihn Antigonos (d. i. Antigonos Gonatas) mit einem Würfelspieler, der viele schöne Würfe erzielte, der es aber nicht verstand, sie zu gebrauchen, wenn sie einmal gefallen waren.“ Den Worten Plutarchs wird jeder zustimmen, der sich mit dem Leben des Pyrrhos beschäftigt hat.

Die nun folgenden Unternehmungen des Pyrrhos sind im wesentlichen gegen seinen Erzfeind Antigonos Gonatas gerichtet. Dieser hatte im Jahre 276 seine Herrschaft über Makedonien und über einige Griechenstädte wie Korinth und Argos aufgerichtet. Ein dem Pyrrhos ebenbürtiger Feldherr war Antigonos sicher nicht, aber er verfügte in sehr viel höherem Maß über Ausdauer und Zähigkeit, Eigenschaften, die sich letzten Endes als entscheidend erwiesen haben. Die Auseinandersetzungen, bei denen es um die makedonische Königskrone ging, begannen mit einem Erfolg für Pyrrhos: er bereitete dem Rivalen eine vernichtende Niederlage, worauf ein Teil des Heeres des Antigonos zu Pyrrhos überwechselte (Frühjahr 274). Weite Teile des makedonischen Landes kamen unter die Herrschaft des Molossers, nur einige Seestädte vermochte Antigonos zu behaupten. Den Höhepunkt seiner Erfolge in Makedonien dokumentierte Pyrrhos durch eine Weihung der erbeuteten Waffen im Tempel der Athene von Itonia (in Thessalien). Die Inschrift besteht aus zwei Distichen, sie lautet in deutscher Übersetzung: „Pyrrhos der Molosser hat die Schilde als Weihegaben für Athene Itonia aufgehängt, er hat sie den wehrhaften Galatern abgenommen, nachdem er das gesamte Heer des Antigonos besiegt hatte. Das ist nicht verwunderlich, denn auch jetzt noch wie in der Vergangenheit sind die Aiakiden (tapfere) Speerkämpfer.“ Das Epigramm ist vielleicht auf Leonidas von Tarent zurückzuführen. Der Sieg über die Makedonen wurde allerdings mit einer Freveltat befleckt: die im Sold des Pyrrhos stehenden Gallier ließen sich schwere Gewalttaten zuschulden kommen, sie plünderten aus Habgier die Gräber der makedonischen Könige in Aigai, eine Tat, die den Epiroten in der öffentlichen Meinung Makedoniens und Griechenlands schwer belastete. Im übrigen hatte sich Pyrrhos von seinen italischen Projekten längst entfernt, jetzt rief er auch seinen Sohn Helenos aus Tarent zurück und setzte den Krieg gegen Antigonos auf der Peloponnesos fort. Hier lagen wichtige Besitzungen des Antigonos, überdies war eine Aufforderung des Spartaners Kleonymos an Pyrrhos ergangen, ihn auf den Thron in Sparta zurückzuführen. Kleonymos glaubte auf diesen Thron durch seinen Vater Kleomenes II. Anspruch zu haben, aber sein Oheim Areus hatte ihn aus Sparta verdrängt. Obwohl Pyrrhos ein bedeutendes Heer zur Verfügung hatte, stand der Feldzug von Anfang an unter keinem glücklichen Stern. Die Peloponnesier erwarteten nichts Gutes von Pyrrhos, insbesondere die Spartaner waren voll von Mißtrauen, und die Griechenstädte, vor allem die freien, fürchteten für ihre Unabhängigkeit.

Verhängnisvoll war die Tatsache, daß Pyrrhos seine Gegner unterschätzt hatte, und der Einfall in das Gebiet der Spartaner ohne jede Kriegserklärung war alles andere als geeignet, für Pyrrhos Sympathien zu erwecken. Die Spartaner hatten ihm eine Gesandtschaft unter Mandrokleides entgegengeschickt, sie führten Beschwerde darüber, daß Pyrrhos es nicht für nötig gehalten hatte, den Krieg zu erklären. Mandrokleides soll den König in lakonischem Dialekt folgendermaßen angeredet haben: „Wenn du ein Gott bist, so wird uns nichts geschehen, weil wir nichts Unrechtes tun. Wenn du aber ein Mensch bist, so wird es noch einen Stärkeren geben als dich.“ Die Spartaner befürchteten eine Invasion des Epiroten. Es ist nun sehr eigenartig, daß Pyrrhos, nachdem er in offenem Felde einen Sieg über Spartaner, Argiver und Messenier errungen hatte, nicht sofort Anstalten machte, die Stadt Sparta in seine Gewalt zu bringen. Er begnügte sich vielmehr damit, die Felder Lakoniens zu verwüsten, erst danach ging er zum Angriff über, ein durchschlagender Erfolg blieb ihm jedoch versagt, da sich die Spartaner, würdig ihres alten Kriegsruhms, geradezu heldenhaft schlugen. Zur Verteidigung der Stadt hatten sie einen tiefen Graben angelegt. Dieser aber konnte von Pyrrhos erst am folgenden Tag überwunden werden (er hatte ihn teilweise zuschütten lassen). Pyrrhos drang als erster in die Stadt ein, aber ihm wurde unter seinem Leib das Pferd verwundet, so daß er zu Boden stürzte. Als die Entscheidung hier auf des Messers Schneide stand, kam den Spartanern Hilfe von außen: Antigonos Gonatas hatte den Spartanern Söldner aus Korinth unter dem Strategen Ameinias zu Hilfe gesandt, aus Kreta eilte der König Areus herbei und brachte weitere Verstärkung in die Stadt. Pyrrhos aber dachte vorerst nicht daran, Lakonien zu räumen; wenn er auch Sparta selbst nicht hatte behaupten können, so hielt er sich doch in einem befestigten Lager in der Nähe der Stadt. Hier in diesem Lager, hart nördlich von Sparta, muß es gewesen sein, daß Pyrrhos den verhängnisvollen Plan gefaßt hat, nach Argos zu ziehen, um dort einem Parteigänger namens Aristeas zu Hilfe zu kommen. Das Unternehmen mußte in großer Eile durchgeführt werden, wenn man Erfolg haben wollte, denn von der anderen Seite, von Norden her, befand sich Antigonos Gonatas mit einem Heer nach Argos im Anmarsch. Offenbar haben die Spartaner die Bewegungen des Pyrrhos genau verfolgt, auf jeden Fall war ihnen der Abzug des Heeres nicht verborgen geblieben. Areus legte dem gegnerischen Heer einen Hinterhalt, wodurch ein großer Teil der Truppen des Pyrrhos abgeschnitten wurde. In diesem Kampf fiel Ptolemaios, der älteste Sohn des Pyrrhos. In Argos aber kam der Epirote zu spät. Antigonos war es gelungen, die Stadt vor ihm zu erreichen, er hatte auf den Bergen westlich von Argos eine feste Stellung bezogen. Aristeas, der Parteigänger des Pyrrhos, öffnete dem Epiroten ein Stadttor, durch das ein Teil des Heeres in die Stadt eindringen konnte. Es waren dies vor allem die Kelten, die sich auf dem Marktplatz von Argos niederließen. Im übrigen weiß niemand, was Pyrrhos bewogen hat, seine Elefanten durch das enge Tor in die Stadt zu führen, wo sie doch nur im Wege standen und große Verwirrung anrichteten. Auch für die Reiterei des Pyrrhos gab es Hindernisse. In den engen Gassen der Stadt befanden sich offene Wasserabzugsgräben, die quer über die Straßen verliefen, sie waren für die Pferde sehr hinderlich, so daß immer wieder unvorhergesehene Zwischenfälle eintraten. Das ganze Unternehmen krankte überhaupt an der Tatsache, daß Pyrrhos keine Rekognoszierung der Stadt hatte vornehmen können, sonst hätte er sicherlich ganz andere Anordnungen getroffen. Das Durcheinander in der Stadt vergrößerte sich, als Helenos, der Sohn des Pyrrhos, mit seinen Truppen in die Stadt gelangte, weil ihn ein Befehl in mißverständlicher Form erreicht hatte. In dem völlig unübersichtlichen Getümmel wurde Pyrrhos durch einen Lanzenstoß verwundet, danach von einem Dachziegel am Halswirbel getroffen, der angeblich von einer alten Frau auf ihn herabgeworfen worden war. Zopyros, ein Soldat des Antigonos, schlug dem Pyrrhos das Haupt ab. Der Tote wurde von Halkyoneus, dem Sohn des Antigonos, erkannt und dem König überbracht. Angeblich soll Halkyoneus ihm das Haupt vor die Füße geworfen haben, worauf Antigonos seinen Sohn einen Barbaren gescholten habe, während er über den Tod des Pyrrhos bittere Tränen vergoß. Doch diese Erzählung wird eine Legende sein, die die Menschlichkeit des Antigonos in das rechte Licht setzen soll.

Das ist das Ende des bedeutendsten Feldherrn, den die hellenistische Zeit gesehen hat. Das Ende in Argos im Jahre 272 mag als das Ergebnis eines unglücklichen Zufalls erscheinen – in Wirklichkeit war es das Scheitern eines Mannes, der seine Pläne zu weit gesteckt und seine Unternehmungen nicht mit der notwendigen Sorgfalt vorbereitet hatte. Und man fragt sich, was Pyrrhos überhaupt auf der Peloponnes zu suchen hatte. Dieses Gebiet lag fernab von Epirus, es war von vornherein nicht gerade wahrscheinlich, daß Pyrrhos eine dauerhafte Herrschaft auf dem Boden der Peloponnesos begründen konnte, vor allem deswegen nicht, weil Antigonos von Korinth aus die viel bessere Ausgangsposition besaß.

Doch ist es richtig, daß niemand in Griechenland Pyrrhos ignorieren konnte, solange er über ein Heer verfügte, das durch die hohe Schule der hellenistischen Kriegskunst gegangen war. So ist es kein Zufall, wenn sich erst nach dem Tode des Pyrrhos die politischen Verhältnisse in Hellas stabilisiert haben. Solange er lebte, war Pyrrhos der große Unruhestifter gewesen; immer wieder hatte er neue Ziele verfolgt, die ihn in Konflikt mit seinen Nachbarn gebracht hatten, insbesondere das Duell mit Antigonos Gonatas hatte die griechische Welt jahrelang in Atem gehalten. Wo Pyrrhos auch aufgetreten ist, überall entzündete er die Brandfackel des Krieges, und was noch hinzukam, war die Tatsache, daß Pyrrhos sich in den Kriegen weder um das menschliche noch um das göttliche Recht gekümmert hat. Wie die Verkörperung des Kriegsgottes Ares (Mars) durchzog er die Länder, Verheerung und Verödung hinter sich zurücklassend. Aber dies ist nur die *eine* Seite seines Wesens. Die andere Seite ist die, daß von seiner Person ein Zauber ausging, der die Menschen immer wieder in den Bann geschlagen hat. Von seiner Großen Zehe sei Heilkraft ausgegangen (s. o. S. 95), überhaupt hat das Transzendente immer wieder eine Rolle in seinem Leben gespielt. Wir kennen, wohl durch den ‚Hofhistoriographen' Proxenos, so manche Träume des Pyrrhos. Sie sind zwar bis heute noch nicht im Zusammenhang analysiert, aber sie verraten doch so, wie sie überliefert sind, ganz bestimmte Wünsche und Hoffnungen des Königs, wobei das Vorbild Alexanders eine bedeutende Rolle gespielt hat. Nicht durch Zufall hat einer seiner beiden Söhne den Namen Alexander getragen. Bemerkenswert ist auch die Einwirkung des Pyrrhos auf seine Soldaten. Diese gingen für ihn durchs Feuer, übrigens hat sich Pyrrhos selbst in den Schlachten immer wieder furchtlos exponiert, er stand überall in vorderster Reihe, auch in dieser Hinsicht mit Alexander durchaus vergleichbar. Anders stand es jedoch mit seiner Diplomatie. In Kineas, einem gebürtigen Thessaler, besaß er zwar einen vorzüglichen Ratgeber, aber Pyrrhos ist ihm zu seinem eigenen Schaden nicht immer gefolgt. Von einem hellenistischen Gleichgewicht ist in der Politik des Pyrrhos nicht das Geringste zu spüren, er hat sich immer nur von seinen eigenen Interessen leiten lassen, wobei natürlich das dynastische Element eine bedeutende Rolle gespielt hat, wie denn der Zug nach Sizilien auf die verwandtschaftlichen Beziehungen des Pyrrhos zu Agathokles von Syrakus, seinem Schwiegervater, zurückzuführen ist. Wie sich diese sizilische Herrschaft mit seinem epirotischen Königtum in Einklang bringen ließ – darüber hat sich Pyrrhos offenbar keine Gedanken gemacht. In der Behandlung der Bundesgenossen war Pyrrhos nicht immer glücklich, durch seine Strenge erwarb er sich in Tarent ebensowenig Sympathien wie unter den Griechen Siziliens. Städtische Autonomie war für ihn ein fremder Begriff. Die Polis hatte sich dem Befehl des Monarchen unterzuordnen, das war die Richtschnur seines Handelns, und in dieser Hinsicht unterschied er sich wenig von den anderen hellenistischen Königen, die immerhin den Versuch gemacht haben, hellenistisches Herrschertum und städtische Freiheit miteinander zu verbinden. Aufgewachsen in einer patriarchalischen Umgebung, sah Pyrrhos in den Menschen nur Werkzeuge und Untertanen, so war es kein Wunder, wenn er in Tarent und auf Sizilien schwere psychologische Fehler in der Behandlung der Hellenen sich hat zuschulden kommen lassen. Sie haben letzten Endes sein Scheitern mitverursacht.

Woher hat Pyrrhos die Kraft für seine weitgespannten Unternehmungen geschöpft? Die Aiakiden führten ihren Stammbaum auf Achilles und Herakles zurück, und Pyrrhos hat immer ein sehr enges Verhältnis zu Zeus von Dodona gehabt (um das delphische Heiligtum hat er sich offenbar gar nicht gekümmert, zumal dieses seit dem Kelteneinfall eindeutig unter der Vorherrschaft der Ätoler gestanden hat). Pyrrhos fühlte sich als Schützling des höchsten Gottes, und er hat dies auch durch Weihungen in Dodona zum Ausdruck gebracht. Diesen Glauben teilt er mit vielen seiner Zeitgenossen, insbesondere die hellenistischen Monarchen haben sich als die Schützlinge der Götter betrachtet, mögen diese Götter nun Zeus, Apollon oder auch Alexander, der Reichsgott der Ptolemäer, gewesen sein. Und wenn Pyrrhos einen Entschluß von Bedeutung fassen wollte, so durften die üblichen Opfer nicht fehlen. Hierin unterschied der König sich nicht von den anderen Griechen. Daß er jedoch an die Opfer geglaubt hat, scheint zweifelhaft. Pyrrhos war hierin ein Kind der Aufklärung, nur große, die Welt erschütternde Ereignisse haben ihn an die Existenz der Olympischen Götter glauben lassen, im Alltagsleben brauchte er sie nicht.

Es ist nicht leicht, der Persönlichkeit des Pyrrhos Gerechtigkeit widerfahren zu lassen. Seine Leistungen auf dem Gebiet der Strategie sind über jeden Zweifel erhaben, seine positiven menschlichen Eigenschaften haben schon seine Zeitgenossen hervorgehoben. Aber um in die Fußtapfen Alexanders d. Gr. zu treten, wie er sich dies im Traum vorgestellt hatte, dazu fehlte ihm noch vieles. Im übrigen hatte sich auch die Zeit seit dem Tode Alexanders verändert, in Antigonos Gonatas, aber auch in den Römern waren Gegenspieler auf den Plan getreten, die es ohne weiteres mit Pyrrhos aufnehmen konnten. Außerdem war das Land Epirus eine zu schmale Grundlage für die in die Weite zielenden Pläne des Königs. An diesem Umstand krankte mehr oder weniger die ganze Politik des Pyrrhos, die fehlenden Machtmittel konnten durch die persönliche Bravour des Herrschers nicht aufgewogen werden. Gewiß, wenn es gelungen wäre, Epirus und Makedonien zu einem einzigen Machtblock zusammenzuschmieden, dann wäre vielleicht vieles anders gekommen. Aber Makedonien war seit dem Jahr 284 für Pyrrhos verloren, und der Versuch, dem Antigonos Gonatas die Herrschaft streitig zu machen, endete mit dem Untergang des Pyrrhos in Argos.

Pyrrhos hatte von seiner ersten Frau, Antigone, drei Kinder, Ptolemaios, Olympias und Alexander, der letztgenannte ist ihm nach seinem Tod im Jahre 272 auf den Thron in Epirus gefolgt. Überlebt hat ihn auch sein Sohn Helenos, den ihm die illyrische Königstochter Birkenna geboren hatte. Ptolemaios dagegen ist in der Peloponnes von der Hand eines Kreters gefallen (272). Der Vater hatte in den Ältesten große Hoffnungen gesetzt, er soll aber anderseits den Leichtsinn, mit dem sich dieser wiederholt im Kampf exponiert hatte, getadelt haben. Bei der Abwesenheit des Pyrrhos in Italien, von 280 bis 275, hatte Ptolemaios in seiner Vertretung über Epirus geherrscht. Im übrigen ging die Dynastie des Pyrrhos nach einigen Jahrzehnten zugrunde. Die letzte Königin war Deidameia, eine Urenkelin des Pyrrhos. Sie wurde in einem Tempel ermordet, wahrscheinlich um 233 v. Chr., worauf man auf die Fortführung der Monarchie verzichtete. Epirus mit seinen verschiedenen Stämmen bildete seitdem wieder einen Bund, an dessen Spitze als Präsident ein Stratege stand.

Literatur

P. Lévêque, Pyrrhos, Paris 1957 (ausführlichstes modernes Werk); G. Nenci, Pirro. Aspirazioni egemoniche ed equilibrio mediterraneo, Torino 1953; P. R. Franke, Alt-Epirus und das Königtum der Molosser, Diss. Erlangen 1955; D. Kienast, RE XXIV (1963) Sp. 106–165 s. v. Pyrrhos Nr. 13; H. Bengtson, Griech. Gesch., 4. Aufl. (1969) S. 391ff.; F. Sandberger, Prosopographie zur Geschichte des Pyrrhos, Diss. München 1970.

Anmerkung

1. Dittenberger, Sylloge[3] Nr. 392.

5

Ptolemaios II. und Arsinoe II.

* 308, † 246 v. Chr. * 316, † 270 v. Chr.

Mit Ptolemaios II., den die Nachwelt – seit dem 2. Jh. v. Chr. – Philadelphos genannt hat, beginnt im Ptolemäerreich die zweite Generation. Dieser neuen Generation gehört auch seine Schwester Arsinoe II. an. Beide waren bedeutende Persönlichkeiten, beide haben das Schicksal des Ptolemäerreiches im 3. Jh. v. Chr. maßgebend beeinflußt, Arsinoe allerdings nur wenige, aber entscheidungsreiche Jahre, während ihr Bruder nahezu vier Jahrzehnte lang die Zügel der Regierung geführt hat. Die Zeitgenossen wußten um die Bedeutung des Herrscherpaares; was sie aber am meisten beeindruckt hat, war die Geschwisterehe, die in ihrer Art (Bruder und Schwester waren Kinder des gleichen Elternpaares) ohne jedes Vorbild in der frühhellenistischen Zeit gewesen ist.

Eine fortlaufende Überlieferung über das Leben und die Taten des 2. Ptolemäers und seiner Schwester Arsinoe II. ist nicht vorhanden. Das hängt mit dem beklagenswerten Zustand der Überlieferung zusammen, die zum größten Teil verlorengegangen ist. Aber es muß doch wohl Historiker gegeben haben, die sich mit dem König und seiner Schwester beschäftigt haben, sonst wären die Anspielungen auf einzelne Episoden aus ihrem Leben nicht zu verstehen. Hieronymos von Kardia kommt hierfür jedoch kaum in Betracht, eher schon der Historiker Phylarch aus Athen (oder aus Naukratis), der es jedoch mit der Wahrheit nicht immer genau genommen hat. Aber wir wissen hierüber gar nichts, und der moderne Historiker steht hier vor der schwierigen Aufgabe, aus winzigen Bruchstücken der Überlieferung ein Bild zusammensetzen zu müssen, selbst auf die Gefahr hin, daß womöglich wesentliche Dinge fehlen. Aber die Politik ist nun einmal das Schicksal der Könige, und über die Außen- und Innenpolitik des 2. Ptolemäers sind genügend Zeugnisse vorhanden. Doch vermag man im einzelnen Fall kaum zu sagen, ob der König selbst oder seine Schwester oder aber Ratgeber und Freunde für die Entscheidungen verantwortlich gewesen sind. Wie dem nun auch sein mag – die Verantwortung trägt immer der Herrscher, und seine Leistung wird am Erfolg und am Mißerfolg seiner Politik zu messen sein.

Die Regierungszeit des 2. Ptolemäers umfaßt die Jahre von 283 bis 246, wobei hinzuzufügen wäre, daß er schon im Jahr 285 zum Mitregenten seines Vaters, des Ptolemaios I., eingesetzt worden war. Die Regierung fällt in die

Zeit der Stabilisierung der Diadochenmonarchien. Neben dem Ptolemäerreich haben sich auch die Reiche der Seleukiden und Antigoniden konsolidiert. Ihre Herrscher, die Seleukiden Antiochos I. (281–261) und Antiochos II. (261–246), aber auch Antigonos Gonatas, König von Makedonien (276–239), sind markante Herrschergestalten. Ihre Regierungen stellen einen ausgesprochenen Höhepunkt der politischen Geschichte des Hellenismus dar. Man wird sich daher nicht wundern, wenn die Rivalität unter den hellenistischen Staaten groß war und wenn sich diese in einer Anzahl von Kriegen entladen hat. In ihnen ist vor allem um das südliche Syrien (Koilesyrien) und um die Herrschaft in der Ägäis gerungen worden. Zu einer wesentlichen Veränderung des hellenistischen Gleichgewichts ist es jedoch in der zweiten Generation nicht gekommen. Im großen und ganzen hat der 2. Ptolemäer die Seeherrschaft behaupten können, wenn ihm auch in Antigonos Gonatas ein mächtiger Gegner erstanden ist. Der Chremonideische Krieg (267–261?) hat jedoch einen gewissen Machtverlust für das Ptolemäerreich zur Folge gehabt. Dem steht aber auf der anderen Seite die Blüte der Kunst und Wissenschaft in Alexandrien gegenüber. In ihr beruht die eigentliche Bedeutung der Herrschaft des 2. Ptolemäers.

Ptolemaios II. erblickte im Jahre 308 auf der Insel Kos das Licht der Welt. Seine Schwester Arsinoe II. war acht Jahre älter. Die Mutter der beiden war Berenike, die Lieblingsfrau des 1. Ptolemäers. Sie war die Tochter des Lagos und der Antigone und durch diese eine Enkelin des makedonischen Machthabers Kassander. Antigone aber war die Halbschwester ihres Gemahls Lagos. Berenike war durch Zufall ins Land gekommen. Ihre Tante Eurydike, die Tochter des Antipater, hatte sie mit nach Ägypten genommen, wo sich Eurydike mit Ptolemaios I. vermählt hat. Aus dieser ersten Ehe des Ptolemaios mit Eurydike stammt Ptolemaios Keraunos, der auch im Leben der Arsinoe II., seiner Stiefschwester, eine bedeutende Rolle gespielt hat. Das Schicksal der Arsinoe II. ist mit dem des Hauses des Lysimachos, des Königs von Thrakien und Makedonien, aufs engste verbunden. Arsinoe heiratete, wohl im Jahr 300 (vielleicht auch in einem der folgenden Jahre) den König Lysimachos. Dieser war schon ein Sechziger, Arsinoe war dagegen noch ein junges Mädchen. Für Lysimachos war es übrigens die vierte Ehe; er war nacheinander der Gatte der Nikaia (einer Tochter des Antipater), dann einer odrysischen Fürstin gewesen, in 3. Ehe hatte er die Perserin Amastris geheiratet. Alle Ehen hatten, wie es in der Diadochenzeit üblich war, einen politischen Hintergrund. Aus der ersten Ehe des Lysimachos stammten eine Tochter namens Arsinoe, die in der Geschichte als Arsinoe I. figuriert, und der Sohn Agathokles, der sich von Jugend auf als ein besonders tüchtiger Heerführer und Stratege bewährt hat. Agathokles wäre der gegebene Nachfolger auf dem Thron des Lysimachos gewesen, wäre es nicht zu einem schwerwiegenden Konflikt mit seiner Stiefmutter Arsinoe II. gekommen. Der Hofklatsch wußte zu berichten, daß die Stiefmutter dem Agathokles Liebesanträge gemacht habe, sie seien jedoch von diesem schnöde zurückgewiesen worden. In Wirklichkeit dürfte die Frage der Nachfolge das auslösende Element gewesen sein. Arsinoe II. hatte dem Lysimachos drei Söhne geboren, sie heißen Ptolemaios, Lysimachos und Philippos. Arsinoe II. aber vermochte den bejahrten Herrscher dazu zu bringen, seinen Sohn Agathokles hinrichten zu lassen. Die Tat wurde, wie es heißt, von Ptolemaios Keraunos[1] im Kerker ausgeführt. Der Tod des Agathokles aber war ein unersetzlicher Verlust für die Dynastie, der Prinz war bei seinem Tode noch nicht einmal dreißig Jahre alt. Dieses Ereignis fällt wahrscheinlich in das Jahr 283/2. Agathokles war verheiratet mit Lysandra, einer leiblichen Schwester der 2. Arsinoe, wie diese eine Tochter des 1. Ptolemäers und der Berenike. Die Vorgänge am Hof des Lysimachos, insbesondere aber der gewaltsame, auf Anstiftung der Arsinoe II. herbeigeführte Tod des Agathokles, zeigen ein nicht mehr zu überbietendes Maß an Roheit und Rücksichtslosigkeit. Weder der Stiefsohn noch die eigene Schwester waren der Herrscherin heilig, und die Verblendung des Lysimachos war ihr eine willkommene Hilfe beim Streben nach der Macht, das sie bis zur äußersten Konsequenz durchgekämpft hat. Niemand wird diese Handlungen entschuldigen, sie sind ein Spiegel des Charakters der Arsinoe II., die weder das göttliche noch das menschliche Recht respektiert hat.

Aber der Umschwung und die Nemesis kamen früher, als Arsinoe geahnt und gewünscht hatte. Die Freunde des Agathokles waren entsetzt über das Geschehen im Hause des Lysimachos und schworen den Schuldigen Rache. Zu den Freunden gehörte auch Seleukos I. Zu dem Rachemotiv kamen politische Gründe, die den Krieg gegen Lysimachos ausgelöst haben. Zwischen dem thrakischen Herrscher und Seleukos I. bestanden offene Spannungen, sie waren auch in den Meinungsverschiedenheiten über die Behandlung des Demetrios Poliorketes in der Gefangenschaft offenbar geworden. Das Ende war die Schlacht bei Kurupedion (Febr. 281), in ihr fiel Lysimachos, seine Herrschaft in Kleinasien brach zusammen, seine Witwe Arsinoe rettete sich unter Mühen nach Kassandreia in Makedonien. Wie sollte es nun weiter gehen? Die Herrschaft der Arsinoe II. über die europäischen Gebiete des Lysimachos-Reiches stand auf ganz schwachen Füßen, an die Krönung ihres ältesten Sohnes Ptolemaios von Lysimachos konnte im Ernst nicht gedacht werden, da er zu jung war, um mit den Schwierigkeiten der Nachfolge fertig zu werden. Überdies entschied sich die makedonische Heeresversammlung zuerst für Seleukos I., und dann, nach seiner Ermordung, für Ptolemaios Keraunos, ein ganz erstaunliches Faktum in der Geschichte der makedonischen Institution, in der offenbar unterirdische Kräfte den Ausschlag gegeben hatten. Man schrieb den Spätsommer des Jahres 281. Was aber lag näher als eine Übereinkunft zwischen der Witwe des Lysimachos und dem neuen König der Makedonen? Daß Ptolemaios Keraunos und Arsinoe II. Halbgeschwister waren, bedeutete in jener Zeit kein Hindernis. Die Anregung ist von Ptolemaios Keraunos ausgegangen; er wollte durch eine Heirat offenbar versuchen, die Erbansprüche der drei Söhne der Arsinoe auszuschalten. Er versprach ihr die Ehe und verpflichtete sich, mit ihren Söhnen eine gemeinsame Regierung zu führen. Arsinoe aber hatte sich offenbar nichts Gutes von ihrem Halbbruder versehen; sie willigte in seinen Antrag ein, nachdem er bei allen Göttern geschworen hatte, er werde Arsinoe als einzige rechtmäßige Gattin halten und allein ihre Söhne und Kinder als legitime Erben anerkennen. Daraufhin sei die Hochzeit unter großem Gepränge gefeiert worden, versichert Justin (XXIV 3,1). Im Angesicht der makedonischen Heeresversammlung habe Ptolemaios Keraunos seiner Gattin und Schwester das Diadem, das Zeichen der Königswürde, aufs Haupt gesetzt und sie als Königin begrüßt. Daraufhin habe Arsinoe, voll Freude über die wiedergewonnene Königsherrschaft, ihren Gemahl eingeladen, zu ihr nach Kassandreia zu kommen. Sie gab Anordnungen, die Stadt für die Ankunft des Königs zu schmücken, insbesondere wurden die Tempel und Altäre mit reichem Blumenschmuck versehen. Ihre Söhne, den zweitältesten mit Namen Lysimachos, damals sechzehnjährig, und Philipp, seinen jüngeren dreizehnjährigen Bruder, ließ sie mit Kränzen geschmückt dem Gemahl entgegengehen. Ptolemaios soll sie in überschwenglicher Weise begrüßt haben. Was aber darauf folgte, ist eine Szene, die an Dramatik nicht zu überbieten ist: Ptolemaios ließ, nachdem er mit seiner Begleitung das Stadttor durchschritten hatte, die Burg besetzen und die Söhne niedermachen. Sie hatten sich voller Furcht in den Schoß der Mutter geflüchtet. Dort empfingen sie unter den Küssen der unglücklichen Mutter den Todesstoß. Arsinoe aber brach in lautes Wehklagen aus und fragte, womit sie eine solche Freveltat verdient habe. Sie sei sich weder bei der Heirat noch nach der Heirat irgendeiner Schuld bewußt. Vergebens hatte sie die Söhne vor den Mördern zu schützen versucht, und ihr Wunsch, anstatt der Söhne die Wunden selbst entgegenzunehmen, blieb unerfüllt. Nicht einmal an dem Begräbnis ihrer Söhne durfte sie teilnehmen. In zerrissenem Kleid und mit aufgelöstem Haar, nur von zwei treuen Dienerinnen begleitet, verließ sie Kassandreia, um sich ins Exil nach Samothrake, in das Heiligtum der Kabiren, zu begeben. Ihr größter Schmerz war der, daß man es ihr nicht erlaubt hatte, zusammen mit ihren Söhnen zu sterben.

Wir wissen nicht, auf wen diese grausige Darstellung zurückzuführen ist. Sie ist, alles in allem, ein Stück typisch hellenistischer Geschichtsschreibung nach der Art des Phylarchos, der sich bekanntlich in der Schilderung von Schrekkensszenen nicht genugtun konnte. Im übrigen ist zu der Erzählung hinzuzufügen, daß es dem ältesten Sohn namens Ptolemaios gelungen war, zu den Illyrern zu entkommen. Ptolemaios Keraunos hatte also sein Ziel, die Nachkommenschaft des Lysimachos auszutilgen, nicht vollständig erreicht. Von historischem Interesse ist auch die Frage, ob Arsinoe II. durch die Verleihung des Diadems seitens ihres Mannes die Stellung einer Mitregentin erreicht hat (F. Granier). Doch wird man diese Frage wohl verneinen müssen[2]; Arsinoe wurde zwar Königin, aber ihre Stellung als solche war ganz von Ptolemaios Keraunos abhängig, ja mehr noch, sie hatte sich unvorsichtigerweise völlig in seine Hand gegeben und die Warnungen, auch die ihres ältesten Sohnes Ptolemaios, in den Wind geschlagen.

Zwei Kronen hatte Arsinoe II. verloren, und es war ganz unwahrscheinlich, daß sie ohne fremde Hilfe jemals wieder Königin in Makedonien werden würde. Den Aufenthalt auf Samothrake betrachtete sie nur als eine Zuflucht für den äußersten Notfall. Als sie eine Einladung ihres jüngeren Bruders, des Königs Ptolemaios II. von Ägypten, erreichte, da bestieg sie ohne Zögern ein Schiff, um von nun an am Hof in Alexandrien zu leben und zu wirken; denn ihre Hoffnungen, eine neue Machtstellung zu erringen, hatte sie nicht aufgegeben. Als Schwester des regierenden Monarchen sah sich die nunmehr Siebenunddreißigjährige jedoch in mancher Hinsicht behindert, vor allem hatte sie in der Königin Arsinoe I., der Tochter des Lysimachos, eine Rivalin, deren Existenz ihr höchst unbequem war. Aber Ptolemaios II. war Wachs in ihrer Hand, rasch hatte die 2. Arsinoe ihn völlig für sich gewonnen. Sie konnte ihn bald dazu bestimmen, seine Gemahlin, Arsinoe I., in die Verbannung zu treiben. Man hatte Arsinoe I. beschuldigt, ein Komplott gegen das Leben des Königs angezettelt zu haben. Die Mitwisser, ein Mann namens Amyntas und der rhodische Arzt Chrysippos, wurden sogar mit dem Tode bestraft, die Königin aber nach dem Süden Ägyptens verbannt, wahrscheinlich nach dem öden Koptos, das fernab von aller Zivilisation in Oberägypten gelegen war. Das war ein bitteres Los für die Königin, das sie zweifellos nicht verdient hatte. Sie hatte dem König drei Kinder geschenkt, den späteren Thronfolger Ptolemaios (III.), Lysimachos und Berenike, die später den Seleukiden Antiochos II. geheiratet hat. Die Ehe hatte wahrscheinlich nur drei Jahre (oder etwas länger) gedauert. Wenn die Verbannung der Arsinoe I. ins Jahr 278 fällt – was nicht ganz gesichert, aber doch wahrscheinlich ist –, so wäre sie vielleicht noch vor dem Ende ihres Vaters Lysimachos dem 2. Ptolemäer in die Ehe gegeben worden. Ihre Rivalin, die ihr an Jahren überlegene Arsinoe II., hatte es sehr eilig: wohl schon im Jahr 277 feierte man eine Hochzeit, die bald in aller Munde war: der 31jährige Ptolemaios II. heiratete seine leibliche Schwester, die immerhin schon fast die Vierzig erreicht hatte. Allein schon der ungewöhnliche Altersunterschied zeigt jedermann, daß von einer Neigungsehe nicht die Rede sein kann. Es war von Anfang an eine eminent politische Ehe, Arsinoe II. wollte wieder eine Königskrone, und ihrem Streben hat sich der an Jahren jüngere Bruder nicht zu widersetzen vermocht. Die Ehe von Geschwistern, die von dem gleichen Vater und der gleichen Mutter stammten, war ein Novum, für die Griechen und Makedonen war die Ehe ein Skandalon ersten Ranges. Die Volksstimme antwortete mit wenig vornehmen Schmähungen, insbesondere der Dichter Sotades konnte sich in Spottversen, die an Derbheit nichts zu wünschen übrig ließen, gar nicht genug tun. Er hatte das Pech, später auf der kleinen Insel Kaudos bei Kreta ergriffen zu werden. Man steckte ihn in ein bleiernes Faß und versenkte dies im Meer, ein Zeichen dafür, daß den König Ptolemaios die Anwürfe des Sotades keineswegs kalt gelassen hatten. Die Ehe von Geschwistern gleicher Eltern kommt bei den Griechen nicht vor, dagegen sind in Ägypten, insbesondere in der Pharaonenzeit, Geschwisterehen häufig, aber dieser Brauch der Einheimischen konnte für das Königspaar schwerlich ein Vorbild sein. Näher liegt es, an die Dynastie der persischen Achämeniden zu denken, in der mehrfach Geschwisterehen nachzuweisen sind. Was aber mag Ptolemaios, auf den ja alles ankam, bewogen haben, seine Schwester zu seiner Ehefrau zu machen und dadurch zur Königin zu erheben? Da der Gedanke an Nachkommen vollständig fernliegt – für die Thronfolge war bereits gesorgt –, so wird man die Verbindung auf eine spezifisch ptolemäische Auffassung vom Herrschertum zurückführen müssen. Nach dieser Ideologie steht der König so hoch über den Untertanen, daß nur eine Gemahlin aus der eigenen Familie für ihn in Betracht kommen konnte. Diese Ansicht – sofern sie von dem 2. Ptolemäer wirklich vertreten worden ist – vertrug sich allerdings nicht mit der öffentlichen Meinung, wonach die Herrscher keineswegs oberhalb und außerhalb von Gesetz und Sitte standen, aber dies haben die Ptolemäergeschwister einfach ignoriert. Sie demonstrierten vielmehr, daß ihre Sphäre nicht die Welt der gewöhnlichen Sterblichen sei. Sie taten, was nach dem Glauben der Griechen die Olympischen Götter ohne weiteres für sich in Anspruch genommen hatten. Übrigens sind auch unter den späteren Ptolemäern Geschwisterheiraten vorgekommen. So hat der 4. Ptolemäer (221–204) seine Schwester Arsinoe III. geheiratet, und der 8. Ptolemäer (145–116) seine Schwester Kleopatra II., und noch die allerletzte Ptolemäerin, Kleopatra VII., war, wenigstens nominell, nacheinander mit ihren beiden an Jahren wesentlich jüngeren Brüdern verheiratet. Das Beispiel des 2. Ptolemäers hat in der Dynastie Schule gemacht.

Ganz unzweifelhaft war Arsinoe II. in dieser Ehe der führende Teil, ihrem Bruder war sie an Energie überlegen, so daß es ihr nicht schwer gefallen ist, der Politik des Landes den Stempel ihres Willens aufzudrücken. Dies gilt in erster Linie für den ptolemäischen *Herrscherkult.* Hierbei ist jedoch, was gelegentlich übersehen wird, zwischen dem ägyptischen und hellenistischen Herrscherkult zu unterscheiden. Denn selbstverständlich sind alle Ptolemäer nach dem Vorbild der Pharaonen, der Achämeniden und Alexanders d. Gr. in Ägypten als Götter verehrt worden (auch die Nachfolger Alexanders d. Gr., Philipp III. Arrhidaios und Alexander IV., der Sohn der Rhoxane, fehlen in dieser Reihe nicht). An diesem Kult hatte jeder regierende Ptolemäer Anteil. Zusätzlich zu diesem ägyptischen Kult gibt es aber noch den echt hellenistischen Herrscherkult, auch in Ägypten die Schöpfung der zweiten Herrschergeneration, des Ptolemaios II., ebenso wie im Seleukidenreich, in welchem Antiochos I. diesen Herrscherkult gegründet hatte. Der hellenistische Kult ist auf rein griechische Wurzeln zurückzuführen, er geht zurück auf die Idee, daß Herrscher, die Übermenschliches geleistet haben, auch göttlicher Verehrung würdig sind. Dies aber erklärt die göttliche Verehrung, die man Alexander d. Gr. entgegengebracht hat. Bei dem hellenistischen Herrscherkult ist zwischen dem Kult für Verstorbene und für Lebende zu unterscheiden. Den Anfang machte die Konsekrierung des verstorbenen 1. Ptolemäers durch seinen Sohn und Nachfolger. Er erhielt den Kultnamen *theòs sotér* („rettender Gott'), wobei der Beiname *sotér* an die Verehrung erinnert, die der 1. Ptolemäer schon zu seinen Lebzeiten durch die Griechen erfahren hatte. Aber das war kein offizieller Königskult gewesen, er hatte vielmehr nur der Person und den Leistungen des 1. Ptolemäers gegolten, die dieser zu seinen Lebzeiten vollbracht hatte. Ptolemaios II. hat ferner zu Ehren seiner Eltern, auch seiner Mutter Berenike, ein großes, alle vier Jahre wiederkehrendes Fest gestiftet, das *Ptolemaia* genannt wurde. Diese *Ptolemaia* sind zum ersten Mal im Jahre 279/8 gefeiert worden. In Verbindung mit der dritten Feier der Ptolemaia im Jahre 271/0 steht vielleicht auch das berühmte Gedicht des Theokrit, der „Lobpreis auf Ptolemaios" *(Enkómion eis Ptolemaion).* Es bringt interessante Aufschlüsse über die Zeitgeschichte und über die Besitzungen der Ptolemäer, da es dem Verfasser darum zu tun ist, die Macht und Pracht des Ptolemäerreiches vor aller Welt herauszustellen[3]. Die Verehrung Verstorbener geht zurück auf den Mythos von der Entrückung sterblicher Menschen zu den Göttern. Theokrit schreibt, daß der 1. Ptolemäer zwischen Zeus und Hera seinen Platz einnimmt, die ihn zu sich in den Olymp erhoben haben, und Kallimachos hat in einem Gedicht von der Entrückung der Arsinoe II. durch die Dioskuren gesprochen. Die „Entrückung" ist natürlich ein Euphemismus für das Abscheiden der Herrscher, denen nach ihrem Tod ein Platz unter den Göttern zuteil wird. Dem Glauben der Hellenen sind diese Dinge nicht fremd gewesen; so konnte der 2. Ptolemäer darauf bauen, daß er für die Apotheose seiner Eltern Verständnis bei den Griechen und Makedonen finden würde.

Ganz anders verhält es sich jedoch mit der Konsekrierung Lebender! Hier hat Ptolemaios II. den Anfang gemacht mit der Vergöttlichung seiner eigenen Person und seiner Schwestergemahlin Arsinoe II. Für sie, die beiden Herrscher, wurde unter dem Namen der *theoi adelphoi* (die ‚geschwisterliebenden Götter') ein eigener Kult eingerichtet. Dieser aber galt dem König, der hoch über allen Untertanen thront. Natürlich war der Kult der lebenden Herrscher ein Staatskult, er wurde in Alexandrien in einem eigenen Tempel zelebriert. Um diesen Kult möglichst populär zu machen, hat der König angeordnet, daß die *theoi adelphoi* auch in zahlreichen anderen Tempeln als *theoi synnaoi* verehrt werden sollten, und zwar sowohl in den einheimisch-ägyptischen wie in den griechischen Tempeln und Heiligtümern. Mit *theoi synnaoi* pflegte man solche Götter zu bezeichnen, denen gewissermaßen ein Hausrecht in einem Tempel gewährt wurde, ohne daß sie die eigentlichen Inhaber des Heiligtums gewesen wären. Man wird die Einrichtung des Herrscherkults für den regierenden König und seine Gemahlin in ihrer Bedeutung nicht unterschätzen dürfen. Hier hat die Göttlichkeit des Herrschers zu seinen Lebzeiten ihren Ausdruck gefunden. Jedem Untertan, mochte er nun Makedone, Hellene oder Ägypter sein, erschien der König in einer göttlichen Sphäre, umgeben von eigens für ihn bestellten Priestern, die für die Verrichtung der Opfer und für die Kulthandlungen verantwortlich waren. Für das Verhalten der Untertanen gegenüber dem Herrscher mußte dies, je länger, desto mehr, von größter Bedeutung werden. Es wurde geradezu eine Scheidewand zwischen dem König und allen anderen aufgerichtet, die dem Herrscher in großer Distanz gegenüberstanden. Von dem altmakedonischen Heerkönigtum eines Philipp II. hatte man sich weit entfernt, der König von Ägypten war längst nicht mehr der *primus inter pares,* er war schon auf Erden ein Gott geworden, dessen Entscheidungen göttliche Autorität für sich in Anspruch nahmen. Damit hatte, in Ägypten unter Ptolemaios II., eine neue Epoche des hellenistischen Herrschertums begonnen.

Auf einem anderen Blatt steht die göttliche Verehrung, die der Arsinoe II. nach ihrem Tode (am 9. Juli 270) zuteil geworden ist. Sie wurde als *thea philadelphos* apotheosiert; es wurde als Priesterin für sie eine Kanephore (Korbträgerin) bestellt, in der Regel ein junges Mädchen aus den vornehmsten

Familien Alexandriens. Ihr Name mußte hinter dem des Alexanderpriesters in allen öffentlichen Urkunden genannt werden. Diese Kanephore hatte sich dem Kult der verstorbenen Königin zu widmen, sie trat auch bei den öffentlichen Prozessionen auf den großen Festen in Alexandrien in Erscheinung.

Beim Antritt der Alleinregierung (im Jahre 283 oder 282) herrschte Ptolemaios II. über ein großes Reich, das sich von der Ägäis bis zu den Grenzen Nubiens im Niltal erstreckte. Zwischen dem Ptolemäerreich und dem Seleukidenreich herrschte Friede, aber dieser Zustand war trügerisch, denn schon von 280 bis 279 und von 274 bis 271 sind zwei Kriege geführt worden, von denen der erste als der syrische Erbfolgekrieg, der zweite als der 1. syrische Krieg in die Geschichte eingegangen ist.

Die Ptolemäer verfügten über eine Anzahl von wichtigen Außenbesitzungen, über den südlichen Teil Syriens, d. h. vor allem über Palästina, aber auch über die phönikischen Seestädte wie Tyros, Sidon und Berytos. Das ptolemäische Syrien, von den Geschichtsschreibern des Altertums (Polybios u. a.) ‚Koilesyrien' genannt, bildete einen einzigen großen Verwaltungsbezirk unter einem Strategen, der hier die Aufgaben eines Generalgouverneurs wahrzunehmen hatte. Offiziell hieß die Provinz „Syrien und Phönikien". Für die Ptolemäer war hier der Besitz des Libanongebirges besonders wichtig. Ägypten war immer ein holzarmes Land, die Ptolemäer aber brauchten das Zedernholz, vor allem für den Bau ihrer Flotte. Zu den Nebenländern Ägyptens gehörten die Cyrenaika und die Insel Cypern. Die Cyrenaika, ein wichtiger Stützpunkt des Griechentums, wurde von Magas, einem Stiefbruder des 2. Ptolemäers, regiert. Cypern, wichtig wegen seiner Wälder und Kupferminen, hatte einen Strategen als Haupt der Verwaltung. Die Ptolemäer brauchten das Kupfer vor allem für die Münzprägung. Über die Kykladen übte der 2. Ptolemäer ein Protektorat aus, die Position war jedoch durch die Aspirationen des makedonischen Königs Antigonos Gonatas (276–239) mehrfach gefährdet. Wichtige Stützpunkte der Ptolemäer bestanden an der kleinasiatischen Westküste. Hier lagen vor allem die große Handelsstadt Milet und die Insel Samos, ein bedeutender Flottenstützpunkt der Ptolemäer, auf den sich die ptolemäische Thalassokratie stützte. Im südlichen Anatolien hatte der 2. Ptolemäer die Landschaften Lykien und Pamphylien in seinem Besitz. Wieweit sich jedoch seine Herrschaft in das Binnenland erstreckte, läßt sich den spärlichen Quellenangaben nicht entnehmen. Im ganzen war es ein imponierendes Reich, das fast alle handelspolitisch wichtigen Positionen im östlichen Mittelmeerbecken besetzt hielt, mit der einzigen Ausnahme von Rhodos, das seit der Belagerung durch Demetrios Poliorketes (s. o. S. 72f.) seine Unabhängigkeit behauptet hatte. Im Besitz der großen Häfen Alexandrien, Tyros und Sidon war das Ptolemäerreich allen Rivalen überlegen, nur Karthago war eine ebenbürtige Handelsgroßmacht. Zu irgendwelchen Konflikten zwischen dem Ptolemäerreich und den Puniern ist es jedoch nicht gekommen: man hatte offenbar die Einflußsphären abgegrenzt, wobei der Osten den Ptolemäern, der Westen aber den Puniern überlassen blieb. Doch hat der 2. Ptolemäer im Jahre 273 einen Vertrag mit Rom geschlossen, das seit dem Sieg über Pyrrhos auch für die östlichen Mächte an Interesse gewonnen hatte. Im übrigen ergaben sich aus der Streulage der ptolemäischen Besitzungen immer wieder Reibungen, vor allem mit den anderen hellenistischen Staaten. In der Regel lebten die Ptolemäer – von friedlichen Abschnitten abgesehen – mit den Seleukiden und Antigoniden auf gespanntem Fuß, was eine erhöhte Wachsamkeit und dauernde Rüstungen auf beiden Seiten erforderte. Ptolemaios II. hat deswegen alles daran gesetzt, eine große Flotte zu unterhalten, mit der er den rivalisierenden Königen eindeutig überlegen war. Sie war äußerst kostspielig; ebenso teuer aber war der Unterhalt des Heeres, da es zu einem Teil aus Söldnern bestand, die für teueres Geld angeworben werden mußten. Den anderen Teil des Heeres stellten die in Ägypten angesiedelten Kleruchen, die in Friedenszeiten ihrer Arbeit auf dem Lande als Pächter nachgingen. Sie haben für die Melioration des Fruchtlandes Bedeutendes geleistet, und wenn Ägypten im gesamten 3. Jh. v. Chr. ein wohlhabendes Land gewesen ist, so ist dies zu einem wesentlichen Teil der unverdrossenen Arbeit aller in der Landwirtschaft Beschäftigten zuzuschreiben.

Wirtschaft und Diplomatie gingen bei dem 2. Ptolemäer Hand in Hand, und sie reichten weit über Vorderasien und das Mittelmeer hinaus. So hat Ptolemaios II. einen Gesandten namens Dionysios zu dem indischen Maurya-Herrscher Vindusara (vielleicht auch erst zu seinem Nachfolger, dem berühmten Aśoka) geschickt. Dionysios sollte sich darum bemühen, Ausbilder für die Elefantenwaffe nach Ägypten zu holen. Man brauchte sie dringend, wenn man es mit den Seleukiden im Felde aufnehmen wollte. Aber dieser Auftrag wird nicht der einzige gewesen sein. Man wird vielmehr annehmen müssen, daß Ptolemaios II. sich in Indien neben den Seleukiden politisch zur Geltung bringen wollte. Zu Lande war Vorderindien nur auf dem Wege durch die Oberen Satrapien des Seleukidenreiches zu erreichen, aber es ist nicht wahrscheinlich, daß die ptolemäische Gesandtschaft diesen beschwerlichen Weg eingeschlagen hat. Viel näher lag der Seeweg, er führte durch das Rote Meer an der Südküste Arabiens entlang in den Persischen Golf und von hier nach Vorderindien. Aber dieser Seeweg war sehr gefahrvoll. Man fuhr ängstlich an der Küste entlang, immer wieder gab es Klippen und Sandbänke, an denen manches Schiff zugrunde ging. Die Fahrt über das hohe Meer hat man erst gewagt, nachdem man das regelmäßige Wehen der Monsunwinde entdeckt hatte. Dies ist erst gegen Ende des 2. Jh. v. Chr. geschehen. und zwar durch Hippalos und Eudoxos von Kyzikos, die, wahrscheinlich im Jahre 117, zum ersten Mal auf diesem Weg Indien erreicht haben.

Auf der Pithom-Stele steht zu lesen, daß Ptolemaios II. den Kanal zwischen dem Nil und dem Roten Meer wiederhergestellt hat. Dieser Schiffahrtsweg benutzte den Bittersee als Zwischenstation, er geht auf die Zeit des Darius I. zurück; der Kaiser Trajan hat ihn später noch einmal erneuert. Mit der Wiedereröffnung des Kanals im 6. Jahr des Ptolemaios II. (280/79), jedenfalls aber bald danach, begann sich der König für das Rote Meer und die angrenzenden Länder zu interessieren. Es wurden Expeditionen ausgesandt, von ihnen ist die des Ariston wohl die erfolgreichste gewesen. Die Expedition sollte Erkundigungen über Arabien einziehen, der Name des Ariston erscheint in einem Papyrus des Zenonarchivs[5]. Es dürfte dem 2. Ptolemäer gelungen sein, wenigstens einen Teil Arabiens, speziell die Gegend um Taïma, zu besetzen. Dieser Ort, eine Karawanenstadt, war deswegen von besonderer Bedeutung, weil von hier aus eine Handelsstraße von Südarabien nach Syrien führte, die auch die Hauptstadt der Nabatäer, Petra, berührte. An der Westküste der arabischen Halbinsel – die genaue Gegend ist nicht bekannt – gründete Ptolemaios II. mit Hilfe von Kolonisten aus Milet die Stadt Ampelone, am ailanitischen Meerbusen (Golf von Akaba) die Stadt Berenike (es sei denn, daß diese auf seinen Nachfolger, Ptolemaios III., zurückgeht). In diesen Unternehmungen und Städtegründungen wird man die Absicht des Königs sehen dürfen, das Land Ägypten in Verbindung mit den Karawanenstraßen zu bringen, auf denen die Waren des Ostens, insbesondere die aus Indien, herangeschafft wurden.

In Verbindung mit den Erwerbungen in Südarabien sind die Städtegründungen zu sehen, die Ptolemaios II. an der Westküste des Roten Meeres vorgenommen hat. Die am weitesten nördlich gelegene Gründung ist die Stadt Arsinoe, an der Mündung des Nilkanals. Sie hatte ihren Namen zu Ehren der Arsinoe II. erhalten. Ob dieser Ort Arsinoe mit der Stadt Kleopatris identisch ist, läßt sich nicht mit Sicherheit sagen, doch scheint Kleopatris erst im 2. Jh. v. Chr. gegründet worden zu sein. Eine andere Städtegründung ist Philotera, benannt nach einer Schwester des Ptolemaios II. und der Arsinoe II. Um Elefanten heranzuholen, wurden Expeditionen in das Trogodytenland ausgesandt. Einer dieser Expeditionsführer war ein gewisser Satyros. Er hat in der Thebaïs, und zwar in der Nähe des modernen Redesîye, eine Weihinschrift für Arsinoe II. hinterlassen, was immerhin zu zeigen scheint, daß auch die Herrscherin Anteil an diesen Unternehmungen genommen hat. Sicherlich ist auch Berenike Trogodytiké durch den 2. Ptolemäer gegründet worden; sie stand durch eine Karawanenstraße mit dem ägyptischen Koptos in Verbindung. Auf dieser Straße wurden die Waren Afrikas und Indiens ins Niltal transportiert und von hier aus in die Speicher und Vorratshäuser Alexandriens. Schließlich ist noch Ptolemaïs zu nennen, eine Stadtgründung für den Elefantenfang; sie hieß deswegen offiziell „Ptolemaïs zur Elefantenjagd". Die afrikanischen Elefanten waren für die Streitkräfte der Ptolemäer sehr wichtig, denn diese hatten es in wiederholten Kriegen mit den Seleukiden zu tun, denen die Elefanten aus Indien zur Verfügung standen. Diese aber galten als leistungsfähiger als die afrikanischen Elefanten, dies war ein Grund für die Ptolemäer, die Unterlegenheit ihrer Elefantenwaffe durch eine größere Zahl afrikanischer Elefanten auszugleichen.

Die besondere Begabung des 2. Ptolemäers lag auf administrativem und organisatorischem Gebiet. Vor kriegerischen Auseinandersetzungen ist er jedoch nicht zurückgeschreckt, wenn es keine andere Möglichkeit mehr gab, seinen Willen gegen die Seleukiden oder gegen die Antigoniden in Makedonien durchzusetzen. Der Krieg galt, ebenso wie in dem Zeitalter Alexanders, als ein legitimes Mittel, als *ultima ratio* der Könige, er war gewissermaßen ein Gottesgericht, da nach dem Glauben der damaligen Menschen die Götter demjenigen den Sieg verliehen, der ihn verdiente. Im allgemeinen hat man in der zweiten Generation der hellenistischen Herrscher keine weitausgreifenden Eroberungskriege geführt. Das nach der Schlacht bei Kurupedion (281) sich bildende hellenistische Gleichgewicht ist durch die Kriege nicht in Frage gestellt worden. Aber es besteht kein Zweifel daran, daß die Kriege letzten Endes ihre Wurzel in der Machtpolitik gehabt haben: es ging um eine Erweiterung der Grenzen, und es ging vor allem um die Seeherrschaft. Das wichtigste Kriegsinstrument der Ptolemäer war die *Flotte,* sie war überall zur Stelle, wo es die Vormacht der Ptolemäer zu verteidigen galt. Unter den hervorragenden Flottenführern erscheinen Philokles, der König von Sidon, nach ihm haben Kallikrates und Patroklos als Nauarchen wichtige See-Expeditionen durchgeführt. Diese Männer standen in hohem Ansehen beim König, ihre Namen sind auf verschiedenen Inschriften verewigt.

Es sind im wesentlichen vier Kriege, die Ptolemaios II. geführt hat: der erste ist der syrische Erbfolgekrieg von 280 bis 279; ihm folgte der 1. syrische Krieg (274–271), dann der Chremonideische Krieg (267–261?) und schließlich, fast in unmittelbarem Anschluß daran, der 2. syrische Krieg (260–253). Die Übersicht zeigt, daß ein großer Teil der Regierungszeit des 2. Ptolemäers Kriegszeit gewesen ist. Vier Kriege also, und dennoch keine wesentliche Veränderung des hellenistischen Gleichgewichts! Der zweite Ptolemäer hat seinen Besitzstand wahren können; es ist weder den Seleukiden noch den Antigoniden gelungen, dem Ptolemäerreich die führende Stellung in der hellenistischen Staatenwelt streitig zu machen. Zu den territorialen Gewinnen des 2. Ptolemäers im sog. syrischen Erbfolgekrieg sind die Städte Halikarnassos, Myndos, Kaunos und Lissa zu zählen, sie sind damals ptolemäisch geworden; der Gewinn ging zu Lasten des Seleukidenreiches, das unter Antiochos I. (281–261) zunächst eine gewisse Schwächeperiode durchzumachen hatte. Besonders bemerkenswert sind die Landgewinne in Karien: aus dieser Landschaft stammte unter anderem der berühmte Apollonios, Sohn des Agreophon, der als der allmächtige Dioiketes unter Ptolemaios II. berühmt geworden ist, vor allem durch die Zenonkorrespondenz, die im Faijûm gefunden wurde und uns zahlreiche Einzelheiten über das ptolemäische Wirtschaftsleben gebracht hat (Zenon war der Verwalter des Privatbesitzes des Apollonios).

Den 1. syrischen Krieg (274 bis 271) hat wahrscheinlich der 2. Ptolemäer eröffnet, und zwar zu Lande durch einen Einfall in das nördliche Syrien, zur See durch einen Flottenvorstoß in den Persischen Golf. Aber die ägyptische Landarmee war der Streitmacht des Antiochos I. nicht gewachsen, sie wurde mit leichter Mühe aus Nordsyrien verdrängt. Außerdem verlor Ptolemaios das wichtige Damaskus, das damals aus dem Besitz der Ptolemäer in den der Seleukiden übergegangen ist. Die Gefahr einer Invasion Ägyptens rückte in bedrohliche Nähe, der König Ptolemaios und seine Gemahlin begaben sich an die Ostgrenze, um die Befestigungen in der Nähe von Pelusion zu inspizieren. Doch ging die Gefahr für das Land noch einmal vorüber. In Babylonien brach eine Epidemie aus, der Feldzug des 1. Antiochos mußte abgebrochen werden.

In diesem 1. syrischen Krieg war es wieder einmal um die Herrschaft in Syrien gegangen, im Chremonideischen Krieg kämpfte man um die Thalassokratie im östlichen Mittelmeer. Der Gegner war Antigonos Gonatas, der Sohn und Nachfolger des Demetrios Poliorketes. Gegen den König von Makedonien hatte sich eine beachtliche Koalition zusammengefunden, der außer dem 2. Ptolemäer vor allem die Spartaner und Athener angehörten. Der attische Volksbeschluß erwähnt ausdrücklich die Initiative der Schwestergemahlin des 2. Ptolemäers. Das ist insofern bemerkenswert, weil Arsinoe II. (gestorben im Juli 270) den Ausbruch des Chremonideischen Krieges (wahrscheinlich im Jahre 267, die Chronologie ist nicht ganz gesichert) nicht mehr erlebt hat. Der Krieg ist aber, wie es scheint, von langer Hand vorbereitet worden, er richtete sich gegen die Hegemoniestellung des Antigonos Gonatas, die dieser in Griechenland und in der Ägäis aufgerichtet hatte, seitdem Pyrrhos aus der Welt verschwunden war (272). Aber die großen Erfolge blieben für die Koalierten aus, im Gegenteil, Antigonos erwies sich bald als der Überlegene. Er verfügte über die kürzeren Anmarschwege und konnte fast ganz Attika besetzen. Der ptolemäische Admiral Patroklos mußte sich damit begnügen, eine kleine Insel an der Südspitze Attikas zu okkupieren (die Insel wurde später *Patroklou charax,* die „Schanze des Patroklos", genannt), dazu wurden einige Kastelle in Attika durch ptolemäische Besatzungen gehalten, aber dies alles war nicht kriegsentscheidend. Die Athener haben sich noch einmal in einen Krieg gestürzt, der sie im Grunde nur wenig tangierte. Man setzte sogar die Epheben der Stadt, die Jungmannschaft, zur Verteidigung mit ein, aber auch dies brachte keine Wende. Antigonos begann, die Stadt zu Wasser und zu Lande einzuschließen. Wahrscheinlich im Jahr 261 mußte Athen kapitulieren. Für den 2. Ptolemäer war der Krieg eindeutig verloren. Anscheinend wurde der Krieg mit der Seeschlacht bei Kos beendet, in der Antigonos Sieger über die Flotte der Ptolemäer gewesen ist. Wenn man gesagt hat[6], Ptolemaios II. habe offenbar die Politik betrieben, die Hauptarbeit des Krieges durch seine Bundesgenossen bewältigen zu lassen, so ist dieses Urteil sicherlich zutreffend. Doch hatte es die ptolemäische Politik erreicht, daß Antigonos daran gehindert wurde, sich in die eigentliche Interessenssphäre des Ptolemäerreiches, in Kleinasien und in die südliche Ägäis, einzumischen. Natürlich konnte der 2. Ptolemäer kein Interesse daran haben, wenn sich in Hellas eine eigene Hegemonialmacht, etwa in der Gestalt einer großen griechischen Bundesorganisation, etablierte, denn diese wäre womöglich einen eigenen Weg, unabhängig von dem Ptolemäerreich und dem Reich des Antigonos Gonatas, gegangen. Und schließlich dachte der 2. Ptolemäer nicht daran, die letzten Kräfte seines Landes einzusetzen, um Antigonos Gonatas zu vernichten (wenn dies überhaupt möglich gewesen wäre) – was hätte man dann an seine Stelle setzen sollen? Wie man die Lage im Chremonideischen Krieg auch betrachtet – überall zeigt sich wieder die Idee des hellenistischen Gleichgewichts. Erst wenn dieses ernstlich gefährdet war, war die Regierung des Ptolemäerreiches bereit, einen sehr hohen Einsatz zu wagen und bis zur endgültigen Entscheidung zu kämpfen. Der Chremonideische Krieg hat das Ptolemäerreich selbst gar nicht berührt, er wurde in einem Raum geführt, der weitab vom Zentrum der ptolemäischen Macht gelegen war. Die Hauptlast hatten die Hellenen getragen, die man zum Kampf für die Freiheit aufrief, als ob diese durch den König der Makedonen mehr gefährdet sei als durch die Anwesenheit ptolemäischer Besatzungen.

Ohne Zweifel hat aber das Prestige des Ptolemaios II. und seines Reiches durch den unglücklichen Ausgang des Chremonideischen Krieges eine Einbuße erlitten. Dies gilt vor allem für die Verhältnisse in Griechenland, aber auch für die Seeherrschaft, vor allem dann, wenn es völlig gesichert wäre, daß der Seesieg des Antigonos Gonatas bei Kos den Abschluß des Krieges darstellt. (Man muß immerhin in Betracht ziehen, daß die Seeschlacht vielleicht erst im 2. syrischen Krieg geschlagen worden ist.)

Der 2. syrische Krieg (260 bis 253) begann mit einem Vorspiel. Der Herrscher von Pergamon, Eumenes I., der Sohn des Attalos, geriet in einen Konflikt mit dem Seleukiden Antiochos II. (261–246). Hinter dem Attaliden aber stand Ptolemaios II. Er benutzte den Konflikt, um sich der Stadt Ephesos in Kleinasien zu bemächtigen, auch sonst scheint er an der Westküste Anatoliens Eroberungen gemacht zu haben. Wieder bildete sich eine Koalition gegen das Ptolemäerreich. Ihr gehörten Antiochos II., Antigonos Gonatas und die Insel Rhodos an. In Ionien fungierte der Sohn des 2. Ptolemäers als Vizekönig, er ging aber auf die Seite der Gegner der Ptolemäer über, sein Verbündeter war der thrakische Söldnerführer Timarchos, der sich in Milet zum Tyrannen aufgeschwungen hat. Im übrigen sind mit der Person des Ptolemaios, des Sohnes des Ptolemaios, verschiedene Probleme verknüpft, die bisher nicht gelöst werden konnten. Doch steht seit der Veröffentlichung der Inschriften von Labranda (in der Nähe des karischen Mylasa) fest, daß der Prinz Ptolemaios keineswegs bereits im Jahre 259 umgekommen ist, er hat vielmehr noch den Anfang der Regierung seines Bruders, des Königs Ptolemaios III. (246–221), erlebt. Sein Ende hängt mit dem Ausbruch des 3. syrischen Krieges (246–241) zusammen, der nach der Gattin des Antiochos II. (261–246) auch Laodike-Krieg genannt wird. Welche Stellung der Prinz Ptolemaios zu seinem Vater, dem 2. Ptolemäer, in dessen späteren Regierungsjahren eingenommen hat, darüber schweigen die Quellen. Das aber ist sehr schade, denn auf diese Weise bleibt uns ein Kapitel der ptolemäischen Familiengeschichte verborgen, das sicherlich Auswirkungen auf die auswärtige Politik gezeitigt haben dürfte. Vielleicht darf man vermuten, daß sich der Prinz als selbständiger Dynast von Ephesos behauptet hat, wobei er sich des Wohlwollens der Seleukiden und Attaliden erfreut haben mag. Doch ist gerade diese Zeit eine ganz besonders dunkle Periode der hellenistischen Geschichte, so daß alle Aussagen sich nur auf Vermutungen stützen können.

Von kriegerischen Erfolgen des Ptolemaios II. im 2. syrischen Krieg (260–253) hört man nichts, wohl aber davon, daß es ihm gelang, Antigonos Gonatas aus der Front der Gegner herauszubrechen und mit ihm einen Sonderfrieden abzuschließen (im Jahr 255). Irgendwelche machtmäßige Veränderungen hat dieser Friede im Bereich der Ägäis nicht gezeitigt (es sei denn, man setzt die Schlacht bei Kos in die Zeit zwischen 260 und 255, wofür aber nur eine geringe Wahrscheinlichkeit besteht). Und die andere Seeschlacht, die bei Andros, wird man für den 2. syrischen Krieg überhaupt beiseite lassen, denn sie scheint erst im Jahre 245 geschlagen worden zu sein, nicht früher[7]. Bemerkenswert ist, daß im Jahr 254 Festgesandte aus dem peloponnesischen Argos an der Feier der *Ptolemaia* in Alexandrien teilgenommen haben. Dies aber scheint nur unter der Voraussetzung möglich, daß damals zwischen Ptolemaios II. und Antigonos, dem Oberherrn von Argos, Friedenszustand herrschte[8], denn sonst hätte dieser schwerlich seine Zustimmung zur Reise der argivischen Festgesandtschaft nach Ägypten gegeben. Ptolemaios dürfte seinem Gegner auf diplomatischem Wege klar gemacht haben, daß eine Weiterführung des Krieges nur einem dritten, nämlich dem Seleukiden Antiochos II., zugute kommen würde. Aber auch mit dem Seleukiden gelangte der geborene Diplomat auf dem Thron in Alexandrien bald zu einem Friedensschluß: er gab dem Antiochos II. die Berenike zur Frau, sie erhielt von ihrem Vater eine riesige Mitgift, in der man wohl eine verschleierte Kriegsentschädigung zu sehen hat. Die Braut wurde von dem Vater bis Pelusion, vom Dioiketen bis zur Grenze des Ptolemäerreiches (wahrscheinlich zwischen Kalamos und Tripolis an der phönikischen Küste) geleitet und den Abgesandten des Seleukiden übergeben. Aber es gab vorher noch ein ernstes Problem im Königshaus der Seleukiden. Antiochos II. hatte sich von seiner Gemahlin Laodike getrennt. Diese ist zwar in königlicher Weise mit dem Besitz von ausgedehnten Ländereien abgefunden worden, ihre Zurücksetzung hat sie jedoch niemals verwunden. Dies aber ist der Grund zu dem 3. syrischen Krieg, dem Laodike-Krieg, der von 246 bis 241 geführt worden ist.

In der Cyrenaika herrschte zur Zeit des Ptolemaios II. sein Stiefbruder Magas. Dieser aber hatte versucht, durch ein Bündnis mit dem Seleukiden sich von der Vorherrschaft des Ptolemaios unabhängig zu machen. Er nahm die Tochter des 1. Antiochos namens Apame zur Frau und schwenkte in das gegnerische Lager über. Ein Angriff von der Cyrenaika auf Ägypten führte jedoch nicht zum gewünschten Ziel, Magas kam nicht bis Alexandrien, sondern nur bis Taposiris, und von hier mußte er nach Hause zurückkehren, da in der Cyrenaika eine Rebellion seiner keltischen Söldner ausgebrochen war. Dieser Aufstand wurde zwar von Magas niedergeworfen – wie es heißt, sind die Söldner auf einer Insel der sebennytischen Nilmündung umgekommen –, aber von dem ägyptischen Unternehmen mußte Magas nun endgültig Abstand nehmen (274?). Über 20 Jahre lang standen Magas und Ptolemaios II. miteinander auf gespanntem Fuß, erst gegen Ende seines Lebens, – Magas verstarb um 250 v. Chr. – hatte er sich, wenn auch kaum leichten Herzens, entschlossen, seine schöne Tochter Berenike[9] mit dem ptolemäischen Thronerben, dem späteren Ptolemaios III., zu verbinden. Aber dieser Plan fand nicht den Beifall seiner Gattin Apame. Diese erbat sich Hilfe von dem Makedonen Antigonos

Gonatas, um die ptolemäische Gruppe an ihrem Hof in Kyrene auszuschalten. Antigonos aber schickte seinen Bruder Demetrios (mit dem Beinamen der „Schöne") nach Kyrene, er war als Gemahl der Berenike vorgesehen. Die Überlieferung berichtet von einer grausigen Mordgeschichte: Berenike habe unter Mithilfe des Volkes von Kyrene den makedonischen Bewerber im Schlafgemach der Mutter Apame umbringen lassen. Ob die Ermordung der Mutter in gleicher Weise auf Berenike zurückzuführen ist, wird wohl auf ewig ein Geheimnis bleiben, doch ist der Gegensatz der Interessen schwerlich zu übersehen. In Kyrene haben die Freunde der Antigoniden und die Gruppe der Ptolemäeranhänger um die Macht gerungen, dabei erwiesen sich die letzteren als die stärkeren, und Apame mußte den Versuch, die Geschichte der Cyrenaika in das Fahrwasser der Antigoniden oder der Seleukiden zu lenken, mit ihrem Leben bezahlen. Der Machtkampf war zugunsten der Ptolemäer entschieden, und die Heirat des 3. Ptolemäers und der Berenike von Kyrene war nur noch der endgültige Schlußpunkt.

Die ptolemäische Staatsverwaltung, der wir uns jetzt zuwenden, hat von jeher im Brennpunkt des Interesses der Forschung gestanden. Angefangen mit J. G. Droysen, der seinerzeit die Wirtschaft der Ptolemäer mit dem Merkantilismus des Absolutismus verglichen hat, über die Forschungen von Wilcken, Rostovtzeff, Claire Préaux und vielen anderen ist immer wieder über die Wirtschaft und Verwaltung Ägyptens geschrieben worden. Wenn die Meinungen der Forscher auch im einzelnen auseinandergehen, so besteht doch darüber Übereinstimmung, daß man es hier mit einer von oben her gelenkten Wirtschaft zu tun hat. Sie hat zwar ganz erstaunliche Erfolge aufzuweisen, letzten Endes aber hat sie doch zum Niedergang des Landes beigetragen. Unter der Regierung des 2. Ptolemäers stand das System auf voller Höhe, und zwar hat der Herrscher selbst in Verbindung mit fähigen und ideenreichen Mitarbeitern zur Ausbreitung und Vertiefung des Systems Entscheidendes beigetragen, wieviel im einzelnen, das zu beurteilen ist uns versagt, weil gerade für die ersten Jahrzehnte seiner Regierung nur wenig Material zur Verfügung steht. Die Papyrusfunde, eine im übrigen ganz unerschöpfliche Quelle der Ptolemäergeschichte, beginnen erst in den sechziger Jahren des 3. Jh. reichlicher zu fließen, vorher gibt es nur ein paar Einzelfunde, auf denen sich schwerlich allgemeine Konstruktionen errichten lassen.

Die führende Rolle im Lande Ägypten spielten die eingewanderten Makedonen und Griechen, während die einheimischen Fellachen allein in untergeordneter Stellung zu finden sind. Eine gewisse Ausnahme bildeten ein paar vornehme Ägypter, die in einigen Gauen große Besitzungen ihr eigen nannten. Die ersten Ptolemäer haben gewußt, wem sie ihre Herrschaft verdankten, sie statteten ihre Günstlinge, in erster Linie die makedonischen Offiziere und Soldaten, mit Landgütern aus. Diese Besitzungen erstreckten sich über das ganze Land, sie hatten aber ihr Zentrum im Faijûm. Diese Gegend, zuerst *Limne* genannt, d. h. der „See", wurde dann nach der Königin Arsinoe II. in *Arsinoïtes nomós,* d. h. der ‚arsinoïtische Gau', umbenannt. Im übrigen waren die Soldaten im ganzen Niltal weit verstreut. Die Grenzfestungen, Elephantine im Süden und Pelusion im Nordosten, verfügten über starke Garnisonen, die zumeist aus Söldnern bestanden. Mit Ausnahme der Hauptstadt Alexandrien war das flache Land in eine Anzahl von Gauen (griech. *nomoí*) eingeteilt, die übliche Zahl ist 42, doch hat sich diese Zahl immer wieder verändert. An der Spitze der einzelnen Gaue hatte in pharaonischer Zeit der Nomarches, der „Gauvorsteher", gestanden. Er war von einer ganzen Schar von Unterfunktionären (die Bezeichnung „Beamte" trifft hier wie auch sonst nicht zu) umgeben, die ihm Hilfsdienste zu leisten hatten. Seit der Eroberung Ägyptens durch Alexander d. Gr. standen im Lande Besatzungstruppen mit makedonischen Offizieren, die natürlich in die allgemeine Verwaltung nicht miteingebaut werden konnten. An diesem Zustand hatte sich auch unter Ptolemaios II. nichts Grundsätzliches geändert. In seiner Zeit stand das Militär, soweit es sich aus Makedonen und Fremden (Thrakern, Kleinasiaten, Persern, Juden) rekrutierte, immer noch außerhalb der eigentlichen Landesverwaltung, aber die Höchstkommandierenden in den einzelnen Gauen, die Strategen, waren dabei, zahlreiche Obliegenheiten der allgemeinen Administration an sich zu ziehen. Unter der Regierung des 3. Ptolemäers sind sie dann zu „Gaustrategen" avanciert, wobei ihnen ein Aufsichtsrecht über die gesamte Gauverwaltung übertragen worden ist. Natürlich hatte dies eine gewisse Militarisierung der Administration zur Folge, sie ist aber dem Lande und seinen Bewohnern nicht zum Nachteil geworden. Im Gegenteil, das Ergebnis war eine Zusammenfassung der administrativen und exekutiven Gewalt, die der Effektivität der Verwaltung sehr zugute gekommen ist. Neben dem Strategen gab es den Oikonomos, der sich um die Finanzen zu kümmern hatte, und den Nomarchen, der Aussaat und Ernte der Feldfrüchte und ihre Ablieferung zu beaufsichtigen hatte. In den Dörfern, den untersten Einheiten der Verwaltung, schalteten die Dorfschulzen *(Komarchai)* und die Dorfschreiber *(Komogrammateis),* man hatte sie von der pharaonischen Landesverwaltung übernommen, da sie nicht zu entbehren waren. Die ptolemäische Landesverwaltung war aufgebaut auf der pharaonischen, aber sie war leistungsfähiger, die Untertanen wurden schärfer überwacht, aus dem ptolemäischen System der Steuern und Abgaben gab es für sie kein Entrinnen. Der gesamte Grund und Boden des Landes gehörte, wie zur Pharaonenzeit, dem König, er war nicht nur der größte Grundbesitzer, sondern auch der bei weitem reichste Mann in ganz Ägypten. Aus dem Königsland *(chôra basiliké)* wurden den Günstlingen und Soldaten Landstücke verliehen. Groß war auch der Landbesitz der Tempel, der König aber wußte sich mit der mächtigen Priesterschaft, vor allem auch der einheimischen Götter, gut zu stellen; er ließ sie zwar durch seine Funktionäre beaufsichtigen, gewährte ihnen aber in Sachen des Götterkults volle Freiheit. Auch die Städte des Landes, an ihrer Spitze Alexandrien, aber auch Ptolemaïs in Oberägypten, verfügten über ein eigenes Landgebiet; in welcher Art dies verwaltet wurde, darüber ist so gut wie nichts bekannt. Am wichtigsten für die Einnahmen des Königs waren die nach Hunderttausenden zählenden „Königsbauern" *(basilikoi georgoí).* Die Erträge ihres Landes gelangten zunächst in die örtlichen Kornspeicher, von hier wurden sie auf dem Nil in die großen Speicheranlagen nach Alexandrien verfrachtet. Mit dem Korn trieb der König einen schwunghaften Handel, das Getreide wurde nach Griechenland und Italien ausgeführt. Durch den Kornhandel erzielte der König ganz beträchtliche Einkünfte, die eine schwindelnde Höhe erreichten und es dem Herrscher erlaubten, eine große Flotte und ein bedeutendes Heer zu unterhalten. Das jährliche Einkommen des Königs beziffert eine späte Quelle[10] mit 14800 Talenten Silber und 1500000 Artaben Korn (1 Artabe = 55 l). Die Fäden der Verwaltung und Wirtschaft liefen in den Händen des Dioiketes Apollonios in Alexandrien zusammen. Apollonios war ein Grieche aus Karien, er war nicht nur der erste Minister des Königs, er war auch selbst ein Großgrundbesitzer. Über diese Seite seiner Tätigkeit unterrichtet die reichhaltige Korrespondenz, die er mit seinem Gutsverwalter Zenon im Faijûm geführt hat. Überhaupt sind die Griechen in dieser Epoche nicht mehr die politischen Menschen des klassischen Zeitalters, sie haben sich mit großem Erfolg dem ökonomischen Leben zugewandt und gerade in Ägypten für die Erschließung des Landes und für den Handel Bedeutendes geleistet. Das System, dem sie ihre Dienste widmeten, war allerdings ein Zwangssystem, dem sich niemand unter den Funktionären und Bauern zu entziehen vermochte. Wer beispielsweise von den Königsbauern seiner Ablieferungspflicht nicht nachkam, wurde ganz unnachsichtlich zur Rechenschaft gezogen, er verlor sein Landstück (Kleros) und wurde außerdem noch ins Gefängnis geworfen. Man wundert sich nicht, wenn sich manche Bauern und Arbeiter dem Zwang durch die Flucht ins Tempelasyl zu entziehen versuchten. Unter Ptolemaios II., als Ägypten eine wirtschaftliche Blüte ohnegleichen erlebte, waren dies jedoch noch Einzelerscheinungen, aber sie bildeten gewisse Warnzeichen, daß man den Bogen des Zwangs nicht überspannen durfte. Der König war, ebenso wie der Dioiketes, an der Landwirtschaft persönlich sehr interessiert. Er inspizierte die Bewässerungsarbeiten im Faijûm und war glücklich, wenn er fremden Gesandten die Pracht der blühenden Felder zeigen konnte. Auch bemühte er sich um die Veredlung des in Ägypten angebauten Weins, er ließ fremde Pflanzen und Tiere nach Ägypten schaffen; so soll er das Kamel als Lasttier im Nilland eingeführt haben.

Das System hatte jedoch seine Schattenseiten. Insbesondere die Ablieferungspflicht, und zwar gerade in wenig ertragreichen Jahren, war geeignet, die Bauern dem Ruin entgegenzuführen. Denn Ptolemaios II. verlangte nicht, wie dies im Alten Orient von jeher üblich war, den Zehnten, sondern eine immer gleichbleibende Quote, die auf den tatsächlichen Ertrag keine Rücksicht nahm. Man braucht sich wirklich nicht zu wundern, wenn wegen der Pachtverträge immer wieder Klagen laut wurden, und selbst wenn in einem Vertrag alles sorgfältig geregelt worden war, so konnte es doch immer wieder zu Schwierigkeiten kommen, weil die Pächter nicht in der Lage waren, die ihnen auferlegten Getreidemengen abzuliefern[11]. Im übrigen war die Regierung in der Erschließung immer neuer Finanzquellen außerordentlich erfinderisch. Der berühmte Erlaß vom Jahre 259/8 über die *Apómoira* (s. unten) enthält auch Bestimmungen über das Ölmonopol, das dem König große Einkünfte brachte. Außer dem Öl waren noch viele andere Produkte des Landes monopolisiert, wie z. B. das Salz, die Gewürze, die Wolle, das Holz, der Hanf und vor allem der Papyrus, der von Ägypten in alle Welt ausgeführt wurde, da er im Ausland ganz konkurrenzlos war. Auch die Banken waren Monopolbetriebe. Auch hier gab es beträchtliche Gewinne, da die ausländischen Münzen einen Zwangskurs hatten und beim Umwechseln reiche Erträge brachten. Ptolemaios II. hat durch ein Diagramm (Verfügung) zu erreichen versucht, daß in seinem Reich alle fremden Münzsorten umgetauscht werden sollten, so daß das Ptolemäergeld die einzige gültige Münze blieb. Wieweit diese Verfügung ihr Ziel erreicht hat, ist jedoch schwer zu beurteilen. Den Advokaten war es verboten, in Prozessen, bei denen es um die königlichen Einkünfte ging, die Partei der Untertanen zu vertreten. Hatten sie dem König Schaden zugefügt, so waren sie gehalten, den doppelten Betrag, dazu noch 10 % des entstandenen Schadens, zu entrichten. Wenn sie es aber wagten, noch einmal in einem Prozeß zu plädieren, so sollten sie festgenommen, ihr Eigentum sollte zugunsten der Krone konfisziert werden[12]. Der König war die Quelle des Rechts, niemandem war es erlaubt, ihm in den Arm zu fallen. Das ganze System diente nur dazu, die königlichen Einkünfte zu vermehren, es war im höchsten Grade fiskalistisch, denn aus allem und jedem wurde Kapital geschlagen. Die Einheimischen hatten für ihre Weingärten eine Steuer, genannt *Apómoira,* zu entrichten. Sie betrug ein Sechstel und war für den Unterhalt der Priester und Tempel der einheimischen Götter bestimmt. Ptolemaios II. hat diese *Apómoi-*

ra umgewandelt in eine Steuer für den Kult der Arsinoe II. Philadelphos, die in jenem Jahr (259/8) längst das Zeitliche gesegnet hatte. Aber ihr Kult verursachte Kosten, diese aber hatten jetzt die Weinbauern zu tragen. Ob von der Apomoira ein Teil im königlichen Schatz zurückbehalten worden ist, darüber ist nichts bekannt. W. W. Tarn hat gemeint, die Anordnung des Königs habe zur Folge gehabt, daß die griechischen Bauern von den Steuern für den Kult einheimisch-ägyptischer Götter befreit wurden. Aber so zartfühlend war der 2. Ptolemäer nicht. Er dachte nur an die Einkünfte, die ihm selbst aus der Steuer zuflossen. Ob diese nun von Griechen oder Ägyptern aufgebracht wurden, war ihm ganz einerlei.

Eine Folge der Monopolwirtschaft war der Preisanstieg. So erhöhte sich der Preis des Papyrus um mehr als das Doppelte. Und die Erträge aus dem Ölmonopol erreichten schwindelnde Höhen. So stieg der Preis für das Sesamöl um 70%, für das Öl aus Kürbiskernen sogar um 300%. Die ausländischen Ölprodukte wurden durch eine Einfuhrsteuer beträchtlich im Preis hinaufgetrieben, so daß weder der Händler noch der Transporteur in Ägypten auf seine Kosten kam. Und wer Öl auf seine eigene Rechnung ins Nilland einführte, wie dies z. B. für den Dioiketes Apollonios bekannt ist, mußte eine hohe Steuer entrichten, angeblich 12%, und wenn er das Öl an einen anderen weiterverkaufte, so kam noch eine hohe Geldbuße hinzu. Nicht viel anders stand es mit den übrigen Monopolen. So brachten dem König die Bergwerke, die Steinbrüche, die Gewinnung von Salz und Natron hohe Rendite; aus der Fischerei erntete er nicht weniger als 25%, ebensoviel aus der Honigproduktion. Auf seinen eigenen Gutshöfen hielt der König riesige Herden von Rindern, Gänsen und Hühnern, sie wurden auf seine Rechnung ernährt, auch wurden neue Arten gezüchtet, wofür sich der König Experten aus fremden Ländern kommen ließ. Auch die Verpachtung der Steuern warf hohen Gewinn ab, die Pächter wurden streng überwacht, und man kann sich vorstellen, daß ihnen in der Regel keine sehr hohen Gewinne verblieben, es sei denn, daß sie verstanden, sich an den Untertanen schadlos zu halten. Erstaunlicherweise wird aber nur sehr selten von Unregelmäßigkeiten der Steuerpächter berichtet. Sie hatten vor allem die Konfiskation ihres mühevoll zusammengebrachten Vermögens zu befürchten, sie scheuten deshalb in der Regel das Risiko der Unredlichkeit – ganz anders als die Publikanen in der römischen Republik, die für ihre Habgier allgemein bekannt waren.

Am Reichtum des Landes und seiner Wirtschaft hatte der König den Löwenanteil. Aber es wird auch so manche wohlhabende Griechen gegeben haben, die es zu bedeutenden Vermögen gebracht haben im Gegensatz zu den Ägyptern, die nur die Lastenträger des Systems gewesen sind. Sie wurden sämtlich registriert und hatten eine Kopfsteuer zu entrichten, die Griechen und die anderen Fremden waren von dieser Steuer befreit. Erstaunlicherweise hat dieses alles in allem sehr ungerechte System unter dem 2. Ptolemäer zu keinen Unruhen geführt, denn die einheimischen Ägypter waren den Frondienst seit der Pharaonenzeit gewohnt, und es mag ihnen gleichgültig gewesen sein, ob die neuen Herren des Nillandes eigene Landsleute oder Makedonen und Griechen waren. Von Sklaven und Sklaverei hört man unter den ersten Ptolemäern wenig, und wenn die Dokumente darüber berichten, so ist ihnen zu entnehmen, daß sich der König darum kümmerte, daß kein freier Mann widerrechtlich in die Sklaverei verkauft wurde. Es mag sein, daß die große Zahl der ägyptischen Fronarbeiter eine größere Menge von Sklaven im Nillande überflüssig machte, in Alexandrien aber waren sie als Haussklaven vorhanden, aber auch dies berechtigt nicht zu Übertreibungen, wie sie in der modernen Sklaverei-Forschung vielerorts zur Regel geworden sind. Die Königsbauern waren an die Scholle gebunden, sie besaßen nicht die geringste Freizügigkeit, sie wurden, wenn Not am Mann war, auch zu Zwangsarbeiten am Kanalsystem mitherangezogen. Hier enthüllt sich ein System, das von der Pharaonenzeit bis in die Zeit der Ptolemäer, im ganzen unverändert, herüberreicht. Irgendwelche Grundrechte besaßen die Königsbauern nicht, sie mußten froh sein, wenn sie nach der Ernte genügend Nahrung und Brotgetreide für die eigene Familie zur Verfügung hatten. Gelegentlich mußten sie auch die untersten Funktionen in der Dorfverwaltung übernehmen, die Ehre war nicht groß, die Verantwortung desto größer. Mit renitenten Bauern gab es oft Ärger, ebenso mit arroganten Priestern und hochfahrenden Gaufunktionären, die sich wie kleine Despoten benahmen. Lästig war auch das Bereitstellen von Quartier für die Soldaten; dabei ist es naturgemäß des öfteren zu Streitigkeiten zwischen dem Quartierwirt und den einquartierten Soldaten gekommen. Aber es gab auch gewisse Erleichterungen für die geplagte untere Bevölkerung. Jeder Untertan hatte das Recht und die Möglichkeit, sich mit einer Eingabe oder Beschwerde unmittelbar an den König im fernen Alexandrien zu wenden. Diese Eingaben (griech. *enteuxeis*) sind in beträchtlicher Zahl erhalten, man weiß aber nicht, ob diese Schreiben wirklich vom König gelesen und von ihm selbst beantwortet worden sind. Manche dieser Schreiben sind wohl nur bis zur königlichen Kanzlei gelangt, von hier wurden sie den zuständigen Behörden zugesandt. Allmählich dürfte sich auch die Gewohnheit gebildet haben, Eingaben „auf den Namen des Königs“ abzufassen, die dem Büro des Strategen oder überhaupt der Gauverwaltung zugestellt und von dieser auch erledigt wurden. Dies aber brachte eine sehr erwünschte Verkürzung der Zeit mit sich, da der Umweg über Alexandrien vermieden werden konnte. Aber dies mag erst eine spätere Entwicklung sein – Ptolemaios II. müßte jedenfalls, ebenso wie sein Vater, eine geradezu gigantische Arbeitsleistung vollbracht haben, falls er seine Pflichten ernst genommen hat. Wenn man an die verschiedenen Erlasse und Verfügungen des 2. Ptolemäers denkt, so gewinnt man den Eindruck, daß der Herrscher sich seiner Verantwortung bewußt gewesen ist. Von Wohlwollen und Gerechtigkeit findet sich jedoch in diesen Schriftstücken nicht allzuviel, wohl aber von der Allmacht des Königtums, dies ein Zustand, der in mancher Hinsicht an das Pharaonentum des Alten Reiches erinnert, als es noch keine nennenswerten Feudalgewalten gegeben hatte.

Der Historiker muß sich fragen, wieviel von diesem imponierenden System auf den 2. Ptolemäer selbst zurückzuführen ist. Oder hat er das meiste von seinem Vorgänger übernommen? Die Grundlagen für die Machtstellung des Ptolemäerreiches hatte sein Vater, Ptolemaios I. Soter, gelegt. Ob dieser König auch die Zeit gehabt hat, sich um den inneren Aufbau des Landes, um die Verwaltung der Außenbezirke, um die Eingliederung des Militärs und um die Ausnutzung der Arbeitskraft der einheimischen Bevölkerung zu kümmern – das alles entzieht sich unserer Kenntnis. Wahrscheinlich ist es aber nicht, denn die Spannungen im hellenistischen Staatensystem zur Diadochenzeit haben den 1. Ptolemäer nur selten zur Ruhe kommen lassen. Ganz anders sein Nachfolger! Er hat zwar Kriege führen müssen, aber weitab von Ägypten, seine Hauptarbeit bestand in der inneren Organisation des Landes und des Reiches, wobei ihm zahlreiche Griechen und Makedonen zur Seite standen. Ptolemaios II. hat vor allem die Steuerquellen erschlossen und die Arbeitskraft der Bevölkerung auf dem Lande bis zum äußersten ausgenutzt. Das Ergebnis war ein Staat, der durch die Solidität seiner Finanzen alle übrigen hellenistischen Staaten weit in den Schatten stellte.

Ptolemaios II. hatte in seiner Jugend eine sorgfältige Erziehung genossen, unter seinen Lehrern erscheinen Männer mit berühmten Namen: Philitas von Kos, Dichter und Philologe, sein Schüler Zenodot, der als erster eine kritische Homer-Ausgabe geschaffen hat, dazu Straton der ‚Physiker', zeitweilig das Haupt der Philosophenschule des Peripatos in Athen. Die geistige Erziehung versteht sich bei einem Thronfolger von selbst. Ob diese Männer aber imstande waren, dem jungen Prinzen das notwendige Wissen auf dem Gebiet der Staatsverwaltung mit auf den Weg zu geben, ist immerhin zweifelhaft. Über das Königtum wurde in hellenistischer Zeit viel geschrieben, ein paar Bruchstücke dieser Abhandlungen sind sogar erhalten (u. a. in der sog. Suda) – ob aber aus ihnen für die Regierungspraxis viel zu lernen war, ist fraglich. Dennoch haben diese Schriften die geistigen Grundlagen geschaffen, wobei sie vor allem die Idee des Königs als Wohltäter herausstellten. Anders steht es mit den Traktaten aus der Schule des Aristoteles. So gab es eine Schrift des Theophrast über die Verwaltung der Poleis. Doch selbst wenn diese Art von Schriften dem Thronfolger bekannt gewesen sein sollte – in Ägypten war alles anders, und Poleis gab es dort nur drei: Alexandrien, Ptolemaïs in Oberägypten und das alte Naukratis im Nildelta, das aber, wie es scheint, zu völliger Bedeutungslosigkeit herabgesunken war. Und woher sollte man Anweisungen für die Behandlung der einheimischen Bevölkerung nehmen? Sollte man dem Aristoteles folgen, der dem Alexander geraten haben soll, sie wie ein Tyrann *(despótes)* zu behandeln? Nein, die Ptolemäer mußten sich einen eigenen Weg suchen, die griechische Staatstheorie konnte ihnen nur wenig helfen. Ptolemaios II. aber verfügte über ein ganzes Heer von Experten an seinem Hof in Alexandrien, Fachleute für die Wirtschaft, die Finanzen, für das Heerwesen, die Flotte. Ihre Namen kennen wir nicht, aber sie waren in der hellenistischen Welt mit leichter Mühe zu finden, denn solange die Lebensbedingungen in Ägypten weit über denen des griechischen Mutterlandes standen, ergoß sich ein ununterbrochener Zustrom hellenischen Menschentums in das Nilland, und unter diesen Menschen waren nicht nur Abenteurer, sondern ungezählte Fachleute, die hier ein befriedigendes und ihren Fähigkeiten entsprechendes Feld für ihre Tätigkeit gefunden haben. Dazu kamen schließlich noch die Gelehrten des alexandrinischen Museions, das unter dem 2. Ptolemäer einen hohen Stand seines Ansehens erreichte. Wie aber sah es unter dem 2. Ptolemäer im Museion aus? Diese Institution, einzigartig in der ganzen antiken Welt, beherbergte eine große Zahl von Gelehrten aus allen Ländern griechischer Zunge. Organisiert als ein Kultverein *(sýnodos)* mit einem Priester oder Vorsteher *(epistátes)* an der Spitze, bildete das Museion den Mittelpunkt der gesamten Forschung in Ägypten. Seine Bedeutung aber reichte weit über die Landesgrenzen hinaus, und immer wieder haben es Gelehrte in Griechenland und in den Griechenstädten Kleinasiens als eine hohe Ehre betrachtet, wenn ihnen eine Einladung nach Alexandrien zuteil wurde. Eingeteilt in verschiedene Gruppen, die man von fern mit den Klassen der heutigen Akademien vergleichen kann, hatten sie Gelegenheit, mit Gleichgesinnten und Gleichstrebenden zu diskutieren sowie eine Schar von Schülern um sich zu versammeln. Natürlich betrachtete sie der König, der ihnen die Mittel zum Unterhalt bereitstellte, als seine Untertanen, und es gibt Anekdoten, die zeigen, wie gerade Ptolemaios II. den Gelehrten diesen Zustand drastisch vor Augen geführt hat. Er pflegte sie beispielsweise zu ermahnen, sie sollten sich um nützliche und nicht um unnütze Dinge kümmern – worin das Problem der zweckbedingten Forschung von ferne sichtbar wird. Die wissenschaftlichen und persönlichen Verdienste der Forscher wußte Ptolemaios II. königlich zu belohnen. So soll er seinem Lehrer Straton 80 Talente geschenkt haben, ein nobles Präsent, das dem König alle Ehre macht. Aber es gibt auch Beispiele vom Gegenteil: Demetrios von Phaleron wurde als Vorsteher des Museions abgesetzt und aus Alexandrien aufs Land verbannt, und noch schlimmer erging es einem anderen, dem Dichter Sotades, der seine Zunge wegen der Geschwisterhochzeit nicht im Zaum halten konnte (s. o. S. 117). Doch hat Sotades dem Museion sicher nicht angehört. Ein bösartiger Dichterling namens Timon verglich die Gelehrten des Museions mit exotischen Vögeln in einem Käfig. Zu den großen Zelebritäten in Alexandrien zählten vor allem die Dichter Theokrit aus Syrakus und Kallimachos von Kyrene. Während Theokrit die Macht des Ptolemäerreiches in seinem „Enkomion auf Ptolemaios" in den höchsten Tönen gepriesen hat, schrieb Kallimachos die Hymnen für die Götterfeste. Papyrusfunde haben uns die *Diegeseis* gebracht, Inhaltsangaben seiner Gedichte, der *Aitia,* in welchen mit großer Gelehrsamkeit die verschiedensten Themen, darunter auch solche aus Italien, behandelt worden sind. Die Geschwisterhochzeit hat er in einem Epos gefeiert, und als die Königin diese Erde verließ, schrieb er ihr zu Ehren ein Gedicht, denn er fühlte sich dem Königspaar verpflichtet und hat dies auch mit Dankbarkeit zum Ausdruck gebracht. Sein berühmtestes Gedicht, die „Locke der Berenike", hat er erst unter dem 3. Ptolemäer geschrieben, zu Ehren seiner Hochzeit mit Berenike, der Tochter des Magas von Kyrene (s. o. S. 127). Die Bibliothek war der besondere Stolz des Museions, schon unter Demetrios von Phaleron soll sie über 200000 Papyrusrollen gezählt haben. Ptolemaios II. soll die ganze Bibliothek des Aristoteles erworben haben, die er, zusammen mit anderen Büchern aus Athen und Rhodos, nach Alexandrien transportieren ließ. (Dem steht freilich die andere Angabe der antiken Überlieferung entgegen, daß die Bücher des Aristoteles mitsamt der Bibliothek des Theophrast zuerst in den Besitz des Apellikon von Teos und dann als Kriegsbeute in die Hände des Sulla gefallen seien.) Manche Bibliotheksdirektoren waren zugleich Prinzenerzieher. Dies gilt für Zenodot von Ephesos und auch für Aristarch, dem gleichfalls junge Ptolemäer zur Erziehung anvertraut worden sind[13]. Eine andere Bibliothek befand sich im Sarapeion, aber erst seit dem 3. Ptolemäer. Denn erst unter diesem Herrscher sind die Fundamente des Sarapeions gelegt worden, wie die Wiederauffindung der Gründungsurkunden gezeigt hat. Unter den Naturwissenschaftlern des Museions ragt Eratosthenes von Kyrene (etwa 285–205) hoch hervor. Er hat die erste Erdmessung vorgenommen, die, gemessen an den damaligen Hilfsmitteln, ein recht befriedigendes Ergebnis gebracht hat. Zu den Gästen einer späteren Zeit gehörte auch der berühmte Mathematiker und Physiker Archimedes von Syrakus, der jedoch wieder in seine Heimat zurückgekehrt ist, in der er bei der Einnahme der Stadt von der Hand römischer Soldaten den Tod gefunden hat.

Als Arsinoë II. im Juli 270 starb, war Ptolemaios II. ein Mann von 38 Jahren. Die Überlieferung weiß zu berichten, er habe sich zahlreiche Mätressen gehalten. Die Liste ist lang: Belistiche, die Ägypterin Didyme, Myrtion, Mnesis, Kleino und noch viele andere. Die bedeutendste war wohl Belistiche. Sie behauptete, von den Atriden in Argos abzustammen (was sicher nicht der Wahrheit entspricht). Als Makedonin war sie am Hof in Alexandrien hoch angesehen. Man errichtete ihr einen Tempel nebst Kult unter dem Namen der Aphrodite Belistiche. Überhaupt scheint sie den Platz der 2. Arsinoe eingenommen zu haben, im Jahre 268 trug ihr Zweigespann in Olympia den Sieg davon, ein Ereignis, das in Griechenland und in Ägypten hoch gefeiert worden ist. Kleino aber wagte es, sich mit dem Attribut des Füllhorns der Fruchtbarkeit abzubilden, sicherlich nicht ohne Zustimmung ihres königlichen Freundes. Einige von diesen Favoritinnen verfügten in Alexandrien über reichgeschmückte Häuser, woran aber niemand Anstoß genommen hat. Von Ptolemaios II. heißt es, daß die Freuden der Liebe in seinem Leben eine große Rolle gespielt hätten, und moderne Historiker wie A. Bouché-Leclercq sprechen sogar von einem königlichen Harem in Alexandrien. Dies mag übertrieben sein – auf jeden Fall aber bildet der Tod seiner Schwestergemahlin im Jahre 270 einen Einschnitt in seinem Leben, der König ließ nun alle Rücksichten familiärer Art fallen und widmete sich seinen privaten Neigungen, vor allem den Frauen. Von einer Beeinträchtigung seiner Leistung als Herrscher wissen die antiken Quellen nichts zu berichten, anderseits hat auch keine einzige seiner Mätressen maßgebenden politischen Einfluß in Alexandrien gewonnen. Aber es ist immerhin bemerkenswert, daß sich dieser begabte Herrscher in der Hauptstadt in angenehmer Weise die Zeit vertrieb, während fernab von Alexandrien Heer und Flotte in mehreren Kriegen einen hohen Blutzoll zu entrichten hatten. Irgendwelche Kritik ist an dem König nicht geübt worden, er stand als Herrscher so hoch über den gewöhnlichen Sterblichen, daß er wegen seines Privatlebens niemals getadelt worden ist. Und man darf wohl annehmen, daß der Staatsapparat ohne jede Störung gearbeitet hat, dank der hohen Funktionäre, an deren Spitze noch einmal der Dioiketes Apollonios zu nennen ist. Er hat den 2. Ptolemäer bis an das Ende seiner Regierungszeit begleitet, unter seinem Nachfolger, Ptolemaios III., verschwindet Apollonios aus der Geschichte; niemand weiß, was aus ihm geworden ist. Wahrscheinlich hat ihn der junge König in die Wüste geschickt, weil er sich mit jüngeren Ratgebern umgeben wollte.

Die Regierung des 2. Ptolemäers ist, alles in allem, ein Höhepunkt der

Ptolemäergeschichte. Das Reich, nach innen und außen gefestigt, hatte bedeutende Belastungsproben überstanden, in Ägypten selbst lebten die Fremden und die Einheimischen für sich, aber es gab keine nennenswerten Zwistigkeiten, und die Zeit der Eingeborenenaufstände sollte erst noch kommen. Der Herrscher selbst, eine Verkörperung der Intelligenz und des *savoir vivre*, ist mit Recht als eine glänzende Gestalt in die Geschichte eingegangen. Sein Andenken blieb in Ägypten viele Jahrhunderte lebendig, vor allem auch durch das Museion, mit dem ein neues Zeitalter der antiken Wissenschaft beginnt.

Literatur

A. Bouché-Leclercq, Histoire des Lagides (Paris 1903, Neudr. Brüssel 1963) S. 141ff.; W. W. Tarn, Ptolemy II, Journal of Egyptian Archaeology 14 (1928) S. 246–260; H. Volkmann, RE XXIII (1959) Sp. 1645–1666 s. v. Ptolemaios Philadelphos; M. Rostovtzeff, Die hellenistische Welt. Gesellschaft und Wirtschaft (Tübingen 1955) I S. 207ff.; Gabriella Longega, Arsinoe II, Rom 1968 [dazu L. Robert, REGr. 1969, Bull. épigr. Nr. 85]; H. Bengtson, Griech. Geschichte, 4. Aufl. (1969) S. 399ff.

Anmerkungen

1. Nach H. Heinen, Untersuchungen z. hellenist. Gesch. des 3. Jh. v. Chr. (1972) S. 7ff., ist nicht Ptolemaios Keraunos, sondern Ptolemaios, der älteste Sohn des Lysimachos und der Arsinoe II., der Mörder gewesen. Man muß zugeben, daß sich hierfür einige Gründe anführen lassen.
2. H. W. Ritter, Diadem und Königsherrschaft (München 1965) S. 114ff.
3. H. v. Prott, Rhein. Museum 53 (1898) S. 460ff.
4. W. Otto und H. Bengtson, Zur Gesch. des Niederganges des Ptolemäerreiches (1938) S. 194ff.
5. P. Cairo Zenon 59247,2 vom Jahre 252 v. Chr. Vgl. hierzu H. Kortenbeutel, Der ägyptische Süd- und Osthandel in der Politik der Ptolemäer und der röm. Kaiser, Diss. Berlin 1931, S. 19ff.
6. H. Heinen, Untersuchungen zur hellenist. Gesch. (1972) S. 209.
7. H. Bengtson, Die Inschriften von Labranda u. die Politik des Antigonos Doson, SB München 1971, Heft 3, S. 12.
8. W.Otto, Beitr. z. Seleukidengesch. (1928) S. 43ff., auf Grund eines Papyrus aus dem Zenon-Archiv im Britischen Museum. [Anders T. C. Skeat, zu P. London Zenon Nr. 1973.]
9. Sie ist nicht mit Berenike, der Tochter des 2. Ptolemäers, zu verwechseln.
10. Hieronymus, In Danielem XI 5 = FgrHist 260,42 (Porphyrios).
11. Siehe etwa P. Columbia Zenon 54.
12. P. Amherst II 33.
13. Siehe W. Peremans, Bibliothek en bibliothecarissen te Alexandrië, Scrinium Lovaniense. Mél. historiques Étienne van Cauwenbergh (Louvain 1961), S. 79ff.

6

Antigonos Gonatas

* 319, † 239 v. Chr.

Die Gestalt des Makedonenkönigs Antigonos Gonatas[1] ist wiederholt Gegenstand historischer Darstellungen gewesen. Insbesondere verdankt die Forschung dem Briten *William Woodthorpe Tarn* ein Buch über den König, das sicherlich zu den bedeutendsten wissenschaftlichen Leistungen in der Geschichte des Hellenismus überhaupt zu zählen ist[2]. Tarn ist es hervorragend gelungen, die Welt des Antigonos zu neuem Leben zu erwecken. Der britische Historiker hat sich vor allem darum bemüht, den geistigen Ursprüngen des Königs nachzuspüren und seine Welt- und Lebensanschauung auf der Grundlage der stoischen Philosophie darzustellen. Das Ergebnis ist ein überzeugendes Charakterbild eines Königs, der sicher zu den bedeutendsten Männern des hellenistischen Zeitalters zu zählen ist. Die Leistung Tarns ist umso bemerkenswerter, weil die sehr fragmentarischen Quellen nur wenig sicher bezeugte Einzelheiten über das Leben und die Taten des Antigonos darbieten. In diesem Punkt liegt auch eine gewisse Schwäche des Werks, das, so wie es ist, nur von einem Forscher geschrieben werden konnte, der nicht nur ein bedeutender Historiker, sondern zugleich auch ein Romancier gewesen ist. Und schließlich war der Historiker W. W. Tarn dem König Antigonos in mancher Hinsicht geistig nahe verwandt, beide zeichnen sich aus durch eine gesunde konstruktive Nüchternheit, die ihren Leistungen zugrunde liegt.

Das Leben des Antigonos Gonatas umfaßt volle achtzig Jahre, von 319 bis 239 v. Chr. Als Antigonos ein Kind war, stritten sich die Diadochen um das Alexanderreich. Er hatte die Vierzig überschritten, als er auf den Thron in Makedonien gelangte, und er war achtzig, als er aus dieser Welt abberufen wurde. In seinem Leben, den Höhen und Tiefen, spiegelt sich die Geschichte der Diadochen und Epigonen wider: der Zerfall des Alexanderreiches, die Bildung der hellenistischen Territorialreiche und ihre Konsolidierung, für die Antigonos in Makedonien einen ganz hervorragenden Beitrag geleistet hat.

Geboren im Jahr 319 (auch das Jahr 320 ist nicht ganz auszuschließen), war er der Enkel des Antigonos Monophthalmos, der sich in jener Zeit bemühte, seine Herrschaft in Vorderasien aufzurichten. Die Eltern waren ein sehr ungleiches Paar: Während der Vater, Demetrios, später als Poliorketes in die Geschichte eingegangen, erst 17 oder höchstens 18 Jahre zählte, hatte die Mutter, Phila, eine Tochter des Reichsverwesers Antipater, bereits die Dreißig überschritten (sie war um 350 oder sogar noch früher geboren). Es war die Politik gewesen, welche die beiden in mancher Hinsicht sehr unähnlichen Menschen zusammengeführt hatte. Und durch die Schuld des Demetrios war die Ehe nicht glücklich (s. o. S. 65).

Phila war eine hochintelligente Frau, sie interessierte sich lebhaft für politische Probleme, die sie mit ihrem Vater Antipater diskutiert haben soll. Sie war immer hilfsbereit, und sie hat sich nach Kräften bemüht, das Los unglücklicher Menschen zu lindern. Zu seinem Unglück hat sich Demetrios von seiner Gattin wenig beeinflussen lassen, die beiden Menschen waren, nicht nur im Alter, sondern auch im Charakter, sehr verschieden, und Demetrios war nicht imstande, die Gaben des Herzens der Phila zu würdigen. Der Sohn, Antigonos Gonatas, hat jedoch deutlich unter dem Einfluß der Mutter gestanden. So finden sich die besten Eigenschaften der Mutter, vor allem die politische Klugheit und die Beständigkeit des Charakters, auch in der Person des Antigonos wieder. Und dieser hat das Glück gehabt, daß ihm der Rat seiner Mutter bis über sein 30. Jahr hinaus zur Verfügung gestanden hat. Den Aufstieg des Sohnes hat sie jedoch nicht mehr erleben dürfen. Als sie – durch Selbstmord – endete (wohl im Jahre 287), war sie eine Königin ohne Land, ohne Hoffnung auf eine bessere Zukunft, und dies umso weniger, als sie wohl schon die Sechzig überschritten hatte.

Auch das Los ihrer Schwestern war nicht viel glücklicher. Eurydike, die Gattin des 1. Ptolemäers, wurde durch Berenike, ihre „Hofdame", von der ersten Stelle verdrängt, Berenikes Sohn, Ptolemaios II., hat nach dem Tode seines Vaters den Thron in Alexandrien bestiegen. Nikaia, die andere Schwester, heiratete zuerst Perdikkas, dann Lysimachos. Von ihren Kindern wurde Agathokles ermordet, Arsinoe I. als Königin von Ägypten beiseitegeschoben, indem sich Arsinoe II. an ihre Stelle setzte (s. o. S. 116). Auch unter den Verwandten und Kindern der Töchter Antipaters gibt es tragische Schicksale, einige wurden ermordet, andere verbannt, und einer von ihnen, Ptolemaios Keraunos, der Sohn der Eurydike, befleckte seinen Namen für immer mit der Ermordung des Seleukos I.

Als Antigonos Gonatas 13 Jahre zählte, schmückten sich Großvater und Vater mit dem Königstitel. Man schrieb das Jahr 306. Das Alexanderreich war nur noch eine Fiktion, da auch die anderen Diadochen den Königstitel annahmen. In der Schlacht bei Ipsos (301) fiel der Großvater Antigonos, der Vater führte von nun an viele Jahre das Leben eines Königs ohne ein Reich. Für Phila gab es am Hof des Demetrios keinen Platz mehr, seitdem Deidameia ihre Stelle eingenommen hatte, aber Philas Rolle war noch nicht ausgespielt. Auf den Wunsch des Gatten führte sie die Tochter Stratonike nach Kleinasien, um sie dem Seleukos I. in die Ehe zu geben. Als ihre Rivalin Deidameia im Jahre 298 verstarb, da konnte sich Antigonos Gonatas als der rechtmäßige Nachfolger betrachten, da andere Söhne des Demetrios nicht existierten. Aber natürlich wußte niemand, was die Zukunft bringen würde. Doch die Ereignisse in Makedonien, der Tod des Kassander, des Bruders der Phila, und der Streit um die Nachfolge rissen Demetrios noch einmal nach oben. Im Jahre 294 wurde er zum König der Makedonen ausgerufen; sieben Jahre, bis 287, dauerte seine Herrschaft.

In den Jahren zwischen 306 und 301 hatte Antigonos Gonatas Gelegenheit, sich die Grundlagen seiner weitgespannten Bildung zu verschaffen. Er lebte bald in Athen, bald in Eretria auf Euböa. Dieses aber war ein kleines Provinznest mit einer großen historischen Vergangenheit. Neben Chalkis, das damals eine makedonische Besatzung beherbergte, gehörte Eretria zu den Zentren der hellenistischen Kultur, und zwar vor allem durch die Person des Menedemos. Dieser Mann, ein Philosoph und Erzieher der Jugend, war nicht nur in der Kleinstadt hoch angesehen, er gehörte auch der Behörde der Probulen an, die über die Finanzen und die auswärtigen Beziehungen der Stadt zu wachen hatte. Für seine Vaterstadt Eretria hat Menedemos in späterer Zeit mehrere Gesandtschafen übernommen, man schickte ihn zu Ptolemaios, Lysimachos und Demetrios, zu diesem sogar zweimal, und es besteht kein Zweifel, daß er sich dieser Aufgaben mit Glück und Geschick entledigt hat. Menedemos fühlte sich als Philosoph, sein Vorbild war anscheinend Sokrates, ebenso wie dieser hat er keine Schriften der Nachwelt hinterlassen. Um Menedemos sammelte sich in Eretria ein Kreis von Dichtern und Philosophen, von denen Aratos von Soloi, der Verfasser der ‚Phainomena', später der berühmteste war, aber auch Lykophron, der Dichter der „Alexandra", die heute noch den Philologen so manche Rätsel aufgibt, zählte zu dem Freundeskreis. Menedemos, der wohl um 340 v. Chr. geboren war[3], war dem Prinzen Antigonos um etwa zwei Jahrzehnte voraus, seine Schüler hingen mit großer Verehrung an ihm. Antigonos habe Menedemos geliebt und ihn seinen Lehrer genannt, liest man in der Vita des Menedemos von Diogenes Laertios (L 2,141). Bei Menedemos fand Antigonos, was er suchte, Einfachheit, Klarheit und vor allem Wahrheit, für die sich Menedemos als Politiker und Philosoph rückhaltlos eingesetzt hat. In der Person des Menedemos vereinigten sich die Vorzüge eines Mannes, der die *vita activa* des Politikers mit der *vita contemplativa* des Philosophen ausgezeichnet zu verbinden vermochte. In dieser Grundeinstellung zum Leben befand sich Antigonos in Übereinstimmung mit seinem Lehrer. Auch er hat als König versucht, philosophische Grundsätze zur Richtschnur seines Handelns zu nehmen. Mit Recht hat man gesagt,[4] daß Antigonos in Menedemos einen

Charakter gefunden habe, der fundamental von dem seines leiblichen Vaters verschieden gewesen sei. Ein junger Mensch braucht ein Vorbild, Demetrios konnte es ihm nicht geben, wohl aber Menedemos.

Ein ganz anderer Wind als in Eretria wehte dagegen in Athen. Diese Stadt hatte sich in die Arme des Antigonos Monophthalmos und des Demetrios geworfen (307 v. Chr.), der makedonische Machthaber Kassander hat zwar versucht, die Stadt zurückzugewinnen. Es kam zu einem vierjährigen Krieg (307–304), der aber an den politischen Verhältnissen in Athen und Attika nichts geändert hat. Athen aber war am Ende des 4. Jahrhunderts immer noch ein Mittelpunkt des hellenischen Geisteslebens, hier blühten die Philosophenschulen, die Akademie und der Peripatos, und neben ihnen hatten sich die Schule des Epikur, genannt der „Garten" (Kepos), und die des Zenon von Kition, genannt die „Halle" (Stoa), in Athen angesiedelt. Jeder bildungsfähige junge Mann mußte von dem geistigen Reichtum, den Athen zu bieten hatte, beeindruckt werden, und es blieb nur die Frage, an welcher Quelle er trinken sollte. Antigonos entschied sich für Zenon, dessen rigorose Pflichtauffassung seinen Neigungen entgegenkam. Womöglich noch mehr imponierte ihm die Lebensführung des Mannes aus dem cyprischen Kition, der bescheiden und anspruchslos inmitten einer Stadt lebte, die ihm immer fremd geblieben war. Doch gerade dies erklärt den großen Zulauf, den Zenon in Athen gefunden hat. Leben und Lehre befanden sich bei Zenon in vollkommener Übereinstimmung. Wenn Antigonos ihm Geschenke überreichen ließ, so bedankte sich Zenon zwar für die guten Gaben, aber er machte kein Wesens aus ihnen, er betrachtete sie vielmehr als gleichgültige (indifferente) Dinge. Es lohne sich nicht, so meinte Zenon, hierüber Freude oder Schmerz zu äußern. Gegenüber dem Prinzen wahrte Zenon seine volle Integrität und Unabhängigkeit; so soll er ihn eines Tages wegen Trunkenheit getadelt haben. Wenn er, als Antigonos schon König war, gebeten wurde, an diesen eine Bittschrift zu befördern, so soll er sich standhaft geweigert haben, obwohl oder gerade weil er wußte, daß die Bitte vom König ohne weiteres bewilligt werden würde. Aber die Verwandtschaft der beiden Seelen ist wohl noch auf einer anderen Ebene zu suchen. Zenon, der Stoiker, lehrte, daß es für den Weisen kein Vaterland gebe, auch die Polis mit ihren Institutionen, mit der Volksversammlung, der Bulé und den Gerichten, lehnte er ab, das Vaterland des Weisen sei die Welt, und alle Menschen seien ihre Bürger. Mit dieser Auffassung stand Zenon in diametralem Gegensatz zur Lehre Platons und auch des Aristoteles, für welche die Polis das Höchste gewesen war. Konsequenterweise hat sich Zenon am politischen Leben seiner Zeit nicht beteiligt; ihm erschien es wichtiger, den Menschen unabhängig von äußeren Einflüssen zu machen, die Unerschütterlichkeit *(ataraxia)* der Seele war für ihn das höchste Ziel. Antigonos, der ihn hochschätzte, hat, wie es scheint, viel von ihm gelernt. Sie waren ein seltsames Paar: der Mann aus Kition auf Cypern, vielleicht semitischer Abstammung, und der Sohn des Demetrios Poliorketes, dem in seiner Jugend eine ruhmvolle Laufbahn vorgezeichnet war. Antigonos aber hat die Lehre Zenons nicht vergessen; insbesondere das rigorose Pflichtgefühl, das ihm eigen war, ist ein stoisches Erbe. Und wenn Antigonos später die Königsherrschaft als einen „ruhmvollen Dienst" bezeichnet hat, so entspricht dies der stoischen Lehre. In seinem ganzen Leben, das reich an Wechselfällen gewesen ist, wird immer wieder die stoische Grundlage sichtbar.

Aber erst im Jahre 287, im Alter von 32 Jahren, hat Antigonos die politische Bühne betreten. Sein Vater stand mitten in den Vorbereitungen zu einer großangelegten Expedition nach Kleinasien; sie konnte jedoch nicht mehr durchgeführt werden, weil die Nachbarn Makedoniens, Lysimachos, der König von Thrakien, und Pyrrhos, der König der Molosser, vom Osten und Westen her in das Land einfielen und Demetrios verdrängten. Dem Antigonos hatte der Vater die Sorge für die griechischen Besitzungen übertragen, er sollte sich um die Festungen, die makedonischen Besatzungen und um die Freunde in Hellas kümmern. Antigonos war um diese Aufgabe nicht zu beneiden, und als sein Vater Demetrios im Jahre 286 in die Gefangenschaft des Seleukos geraten war, wurde seine Position in Griechenland noch schwieriger. Hatte es für ihn überhaupt noch einen Sinn, in Hellas auszuharren, nachdem Makedonien, wie es schien, unwiderruflich verloren gegangen war? In hochherziger Weise hatte sich Antigonos dem Seleukos als Geisel für seinen Vater angeboten. Seleukos hatte dies abgelehnt, denn es lag keineswegs im Interesse des Seleukos und auch der anderen Diadochen, Demetrios freizulassen. Demetrios selbst erkannte die Lage besser: er übermittelte seinen Befehlshabern in Griechenland die Botschaft, sie möchten ihn von nun an als tot betrachten. In diesem Sendbrief (s. o. S. 84) wird man praktisch die Abdankung des Demetrios sehen müssen. Denn was von seinen Besitzungen in Hellas noch übrig war, das konnte Antigonos regieren. Aber Antigonos war von Makedonien abgeschnitten, und erst nach den großen weltpolitischen Veränderungen, welche die Schlacht bei Kurupedion, der Tod des Lysimachos und die Ermordung des Seleukos – alles Ereignisse des Jahres 281 – mit sich gebracht hatten, durfte er sich wieder Hoffnungen auf die makedonische Krone machen. Aber Makedonien war nicht ohne einen Herrscher. Ptolemaios Keraunos hatte sich dort soeben als König etabliert. Die Verhältnisse des Landes waren allerdings wenig gefestigt. Pyrrhos war zwar als Prätendent ausgeschieden, er war dem Hilferuf der Stadt Tarent nach Italien gefolgt (s. o. S. 97), Ptolemaios Keraunos hatte ihm für seine italische Expedition Truppen zur Verfügung gestellt. (Diese Truppen fehlten, als von Norden her das Volk der Kelten sich den Grenzen Makedoniens näherte.)

Und wie stand es in Griechenland? Athen hatte bereits nach der Schlacht bei Ipsos (301) seine Selbständigkeit wiedererlangt, alle Versuche des Antigonos, die Stadt zurückzugewinnen, waren ohne Erfolg geblieben. Nicht anders stand es mit Sparta. Denn die Bemerkung des Eusebius zum Jahre 284/3 oder 283/2: Antigonus cognomento Gonatas Lacedaemonem obtinuit, d. h. Antigonos habe die Spartaner in seine Gewalt gebracht, ist ein offensichtliches Versehen (vielleicht liegt hier eine Verwechslung mit Antigonos Doson vor). Die Feste Akrokorinth, dazu Chalkis auf Euböa und Demetrias in Thessalien wurden von Besatzungen des Antigonos gehalten. Außerdem gab es in der Peloponnesos einige Tyrannen, die an der Freundschaft mit ihm unentwegt festhielten. Schwer ins Gewicht fiel dagegen der Verlust des wichtigen Piräus, er war durch den Athener Olympiodoros von makedonischer Besatzung befreit worden; das genaue Datum des Handstreichs ist aber immer noch nicht ermittelt. Wahrscheinlich im Herbst des Jahres 281 hatte Antigonos zur See gegenüber Ptolemaios Keraunos den kürzeren gezogen. Auf der Seite des Gegners hatten sich die Schiffe aus Herakleia am Pontos ganz besonders ausgezeichnet[5]. Wenn es die Absicht des Antigonos gewesen war, seinem Rivalen in Makedonien zuvorzukommen, so mußte dieser Versuch als gescheitert betrachtet werden. Antigonos hatte sich weiter mit Geduld zu wappnen, die mageren Jahre waren immer noch nicht zu Ende.

Den Tiefpunkt im Leben des Antigonos bildet wohl das Jahr 279. Die Hoffnungen auf die makedonische Krone waren geschwunden, in seinen griechischen Besitzungen regten sich Freiheitsbestrebungen, es schien schwierig, sie noch länger zu unterdrücken. Da aber traten die Kelten auf den Plan. Schon zu Lebzeiten Alexanders d. Gr. waren sie an der unteren Donau zu finden, jetzt aber schlugen sie den Weg nach dem Süden ein, ihr Ziel war es, nach den jahrelangen Wanderungen eine neue Heimat zu gewinnen. Den ersten Stoß bekam Makedonien zu spüren. Ptolemaios Keraunos trat ihnen in offener Feldschlacht entgegen, nachdem er ihre Forderungen höhnisch zurückgewiesen hatte. Er fühlte sich an der Spitze des kampferprobten makedonischen Heeres den nordischen Barbaren weit überlegen, aber seinen Übermut – er soll sogar ein Hilfsangebot des Königs der Dardaner hochfahrend zurückgewiesen haben – mußte er teuer bezahlen. Sein Ende hat der gewalttätige König der Makedonen selbst heraufbeschworen: Angeblich soll der Elefant, auf dem Ptolemaios Keraunos saß, verwundet worden sein, der König sei in Gefangenschaft geraten, worauf man ihm das Haupt abgeschlagen habe.

Diese Keltenschlacht fällt wohl in die ersten Monate des Jahres 279. Makedonien hatte seinen König verloren, das Land sah sich den schlimmsten Verheerungen durch die Kelten ausgesetzt, nur die festen Städte boten den Bewohnern Schutz vor den umherschweifenden Barbaren. In Makedonien war Not am Mann, ein König folgte auf den anderen, zuerst der Bruder des Ptolemaios Keraunos mit Namen Meleagros, der aber bald wegen Unfähigkeit wieder abgesetzt wurde, ihm folgte Antipater, ein Neffe Kassanders, er regierte nur 45 Tage und verschwand ebenso schnell, wie er gekommen war (später findet man ihn am Hof von Alexandrien wieder), er wurde Antipater Etesias genannt, d. h. der ‚König Passatwind' (bekanntlich wehen die Passatwinde nur eine kurze Zeit im griechischen Raum). Der nächste in der Reihe war ein gewisser Sosthenes; dieser weigerte sich, den Königstitel anzunehmen, er herrschte mit dem Titel eines Strategen als „Reichsfeldherr", wurde aber von dem Kelten Brennus vollständig geschlagen. Für die Kelten war er danach kein Gegner mehr, sie drangen durch Thessalien unter beträchtlichen Plünderungen bis zu den Thermopylen vor und versetzten die Griechen in Schrecken, aber die tapferen Ätoler traten ihnen mit Heeresmacht entgegen und bewährten ihren alten kriegerischen Ruhm auch gegen die nordischen Eindringlinge.

Antigonos hatte sich an der Abwehr der Kelten nicht beteiligt; er hatte andere Sorgen, denn gerade in das Jahr 279 fällt seine Auseinandersetzung mit dem Sohn des Seleukos I., dem König Antiochos I. (281–261). Denn auch Antiochos I. hatte Absichten auf den makedonischen Thron. Zu diesem Zweck hatte er ein Bündnis mit Apollodor, dem Tyrannen von Kassandreia, geschlossen. Mit Antigonos verbündet aber waren Nikomedes I., der König von Bithynien, und die Nordische Liga, der die großen Seestädte Byzantion und Herakleia am Pontos angehörten. Die kriegerische Auseinandersetzung zwischen Antigonos und Antiochos I. scheint aber nicht lange gedauert zu haben; es kam zu einem Friedensschluß, in dem Antiochos I. (wahrscheinlich) auf Makedonien, Antigonos dagegen auf Kleinasien (als Erbe seines Vaters und Großvaters) verzichtete. Die weiteren Ziele des Antigonos waren damit klar abgesteckt: es ging nun nur noch um Makedonien. Die Frage, ob Antigonos ein Recht auf die Krone dieses Landes besaß, ist offenbar nicht gestellt worden. Sein Vater Demetrios hatte sich jedenfalls gegen alles göttliche und menschliche Recht in den Besitz der Krone des Landes gesetzt, nachdem er vorher einen Sohn Kassanders aus dem Wege geräumt hatte (s. o. S. 79). Antigonos, immerhin schon vierzig Jahre alt, aber noch unverheiratet, hielt es für vorteilhaft, die Verbindung mit Antiochos I. durch eine politische Heirat zu festigen. Es ging hier um die Schwester Antiochos' I. mit Namen Phila, die Tochter des Seleukos I. und der Stratonike. Antigonos und Phila wurden ein

Paar, doch hat die Hochzeit offenbar erst im Jahre 276 stattgefunden[6], d. h. zu einem Zeitpunkt, an dem Antigonos bereits im Besitz der makedonischen Königsherrschaft war.

Im Jahre 278 konnte von einer Beseitigung der Keltengefahr noch nicht die Rede sein. Denn in diesem Jahr hat eine große Schar den Hellespont überschritten, die Kelten waren von Nikomedes I., dem König von Bithynien, zu Hilfe gerufen worden, der Monarch brauchte sie für seinen Kampf gegen Antiochos I. In Anatolien wurden die Kelten zum Schrecken der Griechenstädte, bis es dem Antiochos I. gelang, sie aufs Haupt zu schlagen (in der sog. Elefantenschlacht) und sie in Zentralanatolien, wahrscheinlich zwangsweise, anzusiedeln. Sie nannten sich nun die „Galater", die Landschaft hieß Galatien. Hier entfalteten sie eine eigene Zivilisation, die sich von der altanatolischen und griechischen deutlich abhob. Sie waren als Söldner sehr begehrt und fortan in allen hellenistischen Heeren zu finden.

Ein anderer Haufen der Kelten stieß durch Thrakien in die Halbinsel Gallipoli vor, in die sog. thrakische Chersonesos. Das Ziel waren die Griechenstädte, die sich nur mit Mühe des Ansturms der Kelten erwehren konnten. Hier aber erlitten die Kelten einen großen Mißerfolg. In der Nähe der Stadt Lysimacheia wurden sie von Antigonos gestellt und im Kampf aufgerieben. Die Kelten sollen 18000 Mann stark gewesen sein. Man wußte zu erzählen, daß Antigonos eine Kriegslist gegen die Kelten angewandt hatte. Als keltische Unterhändler am Tag vor der Schlacht das Lager des Antigonos aufsuchten, lud er sie nicht nur zu einem Festmahl ein, er zeigte ihnen auch alles, was sie zu sehen wünschten. Nach ihrem Weggang aber ließ er das Lager räumen, so daß es von den Kelten am nächsten Tag leer vorgefunden wurde. Mitten im Lager wurden sie von den Soldaten des Antigonos überfallen und völlig zugrunde gerichtet. Ob diese Geschichte wahr ist oder nicht – sie zeigt die Überlegenheit des Antigonos in hellstem Licht. Die Griechenstädte aber feierten den Sieg des Antigonos bei Lysimacheia (277 v. Chr.) mit Freudenkundgebungen. Denn zum ersten Mal waren die nordischen Barbaren einer griechischen Streitmacht unterlegen. Antigonos galt als der Befreier aus der Keltennot. Griechen und Makedonen konnten wieder aufatmen, nachdem sie jahrelang unter dem Schrecken der Kelten gestanden hatten. Diese aber nahmen von weiteren Raubzügen Abstand, sie ließen sich im Inneren Thrakiens nieder. Hier existierte von nun an bis zum Ende des 3. Jahrhunderts v. Chr. das Keltenreich von Tylis, ein unbequemer Nachbar der pontischen Griechenstädte, aber die Ruhe in Makedonien und Hellas ist von den Barbaren nicht mehr gestört worden. Menedemos aber beantragte in Eretria eine Dankadresse für Antigonos (Diog. Laert. II 142). In der Adresse wird dem Antigonos bereits der Königstitel beigelegt, und es wird gesagt, daß er nach einem Sieg über die Barbaren in seine Heimat zurückgekehrt sei. Überhaupt ist der Wortlaut in mancher Hinsicht bemerkenswert. So wird der Aufenthalt des Antigonos außerhalb Makedoniens gewissermaßen als ein Exil betrachtet. Menedemos war ein kluger Mann mit weitreichenden Verbindungen in der griechischen Welt. So wie er dachte, so dachten auch viele andere, und aus Antigonos, dem Zwingherrn der Griechen, war nun der Befreier vom Keltenschrecken geworden.

Mit dem Dekret von Eretria wurde den Ereignissen vorgegriffen, denn auch nach Lysimacheia war Antigonos nur *einer* unter mehreren Prätendenten, die sich Hoffnungen auf den makedonischen Thron gemacht haben. Da war zum Beispiel ein Mann namens Arrhidaios, der sich für einen Sohn des unglücklichen Königs Philipp III. Arrhidaios ausgab (nach einer anderen Version hieß der Prätendent nicht Arrhidaios, sondern Alexander), und da war auch noch Ptolemaios, der Sohn des Lysimachos und der Arsinoe II., und schließlich gab es noch den Tyrannen Apollodor von Kassandreia, einen griechischen oder – wahrscheinlicher – einen makedonischen Söldnerführer, von dem die Geschichte unglaubliche Grausamkeiten zu berichten weiß; offenbar hatte er sich die bösen sizilischen Tyrannen zum Vorbild genommen. Aber als der Seleukide Antiochos I. die Hand von ihm abzog, war Apollodor verloren. Zwar konnte Antigonos die festen Mauern Kassandreias nicht bezwingen, er hatte aber einen Freund, Ameinias, einen Piratenhäuptling, der die Besatzung der Stadt in Sicherheit wiegte (offensichtlich hatte Ameinias zur Verproviantierung der Festung beigetragen) und dann die Mauern mit stürmender Hand in seinen Besitz brachte. So kam Kassandreia in die Gewalt des Antigonos. Dieser hatte offenbar weder Geld noch gute Worte gespart, um die Piraten auf seine Seite herüberzuziehen. Die Eroberung Kassandreias war ein Markstein im Leben des Antigonos. Von nun an betrachtete er sich als König der Makedonen (man wird annehmen müssen, daß er sich von der makedonischen Heeresversammlung akklamieren ließ), man schrieb das Jahr 276, die makedonische Anarchie war zu Ende. Auch Thessalien wurde zurückgewonnen, der König Dropion von Päonien erkannte wieder die Oberhoheit des makedonischen Herrschers an.

Aber eine Schwierigkeit war noch nicht gelöst: die Auseinandersetzung mit seinem Nachbarn, dem König Pyrrhos von Epirus. Einen Hilferuf des Pyrrhos, ihm weitere Verstärkungen nach Italien zu schicken, hatte Antigonos ignoriert, und als Pyrrhos sich im Jahr 275 von Tarent aus nach Epirus zurückbegeben hatte, da kühlte er seine Rache durch einen Einfall in die westlichen Landschaften Makedoniens. Er hatte beträchtliche Erfolge. Nicht weniger als 2000 Soldaten des Antigonos wechselten auf die Seite des Pyrrhos über, von dessen Namen immer noch eine große Anziehungskraft ausging. Und als Pyrrhos das Heer des Antigonos durch einen Überfall in Verwirrung und Unordnung stürzte, da mußte Antigonos den ungleichen Kampf abbrechen. Er floh mit nur wenigen Getreuen nach Thessalonike, Obermakedonien war dem Pyrrhos preisgegeben. Aber dessen keltische Söldner zeigten so wenig Disziplin, daß sie selbst vor der Plünderung der makedonischen Königsgräber in Aigai nicht zurückschreckten. Auch in Thessalien war die Herrschaft des Antigonos zusammengebrochen, hier regierte Pyrrhos ganz unangefochten, Antigonos dagegen konnte nur Niedermakedonien und die Küstenstädte behaupten, seine Lage war hoffnungslos, und als er dann noch im Jahr 273 durch Ptolemaios, den Sohn des Pyrrhos, eine Niederlage hinnehmen mußte, da schien das Ende nahe. Aber Pyrrhos, der König, wollte es anders. Er ließ Antigonos unbehelligt und wandte sich neuen Zielen in Griechenland zu, wo er in der Peloponnesos entscheidende Vorteile zu erringen hoffte. Durch das griechische Unternehmen erhielt Antigonos eine sehr notwendige Atempause, schon zu Beginn des Jahres 272 scheint er die Kontrolle über Makedonien und Thessalien wiedererlangt zu haben. Für die weitere Entwicklung war der Entschluß des Antigonos entscheidend, nicht das Kommen des Pyrrhos abzuwarten, sondern den Krieg in offensiver Weise zu führen, indem er nach Korinth vorrückte, wodurch Pyrrhos zwischen Sparta und Antigonos gewissermaßen in die Zange geriet. Bei den Straßenkämpfen in Argos entstand in der Nacht eine heillose Verwirrung, in der Pyrrhos, der Sieger in vielen Schlachten, kläglich zugrunde ging (272 v.Chr., s. S. 106). Zweifellos gehört der Tod des Pyrrhos zu den großen Wendepunkten im Leben des Antigonos. Der Molosser hatte in Makedonien und Griechenland nichts als Unruhe gestiftet. Dauerndes hatte er jedoch auf der Balkanhalbinsel ebensowenig erreicht wie seinerzeit in Italien und auf Sizilien. Den toten Gegner hat Antigonos mit großem Respekt behandelt. Pyrrhos' Sohn Helenos erlaubte er die Rückkehr nach Epirus. Den Leichnam des Pyrrhos ließ er verbrennen und mit allen Ehren beisetzen, wahrscheinlich in Argos im Tempel der Demeter, die als Retterin der Stadt Argos in hohen Ehren stand. Das Verhalten des Antigonos hat ihm auch die Herzen seiner früheren Gegner gewonnen.

Antigonos sah sich nach dem Tod des Pyrrhos vor die Frage gestellt, was er in Hellas behaupten und was er aufgeben sollte. Denn die Kräfte seines Landes, die Menschen ebenso wie die Finanzen, reichten nicht aus, um ganz Griechenland von Thessalien bis zur Südspitze der Peloponnesos zu kontrollieren. Dieser Erkenntnis hat sich der makedonische König nicht verschlossen, anderseits durfte er aber das in Hellas Erreichte nicht ohne Not wieder aufs Spiel setzen. Antigonos entschied sich dafür, Korinth mit der als uneinnehmbar betrachteten Feste Akrokorinth als Zentrum seiner Herrschaft in Griechenland auszubauen, auf der Peloponnesos eine starke Position zu behaupten und für entsprechende Verbindungen der Besatzungen in Hellas mit Makedonien zu sorgen. In Korinth wurde ein Gouverneur eingesetzt. Es war dies Krateros, der Sohn des Krateros und der Phila, ein Stiefbruder des Antigonos, auf dessen Treue der König bauen konnte. In der Tat war Krateros das Muster eines getreuen Vasallen, er fühlte sich dem Antigonos eng verbunden, alle Befehle des Königs hat Krateros mit Pünktlichkeit ausgeführt. Er war Generalgouverneur der makedonischen Besitzungen in Griechenland. In der Peloponnesos hatte Antigonos die indirekte Form der Herrschaft bevorzugt. In Argos, aber auch in einigen anderen peloponnesischen Gemeinden, regierten Tyrannen, die sich auf die makedonische Partei in ihren Mauern stützten. Sie waren natürlich im Notfall auf die militärische Hilfe des Königs oder seines Statthalters angewiesen. Dies aber war vielleicht die schwächste Stelle im Herrschaftssystem des Antigonos. Es ist im übrigen bemerkenswert, daß der König, obwohl Stoiker und Schüler des Zenon, sich hier auf ein System stützen zu müssen glaubte, das keineswegs die Sympathien der Hellenen genoß. Aber Not kennt kein Gebot. Und im übrigen hat das System des Antigonos lange Jahrzehnte gut funktioniert. Beliebt ist die Herrschaft der Makedonen in Griechenland wohl zu keiner Zeit gewesen, weder unter Philipp II. noch unter Alexander und schon gar nicht unter Kassander, dem Oheim des Antigonos. Zwar gab es überall makedonische Parteigänger, aber diese befanden sich gegenüber den freiheitsliebenden Griechen eindeutig in der Minderheit, ihre Herrschaft beruhte auf den Spitzen der Lanzen des makedonischen Militärs.

Gegen die Herrschaft des Antigonos in Griechenland war das Bündnis gerichtet, das den *Chremonideischen Krieg* in Hellas ausgelöst hat (267–261?). Der Name kommt von dem attischen Politiker Chremonides, auf den der entscheidende attische Volksbeschluß zurückgeht. Athen, Sparta und das Ptolemäerreich unter Ptolemaios II. standen hier gegen den Makedonenkönig Antigonos (s. o. S. 124). Aber Antigonos erwies sich all seinen Gegnern als überlegen, in einer Feldschlacht fiel der spartanische König Areus (265/4), und Athen, das vergebens auf eine wirksame Hilfe des Ptolemäerreiches gehofft hatte, schloß zunächst einen Sonderfrieden mit Antigonos (wahrscheinlich im Herbst 262). Die Athener haben danach noch einmal den Kampf gegen Makedonien aufgenommen, aus welchen Gründen, ist unbekannt, genug, sie mußten, wahrscheinlich im Jahre 261, endgültig kapitulieren, worauf eine makedonische Besatzung ihren Einzug in die Burg auf dem Museionhügel hielt. Die attischen Archonten wurden abgesetzt, an ihre Stelle traten von Antigonos ausgewählte Funktionäre, vor allem aber ein makedonischer Gouverneur. Im übrigen waren es makedonische Offiziere, die in Athen die Ämter der Strategen und Hipparchen bekleideten, womit der Einfluß des Königs auf die Administration der Stadt gesichert war. Dies aber war das vorläufige Ende einer großen freien Stadt. Sie hatte zu sehr ihren Bundesgenossen, vor allem dem 2. Ptolemäer, vertraut und mußte nun für ihren politischen Irrtum büßen. Und was war mit dem Piräus, der Lebensader Athens? In dem allerdings nur sehr kurzen Auszug Philodems steht nichts vom Piräus. Aber der Hafen war so wichtig, daß man aus dem Schweigen der Überlieferung doch wohl den Schluß ziehen muß, daß sich der Piräus bei Kriegsende bereits in den Händen der Makedonen befunden hat[7]. Wenn dies zutrifft, so war Athen von nun an ganz auf die Gnade der Makedonen angewiesen. Ohne Zweifel gab es jetzt in Athen und in Attika eine makedonische Partei, die den König über alle wichtigen Dinge auf dem Laufenden hielt. Im übrigen sind aber ein paar Jahre später politische Erleichterungen für die Athener in Kraft getreten. Antigonos konnte es sich leisten, die Zügel nunmehr locker zu lassen. Der Schlußakt des Krieges war möglicherweise die Seeschlacht bei Kos, von der feststeht, daß Antigonos der Sieger gewesen ist. Ob sie aber in den Chremonideischen Krieg gehört, ist immer noch nicht geklärt. Wie dem auch sein mag – der Seesieg beweist, daß Makedonien keine reine Landmacht mehr gewesen ist. Antigonos konnte es wagen, den Ptolemäern, sei es im Chremonideischen Kriege, sei es erst im 2. syrischen Kriege, die Seeherrschaft auf der Ägäis streitig zu machen. Groß war der Eindruck der gewonnenen Seeschlacht in Athen. Dies zeigt eine Anekdote, die sich mit dem Verhalten des Philosophen Arkesilaos in Athen beschäftigt. Während nämlich alle anderen dem König Antigonos ihre Glückwünsche darbrachten, habe Arkesilaos als einziger geschwiegen und dadurch seine Trauer über das Ereignis zum Ausdruck gebracht[8].

Das Ende des Chremonideischen Krieges bezeichnet einen Höhepunkt in der Regierung des makedonischen Herrschers: Aber Ruhe und Sicherheit dauerten nicht lange, denn schon im Jahre 260 begann wieder ein Krieg, der 2. syrische, der zwischen Ptolemaios II. auf der einen Seite, dem Seleukiden Antiochos II. und Antigonos Gonatas und ihren Verbündeten auf der anderen Seite geführt worden ist. Und bei dieser Gelegenheit hat sich der Makedonenkönig in die Angelegenheiten Kyrenes eingemischt, sicherlich mit Zustimmung des Seleukidenherrschers. Demetrios der Schöne, der Stiefbruder des Antigonos, hatte jedoch kein Glück, er wurde auf Betreiben der Berenike, der späteren Gemahlin des 3. Ptolemäers, in Kyrene umgebracht, ein schwerer Schlag für die Parteigänger der Makedonen, die sich nunmehr aus Kyrene verdrängt sahen (s. S. 128). Hier hatte Antigonos auf die falsche Karte gesetzt, aber er korrigierte dies durch einen Sonderfrieden (wahrscheinlich im Jahr 255), den er mit dem 2. Ptolemäer abschloß. Aber gewonnen hatte Makedonien in dem 2. syrischen Kriege so gut wie nichts, nur die Seleukiden waren gestärkt aus dem Krieg hervorgegangen, vielleicht auch die Rhodier, denen eine Schwächung der ptolemäischen Seemacht nicht ungelegen kam. Da geschah in Griechenland etwas ganz Unerwartetes: Alexander, der Sohn des Krateros und sein Nachfolger als Vizekönig von Korinth, trennte sich von Antigonos. Wahrscheinlich ist er von außen her zu dem Abfall bestimmt worden. Wenn dies so ist, so käme hierfür nur die Hilfe des 2. Ptolemäers in Betracht. Aber darüber berichten die Quellen nichts, so daß man auf Vermutungen angewiesen ist. Jedenfalls hätte es Alexander kaum gewagt, sich gegen Antigonos zu stellen, wenn er nicht der Hilfe anderer sicher gewesen wäre. Für den König von Makedonien aber war dies ein äußerst schwerer Schlag: zuerst ein eklatanter Treubruch eines nahen Verwandten, auf den er gebaut hatte, und dann der Verlust Korinths und Euböas! Die makedonischen Bastionen in der Peloponnesos waren auf dem Landweg nicht mehr zu erreichen, die Tyrannen befanden sich in einer wenig beneidenswerten Lage, denn sie konnten auf eine Unterstützung durch Antigonos vorerst nicht rechnen. Leider ist die Chronologie hier nicht gesichert. Aber das Jahr 252 ist für den Abfall Alexanders immer noch der wahrscheinlichste Zeitpunkt. Ganz ausgeschlossen sind allerdings auch die frühen vierziger Jahre nicht.

Wie sollte sich Antigonos verhalten? Ein Zufall kam ihm sehr zu Hilfe. Im Jahre 245 starb Alexander, angeblich an Gift. Antigonos sah sofort seine Chance, er vermochte die Witwe namens Nikaia zu bestimmen, den makedonischen Thronerben Demetrios zu heiraten – es ist der spätere König Demetrios II., der von 239 bis 230 (oder 229) regiert hat. Durch diese Heirat fielen die Besitzungen in Mittelgriechenland wieder an die makedonische Krone zurück. Daß Nikaia ein paar Jahre älter war als Demetrios (sie war um 280 geboren, während Demetrios sicherlich nicht vor 275 das Licht der Welt erblickt hatte), diese Tatsache spielte keine Rolle. Nikaia war überdies eine sehr charaktervolle und energische Frau, denn als die Hochzeit mit großer Prachtentfaltung gefeiert worden war, war sie immer noch nicht bereit, die Schlüssel zur Festung Akrokorinth herauszugeben. Antigonos mußte einen günstigen Augenblick abwarten, um sich während des Aufenthalts der Nikaia im Theater Zugang zur Burg zu verschaffen. Damit aber war alles entschieden, denn die Insel Euböa, wichtig als Verbindungsstück zwischen Thessalien und der Peloponnesos, hatte Antigonos schon vorher zurückgewonnen. Für Demetrios war es die zweite Ehe, seine erste Frau war Stratonike, die Schwester des 2. Antiochos, gewesen; diese erste Heirat gehört wohl in die Zeit um 255, ob aber Stratonike zur Zeit der Eheschließung von Demetrios und Nikaia noch am Leben war, ist unbekannt. Überhaupt ist die Epoche zwischen 260 und 250 eine dunkle Zeit, sie weist so manches leere Blatt auf, und wenn nicht Inschriften, Papyri und Münzen neue Kunde bringen werden, so dürfte sich an diesem Zustand auch in Zukunft nur wenig ändern.

In schon vorgerückten Jahren hat Antigonos noch einen weiteren Krieg, den sog. 3. syrischen Krieg, gegen die Ptolemäer führen müssen, auch dieses Mal im Bunde mit den Seleukiden (246–241). Höhepunkt der kriegerischen Auseinandersetzung auf der Ägäis war die Seeschlacht bei Andros. In ihr hat Antigonos, in den Quellen als „alter Mann" *(géron)* bezeichnet, einen ganz entscheidenden Sieg über den Gegner davongetragen (wahrscheinlich im Jahre 245). Das Eingreifen des Antigonos in diesen Krieg erfolgte zu einer für ihn sehr günstigen Stunde: die Herrschaft des 3. Ptolemäers in Vorderasien war nach einer kurzen Dauer von wenigen Monaten zusammengebrochen. Es schien nun an der Zeit, die Ptolemäer, die sich eine Anzahl von Stützpunkten in Kleinasien und Thrakien angeeignet hatten, wieder in ihre Grenzen zurückzuweisen. Mit dem Seesieg bei Andros hatte Antigonos Gonatas einen ebenso bedeutenden Erfolg errungen wie mit der Zurückgewinnung Korinths. Wenn man bedenkt, daß Antigonos im Jahre 245 bereits 74 Jahre alt war, so wird man die Energie und Spannkraft seines Geistes und Körpers bewundern müssen. Er ist offenbar elastisch und entschlußfreudig geblieben, bis in sein hohes Alter.

Schon gegen Ende der fünfziger Jahre des 3. Jh. v. Chr. hatte sich in Griechenland eine Veränderung des politischen Klimas angekündigt. War Hellas vorher der Spielball der Interessen der hellenistischen Großmächte gewesen, vor allem als Zankapfel zwischen Lagiden und Antigoniden, so schaltete sich jetzt eine neue politische Kräftebildung in das Spiel der Politik ein: Es waren dies die griechischen Bundesstaaten der Ätoler und Achäer, die weite Teile Mittelgriechenlands und der Peloponnesos unter ihren Einfluß brachten. Sie rivalisierten insbesondere mit Makedonien. Die Ätoler hatten seit ihrem Sieg über die Kelten (279) in Hellas große Sympathien gewonnen, obwohl das ätolische Volk, angesiedelt am Rande der griechischen Welt, an der hellenischen Kultur nur geringen Anteil genommen hatte. Die Achäer aber fanden in *Aratos von Sikyon* einen bedeutenden Staatsmann und Führer, der für den politischen Aufstieg des Achäerbundes die Verantwortung trägt. Wer aber war dieser Aratos? Als Sohn des Kleinias im Jahre 271/0 in Sikyon geboren, in einer Familie aufgewachsen, die in entscheidendem Gegensatz zu den Tyrannen gestanden hat (Kleinias war als Opfer der Tyrannis umgekommen, als Aratos noch ein kleiner Knabe war), hat sich Aratos immer als Verfechter des Ideals der Bürgerfreiheit gefühlt. Dazu blickte er weit über die Mauern seiner

Heimatstadt hinaus. Um sie vom Tyrannen zu befreien, hatte er mit Ptolemaios II. und mit Antigonos Gonatas Fühlung aufgenommen, der erstere hatte ihm sogar eine beträchtliche Geldsumme zur Verfügung gestellt, mit der man die Ansprüche der Verbannten von Sikyon befriedigen konnte. Die entscheidende Wende ist der Anschluß Sikyons nach der Befreiung von der Tyrannis an den Achäischen Bund im Jahr 251. Der Bund war damals alles andere als eine machtvolle Organisation, er umfaßte vielmehr nur ein paar kleinere Städte in der nördlichen Peloponnesos. Aber die Augen der Bundesversammlung richteten sich auf Aratos, weil dieser nicht nur durch seine imponierende Gestalt, sondern auch durch sein gewinnendes Wesen und seine diplomatischen Fähigkeiten vor allen anderen Politikern hervorragte. So wurde er, zuerst im Jahre 245, dann im Jahre 243, im ganzen nicht weniger als sechzehnmal, zuletzt im Jahr 213, dem Jahr seines Todes, zum Strategen, d. h. zum ‚Präsidenten' des Achäischen Bundes, gewählt. Er hat diese Vereinigung viele Jahre lang geführt und mit ihr Höhen und Tiefen der Politik durchmessen. Da sich der Achäische Bund als selbständige Größe im Kräftespiel der Politik nicht zu behaupten vermochte, so blieb nur die Anlehnung an eine der Großmächte, an das Ptolemäerreich oder an Makedonien, übrig. Und in der Tat beruhte die Politik des Aratos im wesentlichen auf diesem Prinzip, das er mit großer Virtuosität zu handhaben verstand. Die Interessen des Achäischen Bundes und die des Antigonos Gonatas aber waren im Grunde miteinander unvereinbar, denn wo die von den Makedonen gestützten Tyrannen die Herrschaft ausübten, da war keine Spur der bürgerlichen Freiheit zu finden, wie sie dem Aratos und seinen Parteigängern vorschwebte. In seiner zweiten Strategie, im Jahre 243, hat Aratos dem makedonischen Herrschaftssystem in Hellas einen schweren Schlag zugefügt: mitten im Frieden, ohne daß der Krieg angesagt worden wäre, hat sich Aratos, begleitet von einer kleinen Schar entschlossener Parteigänger, in den Besitz Korinths und der Feste Akrokorinth gesetzt, ein kühnes Manöver, das in der ganzen griechischen Welt Aufsehen und sogar Bewunderung erregt hat. Mitsamt dem Hafen Lechaion wurde Korinth in den Achäischen Bund aufgenommen, die Gemeinden Megara, Epidauros und Troizen folgten alsbald. Der Achäische Bund hatte nun einen neuen Mittelpunkt erhalten, er war aus lokaler Bedeutung zu einer Macht emporgewachsen, die von niemandem mehr ignoriert werden konnte. Es war kein Wunder, wenn das Ansehen des Aratos auf bedeutender Höhe stand, in Makedonien aber herrschten Enttäuschung und Bestürzung. An eine Wiedereroberung Korinths war vorerst nicht zu denken. Korinth, die Stadt und Burg, wurde von einer starken achäischen Besatzung gehalten, und außerdem hatte diese, um vor Überfällen gesichert zu sein, eine Anzahl von Wachhunden eingesetzt. Antigonos befand sich in einer prekären Lage, er hatte sich mit dem Verlust der Stadt abzufinden, so schmerzlich er diesen auch empfinden mußte. Es war ein sehr ungleiches Paar, Antigonos Gonatas und Aratos, der König, ein Mann von gut 75 Jahren, während Aratos gerade 27 Jahre zählte. Niemand wußte, welche Überraschungen die Zukunft von Aratos her noch bringen würde. Antigonos aber, der die Gefährlichkeit der Ausbreitung des Achäerbundes erkannte, sah sich gezwungen, nach Bundesgenossen zu suchen. Und er fand diese in den Ätolern und dem Ätolischen Bund. Dieser hatte dem Monarchen zwar in Mittelgriechenland schwer zu schaffen gemacht, aber die Ätoler standen in Gegensatz zu den Achäern, und dies vor allem trieb sie auf die Seite der Makedonen. Wieder schien es zu einer Konfrontation mit dem Ptolemäerreich zu kommen, denn die Achäer hatten den König Ptolemaios III. (246–221) zum Ehrenfeldherrn ihrer Land- und Seestreitkräfte ernannt. Die Regierung in Alexandrien hatte sich für die Achäer entschieden, sie war gegen eine starke Position des Antigonos in Griechenland. Als die Ätoler im Jahr 241 auf der Halbinsel Peloponnesos erschienen, da weigerte sich Aratos, ihnen in offener Feldschlacht zu begegnen. Er wich vielmehr vor ihnen zurück, obwohl ihm dies den Unwillen seiner Landsleute eintrug. Diese nämlich brannten darauf, sich mit den Ätolern im Kampf zu messen; dem Aratos wurde sogar Feigheit vorgeworfen. Aber Aratos wartete nur einen günstigen Augenblick ab, er überfiel die Ätoler bei dem Ort Pellene und fügte ihnen ganz erhebliche Verluste zu. Die Stadt Pellene hatte freilich eine Plünderung durch die Ätoler über sich ergehen lassen müssen. Im ganzen aber hatten weder die Ätoler noch der Makedonenkönig gegen die Achäer etwas Entscheidendes erreicht, und so kommt der Friede des Jahres 241, in den alle drei kriegführenden Staaten eingeschlossen waren, nicht überraschend. Antigonos dürfte damals nicht mehr an eine rasche Entscheidung geglaubt haben, er mußte sich mit der Entwicklung abfinden, und diese war ihm nicht günstig gewesen. Er hätte, so meint W. W. Tarn,[9] vielleicht die Kraft besessen, die Achäer zu Boden zu werfen, aber damit hätte er Korinth, worauf doch alles ankam, nicht wiedergewonnen, und selbst bei einer längeren Belagerung sei der Ausgang nicht sicher gewesen.

Ohne Korinth aber war das makedonische System in Griechenland ohne einen eigentlichen Mittelpunkt, obwohl die Städte Argos und Megalopolis nach wie vor dem Antigonos die Treue hielten. Die Situation hatte zu einem machtpolitischen Gleichstand in der Peloponnesos geführt, keine der beiden Parteien hatte einen vollen Sieg über die andere erringen können. Bei diesem Sachverhalt wird man bei Antigonos Gonatas eine konsequente Führung der Politik vermissen, er blieb vielmehr auf halbem Weg stehen und überließ es der

Zukunft, hier reinen Tisch zu schaffen. Hatte er vielleicht andere und noch größere Sorgen? Makedonien hatte eine lange, offene Nordgrenze, und diese war wiederholt von schweifenden Völkern aus dem Norden überrannt worden. Man hört nichts davon, daß Antigonos sich mit besonderem Eifer dieser Gefahr gewidmet hätte – im Gegenteil, die Griechenlandpolitik war ihm am wichtigsten.

Das Jahr 240 war ein Jahr des Friedens in der Welt des Mittelmeeres. Im Osten wie im Westen ging man daran, die Schäden der großen Kriege zu heilen. Im Westen war das 24-jährige Ringen der Römer und Karthager um den Besitz Siziliens im 1. Punischen Krieg zu Ende, im Osten hatten Ptolemäer und Seleukiden sich miteinander ausgesöhnt, nur in Hellas herrschte eine trügerische Ruhe, die jederzeit wieder in einen offenen Krieg umschlagen konnte. Die Schlüssel hierzu lagen in der Hand des Aratos, er war immer noch bestrebt, den Einfluß des von ihm geführten Achäischen Bundes ohne Rücksicht auf die Nachbarn weiter auszubreiten, sogar vor einem Überfall auf Athen war er nicht zurückgeschreckt (erste Invasion Attikas im Jahre 242, zweite im Jahre 240).

Antigonos hatte nicht ohne Bedenken Kriege geführt. Denn in Wahrheit war er kein großer Feldherr und Stratege, er liebte die Wissenschaft und hätte sich gern dem Gespräch mit gleichgesinnten Freunden gewidmet, wenn ihm die Zeitumstände nicht im Wege gestanden hätten. Er hatte nicht vergessen, wie tief ihn die Beschäftigung mit philosophischen und ethischen Problemen einst in Eretria und Athen, hier unter Anleitung des Zenon von Kition, befriedigt hatte. Wir wissen nicht, ob er jemals daran gedacht hat, die makedonische Königsstadt Pella zu einem Mittelpunkt der Musen zu gestalten, wie dies die ersten Ptolemäer mit Alexandrien getan hatten. Es hätte Vorbilder für Antigonos gegeben; denn schon der König Archelaos (413–399) hatte den Dichter Euripides an seinen Hof nach Makedonien gerufen, wo dieser die „Bakchen" geschrieben hat. Unter Philipp II. waren griechische Gelehrte die Erzieher Alexanders gewesen, zuerst Anaximenes von Lampsakos, dann aber Aristoteles, der sich später als ein Stern ersten Ranges im Reich der Wissenschaft erweisen sollte. Damals, als er am Hof in Pella weilte, konnte dies freilich noch niemand wissen, aber der Ruhm, den griechischen Gelehrten nach Makedonien eingeladen zu haben, der gebührt doch dem König Philipp II., obwohl gerade ihn Demosthenes in seinen haßerfüllten Kriegsreden als den größten Feind der griechischen Kultur apostrophiert hatte. Allerdings hatten die Argeaden von Philosophie nicht sehr viel gehalten, und wenn Aristoteles es je versucht haben sollte, seinen Zögling Alexander für die Philosophie zu gewinnen, so ist nicht viel davon zurückgeblieben, eher schon eine hohe

Achtung vor dem griechischen Geistesleben, vor allem vor den Gedichten Homers, die Alexander zutiefst beeindruckt und in ihm den Wunsch geweckt haben, es den großen Helden der griechischen Vorzeit gleichzutun. Bei Homer, der ihm durch Aristoteles nahegebracht worden war, fand Alexander, was er suchte: die Begeisterung für die großen Krieger, vor allem für Achill und Patroklos, ihnen versuchte er nachzueifern. Dabei darf nicht übersehen werden, daß in der Antike zwischen Mythos und Geschichte keine Scheidewand bestanden hat. Was die Götter- und Heldensage berichtete, galt als historisch, und wer von den Sterblichen Übermenschliches geleistet hatte, den stellte man im Kult den Göttern an die Seite.

Nichts von diesen Dingen bei Antigonos! Aber auch er hatte seine Schutzgötter. Auf einer Münze, einer Tetradrachme aus Silber, erscheint das Bild des Antigonos mit den Hörner-Attributen des Gottes Pan, der seinen Feinden Schrecken einflößt. Diese Pans-Münze ist von großer historischer Bedeutung, denn es ist möglich, daß auf ihr das Porträt (es wäre das einzige) des Königs Antigonos erhalten ist. Aber im ganzen ist dies, etwa im Vergleich zu der göttlichen Verehrung der Ptolemäer zu ihren Lebzeiten, eine sehr bescheidene Manifestation. Niemand konnte an ihr Anstoß nehmen, und wenn sich der Makedonenkönig unter der Figur des Gottes Pan abbilden ließ, so war dies ein Versuch, die Nähe zur Gottheit zu betonen. Hatte doch schon bei der Hochzeit des Antigonos und der Phila der Dichter Aratos von Soloi eine Hymne auf den Gott Pan geschrieben, mit der er sich offenbar den Beifall des Königs errungen hatte. Aratos war ein großer Dichter und stand in Konkurrenz mit Kallimachos. Sein Lehrgedicht, die „Phainomena", hat ein großes Echo in der ganzen gelehrten Welt gefunden, obwohl der Stoff sehr spröde und nur für gelehrte Kreise zugänglich war. Wer sich in der Meteorologie nicht auskannte, für den blieben die „Phainomena" ein Buch mit sieben Siegeln. Aber gerade die gelehrten Gedichte fanden in der hellenistischen Lesewelt viel Beifall, und es ist vielleicht symptomatisch, daß Germanicus, der Sohn des Drusus, das Gedicht ins Lateinische übertragen hat. Bemerkenswert ist auch die Freizügigkeit der Dichter: nachdem Aratos einige Zeit in Makedonien geweilt hatte, ging er an den Hof der Seleukiden zu Antiochos I., kehrte aber wieder nach Pella zurück, wo er auch gestorben ist. Offenbar wetteiferten die hellenistischen Monarchen mit Gunstbezeigungen um den Ruhm, als Beschützer der Musen zu gelten, und weder der Hof in Pella noch der in Antiocheia am Orontes konnte es sich versagen, den Wettkampf mit Alexandrien aufzunehmen. Natürlich stand die königliche Familie im Mittelpunkt der Dichtungen. Eine späte Quelle weiß von Gedichten auf Antigonos und Epigrammen auf Phila, die Königin, zu erzählen. Antigonos und Aratos kannten sich wahrscheinlich von Athen her.

Ist die Überlieferung zutreffend, so hätte Antigonos dem Dichter die Anregung gegeben, das Hauptwerk des Eudoxos von Kyzikos, die „Phainomena“ (oder den „Spiegel“) in Verse zu bringen. Der Erfolg übertraf alle Erwartungen, überall wurden nur Worte des Lobes gehört, Aratos hatte mit diesen „Himmelserscheinungen“ offenbar ein Thema getroffen, für das sich alle Welt interessierte, das Werk war ein antiker „Bestseller“.

Antigonos hätte gern seinen Lehrer Zenon von Kition in Pella gesehen, aber dieser konnte sich nicht dazu entschließen, Athen zu verlassen. In Athen hatte er eine große Wirkungsstätte, in Pella wäre er in das Getriebe des Hofes geraten, und wer wie Zenon die geistige und materielle Unabhängigkeit am höchsten schätzte, dem war es unmöglich, seine Freiheit für die Sicherheit einzutauschen. Und was hätte man in Pella mit einem Philosophen anfangen sollen, der zwar einen Idealstaat geschrieben, der aber in dieser Schrift jegliche Beziehungen zur Polis geleugnet hatte? Für die praktische Politik kam die Schrift nicht in Betracht, und von der Erziehung der Jugend zur Staatsgesinnung war in ihr nicht die Rede. Antigonos hat dies alles gewußt, aber die Anhänglichkeit und Liebe zu seinem Lehrer ließen ihn nicht zögern, eine Einladung an Zenon hinausgehen zu lassen. Zenon aber schickte an seiner Stelle seinen Landsmann und Schüler Persaios von Kition nach Makedonien, aber mit diesem hatte er keine gute Wahl getroffen. Obwohl ihn der König hochschätzte und ihm sogar die Erziehung seines Sohnes Halkyoneus übertrug (von dem älteren Sohn, dem Thronfolger Demetrios, hört man in diesem Zusammenhang nichts), so hat er doch keine führende Rolle in Pella gespielt. Zwar hat Persaios eine Schrift „Über das Königtum“ verfaßt, aber wichtiger waren ihm die Freuden der Gelage, wie er denn auch „Dialoge über Bankette“ geschrieben hat. König Antigonos war als Makedone den Tafelfreuden nicht abgeneigt, und ganz besonders im Pokulieren stand er seinen Mann, nicht anders als einst Philipp II. und Alexander. Für die Stoiker waren Bankette an und für sich nicht verwerflich, aber sie gehörten zu den sog. *Adiáphora,* für die Bildung des Charakters waren sie indifferent und ohne Bedeutung. Und Zenon selbst hätte es nie gebilligt, wenn einer seiner Schüler an diesen Dingen besonderen Gefallen gefunden hätte.

Persaios hatte einen Rivalen am makedonischen Hof, der ihn als Persönlichkeit weit in den Schatten stellte. Dieser Mann war *Bion von Borysthenes,* der sich zwar zu den Philosophen rechnete, in Wirklichkeit aber kein genuiner Denker, sondern ein Popularphilosoph gewesen ist. Er reiste kreuz und quer durch die griechische Welt, um mit seinen Reden und Vorträgen Eindruck auf die Menschen zu machen und sie zu einem vernunftgemäßen Leben anzuhalten. Er selbst stammte aus der Hefe des Volkes, sein Vater, ein Freigelassener, war Fischhändler, seine Mutter soll eine Hetäre gewesen sein. Von seinem Vater erzählte man, er sei wegen Schmuggels in die Sklaverei verkauft worden, Bion aber kam in jugendlichem Alter in das Haus eines Rhetors. Dieser aber fand Gefallen an dem aufgeweckten Jungen, führte ihn in die Redekunst ein und hinterließ ihm schließlich sein ganzes Vermögen. Bion studierte in Athen bei den besten Lehrern, dabei spielte ihre Zugehörigkeit zu den verschiedenen Schulen für ihn keine Rolle. Dies aber spricht zweifellos für eine geistige Unabhängigkeit Bions. Dieser schämte sich nicht seiner Herkunft, er war vielmehr geradezu stolz auf sie, und hat dies auch dem König Antigonos gegenüber zum Ausdruck gebracht. Bion muß ein Meister der Rede gewesen sein; die Reden wurden aber auch in geschriebener Form verbreitet und haben zahlreiche Leser gefunden. Sie hatten, wie Hans von Arnim gesagt hat, einen satirisch-polemischen Charakter und waren gegen die vielfältigen Torheiten der Menschen gerichtet. Übrigens ist Bion von Pella wieder nach Athen zurückgekehrt, er starb in großer Armut in Chalkis auf Euböa. Antigonos, so wird berichtet, soll sich seiner erinnert und ihm durch die Entsendung von zwei Sklaven seine letzten Tage erleichtert haben. Bion hat durch seine spitze Zunge so manche Menschen verärgert, die aber haben es ihm dadurch vergolten, daß sie über sein Leben Dinge verbreiteten, die den Stempel der Erfindung an der Stirn tragen: so erzählte man, daß Bion angesichts des herannahenden Todes Zuflucht zu Amuletten genommen habe, obwohl er sein ganzes Leben lang gegen den Aberglauben zu Felde gezogen sei. Aber vielleicht ist gerade diese Anekdote nicht einmal erfunden. Dem Perikles wird Ähnliches nachgesagt, als er auf seinem letzten Lager lag.

In der Phraseologie Bions und in den Aussprüchen des Königs Antigonos hat man Übereinstimmung feststellen können[10]. Der König hatte offenbar manches von Bion gelernt. Näher liegt es vielleicht anzunehmen, daß beide Persönlichkeiten sich im Denken und Fühlen nahe standen. Dies aber dürfte auch die Sympathien des Antigonos für den ungeschliffenen „Philosophen" erklären.

Vorübergehend war noch ein anderer Mann in Pella, der gleichfalls die Aufmerksamkeit seiner Zeitgenossen auf sich gezogen hat. Dies war *Timon von Phleius,* später „der Sillograph" genannt. Timon war ein seltsamer Gast auf dieser Erde. Er hatte ein Auge verloren und zuerst den Beruf eines Tünchers ausgeübt. Seine Lehrer in der Philosophie waren Stilpon von Megara und Pyrrhon von Elis, der Skeptiker. Gleich Pyrrhon war auch Timon der Überzeugung, daß es dem Menschen versagt sei, die Dinge richtig zu erkennen. Daraus ergab sich für ihn die Zurückhaltung im Urteil: nur wer sich hierzu durchgerungen habe, könne den wahren Seelenfrieden erringen, er sei frei von Leidenschaften, vom Wahn und von der Macht der Überlieferung, der alle anderen Menschen unterworfen seien. Seines Bleibens in der makedonischen Residenzstadt war offenbar nicht lange. Er soll mit dem Dichter Alexander dem Ätoler befreundet gewesen sein und ihm bei der Abfassung seiner Tragödien geholfen haben. In seinem Leben soll sich Timon genügend Geld erworben haben, was ihm ein sorgenfreies Alter in Athen ermöglicht haben soll. Seine Skepsis und völlige Illusionsfreiheit scheinen dem König Antigonos imponiert zu haben, doch weiß man nichts über die persönlichen Beziehungen zwischen dem König und Timon. In seinen späteren Gedichten, den *Silloi,* zerzauste er die Philosophen, auch Zenon, den er offenbar nicht leiden konnte; selbst ein Gang in die Unterwelt zu den abgeschiedenen Philosophen fehlt in seinen Gedichten nicht. Als Lehrer erscheint hier Xenophanes von Kolophon (etwa 570–470 v. Chr.), den Timon geschätzt haben muß. Man fragt sich unwillkürlich, was sich Antigonos bei der Lektüre der Timon'schen Gedichte gedacht haben mag!

Es ist der Ruhm des Antigonos, der Geschichte und den Geschichtsschreibern an seinem Hof eine Stätte bereitet zu haben. Unter seinen Verwandten waren namhafte Historiker: Marsyas von Pella, der Halbbruder seines Großvaters Antigonos, Verfasser einer Geschichte Makedoniens, und Antipater, der Großvater mütterlicherseits, der Reichsverweser, der eine Geschichte der Illyrischen Kriege des Königs Perdikkas III. (365–359) verfaßt hatte. Zu den jüngeren Historikern gehörte der Halbbruder des Antigonos mit Namen Krateros. Dieser ist wahrscheinlich mit jenem Mann gleichen Namens identisch, der die attischen Volksbeschlüsse von den Steinen abgeschrieben hat. Dies aber war eine sehr wertvolle attische Geschichte auf urkundlicher Grundlage, von der leider nur ein paar Fragmente auf unsere Tage gekommen sind. Sehr viel höher steht aber noch *Hieronymos von Kardia,* ein Freund des Eumenes von Kardia, später aber, nach dessen Tod (317/6), ein Freund des Antigonos Monophthalmos und des Demetrios Poliorketes. Von diesem kam er zu Antigonos Gonatas. Hieronymos soll ein sehr hohes Alter (angeblich 104 Jahre) erreicht haben. Seine alten Tage benutzte er dazu, ein Geschichtswerk über die Diadochen und Epigonen zu schreiben, das wahrscheinlich mit dem Tode des Pyrrhos (272) endete. Das Werk hat die Überlieferung über die fünfzig Jahre seit dem Tode Alexanders maßgebend geformt, und ohne Hieronymos wäre eine Kenntnis der Kriegsgeschichte der Diadochenzeit gar nicht möglich. Zwar sind nur wenige mit seinem Namen bezeichnete Fragmente in der antiken Überlieferung vorhanden – aber diese genügen, um seine Qualitäten sichtbar zu machen: Liebe zur Wahrheit, militärischer Sachverstand und Gerechtigkeit gegenüber den handelnden Personen, auch gegenüber den Unterlegenen. Diese Vorzüge der Persönlichkeit des Hieronymos dürfte auch

Antigonos erkannt haben, er hat viele Jahre mit ihm auf vertrautem Fuß gestanden, und wenn es wahr ist, daß er Briefe (oder eine eigene Schrift) an Hieronymos gerichtet haben soll, so ist auch dies ein Zeichen der Wertschätzung von seiten des Königs. W. W. Tarn hat gemeint, daß das Geschichtswerk des Hieronymos, wäre es erhalten geblieben, getrost an die Seite von Thukydides und Polybios hätte gestellt werden können[11]; dies ist allerdings nur eine Hypothese, für die der Wahrheitsbeweis nach Lage der Dinge nicht geführt werden kann. Wenn aber ein Literat der römischen Kaiserzeit, der Grieche Pausanias, gegen Hieronymos den Vorwurf erhoben hat, er habe zugunsten des Antigonos geschrieben, so mag hieran etwas Wahres sein. Mit dem Herzen stand Hieronymos jedenfalls auf der Seite des Antigonos, und dies dürfte in der Tat in seinem Geschichtswerk zum Ausdruck gekommen sein.

Im Gegensatz zu seinem Vater Demetrios Poliorketes, dessen Beziehungen zu den Frauen beliebte Themen der zeitgenössischen Moralisten gewesen sind, hat sich Antigonos mit einer einzigen Frau begnügt. Es war dies Phila, die Tochter des Seleukos I.; bei seiner Heirat war Antigonos 43 Jahre alt, seine Gemahlin war sicherlich um 20 Jahre jünger. Dieser Ehe entstammte der Thronfolger Demetrios. Der andere Sohn Halkyoneus (oder Alkyoneus) dürfte sehr viel älter als Demetrios gewesen sein, er entstammte einer Verbindung des Antigonos mit einer Athenerin namens Demo. Ein zeitgenössischer Historiker (Ptolemaios von Megalopolis) hat Demo als eine Hetäre bezeichnet. Mag dies nun wahr sein oder nicht, Halkyoneus war dem Vater besonders lieb und teuer, seit dem Jahr 273 ist er in wichtigen Kommandostellen zu finden. Sein Leben war nur von kurzer Dauer. Geboren wahrscheinlich um 290, ist Halkyoneus noch in der Blüte der Jugend an der Seite des Vaters, vielleicht im Chremonideischen Krieg (nach Beloch), gefallen. Wenn dies zutrifft, so hat er nicht einmal ein Alter von dreißig Jahren erreicht. Wegen der Sukzession gab es keine Streitigkeiten, und zwar um so weniger, als in der Person des Demetrios nur ein einziger Nachfolger vorhanden war. Die Frage, ob Halkyoneus hierfür überhaupt in Betracht gekommen wäre, mag auf sich beruhen bleiben.

Die antike Überlieferung wußte von Antigonos so manche Anekdote zu berichten. Der Wahrheitsgehalt ist jedoch umstritten. Dazu kommt noch, daß manche dieser Erzählungen sich möglicherweise auf den Großvater Antigonos Monophthalmos beziehen. Für Antigonos Gonatas charakteristisch sind aber die Worte, die er an einen Dichterling gerichtet haben soll, der ihn als Gott tituliert hatte: „Der Sklave, der sich um den Nachttopf des Königs zu kümmern hat, ist hierüber anderer Meinung". Das war eine massive Grobheit, die der wohlmeinende Dichter nicht verdient hatte, da die Gottheit der hellenistischen Könige anderswo, wie z. B. in Ägypten, außer Frage stand – aber davon wollte Antigonos nichts wissen. Ebenso bezeichnend ist eine andere Geschichte. Als Antigonos eine Stadt belagerte, kam ein Philosoph mit der Bitte, ihm einen Traktat über die Gerechtigkeit vorlesen zu dürfen. Dies aber brachte den sonst so geduldigen König völlig aus der Fassung. Entrüstet entgegnete er: „Wie kannst du mir eine Predigt halten wollen über die Gerechtigkeit und das Gute meines Nachbarn, wenn du mich dabei antriffst, wie ich gerade die Stadt meines Nachbarn belagere?"[12] Vielleicht darf man annehmen, daß es sich hierbei um eine Szene aus der Belagerung der Stadt Kassandreia gehandelt hat, doch ist dies natürlich nicht sicher. War Antigonos ein Zyniker? W. W. Tarn hat gemeint, dies sei eine oberflächliche Betrachtungsweise, und er hat sicherlich recht. Aber Praxis und Theorie waren für Antigonos zwei verschiedene Dinge, und er konnte es dem Philosophen nicht verzeihen, daß dieser sich in so ungehöriger Weise in die Kriegführung eingemischt hatte. Krieg war Krieg, und Philosophie war Philosophie, niemand wußte dies besser als Antigonos selber.

Und wie hat Antigonos sein Königtum aufgefaßt? Aelian, ein Schriftsteller aus dem 2. Jh. n. Chr., erzählt, Antigonos habe seinem Sohn, der die Untertanen mit Gewalt und Übermut behandelt habe, gesagt: „Weißt du nicht, daß unser Königtum ein ruhmvoller Dienst ist?" Das griechische Wort *douleia* ist hier als „Dienst", nicht als „Last", aufzufassen, das letztere würde nicht in den Zusammenhang passen und die Pointe zerstören. Es ist von einem „Dienst", der Ruhm einbringt, die Rede, und damit erweist sich das Wort als eine Prägung der Stoiker. Vater und Sohn verkörpern zwei verschiedene Meinungen, der Sohn, daß alle Untertanen dem Herrscher zu dienen hätten, der Vater, daß der König den Untertanen Dienstleistungen schuldig sei. Während die anderen hellenistischen Herrscher ihr Land als Privateigentum betrachteten, nach dem Vorbild, das einst die großen sizilischen Tyrannen gegeben hatten, betont Antigonos nicht die Rechte, sondern die Pflichten, und die Lehre von den Pflichten ist in der Tat der Kern der stoischen Philosophie. Mit dieser Auffassung erhebt sich Antigonos turmhoch über die anderen hellenistischen Monarchen, deren Leben sich nicht immer in Übereinstimmung mit den ethischen Grundsätzen des antiken Herrscherbildes befunden hat. Man wundert sich nicht, wenn sich Friedrich d. Gr., dessen Herrscherauffassung gleichfalls stoisch geprägt ist, zu der gleichen Auffassung bekannt hat: „Ich bin der erste Diener meines Staates".

Das achtzigjährige Leben des Antigonos Gonatas hatte durch Höhen und Tiefen bemerkenswerten Ausmaßes geführt. Seine Königsherrschaft in Makedonien ist ihm nicht ohne Mühe in den Schoß gefallen, und als er sie endlich errungen hatte, da erforderten die Aufgaben der inneren Politik seine ganze Aufmerksamkeit. Auf dem politischen Feld ist er nicht immer glücklich gewesen, Erfolge wechselten mit Fehlschlägen, insbesondere der Aufstieg des Achäischen Bundes hat zahlreiche schwierige Situationen für Antigonos und seine Herrschaft in Hellas heraufgeführt. Wenn aber Makedonien in der Mitte des 3. Jh. v. Chr. eine führende Position in der hellenistischen Staatenwelt innegehabt hat, so war dies das persönliche Verdienst des Königs, der Makedonien aus der tiefsten Tiefe wieder auf die Höhe geführt hat. Die Leistung ist um so höher zu veranschlagen, als Antigonos weder durch die Legitimität noch durch die Hilfe mächtiger Nachbarn und Freunde begünstigt worden ist. Der Sieg über die Kelten bei Lysimacheia (277, s. o. S. 147) hatte ihm die Herzen seiner Landsleute und der Hellenen geöffnet, sein Name wurde überall mit größter Hochachtung genannt. Und die Politik der Mäßigung, die für sein Handeln charakteristisch ist, hat ihm weitere Freunde und Anhänger gewonnen. Durch seine Verbindungen mit der Schule der Stoiker in Athen verfügte Antigonos außerdem über eine vorzügliche ‚Presse', die Stoiker sahen in ihm einen Gleichgesinnten auf dem Thron, der sich auch als König in der Öffentlichkeit als Stoiker bekannte und es nicht unter seiner Würde hielt, mit ihnen über die Gerechtigkeit und das Gute zu diskutieren – wenn auch nicht gerade während einer Belagerung. Mit seinem Tod im Jahre 239 ging in Makedonien eine Epoche zu Ende, die durch Antigonos geprägt und bestimmt worden ist.

Literatur

W. W. Tarn, Antigonos Gonatas (Oxford 1913, Neudr. 1969); weiteres bei K. J. Beloch, Griech. Gesch. IV 1 u. 2 (1925 u. 1927); H. Bengtson, Griech. Gesch., 4. Aufl., 1969, S. 403 f., 441 ff.

Anmerkungen

1. Der Beiname Gonatas ist unerklärt. Nach Porphyrios (FgrHist 260, 3 § 12) käme der Name von dem thessalischen Ort Gonnoi, was aber nicht zutreffen kann.
2. W. W. Tarn, Antigonos Gonatas, Oxford 1913, Neudruck 1969.
3. K. von Fritz, RE XV (1931) Sp. 789 f. s. v. Menedemos 9.
4. W. W. Tarn, Antigonos Gonatas (1913) S. 26.
5. Siehe H. Heinen, Untersuchungen zur hellenistischen Geschichte (1972) S. 85, der die Seeschlacht in der Nähe der Halbinsel Gallipoli lokalisiert.
6. Zum Zeitpunkt siehe J. Seibert, Histor. Beitr. zu den dynast. Verbindungen (1967) S. 33–34.

7. H. Heinen, Untersuchungen zur hellenist. Gesch. (1972) S. 180–181.
8. Diog. Laert. IV 6,39 und dazu W. Otto, Gött. Gel. Anz. 1914 S. 653 A. 4.
9. Antigonos Gonatas (1913) S. 405.
10. W. W. Tarn, Antigonos Gonatas (1913) S. 236 A. 47.
11. W. W. Tarn, a. e. a. O. S. 247.
12. Plutarch, Moralia 390 E.

7

Kleomenes III., König von Sparta

* 260, † 220/19 v. Chr.

Die Geschichte eines spartanischen Königs zu erzählen, der mit vierzig Jahren freiwillig aus dem Leben geschieden ist, wäre nicht schwer, wenn dieses Leben nicht mit wichtigen inneren Reformen Spartas und mit der Geschichte von zwei großen hellenistischen Staaten verflochten wäre, mit der Geschichte der Ptolemäer in Ägypten und mit derjenigen der Antigoniden in Makedonien. Der spartanische Staat war von den Umwälzungen, welche das Leben Alexanders zur Folge hatte, nur ganz am Rande berührt worden. Die Lakedaimonier hatten ihre Unabhängigkeit, wenn auch unter Opfern, bewahrt. Sie waren zwar dem Antipater in der Schlacht bei Megalopolis (331) unterlegen; ob aber Sparta in den Korinthischen Bund eingegliedert worden ist, darüber besteht keine Sicherheit; man wird dieses Problem am besten auf sich beruhen lassen müssen. Später hatte Pyrrhos den Versuch gemacht, in Sparta einzudringen, aber dieses Unternehmen war eine Episode geblieben, und die Gefahr war vollends vorüber, als der König der Molosser bald darauf den Tod in Argos gefunden hatte (272). Antigonos Gonatas hat sich dagegen niemals um eine Unterwerfung Spartas bemüht; er hatte genug zu tun, seine peloponnesischen Verbündeten auf seiner Seite zu halten. Sparta blieb daher mit seinen inneren Problemen im wesentlichen sich selbst überlassen; seine Teilnahme am Chremonideischen Krieg unter dem König Areus II. endete mit einer empfindlichen Niederlage und dem Tod des Königs. Dies war der einzige Versuch Spartas gewesen, sich in die große Politik der hellenistischen Mächte einzuschalten, und es kann schwerlich ein Zweifel darüber möglich sein, daß hier die Politik und das Geld der Ptolemäer im Hintergrund gestanden haben.

Aber die historische Situation in Sparta wurde vor allem durch soziale Spannungen bestimmt, die sich aus der ungleichen Verteilung von Grund und Boden ergaben. Die Zeit, in der die Politik der Spartaner durch das Zusammenwirken der Könige, der Ephoren und der Apella, der Volksversammlung der Vollbürger, bestimmt wurde, diese Zeit war längst vorüber. Grund und Boden (und damit auch die Ausübung der politischen Rechte) befanden sich in den Händen einiger weniger, und unter den Grundbesitzern war außerdem eine Anzahl von Frauen, die natürlich für das politische Leben nicht in Betracht kamen. Man kann sich gut vorstellen, daß die Wehrkraft der Spartaner einen Tiefpunkt erreicht hatte. Auch von dem alten Kriegsruhm der Spartaner war nicht viel übrig geblieben. Die Entwicklung war bis zu dem Punkt vorgeschritten, daß nur noch unverzügliche Hilfe Wandel schaffen konnte. Der erste große Reformversuch verbindet sich mit dem Namen des Vorgängers des Kleomenes, mit *Agis* IV. Die Situation, die Agis im Jahre 245 bei seinem Regierungsantritt vorgefunden hatte, war geradezu erschütternd. Es gab in Lakedaimon nur noch 700 Vollbürger (Spartiaten), und von ihnen besaßen nur noch einhundert einen *Kleros,* ein Landlos. Von der prinzipiellen Gleichheit der Bürger konnte unter diesen Umständen überhaupt nicht mehr die Rede sein. Auch von der spartanischen Staatserziehung, der *Agogé,* war nur noch ein Schatten übriggeblieben. Die Reichen führten ein Leben voll von Luxus und Vergnügungen, die anderen lebten in Armut, irgendwelche Möglichkeiten der Expansion des spartanischen Staates waren nicht vorhanden, Messenien war längst verloren gegangen (schon im Zeitalter des Epameinondas, das mehr als hundert Jahre zurücklag), alle Versuche, Messenien und seine Bewohner, die als Arbeitssklaven (Heloten) verwandt worden waren, wieder zurückzugewinnen, waren im Sande verlaufen. Im 3. Jahrhundert v. Chr. hatte man in Sparta überhaupt darauf verzichtet, Messenien zurückzuerobern.

Agis IV., der Sohn des Eudamidas II., hatte in einer Bodenreform das letzte Mittel gesehen, den spartanischen Staat zu reformieren. Er rüttelte damit an den Grundfesten der spartanischen Staatsordnung, aber es blieb ihm keine andere Wahl, denn niemand unter den reichen Landbesitzern war gewillt, aus freien Stücken auf einen Teil seines Grund und Bodens zu verzichten. Nicht viel anders haben sich übrigens auch die römischen Senatoren ein Jahrhundert später verhalten, als die Gracchen die Agrarreform in Italien in Gang brachten.

Der spartanische Staat hatte zwei Könige, einen aus dem Haus der Agiaden, und einen aus dem Haus der Eurypontiden. Agis war ein Eurypontide, sein Mitkönig Leonidas ein Agiade. Dieser aber stand der Agrarreform ganz ablehnend gegenüber. Und da gab es noch die fünf Ephoren, deren Einfluß auf die Politik von großer Bedeutung war. Ohne die Zustimmung des Ephorats waren Reformen in Sparta unmöglich, und man braucht sich daher nicht zu wundern, wenn Agis den Hebel beim Ephorat ansetzte und versuchte, wenigstens einige der Ephoren auf seine Seite zu ziehen. Aber er hatte nur bei einem einzigen einen Erfolg, bei Lysandros, der ihm von Hause aus gewogen war.

Die von Agis vorgeschlagene Reform war radikal: das ganze Land im Tal des Eurotas sollte den spartanischen Vollbürgern zur Verfügung gestellt werden, insgesamt waren es 4500 Ackerlose *(Kleroi).* Die Zahl der Vollbürger sollte durch Periöken (‚Umwohnende‘) und andere ergänzt und auf diese Zahl gebracht werden. Das übrige Land wollte man in 15000 *Kleroi* teilen und den

Periöken zur Verfügung stellen. König Agis selbst ging mit gutem Beispiel voran: er gab einen großen Teil seines eigenen Landes für die Bodenreform frei, außerdem stiftete er noch 600 Talente, die wohl als Betriebskapital dienen sollten. Gegen die Pläne des Königs erhob sich starker Widerstand. Agis wußte sich schließlich nicht anders zu helfen, als daß er den Weg der Gewalt einschlug: die Ephoren wurden außer Landes gejagt, auch der König Leonidas, dessen Haltung undurchsichtig war, mußte sich in die Fremde, nach Tegea, begeben, aber Agis hatte in seinem ehemaligen Parteigänger Agesilaos einen Gegner gefunden, der, zum Ephoren gewählt, sich der Reform ganz entschieden widersetzte. Der Reformversuch mußte bereits als gescheitert betrachtet werden, als es den Gegnern gelang, Agis in Sparta festzunehmen. Er wurde in einem Schnellverfahren zum Tode verurteilt und umgebracht. Auch seine Mutter und Großmutter teilten sein Schicksal (Herbst 241). Das ist das Ende der spartanischen Bodenreform unter König Agis IV. Der König hatte den Widerstand bei weitem unterschätzt; er hatte es vor allem versäumt, das Ephorat für seine Pläne zu gewinnen. Überhaupt hatte Agis zu viel auf einmal gewollt – in dieser Hinsicht glich er den Gracchen, insbesondere dem Gaius Gracchus. Agis hatte, ebensowenig wie hundert Jahre später die Gracchen, die konservativen Kräfte und die Tradition unterschätzt. Die Gegner aber sahen keinen anderen Weg, als den Reformkönig durch Justizmord aus dem Weg zu räumen. Wieder bieten die Vorgänge in Rom und Italien im Zeitalter der Gracchen eine Parallele.

Kleomenes III. mußte ein schweres Erbe antreten, als er, im Alter von etwa 25 Jahren, den Thron in Sparta bestiegen hat. Man schrieb das Jahr 235 v. Chr. Kleomenes war ein Agiade, sein Vater war der König Leonidas II., der von Agis IV. vertrieben worden war, seine Mutter hieß Kratesikleia. Kleomenes hatte den Reformversuch des Agis IV. selbst miterlebt. Ein eigenartiges Schicksal hatte ihn mit der Witwe des Agis IV., Agiatis, zusammengeführt. Er hatte sie, noch im Jahre 241, auf Befehl seines Vaters, des Königs Leonidas II., heiraten müssen. Leonidas, der den Mord an Agis auf dem Gewissen hatte, war für die Ehe mitverantwortlich. Was er sich davon versprochen hat, bleibt im Verborgenen. Vielleicht wollte er sich des reichen Besitztums der Königinwitwe versichern, denn diese war in der Tat die Tochter eines der reichsten Männer Spartas, des Gylippos. Agiatis wird als die schönste Frau Griechenlands gerühmt. Sie hat ihren jungen Gatten Kleomenes ganz im Sinne des Agis beeinflußt. Kleomenes hatte in seiner Jugend den Popularphilosophen Sphairos von Borysthenes gehört. Sphairos, ein Schüler des Zenon von Kition, hatte einen Abstecher nach Sparta unternommen und war mit dem jungen Prinzen zusammengetroffen. Man sagt, Sphairos habe die hohen geistigen Anlagen des

Kleomenes erkannt, vor allem seine mannhafte Haltung und seinen brennenden Ehrgeiz. In der Tat war Kleomenes davon überzeugt, daß in Sparta alles anders werden müsse, insbesondere war er betrübt darüber, daß bei den führenden Bürgern Spartas nur noch wenig Staatsbewußtsein, dafür aber umso mehr Eigennutz vorhanden sei. Dies kam ihm zum Bewußtsein, als er im Jahre 235 an Stelle des verstorbenen Königs Leonidas II. an die Herrschaft gelangte. Doch stand Kleomenes der Entwicklung zunächst machtlos gegenüber, weil das Ephorat seine Tätigkeit einengte. Angeblich soll sich Kleomenes, so berichtet Plutarch, an einen älteren Freund namens Xenares gewandt haben mit der Bitte, ihm Einzelheiten über den Reformversuch des Agis und über die Gründe seines Scheiterns mitzuteilen. Xenares soll zunächst auch auf den Wunsch des jungen Königs eingegangen sein. Als er jedoch bemerkte, daß der König begierig war, immer noch mehr zu erfahren, zog er sich von ihm zurück und schalt den König unvernünftig. Kleomenes aber wußte allmählich genug und ließ sich in seinem Vorhaben nicht mehr beirren. Im übrigen verfolgte er alles, was er tat, mit großer Energie, angeblich soll er sogar einen Krieg vom Zaun gebrochen haben, um seine Pläne endlich durchführen zu können. Die Verhältnisse in der Peloponnesos hatten nämlich eine grundlegende Veränderung infolge der Aktivität des Aratos von Sikyon erfahren, der als Präsident (Stratege) des Achäischen Bundes für diesen eine führende Stellung in der Halbinsel beanspruchte. Die Gegner des Aratos auf der Peloponnesos aber waren die Spartaner, die Eleer und die Arkader. Mit den letzteren fing Aratos einen Streit an und verwüstete ihr Land. Von den Lakedaimoniern hielt Aratos nicht viel, auf den jungen König sah er hochmütig herab, da er noch ganz unerfahren sei. Im übrigen wurde der Krieg von den Spartanern begonnen, und zwar durch die Besetzung des heiligen Bezirks der Athene in Belbina (Belmina). Dieser Ort lag auf dem Wege von Sparta nach Megalopolis, er war zwischen den Lakedämoniern und den Megalopoliten strittig. Aratos führte als Gegenzug eine Aktion gegen Tegea und Orchomenos durch, um Belbina kümmerte er sich jedoch nicht. Der Zweck des Unternehmens wurde nicht erreicht. Arats Freunde in Tegea und Orchomenos erwiesen sich als Verräter. Aratos hätte das Unternehmen gern geheim gehalten, aber Kleomenes soll ihm einen ironischen Brief geschrieben haben, in welchem auf den Feldzug angespielt wurde. Aratos erwiderte, er hätte gehört, daß die Spartaner Belbina befestigten, er wolle herbeieilen, um dies zu verhindern. Kleomenes soll ihn daraufhin gefragt haben, wozu er die Fackeln und Leitern brauche. Ein spartanischer Verbannter namens Damokrates soll zu Aratos gesagt haben, er möge sich beeilen, wenn er etwas gegen Sparta unternehmen wolle, „bevor diesem jungen Hahn die Sporen gewachsen sind" (Plut. Kleom. 4, 3). Die Erzählungen sind übrigens schwerlich historisch, sie haben allein den Zweck, die beiden Hauptakteure, Aratos und Kleomenes, näher zu charakterisieren; Erfahrung auf der einen, kecker Wagemut auf der anderen Seite stehen sich hier gegenüber.

Diese Ereignisse fallen in das Jahr 229, aber der Krieg zwischen den Achäern und Lakedämoniern dauerte an. Im Jahre 228 wäre es bei Pallantion zu einer großen Feldschlacht gekommen, wenn diese nicht von Aratos verhindert worden wäre. Als Aratos im Jahre 227 die Eleer bedrängte, eilte ihnen Kleomenes zu Hilfe und besiegte die Achäer in einem überraschenden Angriff beim Berg Lykaion (heute Diaphorti, südöstl. von Andritsaena). Während man noch unter den Griechen erzählte, Aratos sei gefallen, überfiel der Totgesagte die Stadt Mantineia, die offenbar auf einen Überfall nicht vorbereitet gewesen war.

Kleomenes, der wegen der Erfolge des Aratos in Bedrängnis geraten war, entschloß sich, den Bruder des ermordeten Königs Agis, Archidamos, aus dem Exil in Messene heimzurufen. Archidamos war Eurypontide, er gehörte dem anderen Königshaus an. Mit Hilfe des Zurückgerufenen wollte Kleomenes der Macht des Ephorats ein Gegengewicht entgegenstellen. Aber die Ephoren vereitelten dies, sie ergriffen den Heimgekehrten und ließen ihn kurzerhand umbringen.

Unterdessen ging der Krieg zwischen Sparta und dem Achäischen Bund weiter. Kleomenes hatte Leuktra besetzt, eine Festung der Stadt Megalopolis. Hier aber kam es zu einer entscheidenden Schlacht, in der die Spartaner auf der einen, die Megalopoliten unter der Führung des Lydiadas auf der anderen Seite kämpften. Kleomenes blieb Sieger, auch über die Achäer, die den Megalopoliten zu Hilfe gekommen waren. Lydiadas war im Kampf gefallen, Kleomenes ließ seinen Leichnam in einen Purpurmantel hüllen und ihm eine Krone aufsetzen, bevor er den Körper den Megalopoliten übergab. Lydiadas war früher Tyrann in der Stadt Megalopolis gewesen, er hatte aber den Bürgern die Freiheit zurückgegeben und den Ort in den Achäischen Bund eingegliedert. Nach Polybios (II 51, 3) soll die Schlacht bei dem Ort Ladokeia stattgefunden haben.

In Sparta war die Zeit reif für einen Staatsstreich. Nach einer Expedition in Arkadien wandte sich Kleomenes mit einer Söldnerschar zurück nach Sparta. Hier wurden die Ephoren abends beim *Syssition* (der gemeinsamen Mahlzeit) überfallen und von Bewaffneten niedergemacht; nur einem einzigen gelang es, wenn auch verwundet, in den Tempel des Phobos (‚die Furcht') zu entkommen. Bei dem Überfall hatten zehn weitere Spartaner, die den Ephoren zu Hilfe gekommen waren, ihr Leben verloren. Am nächsten Morgen ließ Kleomenes eine Liste von achtzig Bürgern veröffentlichen, die ins Exil getrieben wurden. Außerdem wurden alle Amtssessel der Ephoren bis auf einen einzigen entfernt, auf diesem nahm der König Platz, er war jetzt der Alleinherrscher in Sparta (Winter 227/6). Die Ziele seiner Reformen soll Kleomenes in einer Rede enthüllt haben, die er in Sparta am Tage nach dem Umsturz vor dem Volk gehalten haben soll: sie hießen Rückkehr zur lykurgischen Verfassung (oder was man damals darunter verstanden hat), Abschaffung des Ephorats, Bodenreform, Streichung der Schulden und Stärkung der Wehrkraft des Staates, wobei auch Fremde in den Staatsverband aufgenommen werden sollten. Als die Feinde Spartas werden von Kleomenes die Illyrer und Ätoler herausgestellt – von den Achäern findet sich dagegen in der Rede kein Wort.

Die Bodenreform wurde dadurch eingeleitet, daß Kleomenes und seine Freunde ihr Land dem Staat zur Verfügung stellten. Das Land wurde in Parzellen aufgeteilt, eine Anzahl von Landlosen wurde für die Verbannten freigehalten. Kleomenes gab das Versprechen ab, er wolle diese in die Heimat zurückführen, sobald die Lage sich normalisiert habe. Die Bürgerschaft wurde durch Periöken aufgefüllt, mit ihrer Hilfe konnte ein Heer von 4000 Hopliten aufgestellt werden (vorher hatte man sich mit einer wesentlich geringeren Zahl begnügen müssen). Die Hopliten wurden mit Sarissen ausgerüstet, nach dem Vorbild der makedonischen Pezhetairen. Auch die *Agogé,* die spartanische Staatserziehung, wurde wieder eingeführt. In der Unterweisung der Jugendlichen stand dem König Sphairos von Borysthenes zur Seite, der sich damals in Sparta aufgehalten haben soll. Schließlich nahm Kleomenes als Mitkönig seinen Bruder Eukleidas an. Damit besaß Sparta, zum ersten Mal in seiner Geschichte, zwei Könige aus dem gleichen Hause, dem der Agiaden.

Kleomenes fühlte sich völlig sicher. So wird man es verstehen, daß er bei einem Beutezug in das Gebiet von Megalopolis eine Gruppe von Dionysischen Techniten, Schauspielern, in seinen Dienst stellte, und zwar mit Gewalt. Im Gebiet des Feindes ließ er ein Theater errichten, wobei er für den Wettbewerb unter den Techniten einen Preis von 40 Minen aussetzte. Einen ganzen Tag lang sah er den Schauspielern zu, wie sie ihr Bestes gaben, um den Preis zu erringen. Plutarch meint, der König habe an dem Schauspiel kein Interesse gehabt, er habe nur seinen Feinden vor Augen führen wollen, daß er sich über sie lustig mache. Plutarch fügt hinzu, daß bis dahin allein die Spartaner von allen Heeren der Griechen und Makedonen keine Jongleure, Tänzerinnen und Harfenspielerinnen in ihrem Gefolge gehabt hätten. Bei ihren Heereszügen hätten sie sich anderen, und zwar ausgesprochen lakonischen Vergnügungen gewidmet, vor allem der Unterhaltung und der lakonischen Redeweise.

Im übrigen aber erscheint Kleomenes bei Plutarch als das Muster eines

Königs. Er hatte aus seinem Privatleben jeden Luxus verbannt, war allen Besuchern ohne weiteres zugänglich und pflegte sich stundenlang mit jenen zu unterhalten, die seine Hilfe nötig hatten. Sein Haus kannte keine Türwächter und kein Vorzimmer, auf geschriebene Bittschriften legte er keinen Wert. In seiner Umgebung sah man keinen Purpur, überhaupt war seine Wohnung ohne jede Prachtentfaltung. Den Seinen galt er als ein Muster von Vernunft und Bescheidenheit, und gerade dies kam ihm im Umgang mit den Griechen zustatten. Die Schilderung Plutarchs läßt deutlich erkennen, daß Kleomenes von der Idee des hellenistischen Königtums weit entfernt war. Was er in Sparta praktizierte und zur Schau stellte, war ein typisch patriarchalisches Königtum. Auch beim Empfang von Freunden und fremden Gesandten herrschte größte Einfachheit, niemand wurde zum Trinken gezwungen, und der König selbst unterhielt seine Gäste mit Fragen und Erzählungen. Auch hatte er nicht den geringsten Ehrgeiz, sich Menschen durch Gaben und Geschenke zu verpflichten und sie zu korrumpieren. Er hielt dies eines Königs für unwürdig. Er pflegte zu sagen, daß man Freunde durch den Umgang und Gespräche gewinne, die Vertrauen und Vergnügen erwecken.

Aber immer noch war der Krieg gegen die Achäer nicht beendet. Das Kriegsglück hatte sich jetzt auf die Seite des Kleomenes geschlagen, bei Dyme in Achaia erlitten die Achäer eine geradezu vernichtende Niederlage. Sie hatten nominell unter dem Befehl des Strategen Hyperbatas gestanden, in Wirklichkeit aber war Aratos der Führer gewesen. Die Waage neigte sich deutlich auf die Seite der Lakedämonier, und es schien nicht mehr zweifelhaft, wer binnen kurzem die Vorherrschaft über die Peloponnesos erringen würde. Kleomenes forderte nämlich schon jetzt ganz unverhohlen die Hegemonie. Dies aber wäre das Ende eines selbständigen Achäischen Bundes gewesen, die Lage der Achäer war inzwischen so schwierig geworden, daß sie sich zu Verhandlungen bereiterklärten. Bei diesen Verhandlungen aber fehlte Kleomenes. Er hatte nach einem Gewaltmarsch kaltes Wasser getrunken und einen Zusammenbruch erlebt. Dabei verlor er nicht nur eine große Menge Blut, sondern auch seine Sprache, so daß er verhandlungsunfähig war und sich nach Sparta zurückbegeben mußte.

Die Kämpfe um die Hegemonie in der Peloponnesos waren zwar lokale Streitigkeiten, aber im Hintergrund standen die hellenistischen Großmächte, vor allem Makedonien, damals unter der Herrschaft des Antigonos Doson (230 oder 229 bis 222/1). Plutarch (Leb. d. Kleom. 16, 3) beschuldigt Aratos, er habe den alles entscheidenden Schritt getan und die Peloponnesos den Makedonen preisgegeben, die er einst bei der Einnahme Korinths (im Jahre 243) vertrieben hatte. Im übrigen wird dem Aratos nachgesagt, er habe in seinen „Denkwürdigkeiten" viel Ungünstiges über Antigonos Doson gesagt, obwohl er mit ihm in engen Kontakt getreten sei.

Im Jahre 225 gelang es Kleomenes, außer einigen kleineren Orten auch das wichtige Argos in seine Gewalt zu bringen. Die Stadt stellte Geiseln und nahm eine spartanische Besatzung in ihre Mauern auf. Dies geschah in den Tagen, in welchen die Nemeen in Argos gefeiert wurden, d. h. im Hochsommer, im Juli. Und nun läßt uns die Überlieferung für zwei Jahre im Stich, erst mit dem Erscheinen der Makedonen auf der Peloponnesos, im August des Jahres 223, setzt sie wieder ein.

Dem Aratos hatte die Offensive des Kleomenes viel Kummer bereitet. Die Orte Kleonai und Phleius waren auf die Seite des Kleomenes übergegangen, und Aratos hielt es nun für notwendig, die Bewohner von Korinth auf seiner Seite zu halten – aber diese hatten die größte Eile, eine Gesandtschaft nach Argos zu schicken, um mit dem Spartanerkönig Kontakt aufzunehmen. In seinen „Denkwürdigkeiten" bemerkt Aratos, die Korinther hätten hierbei alle ihre Pferde zuschanden geritten – dies natürlich eine groteske Übertreibung, die jedoch zeigt, wie sehr Aratos über den Umfall der Korinther verärgert war. Im übrigen zeigt hier die Überlieferung, daß Kleomenes es immer wieder versucht hat, Aratos auf seine Seite zu bringen, er hat ihm sogar Jahrgelder angeboten, und zwar die doppelte Summe, die dem Aratos von Ptolemaios III. gezahlt wurde. Zu einer Übergabe der Feste Akrokorinth an Kleomenes kam es jedoch nicht, und der König mußte nun allmählich Vorbereitungen treffen, um das von Norden heranrückende Heer der Makedonen am Einmarsch in die Peloponnesos und am Eingreifen in die Belagerung von Akrokorinth zu hindern. Kleomenes überschritt von Süden her das Geraneia-Gebirge am Isthmos und befestigte die Linie der ‚Eselshügel', um die Makedonen hier abzufangen und sie in verlustreiche Gefechte an den Befestigungen zu verwickeln. Und in der Tat geriet der Makedonenkönig Antigonos Doson in Schwierigkeiten, die Lebensmittel gingen auf die Neige, und mit Gewalt war ein Durchbruch kaum zu erzwingen. Auch ein Versuch der Makedonen, über den Hafen Lechaion sich hinter dem Rücken der Spartaner durchzustehlen, endete mit einem Mißerfolg, da die Spartaner auf das Täuschungsmanöver nicht hereinfielen. Als Antigonos Doson einen Seetransport seiner Soldaten nach Sikyon in Erwägung zog, gab es für Kleomenes Schwierigkeiten in Argos, hier waren die Bürger (oder ein Teil von diesen) enttäuscht darüber, daß Kleomenes die Schulden nicht annulliert hatte. Kleomenes befand sich nun in der Klemme, er entsandte seinen Stiefvater Megistonous nach Argos, aber dieser erlitt mit seinen Soldaten vor den Mauern der Stadt eine Niederlage und fiel in dem Treffen. Die spartanische Besatzung hatte dem Kampf tatenlos zusehen müssen. Sie hielt jedoch stand, aber die Lage in der Stadt war so schwierig geworden, daß die Besatzung dem König Kleomenes Botschaften zugehen ließ, er möge unverzüglich zu Hilfe kommen. Kleomenes gab daraufhin seine feste Stellung an den ‚Eselshügeln' auf und eilte nach Argos. Hier konnte er durch die Tunnel unter der Zitadelle eine Verbindung mit der Besatzung herstellen. Er vermochte auch einen Teil der Stadt in seinê Gewalt zu bringen und ließ die Straßen durch seine kretischen Bogenschützen vom Feind säubern. Als er aber die makedonische Phalanx in hervorragender Ordnung von dem Hügel zur Stadt herabsteigen sah, während die makedonische Reiterei bereits in die Stadt einzudringen begonnen hatte, da ließ Kleomenes sein Heer sammeln und zog ab, Korinth und Argos waren für ihn verloren. Die Makedonen folgten ihm auf seinem Weg nach Arkadien. Das Unglück des Kleomenes war aber noch nicht voll. In der Nähe Tegeas überbrachte man ihm die Nachricht vom Tode seiner Frau, der er von ganzem Herzen zugetan gewesen war. Plutarch berichtet, daß Kleomenes es selbst bei seinen erfolgreichen Kampagnen niemals bis zum Ende ausgehalten habe, sondern immer wieder nach Sparta geeilt sei aus Liebe zu seiner Frau. Trotz seines großen Schmerzes benahm sich Kleomenes würdig und mannhaft, er zog nicht einmal ein Trauergewand an, er unterließ es auch nicht, seinen Soldaten die notwendigen Befehle zu erteilen, und kümmerte sich selbst um die Sicherheit der Stadt Tegea.

Das Eingreifen der Makedonen unter dem König Antigonos Doson in der Peloponnesos bezeichnet zugleich einen Wendepunkt der Politik des Antigonidenreiches. Während die Makedonen ihre Hilfe dem Achäischen Bund zuteil werden ließen, hatte sich der ägyptische Herrscher Ptolemaios III. (246–221) auf die Seite des Kleomenes gestellt. Er verlangte aber als Unterpfand der Vertragstreue von Kleomenes dessen Mutter und Kinder als Geiseln. Es wird berichtet, daß Kleomenes sich lange nicht entscheiden konnte, von der Forderung des Ptolemaios zu seiner Mutter zu sprechen. Schließlich habe er sich aber doch ein Herz gefaßt und ihr die Sache vorgetragen. Darauf soll die Mutter gesagt haben: „Wenn dies die Sache gewesen ist, die du mir so oft vortragen wolltest, ohne den Mut dazu zu finden, so sage ich dir: Laß mich schnell an Bord eines Schiffes gehen und schicke meinen Leib dorthin, wo er für die Spartaner am nützlichsten sein wird, bevor er hier infolge des Alters zugrundegeht." Dies erzählt Plutarch in dem „Leben des Kleomenes", c. 22, 3–4. Nun kann aber kaum ein Zweifel darüber aufkommen, daß diese Anekdote aus dem Geschichtswerk des Phylarch stammt, der großen Gefallen an dramatischen Erzählungen hatte. Er hat diese Szene frei erfunden, denn es war ja niemand zugegen, als die Unterredung zwischen dem König und seiner Mutter stattfand. Und wenn die Mutter in bewegenden Abschiedsworten ihren Sohn, den König, am Kap Tainaron beschworen haben soll, sich Spartas würdig zu erweisen, da dies allein in unserer Macht liege, nicht aber der Erfolg, der als eine Gabe der Götter zu betrachten sei – so entsprechen diese Worte zwar der Auffassung der Hellenen, aber auch sie sind kaum als authentisch zu betrachten. Von Ägypten aus soll die Mutter den Sohn ermahnt haben, seine Politik so zu führen, wie sie für Sparta vorteilhaft sei; auf sie, die Mutter, solle er nicht die geringste Rücksicht nehmen.

Mit der Herrschaft der Spartaner über weite Gebiete der Peloponnesos war es zu Ende, die Halbinsel wurde vielmehr bis zu den Landesgrenzen Spartas von dem Makedonenkönig kontrolliert. In seiner Bedrängnis schritt Kleomenes zum äußersten: er verfügte die Freilassung aller Heloten, die imstande waren, für ihre Person fünf attische Minen zu erlegen. (Das Geld wurde offenbar für Rüstungszwecke gebraucht, die Subsidien des 3. Ptolemäers reichten dafür bei weitem nicht aus.) Kleomenes soll bei der Freilassung im ganzen 500 Talente eingenommen haben. Unter der Vorausetzung, daß alle freigelassenen Heloten die geforderte Summe hinterlegen konnten, kommt man auf die Zahl von 6000 Menschen. Von diesen sind insgesamt 2000 nach makedonischer Art bewaffnet worden; sie waren als Gegenstück der makedonischen „Weißschildner", offenbar einer Elitetruppe ähnlich den ‚Silberschildnern' der Diadochenzeit, bestimmt. Die übrigen mußten offenbar erst eingeübt werden, vielleicht stand für sie keine entsprechende Ausrüstung zur Verfügung. Es folgt nun ein spektakulärer Überfall der Spartaner auf die Stadt Megalopolis. Das Unternehmen war äußerst geschickt angelegt, man hatte es als einen Handstreich auf Argos getarnt und fand daher die Einwohner von Megalopolis ganz unvorbereitet. Einer spartanischen Vorausabteilung gelang es, einen Teil der Stadtmauern in überraschendem Zugriff zu besetzen; einen andern Teil der Mauern hatten sie unterminiert, so daß es für Kleomenes, der mit der Hauptmacht nachfolgte, ein leichtes war, in die Stadt einzudringen. In Megalopolis herrschte große Verwirrung, aber wenn auch die Verteidigung der Stadt unmöglich war, so konnten doch zahlreiche Einwohner mitsamt ihren Frauen und Kindern nach Messene entkommen. Eintausend wurden in der Stadt gefangen genommen, unter ihnen zwei bekannte Politiker mit Namen Lysandridas und Thearidas. Man brachte sie vor Kleomenes. Ihre Reden hätten den König so beeindruckt, daß er sich entschlossen habe, die Stadt den Einwohnern zurückzugeben unter der Bedingung, daß sie auf das Bündnis mit den Achäern verzichteten und seine Freunde und Verbündeten seien. Aber dem Spartanerkönig war in Megalopolis ein energischer und zielbewußter Gegner erwachsen. Dies war Philopoimen, der später die Führerschaft im Achäischen Bund übernehmen sollte. Philopoimen hat eine Verständigung mit

Kleomenes dadurch vereitelt, daß er Lysandridas und Thearidas aus Messenien vertrieben hat. Kleomenes aber soll hierüber so erbittert gewesen sein, daß er den Befehl gegeben habe, Megalopolis zu plündern. Die Statuen und Gemälde der Stadt ließ er nach Sparta führen, ein großer Teil der Stadtanlage fiel der Zerstörung anheim. Doch konnte er nicht daran denken, die Stadt auf längere Zeit zu behaupten, da er der zusammengefaßten Heeresmacht des Antigonos Doson und der Achäer nicht gewachsen war. Die Achäer hielten eine Bundesversammlung in Aigion ab, Beschlüsse über die Kriegführung gegen die Spartaner kamen aber nicht zustande; man nahm jedoch, und zwar mit großer Bestürzung, die Kunde von der Zerstörung der Stadt Megalopolis zur Kenntnis. Es zeugt für die Kühnheit des Kleomenes, daß er nun einen *Raid* in das Gebiet von Argos unternahm. In dieser Stadt hatte Antigonos Doson seine Winterquartiere aufgeschlagen, aber er hatte nicht genügend Truppen zur Verfügung, um die Spartaner an der Verwüstung des argivischen Landgebiets zu hindern. Als Antigonos nach Tegea abgezogen war, angeblich, um von hier aus in Lakonien einzufallen, da wich ihm Kleomenes geschickt aus und erschien noch einmal vor den Mauern der Stadt Argos. Dieses Mal machten die Spartaner ganze Arbeit, sie verwüsteten das Landgebiet, vor allem hatten sie es auf das Korn abgesehen, das sie mit Stangen zu Boden schlugen. Die Soldaten fanden Gefallen an der barbarischen Tätigkeit, und Plutarch meint, sie hätten gewissermaßen zum Spaß das Zerstörungswerk durchgeführt. Als sie jedoch daran gingen, das Gymnasium Kyllarabis (außerhalb der Stadtmauern) in Brand zu stecken, untersagte es Kleomenes.

Antigonos Doson war inzwischen mit seinen Truppen nach Argos zurückgeeilt. Kleomenes aber fühlte sich ihm so überlegen, daß er durch einen Herold um die Schlüssel des Heraions ersuchte, weil er hier ein Opfer darbringen wolle. Natürlich bekam er die Schlüssel nicht, aber dies hat ihn nicht daran gehindert, vor verschlossener Tür zu opfern.

Die Szene vor dem Heraion zeigt Kleomenes im Jahre 222 auf der Höhe seiner Erfolge. Er hatte gegenüber der Streitmacht der Makedonen und Achäer das Feld behauptet und den Städten Megalopolis und Argos beträchtlichen materiellen Schaden zugefügt. Einer Feldschlacht war er dagegen wohlweislich aus dem Wege gegangen. Hier war das Risiko für ihn zu groß, er rechnete vielmehr damit, durch seine Ermattungsstrategie zum Ziel zu kommen. Vor allem hoffte er, daß die Achäer die Lust an einem Krieg verlieren würden, den sie nicht gewinnen konnten, und Antigonos Doson sollte unverrichteter Sache wieder nach Makedonien zurückkehren. In der Tat war an der Nordgrenze Makedoniens die Völkerwelt in Bewegung, barbarische Völkerschaften hatten die Grenze überrannt, auch die Illyrer, die alten Feinde der Makedonen, waren mit Heeresmacht in Makedonien erschienen, so daß die Anwesenheit des Königs Antigonos immer dringender in Makedonien verlangt wurde. Die Boten waren schon unterwegs, als sich auf der Peloponnesos die Gegner zu einer Entscheidungsschlacht rüsteten: es war die Schlacht bei *Sellasia* (nördlich von Sparta), die im Sommer des Jahres 222 geschlagen worden ist. Wenn Kleomenes die Schlacht, ganz gegen sein früheres Verhalten, angenommen hat, so bestimmten ihn hierzu vor allem zwei Erwägungen: einmal begannen die Geldquellen auf die Neige zu gehen, da Ptolemaios III. von ihm abgerückt war und die Subsidienzahlungen eingestellt hatte, so daß Kleomenes nicht wußte, womit er seine Söldner und Bürgersoldaten bezahlen sollte. Der andere Grund bestand darin, daß der Feind die Stadt Sparta bedrohte. Wenn aber Sparta gefallen wäre, so wäre der Krieg ohnehin zu Ende gewesen.

Für die Schlacht bei Sellasia liegt ein ausführlicher Bericht aus der Feder des Polybios vor (Hist. II 65–69). Er wird durch Angaben in der Vita des Kleomenes von Plutarch (c. 28) ergänzt, aber es ist längst erwiesen, daß wir hier mit Plutarch nicht viel anfangen können, man wird sich vielmehr an Polybios halten müssen, der im großen und ganzen das Richtige gesehen und wohl auch die Gegend selbst in Augenschein genommen hat[1]. Die Schlacht hat sich westlich und östlich des Oenus-Flusses (heute Kelephina), etwa zehn Kilometer nördlich von Sparta, abgespielt. Kleomenes hatte die Hügel zu beiden Seiten der Straße besetzen lassen. Es waren dies der Olympos (östlich des Flusses) und der Euas (westlich der Straße und des Flusses). Gegen diese Stellung mußte Antigonos mit seinen Makedonen anrennen, wenn er den Durchbruch nach Sparta erzwingen wollte, eine Aufgabe, die noch dadurch erschwert wurde, daß Kleomenes seine Hügelstellung durch eine Kette von Feldbefestigungen gesichert hatte. Uneinnehmbar war die Stellung der Spartaner jedoch nicht, denn sie konnte, insbesondere im Westen, umgangen werden[2]. Infolgedessen kam alles darauf an, die Bewegungen der Gegner scharf zu beobachten und jede Veränderung ihrer taktischen Absichten mit einem entsprechenden Gegenzug zu beantworten. Als ein sehr großer Nachteil sollte es sich herausstellen, daß Kleomenes dem Gegner zahlenmäßig beträchtlich unterlegen war: er verfügte nur über 20000 Mann. Die Gegner, die mit der gesamten Streitmacht des Achäischen Bundes und mit der Phalanx der Makedonen ihm gegenüberstanden, hatten 28000 Mann zu Fuß und 1200 Reiter aufgeboten. Sie besaßen außerdem in dem König Antigonos Doson einen sehr umsichtigen Führer und in Philopoimen aus Megalopolis einen Mann, der im entscheidenden Moment die Initiative an sich gerissen hat. Kleomenes hatte den Euas-Berg, dessen Bedeutung ihm klar vor Augen stand, durch ein Detachement unter seinem Bruder Eukleidas besetzen lassen. An dieser Stelle begann aber für die Spartaner das Unglück, denn sie wurden am linken Flügel vor allem durch die Illyrer geworfen, und der Rückzug der Spartaner vom Euas-Berg nahm bald katastrophale Formen an. Bei Plutarch kann man nachlesen, daß Kleomenes es nicht versäumt hatte, die Gegend eingehend durch den Chef seines Geheimdienstes Damoteles (er war einst mit der Überwachung der Heloten betraut gewesen) rekognoszieren zu lassen. Aber dieser Damoteles sei von der Gegenseite bestochen gewesen und habe nichts Verdächtiges gemeldet. Mag dies nun auf Wahrheit beruhen oder nicht – der Verlust des Euas-Berges, bei dem Eukleidas, der Bruder des Spartanerkönigs, den Soldatentod erlitt, stürzte Kleomenes in die größte Verlegenheit. Es gab jetzt für ihn nur noch zwei Möglichkeiten: einen schleunigen Rückzug auf der Straße nach Sparta oder die Flucht nach vorn und den Entscheidungskampf mit der makedonischen Phalanx, die hier eingesetzt wurde. Kleomenes entschied sich für die zweite Möglichkeit, die seinem Mut ein hervorragendes Zeugnis ausstellt. Er ließ die Hindernisse hinwegräumen und trat den Makedonen in offener Feldschlacht entgegen. Es war ein ungleicher Kampf, die Spartaner sahen sich binnen kurzem aus den Verschanzungen herausgedrängt. Die Masse wandte sich daraufhin zur Flucht, die Makedonen gingen zur Verfolgung über, die Schlacht war auch bei dem Olympos-Berg für Kleomenes verloren. Der König bestieg ein Pferd und rettete sich nach Sparta. Die Niederlage hatte auf spartanischer Seite schwere Menschenverluste gefordert. Nach Plutarch (der hier wohl auf Phylarch beruht) seien von 6000 Spartanern nicht weniger als 5800 auf der Walstatt geblieben. Diese Zahl ist aber sicher eine Übertreibung, doch ändert auch dies nichts an der Tatsache, daß die Blüte der spartanischen Jugend auf dem Schlachtfeld geblieben ist, dazu noch zahlreiche Söldner, die, durch den Ruhm des Kleomenes angelockt, mit ihm ins Feld gezogen waren.

Die Schlacht bei Sellasia im Sommer des Jahres 222 ist ein Wendepunkt in der Geschichte Griechenlands. Hatte Kleomenes gehofft, die Hegemonie in der Peloponnesos, vielleicht sogar in ganz Griechenland, zu gewinnen, so hatte sich dieses Wunschdenken als eine Illusion erwiesen. Die Führerschaft war auf die Makedonen unter dem König Antigonos Doson und auf den mit ihm verbündeten Achäischen Bund übergegangen. Wiederum war unter makedonischer Führung in Griechenland eine Bundesorganisation entstanden, die, weit über lokale Bedeutung hinausgreifend, ein bedeutendes Machtinstrument in den Händen des Königs der Makedonen darstellte. Der Sieg des Antigonos Doson und der Achäer war zugleich eine Niederlage des Ptolemaios III., der, beraten durch kluge Politiker in Alexandrien, bereits kurz vor der Schlacht bei Sellasia seine Hand von Kleomenes abgezogen hatte. Er hatte die Subsidienzahlungen eingestellt und damit zu erkennen gegeben, daß ihm an einer

Konfrontation mit dem Makedonenkönig nichts gelegen war. Eine derartige Auseinandersetzung wäre auch für den Ptolemäer kaum zu gewinnen gewesen.

Die dramatische Szene, die sich nach der Rückkehr des geschlagenen Königs Kleomenes in Sparta abgespielt hat, ist von Plutarch – wahrscheinlich nach Phylarch – folgendermaßen geschildert worden: Danach soll der König in seinem Haus den ihm dargebotenen Trunk abgelehnt haben. Ohne sich auszuruhen, habe er sich in voller Rüstung an eine Säule gelehnt und nach kurzem Aufenthalt seine Flucht nach Gytheion, dem Seehafen Lakedaimons, fortgesetzt. Von Gytheion ging die Reise zu Schiff weiter nach Ägypten, denn hier, wo sich bereits seine Mutter und seine Kinder als Geiseln befanden, hoffte er ein Asyl zu finden. An dieser Stelle hat wieder Phylarch eine Geschichte eingelegt, sie sollte als Vorspiel der Ereignisse in Ägypten dienen: Auf einer kleinen Insel vor der Nordküste Kretas mit Namen Aigialia (d. i. Aigilia) soll ein Spartaner mit Namen Therykion dem König den Vorschlag gemacht haben, er möge sich lieber dem Makedonenkönig Antigonos unterwerfen als sich nach Ägypten einschiffen, denn es sei nicht schimpflich für spartanische Könige, den Nachkommen Philipps und Alexanders zu dienen. Kleomenes aber habe diesen wohlgemeinten Vorschlag abgelehnt, worauf sich Therykion am Strand den Tod von eigener Hand gegeben habe. Die sehr effektvolle Geschichte gehört aber wahrscheinlich ins Reich der Legende, wenn sie auch sehr eindrucksvoll wiedergegeben wird. Sie ist eine Überleitung zu den nicht weniger dramatischen Ereignissen in Ägypten.

In Alexandrien betrat Kleomenes mit seinen Begleitern ägyptischen Boden, er fand hier eine freundliche Aufnahme. Ptolemaios III. zahlte ihm ein Jahresgehalt von 24 Talenten. Außerdem soll er ihm die Restituierung in Sparta versprochen haben. In Alexandrien führte Kleomenes ein standesgemäßes Leben, er sammelte eine Schar von flüchtigen Spartanern um sich und hoffte auf eine baldige Rückkehr ins Vaterland. Aber die Politik machte ihm einen Strich durch die Rechnung. Zuerst erschien es dem Sosibios, dem allmächtigen Minister des 3. Ptolemäers, nicht opportun, den König zurückkehren zu lassen, man befürchtete – wahrscheinlich mit guten Gründen – Schwierigkeiten mit den Makedonen, denn man war auf ihr Wohlwollen wegen der Besitzungen der Ptolemäer in der Ägäis und in Kleinasien angewiesen. Es lohnte sich nicht, wegen des Kleomenes einen Konflikt mit den Antigoniden vom Zaun zu brechen, dessen Ausgang ganz ungewiß war. Dann aber starb Ptolemaios III., möglicherweise noch im Jahr 222, wahrscheinlich jedoch erst im Februar 221. Von seinem Nachfolger, Ptolemaios IV., war wenig zu erwarten. Er stand völlig unter dem Einfluß seiner Ratgeber und seiner Frauen, von denen seine Mätresse Agathokleia und deren Mutter Oinanthe ihn ganz nach ihrem Willen zu lenken wußten. Bald nach seiner Thronbesteigung hatte es Verwandtenmorde in Alexandrien gegeben; ihnen waren Berenike, die Mutter des Königs, und Magas, sein jüngerer Bruder, zum Opfer gefallen. Angeblich soll nun Kleomenes von der Verschwörung gegen Magas unterrichtet gewesen sein, er habe sich dem Sosibios gegenüber sogar für die Zuverlässigkeit der Söldner, vor allem der Peloponnesier unter ihnen, verbürgt, aber diese Angaben erscheinen wenig glaubhaft, und selbst wenn es wahr wäre, daß sich Sosibios bei Kleomenes nach der Zuverlässigkeit der Söldner erkundigt haben sollte, so dürfte dies mit dem Komplott nichts zu tun gehabt haben.

Der Stein geriet ins Rollen durch einen Brief, den ein gewisser Nikagoras, ein Messenier, an den König Ptolemaios IV. gesandt haben soll. Die antiken Quellen deuten an, daß dieser Nikagoras ein williges Werkzeug in den Händen des allmächtigen Sosibios gewesen sei, dieser aber habe Kleomenes getäuscht und dadurch seinen Untergang heraufbeschworen. Es wird berichtet, Kleomenes habe sich auf einem Spaziergang am Hafen von Alexandrien befunden und sei dabei Zeuge der Landung des Nikagoras geworden – aber auch diese Szene mag von Phylarch der Dramatik wegen erfunden worden sein. In dem bereits erwähnten Brief des Nikagoras soll angeblich die Rede davon gewesen sein, daß Kleomenes den Aufstand wagen wolle, falls er nicht vom König Ptolemaios IV. mit genügender Ausrüstung in die Heimat zurückgesandt werde. Dies aber sei der Anlaß dazu gewesen, daß man den Spartanerkönig in einem größeren Gebäudekomplex internieren und bewachen ließ. Als sich der 4. Ptolemäer vorübergehend in Kanopos aufgehalten habe, soll Kleomenes dies benutzt haben, um sich aus der Internierung zu befreien. Den Wachen habe er vorgespiegelt, daß ihn der König von Ägypten freilassen wolle. Die Wachen aber hätten sich dem Weingenuß hingegeben, und zwar in einer Weise, daß es Kleomenes gelungen sei, unbemerkt von ihnen das Gebäude zu verlassen. In seiner Begleitung befanden sich seine Freunde und seine Söhne, die ja schon vor ihm nach Alexandrien gekommen waren. Kleomenes und seine Begleiter waren bewaffnet, sie trugen Dolche in ihren Händen. Auf der Straße kam ihnen der Stadtkommandant Ptolemaios mit dem Viergespann entgegen, die Lakedämonier aber zogen ihn vom Wagen herab und sperrten ihn ein (nach Plutarch, Kleom. 37,1, hätten sie ihn dagegen getötet, was aber nicht zutreffend zu sein scheint). Die Spartaner riefen die Menge zur Freiheit auf, aber die Alexandriner ließen sich davon in keiner Weise beeindrucken, sie blieben im Gegenteil ganz teilnahmslos, wahrscheinlich wußten sie überhaupt nicht, welche Freiheit die Lakedämonier meinten. Der Versuch der kleinen Schar, sich der Zitadelle von Alexandrien zu bemächtigen, endete mit einem Fehlschlag, da sich der wachhabende Offizier nicht überrumpeln ließ. In dem allgemeinen Durcheinander blieben die Spartaner allein, das Spiel war für sie verloren, sie gaben sich selbst den Tod und starben in guter Haltung, wie es für sie selbstverständlich war. Dies aber geschah im Winter des Jahres 220/19 in Alexandrien.

Diese Episode ist der Gegenstand phantasievoller Ausgestaltung durch die tragische Geschichtsschreibung, durch Phylarch, gewesen. Aber die Ausschmückungen sind schwerlich als historisch zu betrachten, sie verdienen es daher nicht, hier wiedergegeben zu werden. Der König von Ägypten, Ptolemaios IV., aber hat das mißglückte Unternehmen an der Mutter und an den Söhnen des Kleomenes aufs furchtbarste gerächt. Der Leichnam des Kleomenes wäre nach dieser Version öffentlich gekreuzigt worden, an dem Leichnam aber hätten sich – nach der Darstellung Phylarchs – Zeichen und Wunder ereignet, die von der abergläubischen Menge mit Staunen hingenommen worden seien.

Der Ausbruch des Kleomenes mit nur zwölf Begleitern aus der Internierung, das muß nachträglich festgestellt werden, war eine Verzweiflungstat. Kleomenes war davon überzeugt, daß ihm in Ägypten niemand mehr helfen würde, insbesondere der König Ptolemaios IV. nicht, dessen Haltung er längst durchschaut hatte. Das einsame Sterben des Kleomenes und seiner Begleiter war der Schlußpunkt einer Entwicklung, für die man nicht nur die Zeitumstände, sondern auch den König Kleomenes selbst verantwortlich machen muß. Selten sind die Zeichen einer Zeit von einem König in derartig gravierender Weise verkannt worden wie von Kleomenes. Sein Verdienst, die längst überfällige Bodenreform in Lakedaimon in Gang gebracht zu haben, bleibt unbestritten. Aber Kleomenes hat die Reform mit dem Makel der Gesetzlosigkeit belastet, die Beseitigung der Ephoren war nicht mehr und nicht weniger als ein Meuchelmord, der von niemandem gebilligt werden konnte. Auch die Restitution des Königtums war sehr problematisch, denn was von Kleomenes aus ihm gemacht worden war, das kann man nur als eine Diktatur bezeichnen, eine Institution, die bisher den Spartanern völlig fremd gewesen war. Und für seine außenpolitischen Aspirationen verfügte Kleomenes längst nicht über genügend Machtmittel, er war auf die Unterstützung der Ptolemäer angewiesen, als diese ihn aber fallenließen – schon *vor* der Schlacht bei Sellasia –, war Kleomenes ein verlorener Mann. Man mag seine Leistungen als Feldherr und Politiker gelten lassen (Polybios hat ihn hoch gerühmt, obwohl Kleomenes ein Feind des Achäischen Bundes war) – aber dem Kleomenes fehlte die Einsicht, daß Sparta nicht mehr in der Lage war, mit den großen hellenistischen Staaten und insbesondere mit dem unter Antigonos Doson wiedererstarkten Makedonien zu konkurrieren. Kleomenes orientierte sich machtpolitisch an der Vergangenheit, und hierin liegt der Schlüssel zu seinem Mißerfolg und Untergang.

Für die Geschichtsschreiber, die antiken und die modernen, bleibt Kleomenes dennoch eine faszinierende Gestalt. Plutarch hat ihn, zusammen mit seinem Vorgänger, dem anderen spartanischen Reformkönig Agis, den beiden Gracchen gegenübergestellt und den Vergleich noch in einer eigenen Synkrisis hervorgehoben. Aber die Reformtätigkeit ist nur die *eine* Seite seines Wesens. Kleomenes war darüberhinaus ein bedeutender Soldat und Feldherr, der auf eine Reihe glänzender Erfolge zurückblicken konnte. In der Schlacht bei Sellasia allerdings, in der es für ihn um Sein oder Nichtsein ging, war er in seinen Dispositionen nicht in allem glücklich, und es ist sicherlich kein Zufall, wenn die ihm gewogene Überlieferung die Niederlage auf die Fehler seiner Untergebenen abzuwälzen versucht. Dies aber trifft nicht den Kern der Sache, Kleomenes stand vor der Wahl, den Gegnern Sparta kampflos preiszugeben oder in einer Entscheidungsschlacht sein Glück zu versuchen. Er wählte das letztere und wurde entscheidend geschlagen. Auch sein Verhalten in Alexandrien ist nicht in allem glücklich gewesen. Daß er irgendwie in die Verschwörung gegen Magas verwickelt war, ist wenig wahrscheinlich. Aber der Ausbruch aus der Internierung war eine Verzweiflungstat, die nicht nur ihn selber, sondern auch seine Begleiter in den Untergang gestürzt hat. Sein Leben endete in einer Tragödie, die er letzten Endes selbst verschuldet hatte. Sparta aber trat in die Reihe der Mächte dritten oder vierten Grades zurück, es hatte alle weltpolitische Bedeutung verloren, und der späte Versuch des spartanischen Tyrannen Nabis, Sparta noch einmal wenigstens zur führenden Macht auf der Peloponnesos zu machen, ist durch das Eingreifen der Römer zunichte geworden (194). Auch hier stand ein Spartaner gegen den Achäischen Bund, aber dieses Mal hatte der Bund die Unterstützung der Römer, so daß der Ausgang der Auseinandersetzung von vornherein nicht zweifelhaft sein konnte. Sparta aber versank in politische Bedeutungslosigkeit, auch mit dem Erscheinen des Tyrannen Eurykles, der mit Augustus befreundet war, hat sich hieran nichts geändert. Doch ist es von Interesse zu sehen, daß unter Eurykles die altspartanische Erziehung, die *Agogé,* fortlebte, und mit ihr die spartanische Verfassung, das Ephorat, die Volksversammlung (Apella) und der Rat der Alten (Gerusie). Aber dies war nur ein Schein, die Weltgeschichte war über Sparta längst hinweggegangen.

Literatur

B. Niese, Geschichte der griechischen und makedonischen Staaten II (1899) S. 305ff.; Th. Lenschau, RE XI (1921) Sp. 702–710 s. v. Kleomenes 6; H. Bengtson, Kleomenes III., ein spartanischer König im Exil, in: Geschichte in der Gesellschaft. Festschrift für Karl Bosl (Stuttgart 1974) S. 1–13.

Anmerkungen

1. Siehe J. Kromayer, Antike Schlachtfelder I (1903) S. 210ff.; gegen ihn G. Roloff, Probleme aus der griech. Kriegsgeschichte (Berlin 1903), der jedoch nicht in allem glücklich urteilt; siehe die Antikritik J. Kromayers, Wiener Studien 27 (1905) S. 2ff. Für einige topographische Probleme siehe W. K. Pritchett, Studies in Ancient Greek Topography I (1965) S. 58ff.
2. Siehe die Skizze bei Roloff, a. a. O. gegenüber S. 80.

8

Antiochos III., der Große

*243 (oder 242), †187 v. Chr.

Das Leben des Seleukidenkönigs Antiochos III. fällt in eine entscheidungsreiche Zeit. Als er geboren wurde, drohte das Reich in zwei Teile auseinanderzufallen, und zwar durch das Bestreben des Antiochos Hierax, des Oheims des Antiochos. Als der König starb, im Alter von 55 oder 56 Jahren, da zeigte die Welt ein verändertes Gesicht: die Konfrontation zwischen Antiochos III. und den Römern hatte bei Magnesia, am Berge Sipylos, am Ende des Jahres 190 (oder zu Beginn des folgenden Jahres) mit einer vernichtenden Niederlage des Seleukiden geendet. Die gesamten anatolischen Gebiete des Reiches waren verloren, es war weit nach dem Osten zurückgeworfen und von den Quellen des Hellenentums abgeschnitten. Zwischen dem Regierungsantritt des Herrschers im Jahre 223 – er war damals ein junger Mann von nahezu 20 Jahren – und seinem Lebensausgang bei einem Versuch, in einem Heiligtum der Elymaïs eine Zwangsanleihe einzutreiben, liegen 36 Regierungsjahre mit einer Fülle von Ereignissen, Erfolgen und Mißerfolgen. Erwähnt seien hier nur die Kriege gegen die Ptolemäer um Koilesyrien und die große Expedition des Königs, die ihn durch die Oberen Satrapien bis an die Grenzen Indiens geführt hat.

In den antiken Quellen erscheint die Gestalt des Königs in einem eigentümlichen Zwielicht. Während ihm der Historiker Polybios durchaus Gerechtigkeit widerfahren läßt, wenn er ihn auch nicht zu den ganz großen Herrschern rechnet, urteilen andere sehr viel zurückhaltender; insbesondere die römische Geschichtsschreibung sieht in Antiochos einen orientalischen Potentaten, nicht zu vergleichen mit den Heldengestalten der römischen Republik, mit Männern wie P. Cornelius Scipio und T. Quinctius Flamininus. Die Wahrheit ist die, daß Antiochos mit den Maßstäben abendländischer Geschichtsschreibung schwer zu erfassen und noch schwerer zu beurteilen ist. Er war zwar makedonischer Abstammung und hat dies auch immer wieder vor der Welt zur Schau gestellt, doch hat er mit seinem Verhalten zweifellos dem Orient seinen Tribut entrichtet, vor allem war er nicht immer frei von orientalischer Überheblichkeit und Willkür.

Die Regierung des Antiochos III. bezeichnet in der Geschichte des Seleukidenreiches zunächst einen steilen Aufstieg, gegen Ende aber einen ebenso jähen Niedergang. Antiochos III. war den Römern nicht gewachsen, und der Krieg mit ihnen endete mit dem Verlust der Großmachtstellung des Seleukidenreiches (188). Den endgültigen Schlußstrich unter die Auflösung des Reiches hat aber erst 124 Jahre später der römische Feldherr Pompejus im Jahre 64 gezogen.

Das problematische Wesen des Antiochos tritt in den entscheidenden Stunden seines Lebens immer wieder zutage, in manchen Situationen ist der König schwer zu durchschauen, und wichtige Entschlüsse, die er gefaßt hat, werden wohl für immer rätselhaft bleiben. Es ist denn auch nicht verwunderlich, wenn Antiochos III. in unseren Tagen keinen Geschichtsschreiber gefunden hat, der imstande gewesen wäre, seine Taten und seine Persönlichkeit in angemessener Weise zu schildern. Immerhin steht aber für die Zeit seiner Regierung bis zur Schlacht bei Magnesia in der Untersuchung von Hatto H. Schmitt[1] ein Werk zur Verfügung, das zahlreiche Probleme geklärt, andere einer Lösung zugeführt hat. Die Bedeutung des Königs beruht jedoch nicht nur auf seinen Kriegen, die ihn weit über die Grenzen des Reiches hinausgeführt haben. Ebenso bedeutend waren, wie erst die neuere Forschung erkannt hat, seine Leistungen auf dem Feld der inneren Politik. Antiochos hat das Seleukidenreich an Haupt und Gliedern reformiert, er hat den riesigen Staat, in dem sich im Osten wie im Westen starke zentrifugale Kräfte bemerkbar machten wie einst im Achämenidenreich, erneut zu einem Ganzen zusammengefügt, er hat die Wehrkraft des Reiches beträchtlich erhöht und eine neue Blüte der Wirtschaft heraufgeführt. Dies alles würde genügen, ihn als einen Herrscher, der beträchtlich über den Durchschnitt der hellenistischen Könige hervorragt, zu charakterisieren. Mit vollem Recht haben ihm die Zeitgenossen den Ehrennamen „der Große" gegeben.

Antiochos III. war als der jüngere Sohn des Seleukos II. (reg. von 246 bis 225) und der Laodike II., der Schwester des Achaios des Jüngeren, geboren. Sein älterer Bruder Seleukos III. (reg. von 225 bis 223) war sein Vorgänger auf dem Thron. Die ersten Jahre des Antiochos fallen noch in die Zeit des 2. syrischen Krieges, des Laodikekriegs (246–241). Der Krieg hat das Reich und die Seleukidendynastie einer schweren Belastungsprobe unterworfen. Antiochos II., der Großvater des 3. Antiochos – er regierte von 261 bis 246 –, hatte sich von seiner ersten Frau Laodike I., der Tochter des Achaios des Älteren, getrennt und Berenike, die Tochter des 2. Ptolemäers, geheiratet. Laodike aber war eine ungewöhnlich energische Frau, die sich die Zurücksetzung nicht gefallen ließ. Antiochos II., der im Sommer 246 in Ephesos verstarb, hatte seinen Sohn aus erster Ehe, Seleukos II., zum Thronerben bestimmt und dadurch das verbriefte Recht des kleinen Söhnchens der zweiten Gemahlin Berenike beiseitegeschoben. Die ptolemäische Prinzessin aber beschloß, beraten durch ehrgeizige Freunde, für das Thronrecht ihres kleinen Sohnes mit

Waffengewalt einzutreten. Sie wurde hierin von ihrem Bruder, dem 3. Ptolemäer, der inzwischen in Alexandrien den Thron bestiegen hatte, unterstützt. Aber es gab am Hof der Seleukiden in Antiocheia am Orontes eine Gruppe von Anhängern der Laodike, und durch diese ist die Entwicklung in eine andere Richtung gelenkt worden: Berenike und ihr kleines Söhnchen sind einem Attentat zum Opfer gefallen. Über die Eindrücke, welche der 3. Ptolemäer bei seinem Einzug in Antiocheia erhalten hat, gibt es ein Bulletin des Ptolemäerkönigs, ein sehr wertvolles Schriftstück, das auf einem Papyrus auf unsere Zeit gekommen ist. Es spiegelt die offizielle ptolemäische Version der Ereignisse wider. Im übrigen sind die Eroberungen, die der 3. Ptolemäer im Seleukidenreich, vor allem in Syrien und Mesopotamien, gemacht hatte, alsbald wieder verlorengegangen. Obwohl die ägyptische Propaganda den 3. Ptolemäer zu einem großen Kriegsfürsten, und zwar durchaus zu Unrecht, emporstilisiert hat, ist diese Version historisch unannehmbar. Im allgemeinen haben die seleukidischen Statthalter sich für die angestammte Dynastie, nicht für das zweifelhafte Recht des Ptolemäers, eingesetzt. Der Friede des Jahres 241 brachte dem 3. Ptolemäer zwar den Besitz der Hafenstadt Seleukeia in Pieria, einer Enklave, im übrigen aber hat sich an dem Grenzverlauf in Syrien nichts geändert. Der Süden, Koilesyrien, war ptolemäisch, der Norden, die sogenannte Seleukis, blieb seleukidisch.

Fast noch düsterer war das Bild im Osten des Seleukidenreiches. Hier hatte sich (um 250) der Statthalter von Baktrien Diodotos allmählich aus dem Reichsverband gelöst; er konnte sich dabei auf die zahlreichen makedonischen Militärkolonien (Katoikien) stützen, die in Baktrien seit der Zeit Alexanders gegenüber der einheimischen Bevölkerung die eigentlichen Bastionen des Makedonentums und Griechentums bildeten. Die Abtrennung Baktriens war ein sehr schwerer Schlag für das Hellenentum in Vorderasien, denn der Staat des Diodotos orientierte sich nach dem Osten, nach Indien. Er hatte seine eigenen Probleme, vor allem sah er sich durch das Vordringen der östlichen Reitervölker bedroht. Um das Unglück vollzumachen, lösten sich auch Parthien und Hyrkanien (an der Südküste des Kaspischen Meeres) aus dem Reichsverband. Zuerst hatte der parthische Satrap Andragoras versucht, sich selbständig zu machen, dann aber kam ein iranisches Reitervolk, die Parner; sie gründeten unter ihrem König Arschak (griechisch Arsakes) einen eigenen Staat, das Reich der Parther, wie sie sich jetzt nach der Landschaft genannt haben. Die parthische Ära beginnt am 1. Nisan (April) 247.

Schon vorher hatte in Kleinasien der Perser Ariarathes ein eigenes Reich in Kappadokien gegründet (um 260), so daß auch in Anatolien die Macht der Seleukiden stark eingeschränkt worden war. Hinzu kam noch die Existenz der selbständigen Staaten Bithynien und Pontus, beide am Schwarzen Meer gelegen; der letztere stand unter der Herrschaft eines iranischen Fürstenhauses, in welchem der Name Mithradates häufig wiederkehrt (s. u. S. 253).

Um das Unglück vollzumachen, hatte sich der Oheim des Antiochos III., Antiochos Hierax, unterstützt von seiner Mutter Laodike, in dem seleukidischen Teil Anatoliens ein eigenes Reich ertrotzt, das er ohne Rücksicht auf den regierenden König Seleukos II. von Sardes aus gelenkt hat. Antiochos Hierax war zwar nominell Mitregent seines älteren Bruders, aber in Wirklichkeit hat Antiochos hier ganz selbständig regiert, doch hatte er Schwierigkeiten mit den streitbaren Galatern und mit den Herrschern von Pergamon. Die Herrschaft des Antiochos Hierax dauerte ungefähr 14 Jahre, von 242 bis 228/7 v. Chr. Ein Versuch des Seleukos II., ihm die Herrschaft in Anatolien zu entreißen, ist fehlgeschlagen. Der in Antiocheia residierende König hatte in Kleinasien keine Verbündeten, im Gegenteil, Antiochos Hierax hat ihm bei Ankyra eine entscheidende Niederlage beibringen können, wobei sich Antiochos dieses Mal auf die Hilfe der Galater stützen konnte. Das Ereignis fällt wahrscheinlich in die Zeit um 239. Seleukos II. wurde totgesagt, sein Bruder, der gleiche, der gegen ihn im Felde gestanden hatte, soll ihn zutiefst betrauert haben. Seit dieser Zeit mußte es die Aufgabe eines jeden Seleukidenherrschers sein, in Anatolien wieder Ordnung zu schaffen. Dies ist jedoch weder dem Seleukos II. noch seinem Nachfolger, Seleukos III., gelungen. Als er einen Feldzug gegen Attalos I. von Pergamon beginnen wollte – dieser hatte nach dem Untergang des Antiochos Hierax in Thrakien fast das ganze ehemals seleukidische Territorium in Kleinasien unter seine Herrschaft gebracht –, da wurde Seleukos III. nach einer nur kurzen Regierung (225–223) auf heimtückische Weise ermordet. Wieder soll ein Galater namens Apaturios dabei die Hand im Spiel gehabt haben. Die Lage des Seleukidenreiches und der Dynastie war geradezu verzweifelt, nur eine starke Hand konnte in dem Chaos Ordnung schaffen, und die Hoffnungen ruhten allein auf dem damals wohl noch nicht ganz zwanzigjährigen Antiochos III., den das Heer zum Nachfolger des Seleukos III., seines älteren Bruders, ausgerufen hatte. Antiochos weilte im Osten des Reiches, wahrscheinlich als Vizekönig der Oberen Satrapien. Mitregent des Bruders ist er jedoch nach Ausweis der babylonischen Keilschrifttafeln nicht gewesen.

Antiochos hatte in seiner Umgebung einen Ratgeber, den Karer Hermeias. Dieser Mann ist ganz zweifellos für die ersten Entschlüsse des jungen Herrschers verantwortlich. Sie zeugen im übrigen von einem außergewöhnlich praktischen Verstand und von einer überlegenen Einsicht in die Notwendigkeiten, welche die Regierung des großen Reiches erforderte. Es hatte sich nämlich im Laufe der Jahrzehnte vor 223 gezeigt, daß nur eine vernünftige

Dezentralisierung den Problemen gerecht werden konnte, die durch den Umfang und die weite Ausdehnung des Reiches gestellt wurden. Man mußte versuchen, die Administration zu straffen, im Osten und im Westen neue Verwaltungsformen zu finden, die effektiver sein mußten als die Mittel, welche der Zentralregierung in Antiocheia am Orontes zur Verfügung standen. Es zeugt für die Intelligenz des jungen Herrschers, wenn er diese Probleme unmittelbar nach seiner Thronbesteigung in Angriff genommen hat: die Wiederherstellung der Seleukidenherrschaft in Kleinasien vertraute er seinem Vetter Achaios an, dieser sollte den Herrscher von Pergamon auf sein angestammtes Gebiet zurückdrängen. Die Ostgebiete mit der Satrapie Medien als Kern übergab Antiochos dem dortigen Satrapen Molon. Dieser Mann wurde zu einer Art von Vizekönig der östlichen Satrapien ernannt, d. h. die Stellung des Generalgouverneurs der Oberen Satrapien, die in der Diadochenzeit geschaffen worden war, wurde wieder eingerichtet. Die Dezentralisierung war für das Reich geradezu lebensnotwendig. Sie konnte aber als System nur funktionieren, wenn es gelang, die entscheidenden Stellen mit zuverlässigen Männern zu besetzen. Aber gerade in diesem Punkt sollte sich Hermeias – oder wer sonst für die Ratschläge die Verantwortung trägt – ganz beträchtlich irren. So sehr man die Entschlüsse des jungen Königs loben wird – in der Kenntnis der Menschen machte er entscheidende Fehler, vielleicht hat er sich eben zu sehr auf das Urteil des Hermeias verlassen. Sowohl Achaios wie Molon haben die ihnen übertragene Macht zu ihrem eigenen Vorteil ausgenutzt und dabei die Interessen des Gesamtreiches zurückgestellt.

Erstaunlich ist nun die Tatsache, daß Antiochos III., den großen Schwierigkeiten in Kleinasien zum Trotz, einen Feldzug gegen Ägypten ins Werk gesetzt hat. In Ägypten regierte damals noch Ptolemaios III. (246 bis Ende 222 oder Anfang 221). Der Plan eines ägyptischen Krieges geht zweifellos auf Hermeias zurück. Schon längst war den Seleukiden die Okkupation Koilesyriens durch den ersten Ptolemäer ein Dorn im Auge; sie wollten nunmehr den Zustand ändern, indem sie mit Waffengewalt ihre Forderungen durchzusetzen versuchten. Da kam die Nachricht, daß Molon, der Vizekönig der Oberen Satrapien, und sein Bruder Alexander, der Satrap der Persis, abgefallen seien. Die beiden Machthaber waren dem Beispiel des Diodotos und Andragoras gefolgt, sie wollten sich aber mitnichten mit den Oberen Satrapien begnügen, sondern in die Kernlande des Reiches, in Mesopotamien und Babylonien, einfallen, um sich hier ein Machtzentrum aufzubauen, von dem aus sie Nordsyrien, die Seleukis, bedrohen konnten. Anstatt sich nun mit der gesamten Streitmacht auf die Empörer zu werfen, beschloß der seleukidische Kronrat auf Vorschlag des Kanzlers Hermeias, gegen die Aufständischen nur einen kleinen Teil der

Streitkräfte unter dem Befehl der Strategen Xenon und Theodotos zu entsenden. Der Aufstand des Molon hatte wahrscheinlich im Sommer 222 begonnen, die Gegenmaßnahmen konnten schwerlich vor dem Herbst des gleichen Jahres in Angriff genommen werden. Mitten in den Vorbereitungen des Feldzugs gegen Ägypten und gegen die aufständischen Satrapen feierte Antiochos III. seine Hochzeit mit Laodike, Tochter des Mithradates II., Königs von Pontos. Der König Antiochos hielt sich damals in Seleukeia bei Zeugma am Euphrat auf. Hier führte ihm der Nauarch Diognetos die Prinzessin aus dem fernen Pontos zu. Es ist zu vermuten, daß sie eine weite See- und Landreise überstanden hatte, die sie von der Küste des Schwarzen Meeres über die anatolischen Berge nach einem der syrischen Häfen und von hier, wieder zu Land, nach Seleukeia bei Zeugma führte. Die Hochzeit wurde mit der im Orient üblichen Prachtentfaltung vollzogen. Danach begab sich der junge König mit seiner Gemahlin und dem Gefolge wieder in die Reichshauptstadt Antiocheia am Orontes, um von hier aus die militärischen Operationen zu leiten.

Die Entsendung der Strategen Xenon und Theodotos erwies sich als ein Fehlschlag, da sie gegen Molon nichts auszurichten vermochten. Dieser drang vielmehr in das Zweistromland ein und besetzte die Landschaft Apolloniatis. Aber sein Hauptbollwerk war nach wie vor die medische Satrapie, sie war die Hochburg des Makedonentums im Vorderen Asien. Immer noch hielt der König Antiochos an seinem Plan des Ägyptenfeldzugs fest. Daher beauftragte er nun den Xenoitas als ‚bevollmächtigten Strategen' *(strategòs autokrátor)* mit der Niederwerfung des aufständischen Molon. Das Unternehmen gegen das südliche Syrien, dem der König ebenso wie seine Ratgeber mit so großen Hoffnungen entgegengesehen hatte, lief sich inzwischen bei Gerrha, zwischen dem Libanon und Antilibanon, fest. Die entscheidenden Punkte hatte der ptolemäische Stratege Theodotos besetzt, so daß es hier für Antiochos kein Durchkommen gab.

Erst jetzt entschloß sich der seleukidische Kronrat, und zwar gegen die Absicht des Hermeias, dem König zu empfehlen, den Kampf gegen den Rebellen Molon aufzunehmen. Es war kostbare Zeit verlorengegangen, man stand bereits in den ersten Monaten des Jahres 220. Jetzt aber ging alles sehr schnell. Molon wurde besiegt, der König ordnete in Seleukeia am Tigris die Verhältnisse in den Ostgebieten, nicht ohne vorher die grausamsten Strafen an den Empörern zu vollziehen. Molon hatte in Voraussicht des Kommenden den Tod von eigener Hand gewählt, sein Leichnam wurde in Medien ans Kreuz geschlagen. Der König fand sogar noch die Zeit, sich gegen Artabazanes, den Herrscher von Media Atropatene, zu wenden, der mit seinen Sympathien auf seiten der Empörer gestanden hatte – es war ihm offenbar keine andere Wahl geblieben. Unter Führung des jungen Königs hatte das seleukidische Reichsheer bedeutende Marsch- und Gefechtsleistungen im Zweistromland und beim Übergang über das Zagros-Gebirge vollbracht, Antiochos III. hatte in würdiger Weise die Tradition seiner Vorfahren wieder zu Ehren gebracht.

Gegen den Kanzler Hermeias hatte sich inzwischen eine Opposition in der Umgebung des Königs gebildet. Aus der Opposition entwickelte sich eine regelrechte Verschwörung, von der sogar der König Kunde gehabt haben soll. An der Spitze der Verschwörer stand der Arzt Apollophanes. Bei einem Morgenspaziergang des Königs hatte man es verstanden, Hermeias vom Monarchen und von dessen Freunden zu trennen. Auf diese Weise isoliert, fiel der Kanzler den Dolchen seiner Feinde zum Opfer. Der Pöbel der Hauptstadt vergriff sich daraufhin an seiner Frau und seinen Kindern, sie wurden gleichfalls getötet. Ganz ohne Zweifel ist die Ermordung des Hermeias ein dunkler Punkt im Leben des Königs. Der Monarch wollte endlich allein regieren, auch auf den Rat seines Arztes Apollophanes scheint er nur kurze Zeit gehört zu haben. Vom Tod des Hermeias an wird man die Politik des Antiochos III. mit anderen Maßstäben messen müssen: für alles, was von nun an geschehen ist oder unterlassen wurde, trägt der König selbst die Verantwortung (seit dem Herbst 220). Hermeias aber war sicherlich eine rücksichtslose Natur, er verfügte über einen ungemeinen Ehrgeiz und eine ungewöhnliche Herrschsucht. Den jungen Herrscher hat er jedoch niemals getäuscht oder betrogen, und was er angeordnet hatte, war dem Reich und seinem Herrscher zugute gekommen. Die Ermordung des treuen Dieners sollte sich später an dem König und an dem Reich bitter rächen[2].

Den Feldzugsplan gegen Ägypten hatte Antiochos immer noch nicht aufgegeben, als er durch schlimme Nachrichten aus Kleinasien aufgeschreckt wurde. Sein Vetter Achaios hatte sich in Anatolien zum selbständigen Herrscher aufgeworfen und Verbindungen mit Ägypten angeknüpft. In diesem Stadium erzielte Antiochos die ersten bedeutenden Erfolge im ägyptischen Krieg: die Seefestung Seleukeia in Pieria, eine ptolemäische Exklave auf nordsyrischem Gebiet, fiel durch Verrat in die Hände des Seleukiden. Antiochos hat sich übrigens nach Einnahme der wichtigen Hafenstadt sehr maßvoll gezeigt; er hat der freien Bevölkerung (angeblich 60000 an der Zahl) die persönliche Sicherheit konzediert, die aus der Stadt geflohenen Bürger wieder zurückgeführt und ihnen ihr Eigentum zurückgegeben.

Da trat ein Ereignis ein, das niemand erwarten konnte und das die Hoffnungen des Königs auf den Gipfel emportrug: Theodotos, der ptolemäische Generalgouverneur von Syrien und Phoinikien, ließ den König Antiochos wissen, er sei bereit, ihm die Hafenstädte Ptolemaïs und Tyros zu übergeben. Theodotos fühlte sich durch seinen Souverän nicht genügend geschätzt und hatte den Entschluß gefaßt, sich auf die andere Seite zu begeben. Diese Gelegenheit hat Antiochos jedoch nicht genügend ausgenutzt, er ließ es im Gegenteil an Entschlußkraft fehlen, als es galt, den Angriff gegen die Grenzen Ägyptens vorzutragen. Die Rüstungen seines Gegners, des Königs Ptolemaios IV., waren nämlich derart unzulänglich, daß ein voller Erfolg des Antiochos durchaus im Bereich des Möglichen gelegen hätte. Auch auf diplomatischem Parkett zeigte es sich, daß Antiochos der überlegenen und verschlagenen Politik des Sosibios, des ersten Ministers des 4. Ptolemäers, nicht gewachsen war. Die Gesandtschaften gingen zwischen Seleukeia in Pieria, das Antiochos zu seinem Hauptquartier gewählt hatte, und Alexandrien hin und her, wobei sich Antiochos immer wieder darauf berief, daß seinem Vorfahren Seleukos I. auf Beschluß der Diadochen das südliche Syrien zugestanden worden sei. Im übrigen hat Antiochos auch noch bei späteren Gelegenheiten, insbesondere gegenüber den Römern, eine historische Argumentation angewandt (s. u. S. 202). Vielleicht hätten sich die beiden Monarchen auf einen Kompromiß einigen können. Da aber Ptolemaios IV. auch Achaios in Kleinasien mit in den Vertrag einschließen wollte, war für Antiochos der Punkt erreicht, an dem er schlechterdings nicht mehr nachgeben konnte, wollte er nicht auf seine Ansprüche auf die anatolischen Gebiete des Reiches verzichten.

Nachdem der Waffenstillstand von vier Monaten abgelaufen war, wurde der Kampf um Koilesyrien noch einmal wieder aufgenommen. Wiederum hatte der Seleukide bedeutende Erfolge aufzuweisen. Mehrere hohe Offiziere gingen auf seine Seite über, unter ihnen auch Ptolemaios, der Sohn des Thraseas. Er erscheint später als Generalgouverneur des Antiochos in Koilesyrien und Phoinikien. Im Frühjahr 218 hatte der Krieg erneut begonnen. Antiochos, der in Ptolemaïs überwintert hatte, rückte mit seiner Streitmacht nach dem Süden vor, bei Raphia (Tell Rifah) kam es zur Entscheidungsschlacht (217 v. Chr.). Die beiden Heere unter der persönlichen Führung der Könige hatten sich fünf Tage lang gegenübergelegen, dann stellten sie sich in Schlachtordnung auf. Wir besitzen hierüber einen sehr ausführlichen Bericht des Polybios, in dem auch die *ordre de bataille* (V 82) wiedergegeben wird. Die beiden großen hellenistischen Staaten hatten für die Auseinandersetzung die Blüte ihrer Streitmacht aufgeboten, zu einem Zeitpunkt, zu dem im Westen des Mittelmeerraumes Punier und Römer sich in Italien gegenüberstanden, die ersteren unter der Führung Hannibals (Schlacht am Trasimenischen See, 217). Den Kern der Streitkräfte bildeten sowohl auf seleukidischer wie auch auf ptolemäischer Seite die nach makedonischer Art bewaffneten Phalangen der Infanterie, dazu kamen noch starke Kontingente von Söldnern, und, wiederum auf beiden Seiten, zahlreiche Elefanten. Von ihnen führte Ptolemaios IV. insgesamt 73 ins Gefecht, Antiochos dagegen nur 60, aber die Unterlegenheit der Zahl wurde bei Antiochos durch die höhere Qualität der indischen Elefanten gegenüber den afrikanischen mehr oder weniger wieder ausgeglichen. Auf beiden Seiten standen übrigens kretische Söldner; sie waren als Schleuderer und Bogenschützen berühmt. Der Ausgang der Schlacht bei Raphia endete für Antiochos mit einer ungeheuren Enttäuschung: Zwar hatte er auf seinem rechten Flügel bedeutende Vorteile gegenüber den Ägyptern errungen, aber diese gingen wieder verloren, als das Zentrum der Ägypter unter der persönlichen Führung des 4. Ptolemäers zum entscheidenden Angriff ansetzte und die Truppen des Antiochos vor sich her trieb. Polybios, der Antiochos als „unerfahren und jung" bezeichnet (V 85,11), gibt vor allem dem König die Schuld an der Niederlage. Die Entscheidung hatte, wie gesagt, die Phalanx des Ptolemaios gebracht, in der sich insbesondere die einheimischen Ägypter ausgezeichnet hatten. Sie erscheinen hier zum ersten Mal als ein wesentlicher Bestandteil des ptolemäischen Heeres. War es dem ägyptischen König nicht möglich gewesen, genügend Makedonen und Söldner aufzubieten? Wir wissen es nicht; soviel steht jedoch fest, daß dieser Sieg das Selbstbewußtsein der Ägypter ganz beträchtlich gehoben hat. – Die Verluste des Antiochos waren sehr schwer. Nahezu 10000 Mann zu Fuß und mehr als 3000 Reiter fehlten, während die Ägypter angeblich nur 1500 Mann zu Fuß und etwa 700 Reiter verloren haben sollen. Aber man wird den Angaben, welche die Verluste der Ägypter betreffen, mit einer gewissen Reserve gegenüberstehen, denn sie stammen offensichtlich aus einer dem Ptolemaios freundlichen Quelle und sind deswegen nicht voll beweiskräftig.

Über die Schlacht bei Raphia gibt es, zusätzlich zu den Angaben des Polybios, eine interessante ägyptische Quelle, eine dreisprachige (trilingue) Inschrift, die in Pithom (Tell-el-Maskutah) im Jahre 1924 gefunden worden ist. Sie enthält ein ägyptisches Priesterdekret einer Synode, die zu Memphis abgehalten worden ist. Die Inschrift trägt das Datum des 15. November 217 v. Chr. Danach hätte die Schlacht bei Raphia am 22. Juni 217 stattgefunden. Nach dem Sieg hat Ptolemaios IV. verschiedene Tempel in Koilesyrien besucht und ist schließlich auf das Territorium des Seleukiden vorgedrungen, bis er durch einen Gegenstoß der Syrer zum Rückzug gezwungen worden ist. Am 12. Oktober des gleichen Jahres kehrte er nach Ägypten zurück, der gesamte Feldzug hatte, vom Aufbruch des Königs in Ägypten an gerechnet, nur vier Monate gedauert!

Die Niederlage hatte seinen Gegner Antiochos aus allen Hoffnungen gerissen; dieser war froh, einen Waffenstillstand für die Dauer eines Jahres von Ptolemaios IV. zu erlangen. Diesem Waffenstillstand ist später ein Friedens-

und Freundschaftspakt zwischen den beiden Herrschern gefolgt. Antiochos hatte große Eile, denn es war hohe Zeit geworden, mit Achaios in Kleinasien abzurechnen, der sich dort ein eigenes Reich aufgebaut hatte. Er hatte sogar den Königstitel angenommen und sich dadurch mit Antiochos III. auf die gleiche Stufe gestellt. Aber seine Königswürde ist von Antiochos niemals anerkannt worden, im Gegenteil, dieser sah in Achaios, seinem Vetter, einen Rivalen und Usurpator, den es mit allen Mitteln zu vernichten galt. Durch das Bündnis Antiochos' III. mit dem pergamenischen Herrscher Attalos I. wurde die Aktion vorbereitet, Achaios sah sich bald auf Sardes zurückgedrängt; nachdem er die Stadt hatte aufgeben müssen, verteidigte er sich auf der Burg, der Zitadelle der Stadt. Er hatte die Hoffnung auf Hilfe von außen immer noch nicht verloren, insbesondere glaubte er an eine Hilfeleistung durch Ptolemaios IV. Aber seine Lage wurde allmählich verzweifelt, und durch eine List des Kreters Bolis geriet er schließlich in Gefangenschaft – man hatte ihm vorgespiegelt, ihn nach Ephesos in Sicherheit zu bringen. Der Rebell wurde vor das Angesicht des Antiochos gebracht. Dieser soll Achaios, als er gebunden vor ihm lag, zunächst schweigend betrachtet haben, dann aber habe ihn das Mitleid ergriffen und er soll bittere Tränen vergossen haben. Im Synhedrion des Königs, im Staatsrat, gab es lange Debatten, niemand aber sagte zugunsten des Achaios auch nur ein Wort. Er verfiel der Todesstrafe, sein Haupt, die Hände und Füße wurden ihm abgeschlagen, der Körper des Rebellen wurde in einer Eselshaut aufgehängt und zur Schau gestellt. Als schließlich die Gattin des Achaios, Laodike, die Tochter des Königs Mithradates von Pontos, auch die Burg dem Sieger übergab, war die Auseinandersetzung in Kleinasien beendet. Die Operationen in Anatolien hatten etwas länger als zwei volle Jahre in Anspruch genommen (von 216 bis 213).

Bereits im Jahr 212 beginnt der Feldzug des Antiochos III. in die Oberen Satrapien. Dieser Zug hat den König weit über die Grenzen seines Reiches nach dem Osten geführt und in Kontakt mit dem indischen König Sophagasenos gebracht. Die Expedition, die dem König Antiochos die ganz uneingeschränkte Bewunderung der griechischen Welt eingebracht hat, wurde zu einer Zeit unternommen, in der im Westen die Karthager und Römer in einem langen Krieg miteinander um die Vorherrschaft gerungen haben. Der Kriegszug des Antiochos dauerte insgesamt acht Jahre, von 212 bis 205/4 v. Chr. Mit Recht hat gerade die neuere Forschung betont, daß ein derartig weit ausgreifendes Unternehmen ohne eine eingehende Planung nicht möglich gewesen wäre. Antiochos muß eine klare Konzeption gehabt haben, die er jedoch, je nach den Umständen, verändert haben dürfte. Das Unternehmen als ganzes ist ohne Zweifel eine hervorragende Leistung, die dem König, seinen militärischen und politischen Ratgebern, aber auch seinem Heer ein glänzendes Zeugnis ausstellt. Es ist jedoch sehr zu bedauern, daß die antike Überlieferung über dieses Unternehmen mehr als dürftig ist, wenn sich auch die Grundzüge rekonstruieren lassen. Eröffnet wurde die Expedition mit einem Unternehmen gegen Xerxes, den König von Armenien (212 v. Chr.). Nachdem die Hauptstadt Armosata (auch Arsamosata genannt), gelegen zwischen Euphrat und Tigris, in die Hände des Antiochos gefallen war, gab Xerxes den Widerstand auf und unterwarf sich dem Seleukiden. Antiochos beließ ihn im Besitz Armeniens, er wurde aber zu Tributzahlungen und zur Lieferung von Pferden und Mauleseln verpflichtet. Antiochis, die Schwester des Antiochos III., wurde ihm in die Ehe gegeben (in einer späten Quelle, bei Johannes Malalas, kann man nachlesen, daß Antiochis ihren Gemahl später umgebracht hat, und zwar auf Anstiften des Bruders – ob dies der Wahrheit entspricht, ist fraglich).

Nach einem vorübergehenden Aufenthalt in Mesopotamien und in der Persis begann die Expedition in die Oberen Satrapien. Antiochos durchschritt die Kaspischen Tore und stieß mit den Parthern zusammen, deren König damals Arsakes III. war. Über Hekatompylos ging es weiter nach Hyrkanien, wo sich um den Ort Sirynx harte Kämpfe entwickelten. Die Leidtragenden waren die griechischen Einwohner der Stadt, sie wurden von den Parthern niedergemacht. Arsakes III. aber sah sich dermaßen in die Enge getrieben, daß er Frieden und Bündnis mit Antiochos schloß (209). Der Heereszug setzte seinen Marsch nach Baktrien fort. Hier herrschte ein Grieche aus Magnesia namens Euthydemos, der den Diodotos gestürzt hatte. Antiochos selbst hatte sich in einem Gefecht am Flusse Arios (Heri-Rud) durch Kaltblütigkeit und Übersicht ausgezeichnet. Nach Unterwerfung der Landschaften Ariane, Margiana und Drangiane kam die Auseinandersetzung mit Euthydemos, dem König von Baktrien. Dieser aber sah sich von seinem Gegner so bedrängt, daß er Antiochos bat, darauf Rücksicht zu nehmen, daß jenseits der Ostgrenze riesige Scharen von Nomaden bereit stünden, die hellenischen Städte in Baktrien zu vernichten. Angesichts dieser Gefahr war auch Antiochos zum Frieden bereit. Man gelangte zum Abschluß eines Bündnisvertrages. Euthydemos, der als Vasallenfürst in den Verband des Seleukidenreiches aufgenommen wurde, durfte auch weiterhin den Königstitel führen. Antiochos aber überschritt das schneebedeckte Massiv des Hindukusch und gelangte durch das Kabultal in das Gebiet des Maurya-Reiches. Ašoka, der sich auf den griechischen Inschriften Piodasses nennt, lebte damals nicht mehr; im Gebiet von Kabul regierte Sophagasenos. Er erkannte die Oberherrschaft des Antiochos an und stellte ihm eine Anzahl von Elefanten zur Verfügung. Damit war für Antiochos (im Jahre 206) der östlichste Punkt erreicht, er machte sich über Arachosien,

Karmanien und die Persis auf den Rückweg nach Babylonien. Nachdem er auch die Gerrhäer seiner Herrschaft unterworfen und eine Expedition zur See nach der Insel Tylos (Bahrein) unternommen hatte, kehrte er schließlich nach Seleukeia am Tigris zurück. Der große Kreis hatte sich geschlossen, man schrieb das Jahr 205/4 v. Chr. Antiochos aber nahm den Titel „Großkönig" *(basileùs mégas)* an, den einst die Könige der Perser, die Achämeniden, getragen hatten. Mit diesem Titel wollte er zum Ausdruck bringen, daß er ein Königtum besonderer Art innehatte, unter dessen Dach auch eine Anzahl von Vasallenkönigen ihren Platz gefunden hatten. Die Öffentlichkeit hat ihn von nun an als „Antiochos den Großen" bezeichnet. Dies aber war ein typischer Ruhmes- und Ehrenname, den die Welt einem anderen Großen, Alexander, erst nach seinem Tod verliehen hatte[3]. Die hellenistische Welt aber besaß in Antiochos einen König, der ganz unbestritten die erste Stelle unter den hellenistischen Monarchen einnahm, er stand in der öffentlichen Meinung weit über der umstrittenen Figur des 4. Ptolemäers (221–204), auch der makedonische König Philipp V. (221–179) hatte keine vergleichbaren Taten aufzuweisen. Nach einer langen Periode des Niederganges hatte Antiochos III. das Reich zu neuer Blüte geführt. Das wesentliche Ergebnis der Anabasis war die Tatsache, daß die seleukidischen Satrapien von einem Kranz von Vasallenstaaten umrahmt waren, deren Treue zum König allerdings von dessen militärischer Stärke abhing[4].

Wie aber hat Antiochos das Reich, das sich vom Hellespont bis an die Grenzen Indiens erstreckte, organisiert? Der Monarch hat sich hierbei einer gewissen Dezentralisation bedient, indem sowohl die Reichsgebiete in Kleinasien wie auch die Oberen Satrapien in ihrer Gesamtheit besonderen Statthaltern, Generalgouverneuren, unterstellt wurden. Sie residierten in Sardes und in Seleukeia am Tigris. Beide Metropolen waren durch ihre Lage an den Schnittpunkten wichtiger Verkehrswege vor den anderen Städten begünstigt. Im übrigen zeigt die Administration des Reiches eine fortschreitende Militarisierung; die Statthalter der einzelnen Provinzen (Satrapien) waren Strategen, die in ihren Händen die militärische und zivile Gewalt vereinigten. Dies aber führte zu einer Konzentration der Verwaltung, an der es in früheren Zeiten im Seleukidenreich gefehlt hatte. Den Strategen stand ein Finanzbeauftragter zur Seite. In den Satrapien jenseits des Euphrats lagen die Verhältnisse etwas anders: hier herrschten, wie in der Zeit der persischen Achämeniden, die Satrapen, sie waren gewissermaßen die Vizekönige in den ihnen unterstellten Gebieten und befanden sich im Vollbesitz der militärischen und zivilen Gewalt. Dies aber hatte zur Folge, daß dem Reich ein Doppelgesicht zu eigen war, es hatte einen dualistischen Charakter, wie die alte Donaumonarchie. Nicht zu vergessen sind endlich die Vasallenkönige in Armenien, in Baktrien und an der Ostgrenze gegenüber Indien. In der Tat war es keine leichte Aufgabe, dieses Reich mit seinen verschiedenartigen Bestandteilen zusammenzuhalten, zumal die riesigen Entfernungen an die Administration und an das Heerwesen große Anforderungen stellten. Der Mittelpunkt des Reiches war immer noch das nördliche Syrien, die Seleukis. Hier lag die Reichshauptstadt Antiocheia am Orontes, in ihrer Nähe waren die großen Metropolen Seleukeia, Laodikeia und Apameia. Sie waren nicht nur bedeutende Mittelpunkte des Handels und Verkehrs, sondern auch wichtige Garnisonen des Heeres und der Flotte, die vor allem Seleukeia am Meer als Stützpunkt benutzte. Das Heer bestand zu einem Teil immer noch aus Makedonen, wenn diese auch im Laufe der Zeit zusammenschmolzen, dazu kamen Kontingente der wehrhaften Völker Anatoliens und Irans. Zum Kern des Heeres gehörten auch die Söldner, die vor allem in der griechischen Welt, aber auch an ihren Rändern wie in Thrakien angeworben wurden. An Buntheit ließ das Heer der Seleukiden nichts zu wünschen übrig: abgesehen von der nach makedonischer Art bewaffneten Phalanx waren fast alle Völker Vorderasiens im Seleukidenheer vertreten. Ganz besonderen Wert aber legte man auf die Elefantenwaffe, die in den Schlachten in der Regel an den Flügeln eingesetzt wurde.

Um dem Reich einen ideellen Mittelpunkt zu geben, hat man sich in Antiocheia mit besonderem Eifer der Pflege des Herrscherkults gewidmet. Nicht nur der Dynastiegründer Seleukos I., auch die anderen Herrscher erhielten hier kultische Ehren, auch der regierende König und die Königin waren in den Herrscherkult miteingeschlossen. Ob der Monarch mit diesen Manifestationen sein Ziel erreicht hat, ist eine andere Frage, aber niemand kann daran zweifeln, daß es ihm mit der Institution des Königskultes ernst war, und willfährige Statthalter und andere königliche Funktionäre haben eifrig zur Ausgestaltung des Königskults beigetragen. Der offizielle Herrscherkult war für alle Untertanen des Reiches, gleichgültig welchen Standes und welchen Volkstums, obligatorisch. Zu unterscheiden von ihm ist der städtische Herrscherkult. Dieser ist auf die Initiative der Kommunen zurückzuführen, die sich dem König für seine Wohltaten in Krieg und Frieden dankbar erweisen wollten. Insbesondere die großen griechischen Metropolen an der Westküste Kleinasiens haben sich bemüht, dem König gefällig zu sein, und so sind die Ehrendekrete für den regierenden Herrscher ein ganz untrügliches Barometer für die Stimmung in den Städten, die nominell als Verbündete des Königs galten, allerdings nur so lange, als die Autorität des Königtums unerschüttert war. War dies der Fall, so waren die Poleis weithin von den Befehlen des Herrschers und den Weisungen seiner Repräsentanten abhängig. Der König verfügte über einen riesigen Landbesitz. Aus diesem wurden gelegentlich größere oder kleinere Parzellen ausgegliedert, sie wurden den Günstlingen übereignet, die auf diese Weise, ähnlich den persischen Satrapen, als Grundbesitzer in Erscheinung traten. In Sardes befand sich das Landregister für das ganze seleukidische Kleinasien, hier wurde über Schenkungen und Verleihungen von Königsland genau Buch geführt. Auch die Königinnen hatten große persönliche Besitzungen wie z. B. Laodike, die Großmutter des 3. Antiochos. Sie besaß nicht nur in Babylonien, sondern auch in Anatolien eigene Ländereien, die ihr natürlich bedeutende Einkünfte brachten. Bebaut wurde das Land durch Bauern, die an die Scholle gebunden waren und die mit ihrer Arbeit nur gerade ihr tägliches Brot verdienten.

Antiochos III. betrachtete sich als Rechtsnachfolger seines Ahnherrn Seleukos I. Diesen Standpunkt hat er wiederholt gegenüber fremden Herrschern vertreten. In Wirklichkeit hatte er aber auch wichtige Züge des altpersischen Großkönigtums der Achämeniden übernommen, auch in dem Großkönigstitel spiegelt sich dies wider. Sein Verhalten gegenüber dem Partherkönig Arsakes III. und dem Herrscher von Baktrien Euthydemos knüpft gleichfalls an die Traditionen der Perser wieder an. Unter seinen Beratern standen natürlich die Makedonen und Griechen obenan, er hat aber auch einige vornehme Iranier an seinen Hof gezogen, und seine Heiratspolitik, die er mit Virtuosität zu handhaben verstand, schloß insbesondere auch die Könige iranischen Geblüts mit ein. So erscheint etwa unter seinen Schwägern auch der König Ariarathes IV. von Kappadokien (195).

Das Reich der Seleukiden war ein makedonisches Reich, deshalb wird es in den Quellen gelegentlich auch als *regnum Macedonicum* bezeichnet. Aber nicht allein die Makedonen bildeten die Herrenschicht, neben ihnen gab es auch Iranier, die zu hohen Stellungen aufgestiegen waren. Man konnte sie für die Administration des Reiches nicht entbehren. In dieser Hinsicht ist wohl Antiochos dem Ideal Alexanders d. Gr. am nächsten gekommen, wenn er sich auch in der Genialität mit seinem großen Vorbild nicht messen konnte. Nach der „Anabasis", gegen Ende des 3. Jh. v. Chr., war das Seleukidenreich das größte und mächtigste in ganz Vorderasien. Zu seiner Abrundung fehlten nur noch zwei wichtige Gebiete: Koilesyrien, das immer noch von den Ptolemäern behauptet wurde, und die Meerengen, insbesondere der Hellespont, von dem aus Thrakien erreicht werden konnte, das dem Gründer der Dynastie, Seleukos I., gehörte, der den thrakischen König Lysimachos bei Kurupedion (281) besiegt hatte.

Antiochos III. hat um den Besitz dieser beiden Gebiete in zwei Kriegen gerungen. Den ersten Krieg, den gegen Ägypten, hat er mit glänzendem Erfolg beenden können, den anderen, in dem es um den Besitz der Meerengen und Thrakiens gegangen ist, hat er verloren, weil sich ihm die Römer als Gegner in den Weg gestellt haben. Die Niederlage aber hat den Niedergang des Reiches und der Seleukidendynastie eingeleitet.

In der hellenistischen Geschichte spielt der Teilungsplan eine große Rolle, den Antiochos, wahrscheinlich im Jahre 203/2, mit Philipp V. von Makedonien zur Aufteilung des Ptolemäerreiches geschlossen hat. Dieser Vertrag, an dessen Geschichtlichkeit Zweifel kaum möglich sind, ist auf Grund einer Schwächesituation des Ptolemäerreiches zustande gekommen. Im Jahre 204 war Ptolemaios IV. Philopator gestorben, sein Nachfolger Ptolemaios V. Epiphanes war noch ein kleines Kind. Es ist wahrscheinlich Philipp V. von Makedonien gewesen, der den Seleukiden ermuntert hat, nunmehr seine Pläne gegenüber Koilesyrien durchzuführen, während sich Philipp V. in Thrakien und im westlichen Kleinasien freie Hand vorbehalten hat. Wie es scheint, wollte man zuerst die Randgebiete des Ptolemäerreiches okkupieren, d. h. die Besitzungen in der Ägäis, in Westanatolien (an der Küste) und vielleicht auch noch die Cyrenaika. Erst wenn dies gelungen sei, wollte man auch über das Kernland Ägypten verfügen. Antiochos machte hierbei kein schlechtes Geschäft, ihm war ganz unzweideutig Koilesyrien zugesprochen worden, das er schon längst hatte in Besitz nehmen wollen.

Im Frühjahr 202 begannen die militärischen Operationen. Antiochos III. rückte in Koilesyrien ein, während sich der Makedonenkönig gegen die ptolemäischen Außenbesitzungen an der Propontis (Marmarameer) wandte. Zunächst ging auch alles nach den Wünschen der Verbündeten: nur die Stadt Gaza leistete dem Antiochos einen geringen Widerstand, der aber gebrochen wurde (im Sommer oder Herbst 201). Im Winter des gleichen Jahres gab es einen Rückschlag für den Seleukiden, und zwar durch den ptolemäischen Strategen Skopas, der sich Judäas bemächtigt hatte. Antiochos weilte zu diesem Zeitpunkt in Kleinasien, wo er sich mit dem pergamenischen Herrscher Attalos I. kriegerisch auseinandersetzte. Nach Syrien zurückgekehrt, besiegte Antiochos das Heer der Ptolemäer beim Pansheiligtum (Paneion) an den Jordansquellen (200). Fast ganz Palästina fiel dem Seleukiden zu, die Juden unterwarfen sich; sie wurden, nachdem sie die ptolemäische Besatzung auf der Burg in Jerusalem ausgeliefert hatten, reich belohnt. Antiochos verlieh dem jüdischen Volk ein Grundstatut, in dem die Rechte und Freiheiten der Juden abgegrenzt waren. Dieses Statut bildete von nun an die *Magna Charta* des Judentums unter den Seleukiden, solange diese ihre Herrschaft in Judäa behaupten konnten, d. h. bis zum Aufstieg der Makkabäer. Einige Jahre danach kam es zu einem Friedens- und Bündnisvertrag zwischen dem Seleukiden- und dem Ptolemäerreich. Der Vertrag wurde durch die Verlobung der Seleukidenprinzessin Kleopatra (der ersten dieses Namens) mit dem jungen Ptolemäerkönig Ptolemaios V. Epiphanes besiegelt (wahrscheinlich erst im Jahr 196).

Das Jahr 197 hatte ein neues großes Unternehmen des Antiochos gesehen: er hatte ein Landheer nach Kleinasien entsandt und sich selbst auf der Flotte eingeschifft, um mit ihrer Hilfe die Küstenstädte Anatoliens, von Kilikien bis zum Hellespont, unter seine Herrschaft zu bringen. Der Zeitpunkt konnte nicht besser gewählt werden: von dem Ptolemäerreich war nichts zu befürchten, der makedonische Bundesgenosse Philipp V. stand mitten im Krieg gegen die Römer. Und es ist sicher ganz unwahrscheinlich, daß Antiochos seinem Verbündeten in Makedonien Hilfe leisten wollte – er hatte andere Sorgen. Die Römer haben zwar ein gemeinsames Vorgehen der beiden hellenistischen Großmächte befürchtet, aber Antiochos dachte nicht daran, sich in einen Krieg einzumischen, der ihn vorläufig nicht berührte. Aber die Rhodier waren nicht gewillt, eine uneingeschränkte Ausdehnung des Seleukiden an der anatolischen Südküste zu gestatten, sie traten dem Herrscher mit einer Kriegsdrohung entgegen. Und dann wurde Philipp bei Kynoskephalai (197) von den Römern vollständig geschlagen – ein Ereignis, das die Großlage vollständig verändert hat. Zum ersten Mal mußte Antiochos die von seiten der Römer drohende Gefahr zur Kenntnis nehmen, aber die Römer waren immer noch fern und zunächst mit der Ordnung der Verhältnisse nach dem Krieg in Griechenland beschäftigt. Antiochos hatte freilich, im ganzen gesehen, in Kleinasien beachtliche Erfolge zu verzeichnen: beginnend mit Kilikien hatte der König eine ganze Reihe von Städten wieder unter seine Herrschaft gebracht. Die Liste ist lang: Patara, Xanthos, Iasos, Mylasa, Tralleis, Herakleia am Latmos, Milet, Ephesos, Kolophon, Ilion, Abydos und andere. Sie waren zum Teil durch Zwang, zum Teil aber auch durch diplomatische Verhandlungen zum Anschluß gezwungen worden. Dies aber war ein bedeutender Machtzuwachs, der dem Selbstgefühl des Antiochos nicht wenig zustatten gekommen ist. Allerdings gab das Erscheinen des Seleukiden im westlichen Kleinasien nicht nur den Rhodiern und den Pergamenern zu denken, auch die Römer begannen, sich für die Operationen des Antiochos zu interessieren; sie fürchteten ein Eingreifen des Königs in Thrakien und sogar in Makedonien, was unfehlbar zu einem Zusammenstoß mit den Römern führen mußte. So wird man sich nicht wundern, wenn der römische Feldherr T. Quinctius Flamininus dem König Antiochos übermitteln ließ, er möge die autonomen Städte wieder freigeben, ferner alle Städte, die vorher makedonisch oder ptolemäisch gewesen seien, vor allem aber solle er nicht mit seiner bewaffneten

Macht nach Europa kommen. Auf den Isthmien des Jahres 196 hatte Flamininus die Freiheit der Hellenen, soweit sie unter der Herrschaft der Makedonen gestanden hatten, verkündet. Diese Freiheitsparole aber tat auch in Kleinasien bei den Griechen ihre Wirkung. Die Stadt Smyrna ist die erste gewesen, welche der *dea Roma* einen Tempel errichtet hat (195). Die Beziehungen des Antiochos mit den Römern wurden noch dadurch getrübt, daß der König alle Warnungen in den Wind schlug. Er ließ im Gegenteil auf der thrakischen Chersonesos (Gallipoli) die alte verfallene Königsstadt Lysimacheia wieder aufbauen. Dabei gab er den Römern zu verstehen, daß er auf Thrakien einen Rechtsanspruch besitze, den er von seinem Ahnherrn Seleukos I. herleitete. Den Winter des Jahres 196/5 verbrachte Antiochos in seiner syrischen Residenz Antiocheia, kehrte aber, sobald es die Jahreszeit zuließ, wieder nach der thrakischen Chersonesos zurück, von wo aus er einige demonstrative Expeditionen gegen die Thraker unternahm. Er wollte damit dokumentieren, daß er sich die Herrschaft an den Meerengen nicht streitig machen ließ. Übrigens hatte er kurz zuvor in Ephesos den Punier Hannibal, den großen Feind der Römer, in Audienz empfangen und ihm hohe Ehren zuteil werden lassen, so daß das Verhalten des Seleukiden einem bewußten Affront gegen die Römer gleichkam. Dies geschah im Jahr 195. Damals aber war Antiochos schon von der Unausweichlichkeit der Auseinandersetzung mit den Römern überzeugt, wenn er den offenen Krieg auch noch durch diplomatische Mittel hinauszuschieben versuchte. Es kam zu einem Austausch von Gesandtschaften, aber die Standpunkte hatten sich so verhärtet, daß kein Kompromiß mehr gefunden werden konnte. Im übrigen muß man es dem Antiochos zugestehen, daß er den Krieg methodisch vorbereitet hat. Zunächst nahm er Kontakt mit den Karthagern auf, diese aber zeigten ihm die kalte Schulter, sie waren nicht imstande, sich für das Projekt des Seleukiden zu erwärmen. Inzwischen hatte Antiochos die dynastische Heiratspolitik inauguriert: der König Ariarathes IV. von Kappadokien erhielt die Hand der Antiochis, einer Tochter des Antiochos III., und in Raphia, an dem Ort, an welchem Antiochos vor mehr als zwanzig Jahren seine größte militärische Niederlage erlitten hatte, wurde die Hochzeit seiner Tochter Kleopatra mit dem 5. Ptolemäer gefeiert. Gegenüber dem neuen Schwiegersohn zeigte sich Antiochos außerordentlich großzügig: er übergab seiner Tochter die Einkünfte aus mehreren Städten Koilesyriens, Judäas und Phoinikiens, die territoriale Oberhoheit des Seleukiden wurde jedoch nicht in Frage gestellt. Es war inzwischen wieder Winter geworden (194/3). Die labilen Verhältnisse in Anatolien erforderten dringend die Rückkehr des Königs. Um sein Heer zu beschäftigen, unternahm Antiochos einen Kriegszug in das unwirtliche Pisidien, seine Gegner waren die streitbaren Selger. Zur gleichen Zeit gingen die diplomatischen Verhandlungen mit den Römern weiter, es herrschte aber bereits Krisenstimmung, und niemand vermochte zu sagen, wie lange der Friede noch erhalten blieb (193). Die Römer hatten eine Gesandtschaft unter P. Villius dem König entgegengeschickt, Antiochos aber verhandelte in Ephesos – hier durch seinen Freund Minnio – und in Rom gleichzeitig, irgendwelche brauchbaren Ergebnisse wurden jedoch nicht erzielt, da die Standpunkte der Kontrahenten nicht auf einen Nenner zu bringen waren. Da schalteten sich die Ätoler ein. Sie forderten Antiochos auf, er möge in Hellas den Kampf gegen die Römer aufnehmen. Dabei wollte man dem König weismachen, daß er mit Leichtigkeit in Griechenland Verbündete finden würde. Aber erst im nächsten Jahr (192) machte Antiochos ernst, nachdem er noch einmal eine dringende Aufforderung des Ätolischen Bundes erhalten hatte. Hannibal soll bei seinem Aufenthalt in Ephesos dem König geraten haben, die Römer in ihrem eigenen Lande, in Italien, anzugreifen – auf diesen Plan hat Antiochos jedoch im Jahre 192 endgültig verzichtet, er hatte längst eingesehen, daß er für ein derartig umfassendes Unternehmen weder zu Lande noch zur See genügend vorbereitet war. Im übrigen war der Seleukide alles andere als ein Spieler, der alles auf eine Karte setzen wollte, er war vielmehr, wie J. Kromayer vor vielen Jahren betont hat, Anhänger einer begrenzten Offensive, da er auf die Verbindung mit seinen Hilfsquellen in Vorderasien nicht verzichten konnte. Zu Beginn 192 ging Antiochos nach Griechenland hinüber. Seine Streitmacht war nicht sehr groß, sie zählte insgesamt nur 10 000 Mann zu Fuß, 500 Reiter und 6 Elefanten. In alter und neuer Zeit hat man Antiochos wegen der ganz unzureichenden Streitmacht getadelt, doch mag die geringe Zahl der Kombattanten wenigstens teilweise auf die Schwierigkeiten des Nachschubs zurückzuführen sein, der nur durch eine ununterbrochene Verbindung mit den Hilfsquellen des Seleukidenreiches bereitgestellt werden konnte. Antiochos muß jedenfalls von der Effektivität seines Heereszuges überzeugt gewesen sein. Die Ätoler haben ihn zum *Strategòs autokrátor* (bevollmächtigten Strategen) ihres Bundes ernannt, womit wohl eine Art von Ehrenkommando über die ätolische Streitmacht bezeichnet werden sollte. Die Landung ging in Demetrias in Thessalien vonstatten, der Ort war für den Ansatz der künftigen Operationen nicht schlecht gewählt, da er alle Möglichkeiten für den Norden und Süden Griechenlands offen ließ. Aber es ging in Hellas nicht recht vorwärts, und wenn sich dem Seleukiden einige Staaten in die Arme warfen wie die Eleer und die Epiroten, schließlich sogar auch die Böoter, so wollten doch die anderen, und zwar die Mehrzahl der Hellenen, nichts von Antiochos wissen, da sie ihm nicht über den Weg trauten und sich vor den Römern fürchteten. Dazu fiel schwer in die Waagschale, daß Antiochos der Propaganda der Römer, die mit großer Lautstärke für die Freiheit der Hellenen diesseits und jenseits der Ägäis eintrat, keine schlagkräftige Devise entgegenstellen konnte. Denn was hätte er den Griechen bieten sollen? Hannibal war der Ansicht, daß es jetzt vor allem darauf ankomme, den Makedonenkönig Philipp V. für ein Bündnis zu gewinnen, aber hier hatte Antiochos einen eklatanten Mißerfolg, den er sich selbst zuzuschreiben hatte: der Seleukide hatte auf dem Schlachtfeld von Kynoskephalai die immer noch unbeachtet liegenden Leichen der Makedonen in einem großen Grabhügel bestatten lassen, eine Maßnahme, die Philipp V. aufs äußerste aufgebracht haben soll. Dieser setzte sich mit dem römischen Propraetor M. Baebius in Verbindung und erklärte sich bereit, gegen Antiochos mitzuwirken. Für diesen aber war das hellenische Unternehmen von vornherein verloren. Auch sonst ist an dem Verhalten des Antiochos so manches rätselhaft, und es dürfte der Forschung auch in Zukunft schwerlich gelingen, die Intentionen des Königs ganz zu verstehen. Denn wie soll man es erklären, wenn sich Antiochos nach einigen Anfangserfolgen in Thessalien nach Chalkis auf Euböa begab und hier – als bereits 52-jähriger – die Ehe mit einer reichen Bürgerstochter (sie hieß wie die Insel Euböa) einging? Die Eheschließung hat dem Antiochos die Vorwürfe zahlreicher Kritiker alter und neuer Zeit eingetragen, und sie ist in der Tat, ebenso wie das anschließende Winterlager in Chalkis im Jahre 192/1, mit rationalen Gründen kaum zu erklären. Es war nicht die Tatsache, daß die junge Griechin nicht ebenbürtig war – daran hat im Altertum kaum jemand Anstoß genommen –, sondern daß die legitime Gattin des Königs, Laodike, mit großer Wahrscheinlichkeit noch am Leben war. Sie erscheint nämlich noch im Jahre 177 auf einer griechischen Inschrift aus Susa. Polybios (XX 8) hat dem König außerdem vorgeworfen, er habe sich zu sehr den Freuden des Alkohols hingegeben. Dies aber, in Verbindung mit der überraschenden Hochzeit, habe den Herrscher davon abgehalten, die notwendige Vorsorge für die künftigen Dinge zu treffen – ein starker Tadel, der im übrigen kaum zu widerlegen ist. Die Römer aber hatten sich inzwischen durch die Landung eines Heeres unter M'. Acilius Glabrio verstärkt, und im Sommer des folgenden Jahres (191) mußte Antiochos an den Thermopylen eine Niederlage von ihnen hinnehmen. Wieder wandte sich der König, begleitet von den Resten seines geschlagenen Heeres, nach Chalkis, von wo er sich kurzerhand nach Ephesos einschiffte. Das hellenische Abenteuer hatte damit im Sommer 191 ein ebenso schnelles wie für Antiochos ruhmloses Ende gefunden. Das Selbstbewußtsein des Antiochos hatte einen schweren Stoß erhalten, von dem sich der König nie wieder ganz erholen sollte. Seit den Ereignissen in Griechenland ist er nur noch ein Schatten seiner selbst gewesen, auch seine Freunde, die es gut mit ihm meinten, haben ihn nicht wieder aufrichten können. Er hielt sich einige Zeit in Ephesos auf, dann verbannte er seine Lethargie und rüstete für den Seekrieg gegen die Römer, deren Flotte nunmehr in den Gewässern der Ägäis erschien. Aber auch zur See gab es für Antiochos nur Niederlagen. In diese sah sich auch Hannibal verwickelt, dessen Fähigkeiten in einem Landkrieg sicherlich besser zur Geltung gekommen wären. Antiochos war so entmutigt, daß er mehrere Male den Römern den Frieden anbot, aber diese ließen sich auf nichts mehr ein, sie beschlossen vielmehr, den König in seinem eigenen Territorium anzugreifen. Als das römische Heer unter dem Befehl der Scipionen in Kleinasien erschien, beteuerte Antiochos wiederum seine Friedensbereitschaft. Da aber die Römer bereits die Abtretung des gesamten diesseits des Taurus gelegenen seleukidischen Gebiets forderten, fiel Antiochos wieder um und wollte nun die Waffen über das Schicksal seines Reiches entscheiden lassen. Die Schlacht fand im Winter 190/89 (in den letzten Wochen des Jahres 190 oder in den ersten des folgenden Jahres) bei Magnesia am Sipylosberg statt. Sie endete mit einer vernichtenden Niederlage des Antiochos. Erstaunlich ist die Tatsache, daß sich die Römer mit ihren 30 000 Mann gegenüber dem Gegner in einer beträchtlichen Unterlegenheit befanden, denn das Heer des Antiochos wird auf insgesamt 60 000 Mann beziffert, doch mag dies übertrieben sein. Er hatte aus seinem ganzen Reich Truppen herangezogen. Den Kern bildete, wie einst bei Raphia, die nach makedonischer Art bewaffnete Phalanx, auch Elefanten und Sichelwagen hatte er ins Gefecht geführt. Die Römer hatten nur zwei Legionen mit den entsprechenden Hilfstruppen *(auxilia)* zur Verfügung. Die afrikanischen Elefanten hatten sie hinter die Front gestellt, da diese es mit den indischen Tieren des Antiochos nicht aufnehmen konnten. Auf dem rechten Flügel der Römer stand die Reiterei, den Befehl über sie führte Eumenes II., der König von Pergamon. Auf dieser Seite begann das Unglück für Antiochos. Die Sichelwagenlenker wurden durch die Schützen des Gegners erledigt, und der ganze linke Flügel des Antiochos wurde von Eumenes II. über den Haufen geritten, eine berühmte Kavallerieattacke, wie sie später Friedrich dem Großen bei Hohenfriedberg (1745) gelungen ist. Auf dem anderen Flügel war Antiochos bis zum römischen Lager vorgedrungen, doch vermochte er das Lager nicht zu nehmen, weil es gut gesichert und bewacht war. Im Zentrum leistete schließlich nur noch die makedonische Phalanx Widerstand, aber sie sah sich von allen Seiten bedrängt, auch Antiochos konnte ihr vom rechten Flügel her keine Hilfe bringen. Als er sich endlich dem Zentrum seines Heeres zuwenden konnte, war hier schon alles entschieden. Auch das Lager befand sich in römischer Hand. Das Heer des Antiochos hatte sich aufgelöst, es existierte praktisch nicht mehr; alles, was noch übrig war, hatte sich zur Flucht gewandt, auch der König hatte sich ihr angeschlossen. So gelangte er um Mitternacht nach Sardes, von hier ging es eilends weiter nach Apameia in Phrygien und von dort über das Taurusgebirge nach Syrien. Mit dem Verlust von Kleinasien hatte er sich schon abgefunden.

Nur mit großen Bedenken war Antiochos auf die Entscheidungsschlacht eingegangen, ihn hatte das Gefühl beherrscht, daß er den Römern nicht gewachsen sei. Und dieses Gefühl hat ihn auch in Zukunft nicht mehr verlassen. Zu der militärischen Überlegenheit der Römer kamen noch ihre Diplomatie und Propaganda, die überall die Gegner des Seleukiden auf den Plan rief. Die Propagandawaffe des Seleukiden war dagegen stumpf, seine Parolen verfingen nicht, am wenigsten bei den Hellenen diesseits und jenseits der Ägäis. Von seinen Freunden ist Antiochos wegen seines Verhaltens ernstlich getadelt worden. Sie warfen ihm vor, er habe die thrakische Chersonesos überstürzt geräumt und dadurch den Römern den Übergang nach Kleinasien freigegeben, bevor es auf europäischem Boden zu entscheidenden Auseinandersetzungen gekommen sei. Auch seine Dispositionen in der Schlacht bei Magnesia seien sehr unglücklich gewesen: er habe die makedonische Phalanx, den Kern seines Heeres, dem sicheren Untergang preisgegeben, während er ganz unbegründete Hoffnungen auf die anderen erst kürzlich ausgehobenen Kontingente gesetzt habe, obwohl diese den Römern in keiner Weise gewachsen sein konnten. – An diesen Vorwürfen ist ganz zweifellos etwas Wahres, aber sie lassen außer acht, daß es Antiochos in seinen früheren Kampagnen mit Gegnern zu tun gehabt hatte, die ihm militärisch nicht gewachsen waren. Die Kampftechnik der Römer, die auf große Erfolge gegen Hannibal (bei Zama, 202) und gegen Philipp V. (bei Kynoskephalai, 197) zurückblicken konnte, war ihm nicht vertraut, sonst hätte es nicht geschehen können, daß der Reiterangriff des Eumenes II. von einer derartig verheerenden Wirkung gewesen wäre. Aber, wie gesagt, der Fehler ist im psychologischen Bereich zu suchen: Antiochos III., dessen Vorbild Alexander d. Gr. war, war hier auf eine Welt gestoßen, für die ihm alle Maßstäbe fehlten. Zwar besaß der Herrscher eine Anzahl bedeutender Persönlichkeiten in seiner Umgebung – man braucht hier nur an den Punier Hannibal oder an den Vizekönig von Kleinasien, Zeuxis, zu erinnern –, aber diese Männer konnten sich im Kriegsrat nicht durchsetzen, denn letzten Endes entschied immer der Wille des Großkönigs, und dieser war von einem irrealen Wunschdenken beseelt, bis er in Hellas die Wirklichkeit kennenlernen mußte. An dieser harten Wirklichkeit ist der Wille des Königs zerbrochen, es gab niemanden, der ihn wieder aufzurichten vermochte.

Wie die Schlacht bei Jena und Auerstedt für die Preußen im Jahre 1806, so hat auch die Schlacht bei Magnesia geradezu ruinöse Folgen für das Seleukidenreich gehabt. Eine Reihe von Städten, unter ihnen Thyateira, Magnesia am Sipylos, auch Sardes, öffneten dem Sieger ihre Stadttore, ebenso Tralleis, Magnesia am Mäander und Ephesos. Sie alle orientierten sich nach dem neuen Gestirn aus dem Westen. Das gesamte seleukidische Anatolien war auf einen Schlag verloren, überall empfing man die Römer mit Freuden, das Wort von der Freiheit der Hellenen begann in den Griechenstädten seine Wirkung zu tun, und die Zeit der Seleukidenherrschaft erschien vielen nur noch als ein ferner Traum. Die römischen Bedingungen waren äußerst hart und nicht gerade bequem für den König: alles Land, das Antiochos diesseits und jenseits des Hellesponts besaß bis hin zum Taurus, sollte von ihm geräumt werden, dazu wurde ihm eine Summe von 15 000 Talenten als Kriegskosten auferlegt, ferner wurde die Auslieferung von Persönlichkeiten verlangt, die wie Hannibal den Römern im Lager des Antiochos Schwierigkeiten machen konnten. Der definitive Friedensvertrag wurde im Jahre 188 in Apameia in Phrygien in Gegenwart der römischen Zehnerkommission und des Königs Eumenes II. von Pergamon aufgesetzt. Der endgültige Vertrag sah verschiedene Änderungen vor, die als Präzisierungen des ursprünglichen Angebots der Römer zu betrachten sind. An den territorialen Bestimmungen wurde nichts geändert. Antiochos sah sich aus Kleinasien verdrängt, sein Reich begann jetzt südlich des Taurus. Die Römer verlangten 12 000 Talente Silbers als Kriegsentschädigung, von denen alljährlich tausend zu entrichten waren, auch Eumenes erhielt 350 Talente, dazu kamen noch Getreidelieferungen an die Römer und an die Pergamener. Die Flotte und die Elefanten des Antiochos sollten abgerüstet werden, nur zehn Schiffe, offenbar für Polizeiaufgaben, wurden ihm belassen, und auch für diese wurde eine Fahrtgrenze nach dem Westen, und zwar am Sarpedonischen Vorgebirge in Kilikien, festgesetzt. Die Römer bestanden auf der Auslieferung Hannibals, des Ätolers Thoas und einiger anderer, denn sie wollten diese Männer bestrafen, weil sie als Feinde des römischen Volkes allgemein bekannt waren. Der unglückliche Ätoler ist in der Tat ausgeliefert worden, der römische Senat aber hat ihn überraschenderweise begnadigt, so daß Thoas noch einmal eine politische Rolle in seinem Vaterland spielen konnte. Anders Hannibal. Er wurde von Antiochos rechtzeitig gewarnt und konnte nach Kreta entkommen, die Römer hatten das Nachsehen. Das Verhalten des Antiochos war ehrenhaft, er war sich seiner Schutzverpflichtung für den großen punischen Feldherrn bewußt und hat ihm auch in der Not die Treue gehalten. Übrigens hat sich Hannibal, nur fünf Jahre später (183), in Bithynien durch Gift das Leben genommen, um nicht den Römern in die Hände zu fallen. Dies aber sind die hauptsächlichen Bedingungen des Friedens von Apameia, welche die Römer dem König Antiochos III. im Sommer 188 auferlegt haben.

Mit der Großmachtstellung des Seleukidenreiches war es für alle Zeiten zu Ende. Dennoch verfügte Antiochos III. immer noch über eine Anzahl von reichen Provinzen, obwohl sich einige Vasallenfürsten nach der Niederlage von ihm abwandten und eigene Wege gingen. Dies gilt beispielsweise für Armenien. Hier machten sich die Strategen des Antiochos mit Namen Artaxias und Zariadris selbständig, sie regierten seit 188 als Könige das Land, das dadurch seine Unabhängigkeit, wenn auch in zwei Reiche geteilt, für eine Zeitlang aufrechterhalten konnte. Das Seleukidenreich aber litt seit dem Frieden von Apameia unter chronischem Geldmangel. Die Kassen waren leer, und die Kriegskosten für die Römer waren eine schwere Last. Antiochos III. aber ist bei dem Versuch, neue Geldquellen zu erschließen, ums Leben gekommen. Man erzählte, daß er einen Bêls-Tempel in der Susiana (Elymaïs) habe plündern wollen. Bei diesem Unternehmen sei er von den aufgebrachten Einwohnern des Landes getötet worden (am 4. Juni [?] 187). Man wird es hier mit einer in hellenistischer Zeit nicht seltenen Zwangsanleihe bei einem Heiligtum zu tun haben, einer Aktion, die, wahrscheinlich durch die Schuld des Königs, einen für ihn unglücklichen Ausgang genommen hat. Sein Nachfolger war sein Sohn Seleukos IV., der von 187 bis 175 v. Chr. regiert hat. Von diesem König gibt es kaum irgendetwas Wichtiges zu berichten, es sei denn, daß er Mühe hatte, den Forderungen der Römer zu genügen.

Antiochos III. war zweimal verheiratet, zuerst – seit 222 – mit Laodike, der Tochter des Königs Mithradates II. von Pontos. Seine zweite Ehe war die mit Euböa, der Tochter des Kleoptolemos von Chalkis (192). Aus der ersten Ehe stammen mehrere Söhne und Töchter. Der älteste Sohn, ebenfalls Antiochos genannt, wurde 220 geboren. Er wurde, als Antiochos III. sich auf den Feldzug in die Oberen Satrapien begab, zum Mitregenten ernannt. Das erste Datum seiner Mitregentschaft stammt vom 27. März 210, das letzte vom 5. April 192, mit anderen Worten: der Prinz war erst zehn Jahre alt, als er zum Mitregenten mit dem Königstitel *(basileus)* proklamiert wurde. Im Winter des Jahres 196/5 wurde der Prinz mit seiner leiblichen Schwester Laodike vermählt. Im Jahre 193 ernannte ihn der König zum Generalgouverneur der Oberen Satrapien. Das war ein sehr wichtiger Posten, den er jedoch nicht antreten konnte, da ihn schon im gleichen Jahr ein jäher Tod aus dem Leben riß. Das Gerücht, sein Vater habe ihn durch Gift aus dem Leben geräumt, ist sicherlich reine Gehässigkeit. Es ist sehr zu bedauern, daß offenbar auch der Historiker Polybios dieser Version Glauben geschenkt hat. Der junge Thronerbe, der mit 27 Jahren aus dem Leben geschieden ist, war ein echter Seleukide, und als solchen hat ihn Livius (XXXV 15,2), der hier sicherlich auf Polybios zurückgeht, hoch gerühmt. Der Tod des begabten und tatkräftigen Sohnes war ein schwerer Verlust für das Reich und die Dynastie.

Der zweite Sohn war der spätere Seleukos IV. Philopator, geboren nach 220, gestorben 175. Für ihn hatte man das alte Lysimacheia wieder aufgebaut, er sollte offenbar der Platzhalter des Vaters auf europäischem Boden werden. Dies geschah im Jahre 196, und noch fünf Jahre später ist seine Anwesenheit in dieser Gegend bezeugt. Er war gleichfalls mit einer Laodike verheiratet, und die Vermutung liegt nahe, daß es sich hier um die Witwe seines älteren Bruders handelt. Sehr viel jünger aber war der dritte Sohn, der spätere Antiochos IV. Epiphanes, der durch seine Auseinandersetzung mit den Makkabäern in die Geschichte eingegangen ist. Er regierte, als Nachfolger seines älteren Bruders, von 175 bis 164(?). Auch er hatte eine Laodike zur Frau. (Sie ist möglicherweise die gleiche, die mit den beiden älteren Brüdern verheiratet war, doch gibt es für diese Vermutung keine Sicherheit.) Eigenartigerweise ist auch Antiochos IV. nach dem Anschlag auf einen Tempel in der Elymaîs ums Leben gekommen.

Die Töchter des 3. Antiochos hießen Laodike, Antiochis und Kleopatra. Dazu kommt noch eine weitere Tochter, sie wurde dem Eumenes II. von Pergamon angetragen, ihr Name ist unbekannt. Wohl die berühmteste war Kleopatra, die Stammutter der späteren Ptolemäer durch ihre Heirat mit Ptolemaios V. Epiphanes. Beide Ehegatten standen übrigens noch im Kindesalter, der Gatte war 16, Kleopatra sogar nur 11 Jahre alt! Kleopatra, in Ägypten die „Syrerin" genannt, entwickelte sich zu einer höchst energischen Herrscherin. Sie hat nach dem Tode ihres Gatten (180 v. Chr.) weitere vier Jahre, zusammen mit ihrem ältesten Sohn, Ptolemaios VI. Philometor, über das Ptolemäerreich geherrscht, das allerdings gerade damals einen Tiefpunkt seiner Entwicklung erlebt hat.

Die antike Geschichtsschreibung ist dem Andenken des Antiochos III. wenig günstig gewesen. Doch ist nicht zu übersehen, daß gerade dieser König das Seleukidenreich nach langen Jahren des Niedergangs noch einmal auf einen Gipfel geführt hat, insbesondere durch seine Expedition in die Oberen Satrapien. Es war nicht seine Schuld, wenn die Freiheitspolitik der Römer, die T. Quinctius Flamininus inauguriert hatte, die Grundlagen der Seleukidenherrschaft in Kleinasien ruiniert hat. Wenn sich Antiochos III. dagegen zur Wehr gesetzt hat, wer will ihm dies verdenken? Aber er war für einen Kampf mit den Römern bis aufs Messer weder ideell noch materiell gerüstet, und seine eigentlichen Interessen lagen nicht so sehr im Westen wie vielmehr im Osten, wo er Großes geleistet hatte. Der Krieg in Griechenland war für ihn nur *eine* von seinen zahlreichen Expeditionen, die er abbrach, sobald der Mißerfolg offenbar geworden war. Auch das seleukidische Kleinasien hat er aufgegeben, als er die Schlacht bei Magnesia verloren hatte. Im Zusammenbruch seiner hochgespannten Hoffnungen bewahrte er seine königliche Würde, den Freunden hielt er auch im Unglück die Treue, und es ist von ihm kein Akt der Treulosigkeit oder der Hinterlist bekannt geworden. Den Tod des Hermeias wird man ihm persönlich nicht anlasten können. Und wenn eine spätere Überlieferung behauptet, er habe den König Xerxes von Media Atropatene umbringen lassen, so gibt es hierfür kein zuverlässiges Zeugnis. In seiner Jugend hatte er sich zu sehr auf seine Ratgeber verlassen, und nicht immer haben diese ihn zu seinem Vorteil gelenkt. Persönlich kannte er keine Furcht; sowohl bei Raphia wie auch bei Magnesia hat er in vorderster Reihe mitgekämpft. Er hielt aber diese Niederlagen nicht für so schwerwiegend, daß er auf dem Schlachtfeld den Soldatentod gesucht hätte, beide Male hat er sich retten können, bei Magnesia nur mit Mühe. In der Elymaïs ist er bei einem Unternehmen zu Tode gekommen, das eines Königs unwürdig gewesen ist. Aber Not kennt kein Gebot, und die Forderungen der Römer mußten erfüllt werden. Antiochos war, alles in allem, ein bedeutender Herrscher, und den Namen der „Große" trägt er mit Recht. Er gehört zweifellos zu den größten hellenistischen Königen, erst die Römer haben ihn in seine Schranken verwiesen.

Literatur

U. Wilcken, RE I (1894) Sp. 2459–2470 s. v. Antiochos 24; E. Bevan, The House of Seleucus I–II (London 1902, Neudr. 1966); H. H. Schmitt, Untersuchungen z. Gesch. Antiochos' d. Gr. und seiner Zeit, Wiesbaden 1964.

Anmerkungen

1. Hatto H. Schmitt, Untersuchungen zur Geschichte Antiochos' d. Gr. und seiner Zeit, Historia-Einzelschr. 6, Wiesbaden 1964.
2. Eine im ganzen positive Beurteilung des Hermeias bei Walter Otto, RE VIII (1912) Sp. 726 ff. Nr. 1, vor allem Sp. 730. Etwas weniger günstig urteilt Hatto H. Schmitt, a.a.O. S. 156ff.
3. Zum Beinamen Alexanders siehe F. Pfister, Historia 13 (1964) S. 48 ff.
4. Hatto H. Schmitt, a. a. O. S. 95.

9

Philipp V., König der Makedonen

* 238, † 179 v. Chr.

Die Geschichte des makedonischen Königs Philipp V. (reg. von 222/1 bis 179) ist auf weite Strecken hin zugleich die Geschichte seines Volkes im Zeitalter der römischen Expansion seit dem 1. Illyrischen Krieg (229), in welchem die Römer zum ersten Mal in die Verhältnisse am Ostufer der Adria eingegriffen haben. Seit diesem Zeitpunkt hing über Makedonien das Damoklesschwert der römischen Intervention. Die Lage wurde dadurch noch verschärft, daß Makedonien mit Notwendigkeit in die inneren Verwicklungen in Griechenland mithineingezogen wurde. Der Bundesgenossenkrieg (220–217) hat das Gefüge der hellenischen Symmachie, deren Protektor der Makedonenkönig war, einer schweren Belastungsprobe unterzogen. Mit dem Eintritt Philipps V. in den 2. Punischen Krieg an der Seite Hannibals (215) zeichnet sich ein Wendepunkt der makedonischen Außenpolitik ab, aber die Kräfte der Makedonen reichten nicht aus, um den Karthagern wirksame Hilfe zu leisten. Und im 2. Makedonischen Krieg vollends (200–197) hat sich das Schicksal der Makedonen auf dem Schlachtfeld von Kynoskephalai entschieden. Sieger war der Römer T. Quinctius Flamininus, der große Freund der Hellenen. Die folgenden Jahre bis zum Tod Philipps (179) stellen nur noch einen Epilog dar. Taten von weltgeschichtlicher Bedeutung hat Philipp in diesen Jahrzehnten nicht mehr aufzuweisen, er war abhängig von den Befehlen der Römer.

Philipp V. war der Sohn des Königs Demetrios II. und der Phthia, die auch Chryseïs genannt wurde. Er erblickte im Jahr 238 das Licht der Welt, d. h. ein Jahr nach dem Tode des großen Königs Antigonos Gonatas, seines Großvaters. Phthia war eine epirotische Prinzessin, ihr Vater war Alexander, ihr Großvater war Pyrrhos. Ihre Mutter hieß Olympias, sie war eine Halbschwester des Königs von Epirus. Die Verbindung mit dem epirotischen Königshaus hat im Leben des Philipp keine Bedeutung gehabt, da die Monarchie in Epirus durch eine Revolution im Jahr 233 abgeschafft wurde. Dabei hatte Deidameia, eine Verwandte Philipps, in Ambrakia den Tod gefunden.

Die Regierung des Demetrios II. setzt sich mehr oder weniger aus einer Kette von Kriegen zusammen, und im Kampf gegen die Dardaner an der Nordgrenze Makedoniens dürfte der König zugrunde gegangen sein (229 oder schon 230). Philipp, sein Sohn und Erbe, war noch ein Knabe von acht Jahren. Die Regierung ging in die Hände seines Oheims über. Dies war Antigonos Doson, ein Vetter des Demetrios II. Antigonos Doson hat von 230 (oder 229) bis 222/1 v. Chr. über Makedonien geherrscht, zuerst (wahrscheinlich drei Jahre lang) als Stratege, sodann, nach dem Willen der makedonischen Heeresversammlung, als König. Er hatte die Witwe des Demetrios II., die Mutter Philipps, zur Frau genommen. Es war eine äußerst kritische Zeit für Makedonien, aber die Energie des Antigonos Doson (der Beiname bedeutet wahrscheinlich: „der die Herrschaft abgeben wird“) machte sich in vorteilhafter Weise bemerkbar. Antigonos warf nicht nur die Dardaner an der Nordgrenze zurück, er führte auch – für viele überraschend – eine Expedition zur See nach Karien durch (im Jahr 227), wo er territoriale Gewinne zu verzeichnen hatte, die von Philipp V. übernommen worden sind. Am wichtigsten aber war die Begründung einer großen hellenischen Symmachie im Jahre 224, mit der Antigonos gegen die Spartaner unter König Kleomenes III. zu Felde zog. Bei Sellasia (Juli 222) fiel die Entscheidung zugunsten der Makedonen und der mit ihnen verbündeten Achäer; Antigonos Doson aber starb wenige Monate später, am Ende des Jahres 222 oder zu Beginn des folgenden. Als Todesursache wird in den antiken Quellen Schwindsucht angegeben.

Der frühe Tod des Antigonos war ein schwerer Schlag für die Königsfamilie. Philipp, der einzige Thronerbe, war erst 16 Jahre alt, er hatte bisher am politischen Leben keinen wesentlichen Anteil gehabt, doch spricht es für die Klugheit des Antigonos, daß er den jungen Prinzen im Winter des Jahres 222/1 nach Hellas entsandt hatte, um Kontakt mit Aratos, dem Führer des Achäischen Bundes, aufzunehmen. Die Mission Philipps war von großer Bedeutung, denn nur wenn Makedonen und Achäer zusammenhielten, konnte in der hellenischen Symmachie auf eine gute Zusammenarbeit gerechnet werden. Antigonos hatte überdies ein politisches Testament hinterlassen. In diesem hatte er einen Kronrat bestellt, der dem jungen Philipp zur Seite stehen sollte. Die Namen der Mitglieder überliefert Polybios (IV 87,8): es waren dies Apelles, über dessen Amt nichts bekannt ist, Leontios, der Führer der Peltasten (Leichtbewaffneten), Megaleas, der Leiter der Staatskanzlei, Taurion, der Generalgouverneur der makedonischen Besitzungen auf der Peloponnesos, und der Vorsteher der Hofhaltung, Alexander. Von diesen fünf Würdenträgern schätzte Philipp Leontios und Megaleas am höchsten. Die anderen aber wurden nicht gefragt, denn Philipp wollte von Anfang an allein oder allerhöchstens mit Hilfe seiner Freunde regieren, weswegen ihn Polybios tadelt: der junge König habe sehr bald Zeichen seines Unverstandes *(aphrosyne)* und seiner Habgier *(pleonexia)* gegeben. Damit wird natürlich die Darstellung bei Polybios in eine für Philipp ungünstige Richtung gelenkt, sie darf nur mit Kritik aufgenommen werden.

Der Regierungsantritt Philipps V. fiel in eine für die hellenistische Staatenwelt entscheidungsreiche Zeit. Im Seleukidenreich hatte kurz zuvor (im Jahre 223) Antiochos III. den Thron bestiegen, und in Ägypten ging das Leben des Ptolemaios III. Euergetes zu Ende, wahrscheinlich in den ersten Wochen des Jahres 221. Sein Nachfolger Ptolemaios IV. Philopator war sicherlich kein überragender Herrscher, die Politik überließ er jedenfalls seinem Günstling Sosibios, der über hohe staatsmännische Qualitäten verfügte. Philipp dagegen hatte seine eigenen Sorgen. Sie betrafen in erster Linie sein Verhältnis zu den griechischen Staaten. In Hellas war es wieder einmal zu einer kriegerischen Auseinandersetzung zwischen Ätolern und Achäern gekommen. Der Achäische Bund war ein wichtiges Mitglied der von Antigonos Doson gestifteten hellenischen Symmachie, einer Vereinigung, der fast alle bedeutenden griechischen Staaten angehörten, neben den Achäern auch die Böoter, Phoker, Akarnanen, Thessaler und sogar die Epiroten. Aber auch die Ätoler waren zu einer bedeutenden Macht in Mittelgriechenland herangewachsen, insbesondere behaupteten sie eine führende Stellung in Delphi und in der delphischen Amphiktyonie, die ganz von ihnen abhängig war. Im übrigen waren die Ätoler wegen ihrer Räubereien gefürchtet, die sie überall, zu Wasser und zu Lande, durchführten, ohne sich im geringsten um das göttliche und menschliche Recht zu kümmern. Die Furcht vor den Ätolern veranlaßte eine Anzahl von griechischen Staaten, mit ihnen Asylieverträge abzuschließen, um vor den Raubzügen der Ätoler sicher zu sein. Zankapfel zwischen den Ätolern und Achäern war vor allem die Landschaft Messenien, deren Bewohner sich weder für die eine noch für die andere Seite entscheiden konnten. Ganz ähnlich standen die Dinge in Lakedaimon. Hier lagen die Freunde der Makedonen und der Ätoler miteinander im Streit, kurz, die Verhältnisse auf der Peloponnesos waren in eine allgemeine Gärung übergegangen; niemand wußte, was die Zukunft bringen würde.

In Makedonien hatte man die Entwicklung in Hellas mit Sorge beobachtet, aber erst als sich auch noch illyrische Freibeuter in die Wirren einmischten – sie standen unter der Leitung des Dynasten Demetrios von Pharos –, da war das Maß voll. König Philipp begab sich nach Korinth, dem Hauptstützpunkt der Makedonenherrschaft in Griechenland, um die Dinge selbst in die Hand zu nehmen. Mit Sparta kam man schnell zu Rande, aber der Kriegsbeschluß gegen die Ätoler im Sommer 220 war eine Entscheidung, deren Folgen noch gar nicht abzusehen waren. Hinter dieser Kriegserklärung stand zweifellos der Führer des Achäischen Bundes Aratos, der den jungen König nach seinen Wünschen zu lenken verstand. Es war nicht verwunderlich, wenn Philipp bei seiner Rede vor der achäischen Bundesversammlung in Aigion lebhaften Beifall erhielt. Er war ein Herrscher ganz nach dem Sinn der Achäer. Aber nicht alles ging den Verbündeten nach Wunsch. In Sparta setzte sich nämlich die ätolische Partei durch, und während Philipp auf einem Kriegszug in Epirus weilte, – er belagerte dort den festen Platz Ambrakos –, unternahmen die Ätoler unter der Führung des Skopas einen Einfall in Makedonien. Sie plünderten die Stadt Dion, bekannt durch das Zeusheiligtum. Die Säulenhallen des Heiligtums wurden durch Feuer zerstört, die Bilder der makedonischen Könige umgestürzt (Sommer 219). Überhaupt sind für den Bundesgenossenkrieg die Plünderungszüge auf beiden Seiten charakteristisch. So haben die Ätoler dem Zeusheiligtum von Dodona in Epirus schweren Schaden zugefügt (Herbst 219). In diesen Wochen und Monaten herrschte auch in Illyrien Kriegszustand. Es waren die Römer, die sich gegen Demetrios von Pharos gewandt hatten; seine schnellen Schiffe, die Lemboi, hatten den Handel der Römer und Italiker auf der Adria geschädigt. Demetrios von Pharos aber war den Römern nicht gewachsen, er entwich nach Makedonien, wo er vom König Philipp in der freundlichsten Weise aufgenommen wurde. Die Römer aber etablierten ihre Herrschaft in den Städten Pharos und Dimallos, sie waren damit den Makedonen um ein großes Stück nähergerückt und hatten sich vor allem an der Ostküste der Adria festgesetzt (219). Für Philipp waren die Maßnahmen der Römer zwar unangenehm, aber er sah keine Möglichkeit, sie rückgängig zu machen, er mußte sich mit der Präsenz der Gegner von jenseits der Adria zunächst abfinden. Besser stand es für Philipp in Griechenland. In der Peloponnesos errangen die Makedonen, vor allem gegenüber den Eleern, leichte Erfolge. Auch die Makedonen waren zum Raubkrieg übergegangen, alles, was in ihre Hände fiel, Menschen und ihre Habe, wurde weggeführt, vor allem die reiche Landschaft Elis hatte schwer zu leiden, nicht weniger die Triphylia, die außerdem zum Anschluß an die hellenische Symmachie gezwungen wurde. Der peloponnesische Feldzug hatte mit einem bedeutenden Erfolg Philipps geendet. Der König selbst hatte sich als ein fähiger Stratege erwiesen, bei Belagerungen hatte er sich mehrfach exponiert und seinen Soldaten ein hervorragendes Beispiel von Tapferkeit gegeben. Der sonst so kritische Polybios ist hier des Lobes voll, er rühmt am König die Geistesgegenwart, sein Gedächtnis und seine Gefälligkeit, seine königliche Erziehung, sein kraftvolles Wesen, dazu seine Fähigkeit zum Handeln und seine Kühnheit im Kriege (IV 77, 2–3). Das Urteil des Polybios ist ganz besonders wertvoll, weil es die positiven Seiten des königlichen Charakters deutlich hervortreten läßt. Und an mehreren Stellen wird auf den hervorragenden persönlichen Einsatz des jungen Herrschers hingewiesen, wie z. B. bei der Eroberung des kleinen Platzes Alipheira (V 78, 8 ff.). Es war kein Wunder, wenn man dem König allgemeine Verehrung und Bewunderung entgegenbrachte. Philipp war erst 20 Jahre alt (Winter 219/8), er hatte sich aber seiner bedeutenden Vorgänger auf dem Thron würdig erwiesen.

Der Sommer des Jahres 218 sah eine maritime Expedition nach der Insel Kephallenia – aber hier verließ den Makedonenkönig das Kriegsglück –, man kam nämlich mit der Belagerung der Stadt Pale nicht zu Rande und mußte sie abbrechen. Das Ziel, den Seeraub der Bewohner Kephallenias abzustellen, war nicht erreicht worden. Wenig ruhmvoll war auch der Überfall der Makedonen, wieder unter der persönlichen Führung des jungen Königs, auf die Stadt Thermos in Ätolien. Der Ort war der Mittelpunkt des Ätolischen Bundes, er war unbefestigt und voll von Tempeln und Säulenhallen. Hier tobte sich der Zorn der Makedonen in schlimmer Weise aus, man wollte die Zerstörung Dions durch die Ätoler rächen und verrichtete ganze Arbeit. In Thermos waren überall umgestürzte Statuen zu sehen, die Makedonen waren den Ätolern nichts schuldig geblieben (Sommer 218). Polybios ist voll von Empörung über das Verhalten Philipps, das in der Tat allem göttlichen und menschlichen Recht der Griechen zuwiderlief. Doch meint Polybios, das Verhalten des Königs sei auf den Einfluß des Demetrios von Pharos zurückzuführen, wofür indes kein zwingender Beweis vorliegt (Polyb. VII 14, 3).

Im Lager der Makedonen war es inzwischen zu Spannungen gekommen. Es hatten sich zwei Parteien gebildet, die eine Partei hielt es mit Aratos und dem Achäischen Bund, die andere arbeitete gegen ihn. Der Riß ging mitten durch die Gruppe der Großwürdenträger des makedonischen Königs. Während Alexander, der Vorsteher der königlichen Hofhaltung, und Taurion, der Generalgouverneur der Peloponnesos, für Aratos eintraten, standen Apelles, Leontios und Megaleas auf der Gegenseite. Der König konnte sich offenbar zunächst nicht entschließen, Farbe zu bekennen, zuerst war er *gegen* Aratos, und die Sache entwickelte sich zu einem öffentlichen Skandal, als Aratos bei Gelegenheit einer Opferfeier von seiten seiner Gegner mit Beschimpfungen und Beleidigungen überschüttet wurde. Jetzt aber konnte der junge, gerade erst zwanzigjährige König die Dinge nicht weiter treiben lassen. Er ließ Megaleas und einen gewissen Krinon festnehmen, der erstere wurde allerdings bald wieder in Freiheit gesetzt. Wenig später kam es in Korinth zu einem Aufruhr unter den makedonischen Truppen, wofür Leontios und Megaleas die Verantwortung trugen. Wieder sah sich der König zum Einschreiten gezwungen, er schreckte aber vor rigorosen Maßnahmen zurück, erst die Flucht des Megaleas, der sich nach Theben absetzte, brachte die Wende: Leontios und Apelles wurden auf Befehl des Königs hingerichtet: Megaleas, in die Enge getrieben, gab sich in Theben den Tod von eigener Hand.

Die Ereignisse werfen ein düsteres Licht auf die Zustände in der nächsten Umgebung des makedonischen Königs. Offenbar hatte dieser es nicht verstanden, die widerstrebenden Interessen zu integrieren, insbesondere war es ihm nicht gelungen, die Anhänger des achäischen Bündnisses und ihre Gegner unter den Freunden des Monarchen miteinander zu versöhnen. Der Historiker kann den Verdacht nicht von der Hand weisen, daß hier, und zwar wahrscheinlich von der Seite der Achäer, d. h. von Aratos, ganz massiv mit Bestechungen gearbeitet worden ist, sonst wäre nämlich der persönliche Einsatz hoher makedonischer Würdenträger für die Sache des Aratos kaum denkbar gewesen.

Der Bundesgenossenkrieg war inzwischen zu einer ganz unerträglichen Belastung Griechenlands geworden, Handel und Wandel standen still, niemand war vor Überfällen, Brandschatzungen und Kontributionen sicher. Philipp, der durch den Krieg nichts Entscheidendes zu gewinnen hatte, war bereit, unter annehmbaren Bedingungen Frieden zu schließen. Der Friede aber schien tatsächlich in Sicht, als sich auswärtige Mächte, zuerst Rhodos und Chios, dann auch Byzanz und König Ptolemaios IV. Philopator, als Vermittler einschalteten.

Die Griechen waren längst des Krieges müde, denn obwohl keine großen Feldschlachten zu verzeichnen gewesen waren, so waren doch die Menschenverluste groß genug. Allein die Eleer hatten bei nur zwei kriegerischen Unternehmungen nicht weniger als 600 Tote und 280 Gefangene zu beklagen[1], und bei den anderen am Krieg beteiligten Staaten dürfte das Bild eher noch deprimierender gewesen sein. Griechenland hatte in jener Zeit keinen Überfluß an Menschen mehr, zumal zahlreiche Hellenen als Söldner ihren Unterhalt außer Landes verdienten.

Als der König sich am Isthmos aufhielt und den Nemeischen Spielen zusah, traf eine überraschende Nachricht ein: Hannibal hatte die Römer am Trasimenischen See vollständig geschlagen, es war die erste große Schlacht des zweiten Punischen Krieges, man befand sich im Sommer des Jahres 217. Demetrios von Pharos sah nun seine Stunde gekommen; er drang in den jungen König, er möge sich nach Illyrien begeben und eventuell auch in den Krieg gegen die Römer auf dem Boden Italiens eingreifen. Dies war allerdings nur ein Wunschtraum, der bekanntlich niemals in Erfüllung gegangen ist. Aber Philipp war von der Weite der Perspektiven, die sich ihm eröffneten, geradezu fasziniert. War er nicht mit Philipp II. und Alexander d. Gr. verwandt[2], war er nicht verpflichtet, es ihnen gleichzutun? Da auch die Ätoler an dem Krieg kein Interesse mehr hatten, da dieser ihnen nur schmerzliche Verluste, aber keine Vorteile gebracht hatte, trat man im Herbst 217 in Naupaktos am Golf von

Korinth (heute Lepanto) zu einer Friedenskonferenz zusammen. Die Gebietsgewinne Philipps waren sehr bescheiden, weil man den *status quo* zugrundelegte. Dem Makedonenkönig wurde der Besitz von Zakynthos und von Triphylien zugesichert. Im übrigen hatte sich der Krieg für niemanden gelohnt. Weite Strecken fruchtbaren Acker- und Gartenlandes in der Peloponnesos lagen wüste, und die barbarischen Zerstörungen der Ätoler in Makedonien sind noch lange als abschreckendes Beispiel im Gedächtnis der Hellenen geblieben. Sie waren ein Zeichen für die zunehmende Verrohung der Sitten und für das Schwinden des alten Götterglaubens. Auf dem Kongreß von Naupaktos – es war dies der letzte Friede, der allein zwischen Griechen und Makedonen, noch ohne das Eingreifen der Römer, geschlossen worden ist – hat der Ätoler Agelaos eine denkwürdige Rede gehalten, die man heute noch in den Grundzügen bei Polybios (V 103, 9) nachlesen kann. Die Rede war ein Weckruf an die Hellenen, vor allem aber auch an König Philipp von Makedonien. Er habe die Pflicht, sagte Agelaos, für den Schutz der stammverwandten Griechen zu sorgen, den Mächten des Westens aber möge er keinen Einfluß auf die griechischen Verhältnisse gestatten, denn wenn einmal die Wolke vom Westen her sich über die Griechen niedergelassen habe, dann sei es mit der hellenischen Selbstbestimmung zu Ende, dann könne man nicht mehr nach eigenem Ermessen Krieg führen und Frieden schließen. – Wir wissen nicht, woher Polybios seine Kenntnis von dieser Rede genommen hat, sicher ist nur, daß sie den Gedanken und Empfindungen der Griechen zu jener Zeit in hohem Maße gerecht wird. Der große Agón in Hellas (er war nicht gerade in agonaler Weise ausgetragen worden) war nun zu Ende, aber es gab jenseits der Adria die Römer, die allerdings im Jahre 217 – noch war die Schlacht bei Cannae (216) nicht geschlagen – alle Kräfte gegen die Invasion der Punier unter Hannibal aufbieten mußten. In Naupaktos wußte noch niemand, wie der Waffengang zwischen Rom und Karthago enden würde. Auch Philipp wußte es nicht, der sich nun zur Rückkehr in sein Stammland vorbereitete, um hier dem Illyrer Skerdilaïdas entgegenzutreten, der in die makedonische Landschaft Pelagonia von Westen her eingefallen war, vielleicht sogar auf Anstiften der Römer (?); denn ihr illyrisches Protektorat gewährte ihm einen gewissen Rückhalt. Die Auseinandersetzung zwischen Philipp und Skerdilaïdas ist deswegen nicht ohne Sprengstoff, weil hier das römische Protektorat in Illyrien tangiert werden konnte, das die Küstenlandschaften im Raum südlich von Lissos bis in die Gegend nördlich von Phoinike umfaßte. Mit diesem Protektorat hatte sich Philipp niemals abfinden können, denn es bildete gewissermaßen einen ausgedehnten römischen Brückenkopf für die Operationen östlich der Adria. Es war ein großes Unglück, daß Philipp über keine nennenswerte Kriegsflotte verfügte, wie sie noch Antigonos Gonatas im Kampf um die Seeherrschaft auf der Ägäis besessen hatte. Aber die makedonischen Finanzen reichten nicht aus, neben dem großen Landheer auch noch eine entsprechende Flotte zu unterhalten. Abgesehen vom Geld fehlte es auch an seemännischem Personal, wie es die Ptolemäer zu ihrer Verfügung hatten. Bezeichnend ist etwa die Tatsache, daß sich Philipp von einem maritimen Unternehmen gegen Skerdilaïdas abschrekken ließ (es sollte von Kephallenia aus in Gang gebracht werden), als die Nachricht eintraf, die Römer hätten eine Kriegsflotte von Lilybäum in Sizilien nach Illyrien in Marsch gesetzt. Hier hatte Philipps Nachrichtendienst versagt, denn es waren in Wirklichkeit, alles in allem, nur zehn Schiffe, welche die Römer für Illyrien hatten freimachen können! Philipp aber hatte sein Unternehmen sofort aufgegeben (Sommer 216), dies ein Zeichen dafür, daß er vor den Römern großen Respekt hatte. Doch es war eine Fehlentscheidung gewesen; denn wenig später, immer noch im gleichen Sommer, war auf den weiten Feldern Apuliens die Schlacht bei Cannae geschlagen worden, aus der Hannibal als überlegener Sieger über die Römer hervorgegangen war. Was lag für den Makedonenkönig näher, als nunmehr eine Verbindung mit dem großen punischen Feldherrn aufzunehmen, der auf dem Gipfel seines Ruhmes stand? In der Tat schickte Philipp eine Gesandtschaft in das Feldlager Hannibals. Aber es gab einen für die Makedonen unglücklichen Zwischenfall. Denn der Gesandte König Philipps, der Athener Xenophanes, fiel auf italischem Boden den Römern in die Hände, diese aber waren außerordentlich großzügig, denn sie ließen Xenophanes wieder frei. Wir wissen nicht, ob den Römern die Absicht des Gesandten bekannt war. Es ist auch nicht ganz sicher, ob sich diese Episode auf der Anreise oder erst bei der Rückkehr des Gesandten abgespielt hat – dies alles kann hier jedoch außer Betracht bleiben, denn es steht fest, daß ein Vertrag zwischen Philipp V. und Hannibal abgeschlossen worden ist. Das Bündnis der beiden ist von weltgeschichtlicher Bedeutung. Zum ersten Mal hatten sich zwei Mächte durch einen gegenseitigen Beistandspakt verpflichtet, gemeinsam gegen die Römer Krieg zu führen und nur gemeinsam Frieden zu schließen. Auch die Bundesgenossen des Makedonenkönigs waren in den Vertrag miteingeschlossen, insbesondere die Angehörigen des hellenischen Bundes. Das römische Protektorat in Illyrien sollte aufgelöst werden. Im übrigen ist kaum ein Zweifel darüber möglich, daß dieses Gebiet unter die Oberhoheit des makedonischen Königs gestellt werden sollte. So wie der Vertrag bei Polybios überliefert ist, sah er eine Aufteilung von Interessenssphären oder von Operationsgebieten vor. Seine Wirksamkeit aber hing davon ab, wie bald es den Karthagern gelingen würde, die Römer definitiv zu besiegen und sie zu Boden zu zwingen[3]. Was allerdings bei Livius (XXIII 23, 10) und einigen seiner späten Ausschreiber (Appian, Zonaras) zu lesen steht, ist ganz undenkbar: danach hätte Hannibal versprochen, nach beendetem Krieg in Italien nach Griechenland überzusetzen und hier Philipp zu Hilfe zu kommen. Dies aber scheint reine Phantasie, denn wie sollte Philipp eine Einmischung der Karthager in Hellas gewünscht haben! Aber wie dem nun auch sein mag – der Vertrag zwischen den Karthagern und dem Makedonenkönig war zunächst eine große Gefahr für Rom, zumal nach dem Verlust der Schlacht bei Cannae. Dennoch raffte man sich in Rom dazu auf, eine Flotte unter dem Befehl des Praetors M. Valerius Laevinus in die Adria zu entsenden; die illyrischen Untertanen der Römer sollten daran erkennen, daß sie von Rom nicht aufgegeben worden waren. Im übrigen hatten sie nicht das geringste Interesse daran, das römische Protektorat gegen eine unmittelbare Herrschaft des Makedonenkönigs einzutauschen. So blieb in Illyrien alles beim alten, zumal Philipp den Römern zur See nicht gewachsen und Hannibal auf italischem Boden vollauf beschäftigt war. Ohne eine tatkräftige Hilfe der hellenischen Symmachie konnte Philipp nur wenig ausrichten, aber die Griechen zeigten keine Neigung, ihre Haut für Unternehmungen Philipps gegen Illyrer und Römer zu Markt zu tragen, ein Standpunkt, für den man Verständnis aufbringen wird, zumal der Bundesgenossenkrieg die Kräfte der Hellenen aufs äußerste in Anspruch genommen hatte. Was aber blieb für Philipp zu tun? Ohne die Griechen und ihre Flotte war im Kampf gegen die Römer nur wenig zu erreichen, es galt also, die Zügel schärfer anzuziehen. War Philipp bisher, vor allem unter dem Einfluß des Aratos, den Hellenen nach Möglichkeit entgegengekommen, so änderte sich seine Haltung mit einem Schlag in grundlegender Weise. Wie Benedictus Niese[4] mit Recht betont hat, war es für den Monarchen geradezu eine Lebensfrage, die Römer aus Illyrien zu vertreiben. Sie waren für ihn höchst unangenehme Nachbarn, und der griechische Widerstand gegen den Makedonenkönig fand vor allem an den Römern in Illyrien seinen Rückhalt. Der Gegensatz der Interessen zwischen Philipp und den Griechen kam in einer berühmten Szene zum Ausdruck: In Messenien war es zu Unruhen gekommen, in die sich auch Philipp eingemischt hatte. Dabei waren die leitenden Beamten des Staates, die Archonten, und insgesamt zweihundert Männer der oligarchischen Richtung erschlagen worden. Einen Tag nach dem Gemetzel, woran Philipp nicht unschuldig war, erschienen als Abgesandte des Achäischen Bundes Aratos Vater und Sohn vor dem Makedonenkönig. Der Jüngere konnte sein Temperament nicht zügeln und überschüttete den König mit einer Flut von Vorwürfen. Philipp aber antwortete mit keinem Wort, er begab sich mit seinen Freunden auf den Hügel Ithomates, um hier dem Zeus ein Opfer darzubringen. Dem Ratschlag des Demetrios von Pharos, die Burg von Messene besetzen zu lassen, ist Philipp nicht gefolgt (ein derartiger Handstreich hätte ihn um die letzten Sympathien in der Peloponnesos gebracht). Aber dennoch war zwischen Philipp und den Achäern ein so tiefer Riß entstanden, daß er nicht mehr überbrückt werden konnte (Winter 215).

Der 1. Makedonische Krieg dauerte volle zehn Jahre, von 215 bis 205 v. Chr. Er hat die Lage in Hellas im ganzen nicht verändert. Die Hoffnungen des Königs haben sich nicht erfüllt. Zu einem Teil war Philipp selbst daran schuld. Er hatte sich dazu hinreißen lassen, im Hause des Aratos ein Liebesverhältnis mit der Schwiegertochter, der Gattin des Jüngeren Aratos, anzuknüpfen, ein Verhalten, das allen guten Sitten und insbesondere dem Gastrecht Hohn sprach. Philipp nahm sogar die Frau – sie hieß Polykrateia – mit nach Makedonien. Dies aber war eine ganz instinktlose Handlungsweise, die den König in den Augen aller Griechen aufs schwerste diskreditierte. Wenn dagegen ein moderner Forscher (K. J. Beloch) die Vermutung ausgesprochen hat[5], Polykrateia stamme vielmehr aus Argos, sie sei die legitime Gattin des Königs und die Mutter des Thronfolgers Perseus geworden, so ist dies nicht nur ganz unwahrscheinlich, sondern auch quellenmäßig durch nichts zu belegen. Man mag hier wie auch sonst dem König immerhin zugute halten, daß er erst 24 Jahre zählte. Als der Ältere Aratos, sein langjähriger Bundesgenosse, einer Krankheit erlag (Winter 214/3), da munkelte man landauf landab in Hellas von Gift, das ihm angeblich durch Taurion, den Strategen der makedonischen Besitzungen auf der Peloponnesos, verabreicht worden sei. Aber diese Version ist sicherlich eine böswillige Erfindung, mag sie auch Polybios geglaubt haben. Da auch der Jüngere Aratos, durch die Entführung seiner Gattin zutiefst gekränkt, dem Vater bald ins Grab nachfolgte, war die Situation im Hellenenbund kritisch geworden; niemand wußte, wie es weitergehen sollte.

Im Bereich des illyrischen Protektorats der Römer hatte Philipp immerhin einige bemerkenswerte Erfolge zu verzeichnen. Die Atintanen und Parthiner wechselten auf die makedonische Seite über, die Eroberung der Stadt Lissos durch König Philipp war ein weiterer Machtzuwachs (213). Aber im folgenden Jahr trat eine entscheidende Wende in Griechenland ein: die Ätoler, die bisher abgewartet hatten, auf welche Seite sich das Kriegsglück wenden würde, schlossen mit den Römern einen Vertrag und traten an ihrer Seite in den Krieg gegen Philipp ein. Der Bündnisvertrag ist durch einen glücklichen Zufall auf einer Inschrift von Thyrreion wiedergefunden worden[6]. Er zeigt ein bedeutendes Entgegenkommen der Römer gegenüber den Ätolern, eine Tatsache, die durch die Zwangslage der Römer eine hinreichende Erklärung findet. Allerdings ist der Vertrag erst zwei Jahre später, 210, in Rom ratifiziert worden; die Gründe sind wohl in prinzipiellen Bedenken des römischen Senats gegen die Einmischung in die verworrenen Verhältnisse in Griechenland zu suchen. Denn niemand konnte wissen, wie sich die Lage hier im einzelnen entwickeln würde. Aber Not kennt kein Gebot, und so bequemte man sich in Rom, mit den Ätolern gemeinsame Sache zu machen, obwohl dieses Bündnis diesseits und jenseits der Adria auf wenig Sympathien gestoßen sein dürfte. Außer den Ätolern traten auch noch andere Staaten in den sich immer weiter ausbreitenden Krieg ein, insbesondere der König Attalos I. von Pergamon schlug sich auf die römische Seite (211), ebenso die Eleer, die Messenier und auch die Lakedämonier, während sich die Achäer, allein schon wegen ihrer alten Feindschaft zu den Ätolern, auf die Seite Philipps stellten, ohne freilich große Kriegsanstrengungen zu unternehmen. Aber Philipp war alles andere als ein angenehmer Bundesgenosse, immer wieder ließ er seiner Laune die Zügel schießen. So wird beispielsweise aus dem Jahr 209 berichtet[7], der Makedonenkönig habe bei seinem Aufenthalt in Argos (man hatte gerade die Nemeen gefeiert) seine königlichen Embleme, Diadem und Purpurkleid, abgelegt und sich unter das Volk gemischt, aber nur um seinen Ausschweifungen zu frönen. Polybios sagt, keine Frau, weder eine verwitwete noch eine verheiratete, sei vor seinen Nachstellungen sicher gewesen. Der König habe ihre Väter und Brüder unter ganz grundlosen Vorwänden zu sich befohlen und mißhandelt. – Die Geschichte klingt zwar wie eine böswillige Erfindung, aber sie ist so gut bezeugt, daß sie dem Zweifel keinen Raum läßt, mag auch die achäische, dem König ungünstige Tradition hier zugrunde liegen. Mag dies nun Propaganda sein oder nicht – auf jeden Fall hatte Philipp in der Behandlung seiner hellenischen Verbündeten keine sehr glückliche Hand, und die an ihm so oft gerühmte Leutseligkeit hatte, wie es scheint, auch ihre Schattenseiten.

Die Operationen der Jahre 208 bis 205 sind kriegsgeschichtlich ohne Bedeutung. Bemerkenswert ist nur, daß Philipp alles aufbieten mußte, um seine Stützpunkte auf der langgestreckten Insel Euböa zu behaupten, da diese durch die Flotte der Römer und des Attalos I. bedrängt wurden. Im Jahre 206 gelangte Philipp mit den Ätolern zu einem für beide Teile annehmbaren Friedensschluß. Die Ätoler waren von der römischen Waffenhilfe enttäuscht gewesen, sie hatten nahezu allein die Lasten des Landkrieges tragen und dazu schwere Verheerungen – u. a. war Thermos noch einmal von den Makedonen heimgesucht worden – erdulden müssen. Da in den Frieden die Bundesgenossen miteingeschlossen waren, hatte Griechenland wieder Ruhe, Philipp dagegen besaß freie Hand gegenüber den illyrischen Besitzungen der Römer, aber auch diese waren des Krieges müde geworden. Sie hatten kein Interesse daran, weiter in Griechenland Streitkräfte einzusetzen, da sie diese für den Hannibalischen Krieg an anderer Stelle dringend benötigten. Durch epirotische Vermittlung kam es im Jahre 205 zum Frieden von Phoinike (in Epirus). An den territorialen Verhältnissen hat sich in Illyrien nicht viel geändert, man wird annehmen dürfen, daß die Atintanen und Parthiner wieder auf die makedonische Seite zurückgekehrt sind. Über die Gruppierung der beiden kriegführenden Parteien gibt die Liste der dem Frieden ‚beigeschriebenen' Herrscher und Staaten Aufschluß: zu den Bundesgenossen Philipps gehörten Prusias, der König von Bithynien, die Achäer, Böoter, Akarnanen und Epiroten: als römische Bundesgenossen sind in dem Vertrag aufgeführt Attalos I. von Pergamon, Pleuratos von Illyrien, Nabis von Lakedaimon, die Eleer und Messenier. Von den Karthagern verlautet im Vertrag kein Wort, die Vertragschließenden scheinen auf die Erwähnung der Punier keinen Wert gelegt zu haben. Sie blieben außerhalb des Vertrages.

In Griechenland war durch den Frieden von Phoinike alles beim alten geblieben, weder Philipp noch die Ätoler noch die Achäer hatten irgendwelche bemerkenswerten Gewinne zu verbuchen. Wer den Frieden als Triumph König Philipps bezeichnet wie F. W. Walbank[8], unterliegt einer Täuschung: zwar hatte sich der König, allen Gegnern zum Trotz, behauptet, aber seine Position war nicht stärker geworden, und von einem Triumph kann nicht die Rede sein, zumal er es nicht mit der zusammengefaßten Kraft der Römer zu tun gehabt hatte. Und was die Römer betrifft, so haben diese Hellas so wieder verlassen, wie sie es betreten hatten. Und dennoch waren sie die einzigen, die aus diesem Krieg einen bemerkenswerten Gewinn davongetragen hatten: die Allianz zwischen Philipp und Hannibal war zerbrochen, Rom sah sich von einer großen Gefahr befreit. Unter dem Einsatz sparsamer Mittel hatte der Senat den Krieg in Griechenland zu Ende geführt – aber man hatte nicht vergessen, daß Philipp mit Hannibal gemeinsame Sache gemacht hatte zu einer Zeit, in der die Entscheidung in Italien auf des Messers Schneide gestanden hatte.

Als man in Phoinike die Friedensurkunden austauschte, war Philipp 33 Jahre alt, ungefähr so alt wie Alexander, sein großes Vorbild, am Ende seines kurzen Lebens. Die Lage in der hellenistischen Staatenwelt wurde durch zwei Fakten gekennzeichnet: Im Jahre 205/4 beendete Antiochos III., der Herrscher des Seleukidenreiches, seine Anabasis durch die Oberen Satrapien (s. o. S. 197), in Ägypten starb, wahrscheinlich im Jahre 204, Ptolemaios IV. Philopator. Sein Nachfolger, Ptolemaios V. mit dem Beinamen Epiphanes, war noch ein Kind. Aus dieser Situation ergab sich, wahrscheinlich auf Anregung des makedonischen Herrschers, im Jahre 203/2 der Plan einer Aufteilung des Ptolemäerreiches zwischen Antiochos III. und Philipp V. Der Teilungsvertrag verstieß gegen jedes menschliche und göttliche Recht; es handelt sich um einen regelrechten Raubvertrag, wie die Liga von Cambrai im Jahre 1508 zur

Aufteilung des Gebiets der Republik Venedig. Aus dem Teilungsvertrag haben sich wichtige Konsequenzen ergeben, auch der 2. römisch-makedonische Krieg (200 bis 197) ist letzten Endes eine Folge des Vertrages gewesen. Auf jeden Fall hat der Vertrag das hellenistische Gleichgewicht einer schweren Belastungsprobe unterworfen.

Ohne eine Flotte war wenig auszurichten. Im Jahre 203 begann man in Makedonien eine Flotte auf Kiel zu legen, womit Philipp an die Tradition seines Großvaters Antigonos Gonatas wieder anknüpfte, der mit ihrer Hilfe die Seeherrschaft auf der Ägäis errungen hatte. Überhaupt besaß Philipp viel Verständnis für technische Probleme. So hatte er beispielsweise im Jahr 208 ein System von Feuersignalen eingeführt, wodurch ihm auch aus den entlegensten Teilen seines Reiches wichtige Nachrichten übermittelt werden konnten. Zunächst aber galt es, in raschem Zugriff die Meerengen unter makedonische Herrschaft zu bringen. Die Stadt Lysimacheia auf der Halbinsel Gallipoli erhielt eine makedonische Besatzung, Kalchedon und Perinthos wurden gleichfalls zum Anschluß gezwungen; gemeinsam mit dem König Prusias von Bithynien belagerte Philipp die Stadt Kios an der Propontis (Marmarameer). In dem gleichen Jahr (202) unterwarf er die wichtige Insel Thasos. Diese Eroberungen brachten Philipp nicht nur in Konflikt mit den Ätolern, sondern vor allem auch mit den Rhodiern, die eine Herrschaft des Makedonenkönigs an den Meerengen nicht dulden wollten. Und im Jahre 201 kam es zu einem regelrechten Krieg, in den auf gegnerischer Seite auch Attalos I. von Pergamon miteintrat. In der Seeschlacht bei Lade mußten die Verbündeten jedoch eine Niederlage hinnehmen. Philipp unternahm zu Lande eine Expedition in das Gebiet des pergamenischen Reiches. Hier kam es zu schweren Verwüstungen, unter denen auch das berühmte Nikephorion mit seinen Tempeln und Säulenhallen zu leiden hatte, einer Aktion übrigens, die dem Makedonenkönig wenig Sympathien unter den Griechen einbrachte. Noch im Sommer 201 wurde die entscheidende Seeschlacht in den Gewässern von Chios geschlagen, Sieger blieben hier die Rhodier, die würdig ihres alten Ruhmes mit bemerkenswerter Tapferkeit gefochten hatten. Attalos I. hatte dagegen nur mit knapper Not sein Leben retten können. Philipp aber verlegte nach diesem Mißerfolg zur See seine Operationen wieder aufs Festland, und zwar nach Karien, wo er in dem Dynasten Olympichos über einen Parteigänger verfügte. Hier konnte der Makedonenkönig an die Erwerbungen anknüpfen, die sein Vorgänger auf dem Thron, Antigonos Doson, im Jahre 227 bei seiner Expedition nach Karien gemacht hatte[9]. Aber es ging für Philipp in Karien nicht alles nach Wunsch, schließlich sah er sich sogar in dem Hafen Bargylia von den Rhodiern blokkiert. Als die Not am höchsten war, gelang es ihm, die Blockade zu durchbrechen und zu Schiff nach Makedonien zurückzukehren (Frühjahr 200). Aber die Weltlage hatte sich inzwischen verändert. Rom und Karthago hatten den 2. Punischen Krieg beendet, und schon im Herbst des Jahres 201 hatte sich eine Gesandtschaft aus Rhodos und Pergamon auf den weiten Weg nach Rom gemacht. Sie wollten hier ihre Beschwerden über Philipp V. vortragen und die Römer zum Eingreifen in den Streit mit Makedonien veranlassen. Aber erst nachdem Philipp weitere Fortschritte in Thrakien zu verzeichnen hatte und nachdem Athen dem Makedonenkönig im Frühjahr 200 in aller Form den Krieg erklärt hatte[10], machten die Römer Ernst. Die Comitien entschieden sich für den Krieg (Juli 200), und M. Aemilius Lepidus suchte den Makedonenkönig in seinem Feldlager vor Abydos am Hellespont auf, um ihm die Forderungen des Senats zu überbringen. Sie lauteten, wie zu erwarten, auf Einstellung des Krieges gegen die Griechen – damit waren vor allem die Athener gemeint –, auf Rückgabe der makedonischen Eroberungen in Kleinasien und auf Einsetzung eines neutralen Schiedsgerichts zwischen Philipp V. und Attalos I. Vor den Mauern des von Philipp belagerten Abydos spielte sich eine erregte Szene ab: Philipp sagte, nicht er, sondern die Rhodier und die Pergamener seien die Angreifer. Darauf Lepidus: „Und die Athener, die Einwohner von Kios und jetzt die von Abydos – haben auch die dich etwa angegriffen?" Philipp konnte darauf nichts anderes erwidern, als daß er dem jungen römischen Gesandten seine Rede verzeihe, und zwar aus drei Gründen, wie er bemerkte: erstens, weil er noch jung und unerfahren sei, zweitens weil er der schönste Mann seines Zeitalters sei und drittens weil er ein Römer sei. Philipp fügte noch hinzu: „Ich wünsche vor allem, daß die Römer die Verträge nicht brechen (damit war der Friede von Phoinike gemeint) und nicht mit uns Krieg führen. Wenn sie es dennoch tun, so werden wir uns mit Hilfe der Götter mannhaft verteidigen[11]". Das war ein sehr mutiges Wort, es wird nur verständlich, wenn man das hohe Selbstgefühl des Monarchen in Betracht zieht.

In den Operationen des 2. Makedonischen Krieges (200–197) hat sich Philipp im ganzen als ein fähiger Heerführer erwiesen. Nicht auf gleicher Höhe stand er jedoch als Staatsmann, denn es wäre unbedingt darauf angekommen, sich nach mächtigen Bundesgenossen umzusehen. Hierfür wäre vor allem Antiochos III., der Seleukide, in Betracht gekommen, aber die Kontakte zwischen den beiden Monarchen führten zu nichts, zumal der Seleukide mit der Eroberung Koilesyriens beschäftigt war (s. o. S. 200f.). Gegenüber den Römern hatte Philipp den großen Vorteil, auf den inneren Linien operieren zu können, während den Römern nur die Offensive um jeden Preis blieb. Die Erfolge der Römer waren zunächst recht gering. Die Annalen der Jahre 200 und 199 haben keine entscheidenden Schlachten zwischen den Römern und Makedonen zu verzeichnen. Wider alles Erwarten aber hatte sich Philipp gegenüber den Römern gut behauptet, allein zur See mußte er den vereinigten Flotten der Rhodier, Pergamener und Römer Raum geben. Ein schwerer Schlag für den Makedonenkönig war der Eintritt der Ätoler an der Seite der Römer in den Krieg (etwa im September 199). Dadurch wurden die Positionen Philipps in Mittelgriechenland, besonders in Thessalien, bedroht. Die große Wende des Krieges zeichnete sich im Jahre 198 ab, als im Frühjahr T. Quinctius Flamininus das römische Oberkommando übernahm. Dieser Mann, als Philhellene weitbekannt, war auch im Felde ein ebenbürtiger Gegner Philipps. Bereits im Juni 198 sah sich der König gezwungen, die Riegelstellung bei Antigoneia am Aoos-Fluß (südöstlich von Valona) zu räumen. Makedonien wie Thessalien gerieten dadurch in Gefahr, die entscheidende Invasion stand unmittelbar vor der Tür. Philipp, der über Metzowo und den Zygos-Paß nach Thessalien abgezogen war, ließ in ganz rücksichtsloser Weise Städte, Dörfer und Weiler in Flammen aufgehen, die Bevölkerung wurde gezwungen, die Siedlungen zu verlassen. Was sie an Habe nicht mitnehmen konnte, überließ man den Soldaten zur Plünderung. Diese rigorosen Kriegsmaßnahmen haben sich dem Gedächtnis der Zeitgenossen tief eingeprägt, sie haben das Bild des Königs verdunkelt und die Erinnerung an ihn schwer belastet. Um das Unglück für Philipp vollzumachen, schwenkte im Oktober 198 auch der Achäische Bund in das Lager der Römer über. Nur wenige Wochen danach bat der König um Einleitung von Verhandlungen. Sie wurden in dem kleinen lokrischen Nest Nikaia geführt. Der König eilte zu Schiff aus Demetrias herbei, in seiner Begleitung befanden sich auch Repräsentanten der mit ihm verbündeten Hellenen. Auch der römische Oberfeldherr T. Quinctius Flamininus erschien mit einer zahlreichen Suite. In ihr befand sich sogar ein König (Amynandros von Athamanien), dazu kamen Vertreter der Achäer, Ätoler und Rhodier. Auf dem Treffen gab es einen Zwischenfall. Philipp weigerte sich nämlich, sein Schiff zu verlassen und an Land zu gehen[12]. Flamininus fragte ihn, ob er vor irgendjemandem Furcht habe. Darauf Philipp: „Ich fürchte niemanden außer den Göttern, ich mißtraue aber den meisten der Anwesenden, insbesondere den Ätolern“. Dieses Wort Philipps ist dadurch sehr bekannt geworden, daß es in einer berühmten Reichstagsrede Bismarcks wiederkehrt: „Wir Deutschen fürchten Gott und sonst nichts auf der Welt“. Im übrigen aber wußte sich Philipp gegenüber den Abgesandten des Ätolischen Bundes mit Schlagfertigkeit und Ironie zu behaupten, so daß Flamininus sein helles Vergnügen an der lebhaften Diskussion gehabt haben soll. Aber im ganzen war die Konferenz von Nikaia ein Mißerfolg für den König, er mußte die festen Plätze in Lokris räumen, die Entscheidung übertrug man dem Senat. Dieser befragte die Abgesandten Philipps, ob sie Vollmachten besäßen, die drei Festungen der Makedonen in Griechenland (Korinth, Chalkis, Demetrias) abzutreten. Als diese verneinten, wurden sie kurzerhand wieder heimgeschickt.

Für den entscheidenden Waffengang hatte man in Makedonien alles aufgeboten, was hier noch vorhanden war. Sogar Knaben ohne jede militärische Ausbildung und Veteranen, die längst den Dienst quittiert hatten, wurden in das Heer eingestellt. Die makedonische Streitmacht versammelte sich in der Nähe von Dion; sie belief sich auf 25 000 Mann zu Fuß und 2 000 Reiter, die Mehrzahl makedonische Landeskinder, daneben aber auch Kontingente von Thrakern, Illyrern und Söldnern, die man für teures Geld angeworben hatte. Der Marsch ging von Dion nach Larisa in Thessalien. In der Gegend von Pherai, bei Kynoskephalai („die Hundsköpfe", nach der Form der Hügel), kam es zur Entscheidungsschlacht. Sie entwickelte sich aus einem typischen Begegnungsgefecht, weder von der römischen noch von der makedonischen Führung war sie in dieser Form vorgesehen gewesen. Die Landschaft war in Nebel gehüllt, der nach einem starken Gewitter aufgekommen war. Die einleitenden Gefechte sahen Philipp als Sieger; als aber Flamininus seine Reihen geordnet und gegen den Feind geführt hatte, da wandte sich das Kriegsglück, insbesondere durch den Einsatz der Elefanten am rechten römischen Flügel, gegen die auf makedonischer Seite kein Mittel vorhanden war. Unter dem sich zur Flucht wendenden Feind richteten die Römer viel Unheil an; angeblich deckten schließlich 8 000 Makedonen das Schlachtfeld, 5 000 Mann sollen in römische Gefangenschaft geraten sein. Der Ausfall bei den Römern soll dagegen nur 700 Mann betragen haben. Die Schlacht fand im Juni 197 statt, in dem Berggelände von Mavrovuni.

Die Niederlage Philipps bei Kynoskephalai ist mit der Niederlage des preußischen Heeres bei Jena und Auerstedt verglichen worden (M. Holleaux). In der Tat bieten die beiden Schlachten und ihre Folgen manche Parallelen. Bei Kynoskephalai hatte, ebenso wie bei Jena, eine neue Kampfestechnik den Sieg davongetragen; die Manipulartaktik der Römer erwies sich der Kampfesweise der makedonischen Phalanx als überlegen. Doch weder die Makedonen noch die Preußen waren auf ihren Lorbeeren eingeschlafen, beide waren nur schlecht geführt, ihre Bewegungen im Gefecht waren nicht richtig koordiniert, so daß alle Tapferkeit vergeblich blieb. Der Makedonenkönig hatte zwar gewußt, was für ihn auf dem Spiel stand, aber er hatte sich das Gesetz des Handelns aus der Hand nehmen lassen, den Verlauf der Schlacht hat sein Gegner Flamininus diktiert, so wie Napoleon und Davout den Verlauf der Doppelschlacht am 14. Oktober 1806. Mit Recht hat Benedictus Niese gesagt: „Der König hatte sich verleiten lassen, die Phalanx unvorbereitet gegen den

Feind zu führen, auf einem Feld, das er nicht übersah, und hatte dabei die Schlacht und den Feldzug verloren[13]".

Auf der Flucht ließ Philipp in Larisa alle wichtigen Papiere verbrennen, um sie nicht in die Hände der Römer fallen zu lassen. Er bemühte sich sofort um einen Waffenstillstand, der ihm – zum großen Mißvergnügen der Ätoler – auch sogleich gewährt wurde. An einer völligen Vernichtung Makedoniens aber war den Römern nichts gelegen, da die Existenz des Staates zur Abwehr der nordischen Völker notwendig war. Bei den Verhandlungen in Larisa erklärte Philipp, man müsse alles dem Senat anheimstellen, womit den Forderungen seiner Gegner in Hellas die Spitze abgebrochen war. Der Senat aber versuchte, mit Rücksicht auf die von Antiochos III. drohende Gefahr (s. o. S. 201) möglichst rasch mit dem Makedonenkönig zu Rande zu kommen. Dieser mußte auf seine griechischen und kleinasiatischen Besitzungen (in Karien) verzichten, er hatte seine Kriegsflotte auszuliefern und 1000 Talente als Kriegsentschädigung zu zahlen. Dazu kam die Verpflichtung zur Heeresfolge gegenüber den Römern. Makedonien war damit zu einem Vasallenstaat der Römer geworden. Aus dem Konzert der hellenistischen Großmächte war die Monarchie ausgeschieden, ihre Hauptaufgabe war von nun an die Abwehr der aus dem Norden herandrängenden Völker, die immer vernehmlicher an die Tore Makedoniens klopften.

Philipp selbst sah sich durch die Niederlage von der höchsten Höhe in die tiefste Tiefe hinabgestürzt. Es war kein Wunder, wenn sich vor allem seit diesen Tagen in seinem Charakter Regungen bemerkbar machten, die ihm vorher fremd gewesen waren. Seine Entschlüsse waren jetzt schwankend und widerspruchsvoll, und was noch schlimmer war, er benahm sich seinen Freunden gegenüber treulos und grausam. Mit Recht ist ihm dies von der zeitgenössischen Geschichtsschreibung verdacht worden.

Den Friedensvertrag mit Rom hat der König loyal erfüllt. Als Antiochos III. auf Bitten der Ätoler nach Griechenland übersetzte, hat sich Philipp geweigert, mit ihm gemeinsame Sache zu machen. Im Frühjahr 191 operierte Philipp vielmehr an der Seite der Römer in Thessalien. Dabei hegte der Monarch im stillen die Hoffnung, gewisse territoriale Gewinne in Hellas einbringen zu können. Und in der Tat zeigte sich der römische Senat von der besten Seite. Demetrios, Philipps Sohn, der als Geisel in Rom geweilt hatte, wurde nach Hause zurückgesandt (November 191), im Sommer des folgenden Jahres erließen die Römer dem König die Tributzahlung. Sie waren nun mit Antiochos III. beschäftigt und legten Wert darauf, ein betont freundschaftliches Verhalten gegenüber dem Makedonenkönig an den Tag zu legen. Nach der Schlacht bei Magnesia (190 oder 189) wendete sich das Blatt, Philipp mußte seine Eroberungen in Athamanien wieder herausgeben, seine Beschwerden in Rom blieben ohne Erfolg. Im Jahre 187 unternahm der König eine Expedition nach Thrakien und unterwarf die Städte Ainos und Maroneia; damit kam er in bedrohliche Nähe der Meerengen. Im Grunde war er hier nur dem pergamenischen Herrscher Eumenes II. zuvorgekommen. Bemerkenswert sind die inneren Reformen der Makedonen. So wurden die Einkünfte des Königreiches beträchtlich vermehrt (Liv. XXXIX 24,2). Ein Zeichen für den wirtschaftlichen Aufstieg sind die Münzen, von denen in diesen Jahren viele Emissionen bekannt sind. Auch das demographische Problem wurde in Angriff genommen: Philipp legte Wert auf große Kinderzahlen in den makedonischen Familien und vergrößerte die Bevölkerung seines Landes dadurch, daß zahlreiche Thraker aus den Grenzbezirken in das Innere Makedoniens umgesiedelt wurden. Aber es gab neuen Ärger mit den Griechen, und auf einer Zusammenkunft mit einer römischen Kommission in Tempe im Jahre 185 soll Philipp das berühmte Wort gesprochen haben, es sei noch nicht aller Tage Abend *(non omnium dierum solem occidisse).* Das Wort ist übrigens ein Vers Theokrits. Auch in Thrakien mußte er auf Befehl der Römer nachgeben und seine Besatzungen aus den Städten wieder herausziehen. Dies aber führte zu einer schweren Freveltat. Auf Anstiftung des Königs wurden in Maroneia die Gegner Philipps durch thrakische Söldner niedergemacht, eine Tat, die von den Römern dazu benutzt wurde, den König noch einmal zu demütigen; sie forderten ihn auf, die für die Morde in Maroneia Verantwortlichen an die Römer auszuliefern. Philipp aber verstand es, den Hauptschuldigen, den Strategen Onomastos, freizubekommen. Der andere, mit Namen Kassandros, mußte sich auf die Reise nach Rom begeben, fiel aber dabei einem angeblich von Philipp angeordneten Giftmord zum Opfer (Polyb. XXII 14,5). Überhaupt war es mit den Sympathien des Königs für die Römer – wenn diese jemals echt gewesen sind – zu Ende, er war aufgebracht über die Römer, die ihn in jeder Weise behindert hatten und den Gegnern Makedoniens, den Hellenen und dem König Eumenes II., gefällig gewesen waren. Um seine Rüstungen vor den römischen Inspektionen zu verbergen, verlegte er sie ins Binnenland, aus den Küstenstädten wurde die Bevölkerung nach dem Innern umgesiedelt. Die Makedonen waren von dieser Maßnahme nicht gerade erbaut und ergingen sich in Flüchen und Verwünschungen gegen den rücksichtslosen Monarchen. Dieser soll angeblich so manche seiner Ratgeber, wenn sie ihm nicht mehr gefielen, hingerichtet haben. Jetzt aber ging er so weit, über die Kinder dieser Männer Sippenhaft zu verhängen, eine Maßnahme, die früher in Makedonien völlig unbekannt gewesen war. Noch heute steht bei Livius (XL 4,2) zu lesen, wie grausam er die Nachkommen des Thessalers Herodikos und seine Tochter Theoxena verfolgt hat. Theoxena war mit ihren Kindern auf der Fahrt von der Chalkidike nach Euböa begriffen, als sich ein Küstenwachtschiff näherte, um die Flüchtigen festzunehmen. Theoxena aber gab sich, um der Verhaftung zu entgehen, selbst den Tod, nachdem sie zuvor alle ihre Kinder umgebracht hatte. Es mag sein, daß hier eine dem Philipp feindselige Überlieferung vorliegt. Soviel ist aber sicher, daß diese und ähnliche Ereignisse das Bild des Königs stark verdunkelt haben. Im Jahre 181 unternahm der Monarch einen Kriegszug nach Thrakien. Dabei gelangte er nach einem sehr mühseligen Aufstieg bis auf den Gipfel des Haemus-Gebirges. Von dem Gipfel aus (vielleicht war es der Dunax), so erzählte man sich, könne man die Adria und das Schwarze Meer, die Donau und sogar die Alpen erblicken. Aber von derartigen Perspektiven konnte an dem Tag, an welchem Philipp auf dem Gipfel des Berges ein Opfer für Helios und Zeus darbrachte, nicht die Rede sein, denn obwohl man sich mitten im Sommer befand, war der Gipfel von Wolken und Nebel umhüllt. Mit seiner thrakischen Politik standen die Kontakte in Verbindung, die er zu den Bastarnern, die damals nördlich der Donaumündung wohnten, aufgenommen hat. Er brauchte sie als Gegengewicht gegen die Dardaner, die immer wieder die Nordgrenze seines Königreiches beunruhigten. Aber zum Einsatz der Bastarner (wahrscheinlich ein Volk keltischer Abstammung) ist es nicht mehr gekommen. In der königlichen Familie gab es Spannungen; sie gingen aus von der Rivalität seiner beiden Söhne, des Perseus und des Demetrios, von denen sich der letztere die Freundschaft des T. Quinctius Flamininus erworben hatte. Bei der Lustration des Heeres kam es zu einem offenen Eklat zwischen den beiden Prinzen; Perseus verklagte den Bruder bei dem König, der die Beschwerden vor Gericht untersuchen ließ. Aber es wurde nichts Verdächtiges gefunden. Doch Perseus ruhte nicht eher, bis er den Bruder zur Strecke gebracht hatte. Als Beweismittel diente ein gefälschter Brief des T. Quinctius Flamininus, den makedonische Gesandte aus Rom mitgebracht hatten. Der König stimmte der Beseitigung des Demetrios zu, er wurde der Obhut des Strategen von Paeonien mit Namen Didas übergeben; dieser aber ließ ihm Gift verabreichen, und um seinen Tod zu beschleunigen, wurde er im Schlafgemach mit Decken erstickt. Philipp soll die Tat sehr bereut haben. Die Gesandten, welche die Briefe aus Rom mitgebracht hatten, wurden zur Rechenschaft gezogen, einer von ihnen, Philokles, wurde sogar mit dem Tode bestraft, der andere, Apelles, konnte entkommen. Das Verhältnis des Königs zum Thronfolger Perseus hatte sich jedoch verdüstert, angeblich soll Philipp sogar in der letzten Zeit seines Lebens den Plan gehabt haben, nicht dem Perseus, sondern vielmehr dem Neffen des Antigonos Doson, Antigonos, dem Sohn des Echekrates, die Krone zu übergeben. Aber diese

Absicht – wenn sie überhaupt bestanden haben sollte – wurde dadurch vereitelt, daß der König, 59 Jahre alt, im Herbst 179 in Amphipolis verstarb. Der Leibarzt Kalligenes hatte nichts Eiligeres zu tun, als den Prinzen Perseus davon zu benachrichtigen. So ging der Thronwechsel ohne irgendwelche Schwierigkeiten vonstatten. Antigonos, der Sohn des Echekrates, aber war das einzige Opfer, er wurde sofort beseitigt, weil seine Existenz dem neuen Herrscher gefährlich schien.

Das ist das Ende König Philipps V., der 42 Jahre lang die Geschicke des makedonischen Königreiches in einer wechselvollen Zeit gelenkt hat. Sein widerspruchsvoller Charakter verbietet es dem Historiker, Philipp unter die großen Gestalten der hellenistischen Geschichte einzureihen. Doch war er ein gebildeter Mann, dem das Wort zur rechten Zeit zu Gebote stand, aber es fehlte ihm an Härte und Energie, Eigenschaften, die ein Herrscher im Sturm der Weltgeschichte nicht entbehren kann. Auch in der Politik war er, im ganzen gesehen, wenig glücklich. Doch ist nicht zu übersehen, daß er in Hellas ein Erbe übernommen hatte, das auf die Dauer nicht zu behaupten war. Philipp hat viele Feinde in seinem Leben gehabt, innerhalb und außerhalb seines Königreichs, auch das Verhältnis zu seinen Söhnen war nicht das beste. Polybios hat seine Politik gegenüber den Griechen als moralisch verwerflich bezeichnet, insbesondere hat er ihm zum Vorwurf gemacht, daß er seine Ziele des öfteren nur mit Lug und Trug zu erreichen vermochte. Dies mag partiell zutreffen, sicher irrig ist dagegen die andere Behauptung des Polybios, der König habe in seinen letzten Jahren einen Rachekrieg gegen Rom geplant. Richtig ist vielmehr, daß Philipp sein Land und sein Reich wieder stark machen wollte, und man muß zugeben, daß ihm dies auch bis zu einem gewissen Grad gelungen ist. Der britische Historiker F. W. Walbank hat die Behauptung aufgestellt, daß die Ausführungen des Polybios über die letzten Jahre des Königs zu den schwächsten Partien des Werkes gehören, aber mit Recht haben andere demgegenüber betont, daß man auch für diese Periode dem Bericht des Polybios, soweit er sich auf Fakten stützt, durchaus Vertrauen schenken dürfe[14]. Und die Fakten zeigen eben einen widerspruchsvollen Menschen, der seine Freunde und Feinde durch sein Verhalten vor den Kopf gestoßen hat. Der Historiker wird ihm die Achtung wegen seiner Standhaftigkeit im Unglück nicht versagen können; Skrupel kannte er nicht, weder in der Politik noch im persönlichen Leben, und gerade dies hat viele zu seinen Feinden gemacht. Sehr negativ hat ihn Theodor Mommsen[15] in seiner Römischen Geschichte geschildert. Wenn Mommsen auch die positiven Seiten des Königs gelten läßt, so meint er doch, daß Philipp eine der frevelhaftesten Naturen gewesen sei, welche jenes freche Zeitalter hervorgebracht habe. In seinem Leben sei ihm nichts heilig gewesen, und er habe den Satz befolgt, daß für den absoluten König kein Versprechen und kein Moralgebot bindend sei. Dies alles mag richtig sein, aber man darf nicht vergessen, daß sich Philipp in seiner gesamten Regierungszeit von 42 Jahren immer in großen Schwierigkeiten befunden hat. Zuerst der Bundesgenossenkrieg, dann die beiden makedonischen Kriege, und schließlich die Folgen der Schlacht bei Kynoskephalai! Sein Verhalten bei der Eroberung von Thermos, Kios und Maroneia wird niemand entschuldigen – hier hat Philipp den Bogen zweifellos überspannt. Aber er lebte, um es mit Mommsens Worten zu sagen, in einer „frechen Zeit", der nichts heilig gewesen ist. Und allein auf diesem Hintergrund muß Philipp gesehen und beurteilt werden. Es war nicht mehr das alte Makedonien, das ihm anvertraut war. Auch seine Untertanen hatten nicht mehr die alte Gesinnung, Redlichkeit und Königstreue waren nicht mehr selbstverständlich. Philipp lebte in einer Umgebung, die sich gegenüber dem Zeitalter seines Großvaters Antigonos Gonatas von Grund auf verändert hatte. Nur ein Philosoph wie dieser König hätte sich mit den Schicksalsschlägen abfinden können. Philipp aber war kein Philosoph, er war ein impulsiver Mensch, dessen Handeln auch gerade von irrationalen Triebkräften bestimmt wurde. Liebe und Haß spielten in seinem Leben eine bedeutende Rolle, auch die Liebe zu den Frauen, die er von Jugend auf gesucht und gefunden hat. Er war nicht der Mann, wie ihn das Königreich in seiner krisenhaften Zeit gebraucht hätte. Aber er war, nimmt man alles in allem, ein Herrscher, der seine Würde gegenüber Hellenen und Römern zu wahren wußte; er war eine Persönlichkeit, die beträchtlich über dem Durchschnitt stand und die, in schwere Konflikte hineingestellt, diese nicht immer mit Erfolg zu lösen vermochte. Wenn er letzten Endes gescheitert ist, so war dies nicht seine eigene Schuld allein. Stärker als Philipp war das Schicksal, die Tyche, die ihr grausames Spiel mit ihm getrieben hat. Und nur ein Übermensch hätte dieses Schicksal meistern können.

Über seine Familie ist nicht viel zu sagen, ja man weiß nicht einmal, wer seine legitime Gattin gewesen ist. Beloch hat Polykrateia für die Königin gehalten, aber dies ist nur eine Vermutung (s. o. S. 221). Der Nachfolger Perseus stammte aus der ersten Ehe (geboren 213/2 v. Chr.), aus der zweiten Ehe, geschlossen um 209, sind zwei Söhne, Demetrios und Philippos, hervorgegangen, ihre Mutter kennen wir nicht. Außerdem hatte Philipp zwei Töchter, von denen die eine dem Fürsten Teres von Thrakien, die andere dem König Prusias II. von Bithynien zur Frau gegeben worden ist. Die letztgenannte Ehe ist erst nach Philipps Tod geschlossen worden.

Literatur

F. W. Walbank, Philip V of Macedon, Cambridge 1940 (grundlegende Monographie). Zu Perseus und Demetrios: P. Meloni, Perseo e la fine della monarchia macedone, Rom 1953, S. 1–60. – Für die Bürgerrechtspolitik des Königs ist die Inschriftenstele von Larisa aufschlußreich. Sie enthält zwei Briefe des Königs und zwei Beschlüsse der Stadt (Dittenberger, Sylloge [3]543). Zur Datierung (217 v. Chr.) siehe Chr. Habicht, Archaia Makedonia (Saloniki 1970) S. 273ff.

Anmerkungen

1. Polyb. V 94,5; 95,10.
2. Davon kann allerdings nicht die Rede sein, denn das Geschlecht Alexanders d. Gr. war mit dem Tod seines Sohnes im Jahr 309 ausgestorben.
3. F. W. Walbank, Philip V (1940) S. 72–73.
4. Gesch. d. griech. u. maked. Staaten II (1899) S. 465 A. 5.
5. K. J. Beloch, Griech. Gesch. IV 2 S. 140; vgl. K. Ziegler, RE XXI (1952) Sp. 1726.
6. Erstveröffentlichung von G. Klaffenbach, S. B. Berlin, Kl. f. Sprachen, Literatur u. Kunst 1954 Nr. 1; siehe jetzt auch Hatto H. Schmitt, Die Staatsverträge des Altertums III (1969), Nr. 536.
7. Polyb. X 26.
8. Philip V of Macedon (1940) S. 104.
9. H. Bengtson, Die Inschriften von Labranda und die Politik des Antigonos Doson, SB Bayer. Akad. 1971, Heft 3.
10. Athen war mit den Akarnanen in Streit geraten und hatte zwei von ihnen wegen unbefugter Teilnahme an den Eleusinischen Mysterien zum Tode verurteilt. Die Akarnanen aber hatten sich um Hilfe an König Philipp gewandt.
11. Polyb. XVI 34, 5–7.
12. Polyb. XVIII 1, 6.
13. B. Niese, Gesch. d. griech. u. makedon. Staaten II (1899) S. 631 f.
14. K.-W. Welwei, Könige und Königtum im Urteil des Polybios, Inaug.-Diss. Köln a. Rh. (1963) S. 51.
15. Römische Geschichte I S. 694–695.

10

Eumenes II., König von Pergamon

* um 221, † 159 v. Chr.

In Westkleinasien, in der Landschaft Mysien, dort wo der Kaÿkos dem Ägäischen Meer entgegeneilt, liegt auf ansteigender Höhe die Stadt Pergamon (heute Bergama). Während sich die Unterstadt in der Ebene ausdehnt, steigt die Mittelstadt einen insgesamt 310 m hohen Hügel hinan, der durch die Oberstadt, errichtet auf einem engen Plateau, gekrönt wird. Pergamon, in aller Welt bekannt durch die deutschen Ausgrabungen, begonnen 1878 von Humann und Conze, in verschiedenen Kampagnen bis in unsere Tage weitergeführt, ist die Hauptstadt des Attalidenreiches. Ungefähr 150 Jahre lang, von etwa 280 bis 133, war Pergamon Residenzstadt; danach gingen die Stadt und das Reich in den Besitz der Römer über. Unter ihrer Herrschaft hat Pergamon mit dem berühmten Heiligtum des Heilgottes Asklepios im 2. Jahrhundert n. Chr. noch einmal eine hohe Blütezeit erlebt. Besonders bekannt geworden ist der große Altar von Pergamon, das Siegesdenkmal des Königs Eumenes II., der in Berlin im Pergamonmuseum aufgestellt, dann nach Moskau geschafft und schließlich an seinem alten Platz im Museum neu errichtet worden ist.

Der Begründer der Dynastie ist Philetairos, der Sohn des Attalos. Nach seinem Vater nennt man die pergamenische Dynastie die Attaliden. Lysimachos, der thrakische König, hatte Philetairos als Wächter über den Kriegsschatz auf dem Burgfelsen von Pergamon eingesetzt, wahrscheinlich bald nach der Schlacht bei Ipsos (301), doch ist der genaue Zeitpunkt nicht bekannt. Philetairos stammte aus der Stadt Tios am Pontos, seine Mutter war eine Paphlagonierin namens Boa, der Vater Attalos – nach seinem Namen zu urteilen – war offenbar makedonischer Abstammung. Beide Eltern entstammten vornehmen Familien. Die Version, die sich bei Pausanias (I 8,1) findet, Philetairos sei ein Eunuch gewesen, ist offensichtlich böswillige Verleumdung, die in der Forschung ganz zu Unrecht ernst genommen worden ist. Der Stammbaum der Attaliden ist in mancher Hinsicht aufschlußreich. Die Regierungszeit der Familie umfaßt eineinhalb Jahrhunderte, aufgeteilt auf sechs Herrscher. Die meisten von ihnen konnten auf eine lange Lebenszeit und eine lange Regierung zurückblicken, die einzige Ausnahme ist der letzte Attalide, Attalos III. (reg. von 138 bis 133). Zweimal vererbte sich die Herrschaft auf einen Neffen, da der regierende Fürst über keine Kinder verfügte. Nachfolger des Philetairos (selbständig seit etwa 283, gestorben 263) war sein Neffe

Eumenes I. (reg. von 263 bis 241), ihm folgte wiederum ein Neffe, Attalos I. (reg. von 241 bis 197), auf den Thron. Dieser Attalos I. hat die ersten Kontakte zu den Römern aufgenommen. Nach seinem Tode folgten ihm in der Regierung seine Söhne, zuerst Eumenes II. (reg. von 197 bis 159), dann Attalos II. (reg. von 159 bis 138). Alle Herrscher, mit Ausnahme des letzten, des Attalos III., waren bedeutende Persönlichkeiten, bewährt in Krieg und Frieden. Attalos I. und sein Sohn Eumenes II. waren auch große Freunde der Künste und Wissenschaften; unter ihnen wuchs Pergamon zum Mittelpunkt des Geisteslebens in Kleinasien empor und wetteiferte mit Alexandrien und Rhodos. Groß sind die Leistungen dieser beiden Attaliden auf dem Feld der bildenden Kunst und der Architektur. Es ist ihr Werk, wenn Pergamon mit seiner Burg zu einer typisch hellenistischen Königsstadt geworden ist. Sie hat in aller Welt Bewunderer gefunden.

Eumenes II. (reg. von 197 bis 159) war der Sohn des Attalos I. und der Apollonis. Seine Mutter war aus einer reichen bürgerlichen Familie der Stadt Kyzikos gebürtig. Apollonis hat nicht nur die Liebe ihres Gatten und ihrer Kinder, sondern auch die Bewunderung und Verehrung ihrer Untertanen gefunden. Ihr Andenken ist lange in Pergamon lebendig geblieben; ihren Gatten (gest. 197) hat sie um mehrere Jahrzehnte überlebt. Eumenes II. war verheiratet mit einer kappadokischen Prinzessin namens Stratonike. Diese Frau hatte ein merkwürdiges Schicksal, denn sie war nicht weniger als viermal verheiratet, zweimal mit Eumenes II. und zweimal mit seinem Bruder Attalos II. Doch dies hängt mit der äußeren Geschichte des Attalidenreiches zusammen; wir werden darauf noch zurückkommen.

Bei seiner Thronbesteigung war Eumenes II. ungefähr 24 Jahre alt. Seine Zeit als Thronfolger, die Jahre von 221 bis 197, war eine Epoche von Kriegen und Unsicherheit. In Sardes, der Hauptstadt des seleukidischen Kleinasiens, herrschte Achaios, der Vetter des Antiochos III., als selbständiger und unabhängiger König, bis er durch eine List in die Hände des Antiochos III. fiel und auf grausame Weise getötet wurde (213 v. Chr.). Vergeblich hatte er auf ägyptische Hilfe gehofft. Die Seleukidenherrschaft im mittleren und südlichen Anatolien wurde wiederhergestellt, als Vizekönig fungierte Zeuxis, ein verdienter General Antiochos' III. Attalos I. hatte in den Jahren zwischen 228/7 und 223 die Herrschaft seines Hauses über das ganze seleukidische Territorium zwischen der Ägäis und dem Taurus ausgedehnt, aber dies war nur eine kurze Übergangszeit, denn Achaios hatte ihn wieder in seine Grenzen verwiesen, so daß Attalos I. sich auf den Besitz von Pergamon mit seiner nächsten Umgebung und auf die Städte Thyateira und Nakrasa beschränkt sah. Nicht einmal ein Zugang zum Ägäischen Meer stand ihm offen. Doch war es

Attalos I. in den Kampagnen des Jahres 218 gelungen, die Landschaft Aiolis, dazu die Städte Teos und Kolophon, wieder seiner Herrschaft zu unterwerfen. Die genannten Gemeinden sind von da an unter der Herrschaft der Attaliden verblieben. Aber Pergamon war immer noch ein sehr kleiner Staat, obwohl sein Herrscher bereits den Königstitel führte (Attalos I. hatte ihn nach seinen ersten Erfolgen über die Galater in den Jahren 241/240 angenommen). Gegenüber den Seleukiden war Attalos I. jedoch nur einer der kleinen Dynasten, wie sie in Anatolien überall zu finden waren. Diese Dynasten hielten es zumeist mit den Mächtigen, vor allem mit den Seleukiden, wenn diese ihre Machtansprüche in Kleinasien durchzusetzen vermochten. Eine entscheidende Wende nahm die Politik des ersten Attalos, als er sich im Jahr 211 dem Bündnis der Römer und Ätoler gegen den Makedonenkönig Philipp V. anschloß. Von dieser Zeit an waren die Attaliden von Pergamon die treuesten Gefolgsleute der Römer, und nicht durch Zufall ist Pergamon der Ansatzpunkt für die römische Interventionspolitik in Kleinasien geworden. Attalos I. hat im Jahr 211/0 die Insel Ägina vor der attischen Küste für einen Preis von 30 Talenten von den Ätolern erworben. Ägina war nicht nur ein Flottenstützpunkt im 1. römisch-makedonischen Krieg, auch später haben die Attaliden an Ägina festgehalten. Die Insel war der Sitz eines Gouverneurs, der den Titel Epistates führte. Zu den Ätolern hatte Attalos ein sehr enges Verhältnis; so wurde er im Jahr 208 zum Ehrenpräsidenten des Ätolischen Bundes gewählt. Im Frieden von Phoinike (205) erscheint Attalos unter den *adscripti,* d. h., er war in den Vertrag miteingeschlossen. Eumenes II. war damals etwa 16 Jahre alt, aber man hört nichts davon, daß er ein Kommando im Heer oder in der Flotte geführt hätte. Sein Vater Attalos hatte sich dagegen als ein tüchtiger Flottenführer im Krieg gegen Philipp V. bewährt. Im Jahre 200 erschien Attalos in Athen. Die Einwohner der Stadt waren über seinen Besuch so begeistert, daß sie eine neue Phyle mit dem Namen Attalis einrichteten. Infolge der Rückendeckung durch Attalos und die Römer riskierte Athen in dem gleichen Jahr die Kriegserklärung an König Philipp V. Auch im 2. römisch-makedonischen Krieg (200–197) stand Attalos treu zu den Römern, sie belohnten ihn dafür mit der Insel Andros (199), die unter pergamenischer Herrschaft einen großen Aufschwung genommen hat. Überhaupt hat sich Attalos sehr um die Freundschaft der Hellenen bemüht, so hat er beispielsweise der Stadt Sikyon auf der Peloponnesos ein Geschenk von 10000 Medimnen Weizen gestiftet. Da kam es in Theben zu einem schwerwiegenden Zwischenfall. Auf einem Treffen, zu dem der römische Feldherr T. Quinctius Flamininus eingeladen hatte, wollte Attalos I. das Wort ergreifen; er kam aber nicht mehr dazu, denn er wurde vom Schlag gerührt und brach wortlos zusammen. Man beließ ihn zunächst in

Theben, dann aber wurde er, wohl auf seinen eigenen Wunsch, nach Pergamon gebracht. Hier ist er, wahrscheinlich im Herbst des Jahres 197, im Alter von 72 Jahren verstorben. Er hatte 44 Jahre lang regiert und hinterließ in dem 24-jährigen Eumenes einen Nachfolger, für den Attalos als Mensch und Herrscher immer ein Vorbild geblieben ist. Mit Recht hat U. Wilcken[1] gesagt, daß Attalos durch sein Eintreten für die von Philipp V. angegriffenen Griechenstaaten, durch sein Festhalten an der römischen Freundschaft, nicht zuletzt aber auch durch kluge Verwendung seiner unerschöpflichen Geldreserven sein Reich zu einer hellenistischen Großmacht erhoben hat, die ein wesentlicher Faktor für die Weiterentwicklung der hellenistischen Welt geworden ist. Ein besonderes Vorbild hatte er unter den Fürsten seiner Zeit als Beschützer der Künste und Wissenschaften gegeben. Sein Umgang waren Philosophen, Historiker und Mathematiker, von denen Antigonos von Karystos (auf Euböa) und Apollonios von Perge die berühmtesten gewesen sind, Antigonos als Erzgießer und Schriftsteller in einer Person (wenn die Hypothese von U. v. Wilamowitz zutrifft), Apollonios als Theoretiker der Kegelschnitte. Im übrigen war Attalos ein vorbildlicher Vater und Gatte, mit seinen vier Söhnen hat er in voller Eintracht gelebt. Durch die Annahme des Königstitels hat er sich den Seleukiden, aber auch den anderen Königen in Kleinasien an die Seite gestellt. Er hat damit dem Staat jenen äußeren Rahmen gegeben, den sich Pergamon durch seine Leistungen in Krieg und Frieden längst verdient hatte. Allerdings hat Attalos, nicht anders als sein Zeitgenosse Hieron II. von Syrakus, die Stadt Pergamon und das Land als seinen persönlichen Besitz betrachtet, und die Freiheit der Bürger von Pergamon wurde von ihm nur insoweit respektiert, als sie nicht dem Willen des Herrschers zuwiderlief. Diese echt patrimoniale Auffassung deckte sich mit dem Wesen des hellenistischen Königtums in Ost und West. Aber als patriarchalischer Herrscher fühlte er sich verpflichtet, für das Wohl seiner Untertanen Sorge zu tragen, und die Nachwelt muß ihm bescheinigen, daß er seine ganze Kraft für das Königreich und das Wohlergehen seiner Bewohner eingesetzt hat. Damit hatte er seinen Söhnen, insbesondere aber dem Thronerben Eumenes II., ein hervorragendes Beispiel hinterlassen, das für diesen eine hohe Verpflichtung bedeutete.

Trotz seiner schwächlichen Konstitution war Eumenes II. ein Mann von großer Energie und ebenso großer Arbeitskraft. Der Historiker Polybios hat in einem Nachruf seine besonderen Vorzüge hervorgehoben (XXXII 8): Eumenes II. sei zwar im Hinblick auf seine körperlichen Fähigkeiten behindert gewesen, in seiner geistigen Kraft aber habe er hinter keinem seiner Zeitgenossen zurückgestanden, in den wesentlichen Dingen jedoch, in den Künsten und Wissenschaften, sei er größer und berühmter als alle anderen gewesen. Von seinem Vater habe er eine Herrschaft übernommen, die sich nur auf ein paar kleine und unbedeutende Orte beschränkt habe. Von dieser Position aus habe er durch seine Intelligenz, Mühe und Tatkraft seine eigene Herrschaft begründet. Gegenüber den Griechenstädten wird seine Freigebigkeit gerühmt, seine Fürsorge für die Unterstützung der Bevölkerung wird von Polybios noch eigens hervorgehoben. Seine drei Brüder aber hätten ihm jederzeit mit Rat und Tat zur Seite gestanden. Gerade dies hat Polybios als eine absolute Seltenheit noch besonders unterstrichen.

Polybios, ein jüngerer Zeitgenosse des Eumenes, gibt hier natürlich den Eindruck wieder, den der König in der griechischen Welt hinterlassen hat. Anders als Philipp V. von Makedonien hat sich Eumenes II. in der Tat um die Sympathien der Griechen bemüht. Davon zeugen zahlreiche Stiftungen, die er in Athen, Delphi und an anderen Orten hinterlassen hat. Aber dies allein würde noch nicht genügen, um seinen Ruhm bei den Hellenen zu erklären. Hinzu kommen seine Verdienste in den Kämpfen gegen die kleinasiatischen Galater, die für die Griechenstädte am Westrand Anatoliens sehr gefürchtete Nachbarn waren. Eumenes II. aber hat diese Gefahr endgültig beseitigt, die ionischen Griechenstädte haben dies mit großer Freude zur Kenntnis genommen. Trotz seiner schwachen Gesundheit war er ein beträchtlich über dem Durchschnitt stehender Feldherr und Soldat, für die Reorganisierung des pergamenischen Heeres hat er viel getan, nicht zuletzt auch durch die Heranziehung der Epheben zu einer vormilitärischen Erziehung, wahrscheinlich nach attischem Vorbild. Er hat schließlich den pergamenischen Zwergstaat in den größten Flächenstaat Anatoliens umgewandelt, ein Vorgang, der ein hohes Maß von Einfühlungsvermögen und organisatorischem Geschick erfordert hat. Diese Leistungen sind umso bemerkenswerter, als sie einem keineswegs robusten Körper mit schwankender Gesundheit abgerungen werden mußten.

Aus dem 2. römisch-makedonischen Krieg waren die Pergamener mit dem Besitz der Inseln Ägina und Andros hervorgegangen (s. o. S. 238). Die römische Senatskommission sprach dem Eumenes auch noch Oreos und Eretria auf Euböa zu, aber Flamininus war nicht einverstanden, denn die Übergabe der beiden Städte an einen auswärtigen Souverän hätte seine Freiheitsbestrebungen Lügen gestraft. Eumenes aber beteiligte sich mit einem Kontingent an dem Krieg gegen den spartanischen Tyrannen Nabis, der schließlich angesichts der Übermacht seiner Gegner zu Kreuze kriechen mußte (195). Auch an dem späteren Krieg gegen den gleichen Nabis hat Eumenes teilgenommen (192). Inzwischen aber reifte eine neue Entscheidung heran. In dem *bellum Antiochicum* bemühten sich sowohl der Seleukide Antiochos III. wie auch die Römer um die Bundesgenossenschaft des Eumenes. Die Meinungen im Königshause waren geteilt. Attalos und Philetairos, die Brüder des Königs, sollen sich für Antiochos verwandt haben, der König aber hörte zu seinem Glück nicht auf sie, er entschied sich für die Römer. Die Entscheidung war jedoch nicht ungefährlich, da er sich zunächst in Kleinasien alleingelassen sah. In dem Krieg gegen Antiochos III. in Hellas hat Eumenes keine großen Taten vollbracht; seine Truppen wurden vorwiegend zu Sicherungsaufgaben (in der Festung Chalkis auf Euböa) verwandt. Als die Römer unter L. Scipio den Hellespont überschritten, war Eumenes zur Stelle und bat den römischen Feldherrn, über die pergamenische Flotte zu verfügen. Ganz entscheidend aber war der Anteil des Königs an der Schlacht bei Magnesia (190/189). Eumenes und sein Bruder Attalos standen mit ihrer Reiterei auf dem rechten Flügel der Römer. Durch eine schneidige Attacke wurde der Gegner über den Haufen geritten, eine Aktion, die sich für den Ausgang der Schlacht als entscheidend erwiesen hat. Nach Beendigung der kriegerischen Auseinandersetzung redete Eumenes einer vernünftigen und maßvollen Haltung gegenüber dem Unterlegenen das Wort. Er machte sich – zum ersten Mal in seinem Leben – auf die lange Reise nach Rom, wo er vor allem als Konkurrent der Rhodier aufgetreten ist, denen er die Vergrößerung ihres Festlandbesitzes durchaus mißgönnte. In Rom hat sich der Senat durch die Argumente des Königs beeindrucken lassen; es war für den Senat von großer Wichtigkeit, einen zuverlässigen Bundesgenossen in Kleinasien zu besitzen, anderseits war den Römern sehr daran gelegen, daß Eumenes nicht zu mächtig wurde. Es kam den Römern darauf an, ihn in Abhängigkeit zu halten, damit ihm die Hände in seiner Außenpolitik gebunden waren. Der territoriale Gewinn des Herrschers war jedoch über Erwarten groß: die Römer überließen ihm das gesamte vorher seleukidische Kleinasien bis an den Fuß des Taurus. Strittig blieb allerdings der Besitz Pamphyliens. Es scheint aber, daß der westliche Teil der Landschaft an Eumenes gekommen ist, während die im Ostteil gelegenen Städte für frei erklärt worden sind. Auch die bisher dem Antiochos III. tributpflichtigen Städte wurden dem Eumenes überwiesen. Magnesia am Sipylosberg und Telmessos werden von ihnen mit Namen genannt. Telmessos, eine pergamenische Enklave im Gebiet der Rhodier, war als Hafenstadt besonders wichtig. Als Brückenkopf jenseits des Hellesponts kam auf europäischer Seite die thrakische Chersonesos (Gallipoli) an Eumenes. Hauptort war Lysimacheia, das Antiochos III. in den Jahren zuvor als Residenz für seinen Sohn hatte ausbauen lassen. Mit Bedacht übergaben die Römer die Aufsicht über die Meerengen dem pergamenischen Herrscher, sie waren sicher, daß er die Chersonesos ganz im Sinne der Römer verwalten würde. Übrigens war ein Teil dieser Besitzungen von Eumenes bei seinem Besuch in

Rom ausgehandelt worden, den Rest sprach ihm die römische Senatskommission zu, die dem Seleukidenkönig in Apameia in Phrygien die definitiven Friedensbedingungen diktierte (188).

Während Eumenes in Rom seine Interessen vertrat, hatte der römische Feldherr Cn. Manlius Volso einen Kriegszug gegen die Galater unternommen, ein Unternehmen, das mit einem durchschlagenden Erfolg der Römer endete. Auch in Pergamon herrschte Freudenstimmung, hatten doch die Galater immer wieder die griechischen Städte Kleinasiens, auch Pergamon, mit ihren Raubzügen und Brandschatzungen heimgesucht. An dem Unternehmen der Römer hatten die Brüder des Eumenes, Attalos und Athenaios, teilgenommen (189). Die Galater wurden ermahnt, sich in ihrem Gebiet zu halten und keine Streifzüge zu machen. Sie gaben jedoch auch in späterer Zeit keine Ruhe, so daß wiederholt Strafexpeditionen der Pergamener gegen die Galater unternommen werden mußten.

Der Friede von Apameia (188) ist ein Markstein in der Entwicklung des Attalidenreiches. Das Territorium war dank der Großzügigkeit der Römer beträchtlich vergrößert worden. Spielten vorher die Seleukiden eine entscheidende Rolle in Anatolien, so war jetzt der König von Pergamon an ihre Stelle getreten. Es war nun an der Zeit, die großen Erfolge vor aller Welt sichtbar zu machen. Und in der Tat beginnt nach dem Stichjahr 188 eine gesteigerte Bautätigkeit in der Stadt Pergamon, und zwar vor allem in der Oberstadt, die nun durch Monumente, Magazine und Kasernen zu einer modernen Residenz umgestaltet wurde. Der König hat für die Bauten viel Geld aufgewandt, aber er war in Finanzsachen ein kluger Rechner, und auch die Kriegsentschädigung, die ihm Antiochos zahlen mußte, dazu die Einnahmen aus den Steuern der neuerworbenen Gebiete haben ihm dies ermöglicht. Das Zentrum der Bauten in Pergamon war der heilige Bezirk der Athene auf der Burg. Hier wurden die Weihegaben der einzelnen Feldzüge aufgestellt, sie sollten die Macht und die Taten des Königs vor aller Welt ins rechte Licht rücken. Man vermißte nur spezielle Weihungen für den Sieg bei Magnesia, an dem, wie gesagt, Eumenes einen hervorragenden Anteil gehabt hatte. Der Große Altar von Pergamon, begonnen wohl um 180 v. Chr., ruhte auf einem Unterbau von 34 zu 36 Metern und hatte vier große Stufen. Von Westen her führte eine Freitreppe auf die Plattform mit ihrem Opferaltar. Der Oberbau war von einer Säulenhalle in ionischem Stil umgeben, an der Westseite trat die Säulenhalle zurück und ließ hier den Platz für den Opferaltar frei. An den Wänden des Bauwerks war ein monumentaler Bilderfries angebracht; er zeigte, in Stein gehauen, die Kämpfe der Götter und Giganten, während der kleine Fries an der inneren Altar-Hofmauer Szenen aus dem Telephos-Mythos abbildete. Für die Fertigstellung des großen Bauwerks wird man eine längere Zeit annehmen müssen, nach A. Schober ein ganzes Vierteljahrhundert, was nicht zu hoch gegriffen scheint. Der mythologische Aufwand des Frieses ist groß, zahlreiche Figuren erscheinen in theriomorpher Form, daneben sind Schlangen und Seeungeheuer abgebildet, und nicht bei allen Göttergestalten ist die Deutung befriedigend gelungen, 56 Götter und nicht weniger als 64 Giganten sind auf dem immer noch lückenhaften Fries nachgewiesen, und unter den Göttern erscheinen so seltsame Gestalten wie die ‚Göttin der Nacht' und die Sternbilder des nächtlichen Himmels, die man auf der Nordseite abgebildet und den Gestirnen des Tages an der Südseite gegenübergestellt hat. Sehr viel Beachtung hat natürlich die ‚Göttin der Nacht' gefunden, in deren Nähe die Moiren und Keren abgebildet sind (falls die Deutung richtig ist). Die Phantasie hat hier eine beträchtliche Rolle gespielt, vor allem bei der Abbildung des Seedrachens und des Triton mit seiner monströsen Mischgestalt. Es kann kaum ein Zweifel darüber bestehen, daß der Plan des Großen Frieses auf schriftliche Vorlagen zurückzuführen ist. Man hat als Urheber insbesondere Kleanthes von Assos namhaft gemacht, der auch eine Schrift über die Giganten verfaßt hat. Kleanthes war ein prominenter Stoiker, ebenso wie Krates von Mallos, der in der pergamenischen Bibliothek gewirkt und hier seine *Sphairopoiia* geschrieben hat, ein gelehrtes und verkehrtes Buch, das offenbar gerade deswegen im Altertum zahlreiche Leser gefunden hat. Gleichfalls in die Zeit des Eumenes II. fällt wohl auch der Bau einer Bibliothek, sie war mit einer Anzahl von Bildern von Dichtern und Historikern geschmückt. Unter ihnen erscheinen Homer, Herodot, Alkaios von Mytilene und der Tragiker Timotheos von Milet. Im übrigen gehört die pergamenische Bibliothek zu jenen Bauten im Alterum, deren Konstruktion auch in Einzelheiten bekannt ist[2]. Auch die Großen des Reiches haben sich an den Stiftungen von Monumenten beteiligt, vor allen anderen Menogenes, der Sohn des Menophantos. Auf diesen gehen mehrere Monumente zurück, dazu hat er nicht weniger als sieben Bronzestatuen errichten lassen. Da die Inschriften auf den Standflächen erhalten sind, wissen wir, daß hier Statuen der Könige Attalos I., Eumenes II., der Königinnen Apollonis und Stratonike, und der Prinzen Attalos, Philetairos und Athenaios gestanden haben. Das Ganze wird man als Bekenntnis zur Dynastie der Attaliden auffassen dürfen. Die Bronzestatuen sind verloren, erhalten ist dagegen ein Kolossalkopf, der wahrscheinlich zu einer Statue Attalos' I. gehört. Wie Eumenes II. ausgesehen hat, zeigt ein Münzporträt[3]. Es ist ein hageres Antlitz mit eingefallenen Wangen, einer zurückfliehenden Stirn und einer schmalen gebogenen Nase, ein sprechendes Zeugnis für das literarisch überlieferte kränkliche Aussehen des Herrschers.

Der Friede von Apameia (188) hatte zwar den Krieg der Römer mit Antiochos III. beendet, für Kleinasien aber führte der Friede neue Konflikte herauf. Die gewaltige Vergrößerung des pergamenischen Territoriums war den anderen Fürsten und Königen in Anatolien ein Dorn im Auge, insbesondere dem Prusias I. von Bithynien, der im übrigen mit seinen Sympathien auf der Seite des makedonischen Königs Philipp V. stand. Prusias verfügte in der Person Hannibals über einen wertvollen militärischen Ratgeber, aber dennoch entschied in dem pergamenisch-bithynischen Streit das Waffenglück für Eumenes. Zankapfel zwischen den beiden Königreichen war die Landschaft Phrygia Epiktetos. Die Römer griffen schließlich durch eine Gesandtschaft unter der Führung des T. Quinctius Flamininus ein, Hannibal sah sich in die Enge getrieben und gab sich selbst den Tod (183). Der Gewinn der Landschaft Phrygia Epiktetos war für Eumenes II. insofern von Bedeutung, als er erst dadurch einen unmittelbaren Zugang zu Galatien erhielt, das jetzt unter die direkte Verwaltung des Eumenes gestellt wurde. In einem Dekret aus Telmessos wird der Sieg des Eumenes (hier als *sotér* und *euergétes* bezeichnet) über Prusias, Ortiagon und die übrigen Bundesgenossen angeführt[4]. Ortiagon ist der König der Tolistoagier, einer der drei gallischen Stämme in Kleinasien, er hat offenbar die Führerschaft über alle Galater innegehabt. Die Galater scheinen damals endgültig unter die Oberhoheit des Eumenes geraten zu sein. Dadurch kam er in territorialen Kontakt mit Pharnakes, dem König von Pontos. Dieser Herrscher aber genießt einen sehr schlechten Ruf in der griechischen Überlieferung, Polybios hat ihn als den treulosesten Herrscher von allen, die er kenne, bezeichnet. Zwischen ihm und Eumenes kam es zu einer kriegerischen Auseinandersetzung, die in den Jahren von 183 bis 179 ausgetragen worden ist. In den Krieg haben sich eine Reihe von Fürsten zwischen der Propontis (Marmarameer) und dem armenischen Bergland eingemischt. Eumenes fand in Prusias II. von Bithynien, in dem Dynasten Morzios von Paphlagonien und in Ariarathes, dem König von Kappadokien, Bundesgenossen. Auch die Römer haben sich durch Gesandtschaften bemerkbar gemacht, sie haben aber wenig ausgerichtet. Der Friede kam erst zustande, nachdem Eumenes den pontischen Herrscher in die Enge getrieben hatte. In dem Friedensvertrag mußte sich Pharnakes verpflichten, nicht wieder seinen Fuß auf galatisches Gebiet zu setzen. Seine Verträge mit den Galatern wurden annulliert. Galatien war damit fest an das pergamenische Reich gebunden; im Heere der Attaliden erscheinen von nun an immer wieder Galater, die als vortreffliche Krieger in aller Welt bekannt waren.

Hatte Eumenes II. schon mit dem Makedonenkönig Philipp V. auf gespanntem Fuß gelebt, so wurde dieses Verhältnis unter dessen Nachfolger Perseus

(179–168) nicht besser, sondern eher noch schlechter. Und der König von Pergamon ließ keine Gelegenheit vorübergehen, um den Makedonen in aller Welt anzuschwärzen. So reiste Eumenes im Winter des Jahres 173/2 wieder nach Rom, um hier auf die Rüstungen des Makedonenkönigs hinzuweisen, die bereits in vollem Gange waren. Was Eumenes II. im Senat zur Sprache gebracht hat, kann in Rom schwerlich unbekannt gewesen sein, und mit Recht hat man darauf hingewiesen, daß die bei Livius (XLII 10ff.) wiedergegebene Rede (wenn sie überhaupt historisch ist) allein den Zweck hatte, die bekannten Tatsachen zu bestätigen und vor allem den Charakter des Eumenes schärfer zu profilieren. Der Senat wußte, was er an Eumenes besaß: der Ehrungen und Aufmerksamkeiten gegenüber dem König gab es in Rom so viele, daß sie den Unwillen des Älteren Cato erregten. Er bemerkte bissig, der König sei eben von Natur ein Fleischfresser, womit er wohl sagen wollte, daß man dem Eumenes nicht über den Weg trauen dürfte. Bei der Heimreise nach Pergamon wurde in Delphi ein Attentat auf den König verübt, das ihn fast das Leben gekostet hätte. Die Mörder wälzten zwei große Felsen auf ihn herab. Beide trafen den König, der eine am Kopf, der andere an der Schulter. Die Schar der Freunde und Begleiter stob auseinander, nur der Ätoler Pantaleon kümmerte sich um den Verwundeten. Der König aber war nicht tot, obwohl man wenig Hoffnung hegte, daß er am Leben bliebe. Am Tage danach brachte man den König zu Schiff nach Korinth und von dort nach Ägina. Doch wurde niemand beim König vorgelassen, so daß das Gerücht nach Kleinasien gelangte, er sei tot. Wie so viele andere schenkte auch Attalos, der Bruder des Eumenes, dem Gerücht Glauben; er besprach sich mit Stratonike, der Gattin des Eumenes, und mit dem Kommandanten der Burg von Pergamon, denn Attalos galt ganz unbestritten als der Erbe des älteren Bruders. Die Situation in Pergamon war völlig undurchsichtig, niemand wußte, was nun geschehen sollte. Die antiken Quellen (Diodor und Plutarch) berichten, daß Attalos die Königin Stratonike geheiratet habe, auch soll Attalos das Diadem, das Zeichen der Königswürde, angelegt haben. Diese Angaben bieten nichts Unwahrscheinliches, und die Initiative des Attalos scheint gut beglaubigt. Eumenes aber, nach Pergamon zurückgekehrt, soll dem Bruder zwar den Vorwurf einer unzeitgemäßen Eile gemacht haben, an seinem Verhalten ihm gegenüber hat er jedoch nichts geändert. Selbstverständlich wurde die neue Eheschließung annulliert, Stratonike wurde zum zweiten Mal die Gattin des Eumenes II. Wenn ein moderner Forscher geglaubt hat, aus einer Inschrift von der thrakischen Chersonesos schließen zu können, Eumenes II. sei sogar apotheosiert worden[5], so ist dies jedoch unzutreffend. Bis hierher scheint die Geschichte der Übernahme des Herrschertums durch Attalos gut beglaubigt, auch an dem Vollzug der Ehe zwischen ihm und Stratonike ist kaum ein Zweifel möglich. Anders steht es mit dem Gerücht, daß Stratonike in dieser offenbar nur sehr kurzen Ehe von Attalos einen Sohn empfangen haben soll, den späteren Attalos III., den letzten in der Reihe der pergamenischen Könige. Dieser Sohn ist übrigens später von Eumenes II. ausdrücklich legitimiert worden. Setzt man eine wenn auch nur ganz kurze Ehe der Stratonike und des Attalos voraus, so wird sich die Paternität wohl niemals mit Sicherheit feststellen lassen. Dem heutigen Historiker ist es versagt, in die Geheimnisse der attalidischen Familiengeschichte einzudringen. Mit Recht hat aber Benedictus Niese[6] bemerkt, man dürfe diesen Vorgang nicht nach unserem verfeinerten Gefühl beurteilen; die Menschen des Altertums, und vor allem die Könige, hätten hierüber ganz anders gedacht. Dynastische Ehen wurden nicht aus Liebe geschlossen, sie dienten im wesentlichen der Kontinuierung der königlichen Familie, und die Sorge um den Nachfolger hat die hellenistischen Könige immer wieder dazu veranlaßt, sich nach anderen Frauen umzusehen, wenn von der Königin kein Nachwuchs zu erwarten war. Die Erhaltung der Dynastie stand in den Erwägungen obenan, und der Ausbruch offener Zwistigkeiten in Pergamon wäre für die Dynastie verderblich gewesen, da niemand hätte wissen können, wie sie ausgegangen wären. Dies ist zweifellos der Grund, weswegen sich Eumenes alsbald mit seinem Bruder wieder versöhnt hat. Und durch den von Eumenes anerkannten Sohn, den späteren Attalos III., schien die Zukunft der Dynastie gesichert. Daß dieser Attalos III. jedoch ein ganz haltloser Mensch und alles andere als eine würdige Persönlichkeit auf dem Thron gewesen ist, das scheinen weder Eumenes II. noch sein Bruder Attalos gewußt oder auch nur geahnt zu haben. Unter Attalos III. ist bekanntlich das pergamenische Reich den Römern durch Testament vermacht worden (133), die das Reich jedoch erst nach längeren Auseinandersetzungen mit Aristonikos, angeblich einem unebenbürtigen Sohn Eumenes' II., in Besitz nehmen konnten.

Das delphische Attentat ist gewissermaßen ein Vorspiel des 3. römisch-makedonischen Krieges (171–168), des Krieges der Römer und ihrer Bundesgenossen gegen den König Perseus von Makedonien, in dem jedermann den intellektuellen Urheber des Mordanschlages gesehen hat. Auch in diesem Krieg standen die Pergamener wieder treu zu den Römern, Eumenes II. führte ein Expeditionskorps nach Chalkis auf Euböa, einem bedeutenden Waffenplatz in Griechenland. An den Gefechten von Kallikinos und Phalanna waren pergamenische Kontingente beteiligt (171). Aber die Zusammenarbeit mit den Römern vollzog sich nicht ohne Reibungen, Eumenes fühlte sich durch den Consul Q. Marcius Philippus schlecht behandelt, was zu einer längerdauernden Verstimmung zwischen den Verbündeten führte. Perseus versuchte daraus für sich Kapital zu schlagen, indem er Verhandlungen mit Eumenes aufnahm. Man erzählte sich sogar, Eumenes habe sich für seine Vermittlertätigkeit zwischen Perseus und den Römern eine hohe Provision (angeblich 1500 Talente) bieten lassen. Schließlich scheiterte die Vermittlung des Eumenes daran, daß Perseus das Geld nicht *à fond perdu* ausgeben wollte; Eumenes aber sah sich vor den Römern kompromittiert, weil die Verhandlungen nicht geheim geblieben waren. So berichtet jedenfalls Polybios (XXIX 4–9), der es angeblich von Freunden des Perseus erfahren haben will. Wieviel hieran wahr ist, läßt sich schwer sagen, genug, daß Eumenes sich bei den Römern nicht gerade beliebt gemacht hatte. In der neueren Forschung steht man der Angabe des Polybios skeptisch gegenüber, allenfalls ein Vermittlungsversuch des Eumenes wird für möglich gehalten. Eine gewisse Verstimmung zwischen Rom und Eumenes war die Folge, und Eumenes war hieran nicht ganz unschuldig. Auch in der Folgezeit hat sich Eumenes am Krieg, vor allem am Seekrieg, beteiligt, ohne größere Erfolge. An der Entscheidungsschlacht bei Pydna (168) hat er nicht teilgenommen, wohl aber dem römischen Senat seine Glückwünsche übermittelt. Aber das Schwerste stand dem König noch bevor. Kaum war er aus Hellas nach Hause zurückgekehrt, als ein großer Aufstand der Galater ausbrach (168), der ihn vorübergehend in so schwere Bedrängnis brachte, daß er die Römer um Hilfe anrufen mußte. In Rom rührte sich die Intrige, man versuchte, Attalos, den Bruder des Eumenes, gegen den König auszuspielen. Eumenes aber hat in äußerst geschickter Weise dem Versuch die Spitze abgebrochen, indem er seinem Bruder die Nachfolge in Aussicht stellte. Die Galater aber waren unter der Führung des Solovettius in die westlichen Teile des pergamenischen Reiches eingedrungen, Eumenes II. mußte von ihnen eine Niederlage hinnehmen; wie durch ein Wunder ist er der Verfolgung durch die Galater entkommen. Da er kränklich war, hatte er sich in einer Sänfte fortschaffen lassen, diese aber war von den Galatern eingeholt worden, sie hatten die Beute im letzten Augenblick fahren lassen, da sie eine Kriegslist vermuteten und argwöhnten, daß in der Nähe Truppen der Pergamener verborgen seien. Diese Geschichte hat nicht durch Zufall Aufnahme in die Aufzählung der Kriegslisten des Polyaen (aus der Zeit des Mark Aurel und des Lucius Verus) gefunden. Mag sie nun auf Wahrheit beruhen oder nicht – die Anekdote zeigt den prekären Zustand, in dem sich Eumenes durch die Aggression der Galater befunden hat.

Im übrigen kam die Erhebung der Galater nicht von ungefähr. Man darf sogar vermuten, daß sie an den Römern einen gewissen Rückhalt gefunden haben. In Rom war, wie die Intrigen um Attalos II. zeigen, eine Richtung im Senat ans Ruder gekommen, die der Hilfe des pergamenischen Reiches nicht mehr zu bedürfen glaubte, nachdem Makedonien gefallen und in vier ohnmächtige Republiken aufgeteilt worden war. Der Senat zeigte sich schließlich auf Bitten des Attalos bereit, eine Mission nach Kleinasien zu entsenden. Als diese ihren Fuß auf den Boden Anatoliens setzte, im Frühjahr 167, da standen sich Eumenes und die Galater immer noch im Feld gegenüber, die Galater hatten ihr Lager in Synnada, Eumenes II. sein Hauptquartier in Sardes. Die römische Vermittlung führte nicht zum Ziel, wahrscheinlich deswegen nicht, weil den Römern an einer Beendigung des Krieges zugunsten des Eumenes nicht das Geringste gelegen war. Jedenfalls scheint der Führer der römischen Gesandtschaft P. Licinius gemäß einer Instruktion des Senats gehandelt zu haben. Sogar Polybios (XXX 3,8) hat dies implicite zugegeben. Eumenes II. begab sich wieder auf die Reise nach Rom, er hoffte die Verstimmung gegen ihn durch sein persönliches Eingreifen beseitigen zu können, da auch er an einem korrekten Verhältnis zu Rom ein außerordentlich großes Interesse hatte. Als er im Winter des Jahres 167/6 bereits in Brundisium gelandet war, erteilte ihm der Senat die Weisung, er möge den Boden Italiens unverzüglich wieder verlassen. Man wolle überhaupt keine Könige mehr in Rom sehen, nachdem sich Prusias II. von Bithynien in ganz unwürdiger Weise vor dem Senat gedemütigt hatte. Das hochmütige Verhalten des römischen Senats, das nur auf dem Hintergrund des Triumphes der römischen Waffen über Makedonien verständlich wird, gab den Anlaß zu einer schwerwiegenden Brüskierung eines römischen Bundesgenossen, der den Römern nichts als treue Dienste geleistet hatte.

Da er auf römische Hilfe nicht rechnen konnte, zog Eumenes mit einem großen Söldnerheer gegen die Galater, die Entscheidungsschlacht in Phrygien endete mit einem Sieg des Königs, dem sein Bruder Attalos zur Seite gestanden hatte. Das Volk der Galater kam wieder unter die Herrschaft der pergamenischen Könige (166)[7]. Die Galater galten seit dieser Zeit als definitiv befriedet, und in der Tat haben sie keine Einfälle in die griechische Kulturlandschaft Westkleinasiens mehr gewagt. Groß war die Freude bei den ionischen Griechen. Man beeilte sich, dem Herrscher den gebührenden Dank abzustatten; man setzte ihm sogar eine goldene Statue (die Kosten hatte der König selbst übernommen), sie wurde nach seinem Willen in Milet aufgestellt. Auch in Sardes und Pergamon wurde Eumenes hoch geehrt. Und wenn nach dem Galatersieg die Arbeit an dem Großen Altar von Pergamon wieder aufgenommen wurde, so mußte jedermann in dem Kampf zwischen den Göttern und Giganten ein Symbol für den Sieg der Kultur über die Barbarei erkennen, die sich in den rauhen Galatern verkörperte. Dem König mußten die Kundgebungen der Griechenstädte umso mehr erwünscht sein, als die Römer seine Erfolge in Kleinasien nicht gerade mit Freuden begrüßten. Als im Jahre 164 eine römische Gesandtschaft in Kleinasien erschien, da ließ ihr Führer C. Sulpicius Galus bekanntgeben, daß es jedermann gestattet sei, Klagen gegen den König vorzubringen. Im Gymnasium von Sardes nahm der Römer sie persönlich entgegen, angeblich zehn Tage lang – aber es kam nicht viel Kompromittierendes ans Licht, dies ein Zeichen dafür, daß die Untertanen an der Herrschaft des Eumenes wenig auszusetzen hatten. Eumenes dagegen bemühte sich seinerseits um die Sympathien der Griechen, insbesondere auch der Rhodier. Er lieferte ihnen nicht nur Getreide, er versprach darüber hinaus, ihr Theater mit weißem Marmor auszuschmücken. Ob es hierzu noch gekommen ist, wissen wir nicht, denn schon im Jahr 159 verstarb Eumenes II. im Alter von 62 Jahren, nach einer achtunddreißigjährigen Regierung.

Bei seinen Untertanen ist Eumenes in bester Erinnerung geblieben. Ganz besonders ist sein Verhältnis zu seinen Brüdern gepriesen worden. Er soll gesagt haben: „Wenn meine Brüder mich als König behandeln, so werde ich mich als Bruder ihnen gegenüber zeigen. Behandeln sie mich als Bruder, so werde ich mich als König zeigen.“ Wenn dieser Ausspruch auf Wahrheit beruht, so ist er ein Zeugnis dafür, daß Eumenes sich seiner besonderen Position auch gegenüber seinen Brüdern bewußt gewesen ist. Obwohl er sich an mehreren Kriegen beteiligen mußte, hat sich Eumenes immer gegenüber der Kunst und Wissenschaft verpflichtet gefühlt. Die Stadt Pergamon hat er mit einer Anzahl von repräsentativen Bauten geschmückt, er hat kostbare Weihgeschenke gestiftet, Bibliotheken gebaut, das Nikephorion errichtet. Dieser Prunkbau war der Athena Nikephoros gewidmet, die er als seine besondere Schutzpatronin verehrte. Der Göttin hat Eumenes nach dem Vorbild der heiligen Spiele in Hellas Agone gestiftet. In all seinen Taten brachte er seine Verehrung für das Hellenentum zum Ausdruck. Ähnlich wie die Ptolemäer umgab er sich mit Gelehrten, Historikern und bildenden Künstlern. Die griechische Sprache beherrschte er vollkommen, doch zeigen die auf ihn zurückzuführenden Inschriften einen schwerfälligen asianischen Stil, der damals in Mode war. Verglichen etwa mit dem Stil des Polybios zeichnen sich die Inschriften (wenn diese wirklich auf den Herrscher zurückgehen) weniger durch Präzision des Ausdrucks als vielmehr durch Wortreichtum aus. Die Nachwelt aber hat es ihm nicht vergessen, daß er Pergamon und den pergamenischen Staat zu hoher Blüte geführt und das Griechentum Kleinasiens aus großen Gefahren vor den Galatern gerettet hat.

Literatur

H. Willrich, RE VI (1907) Sp. 1091–1105 s. v. Eumenes 6; E. V. Hansen, The Attalids of Pergamon, Ithaca N. Y. 1947, S. 67ff. (2. Aufl. 1971). Über die pergamenische Kunst: H. Kähler, Der Große Fries von Pergamon, 1948; Pergamon 1949; A. Schober, Die Kunst von Pergamon, Wien 1951.

Anmerkungen

1. RE II (1896) Sp. 2167 s. v. Attalos Nr. 9.
2. Chr. Callmer, in: Opuscula Archaeologica 3 (1944) S. 148ff.
3. H. v. Fritze, Die Münzen von Pergamon, S. 26 Taf. 2,14.
4. Inschrift, herausgegeben von M. Segre, Riv. di fil. 60 (1932) S. 446ff. Datierung: November/Dezember 184 v. Chr.
5. Dittenberger, OGI 302, dazu W. S. Ferguson, The premature deification of Eumenes II, Class. Phil. 1 (1906) S. 231–234.
6. Gesch. d. griech. u. maked. Staaten III (1903) S. 109 A. 6.
7. Schon im Jahre 165 wurden die Galater für frei erklärt.

11

Mithradates VI. Eupator, König von Pontos

* 132, † 63 v. Chr.

Das Porträt des pontischen Königs Mithradates[1] Eupator ist in der antiken Überlieferung, die ganz einseitig in römischem Sinne geprägt ist, in sehr dunklen Farben gezeichnet. Man sollte aber nicht vergessen, daß Mithradates, neben dem Lusitanier Viriathus und dem Germanen Arminius, zu den großen Feinden des römischen Volkes gehört. Drei Kriege hat Rom gegen ihn führen müssen, und erst im dritten ist es Pompejus, dem ‚Reichsfeldherrn', gelungen, Mithradates niederzuwerfen. Überhaupt ist der Zusammenstoß mit der römischen Weltmacht zum Schicksal des pontischen Königs geworden. Der Inhalt seines Lebens ist bunt und vielfältig; in Wirklichkeit gehört der König in die Welt des Vorderen Orients, der er in politischer und administrativer Hinsicht den Stempel seines Wesens aufgeprägt hat. Zwischen der Welt Vorderasiens und der Welt des abendländischen Römertums befand sich eine tiefe Kluft, und man braucht sich nicht zu wundern, wenn die römische Geschichtsschreibung, die vor allem durch Sallust repräsentiert wird, ihm nicht gerecht geworden ist. Da aber die Gegenseite überhaupt nicht zu Wort kommt, ist es unendlich schwer, die richtige Einstellung zu Mithradates zu gewinnen. Denn man wird nicht erwarten können, daß seine bittersten Feinde ihm irgendwie Gerechtigkeit widerfahren lassen. Zum Glück stehen aber die meisten Ereignisse fest, und auch aus dem persönlichen Leben des Königs sind manche Einzelheiten bekannt. Sie zeigen Mithradates als einen Menschen von großer Willenskraft und womöglich noch größerer Rücksichtslosigkeit. Nichts ist ihm in seinem Leben heilig gewesen, der Kompaß seines Handelns und Strebens war ein ganz unverhüllter Haß gegen die Römer, denen er es nie verziehen hat, daß sie seine Kreise in Vorderasien gestört haben.

Mithradates stammte aus einem iranischen Fürstengeschlecht, das seinen Stammbaum auf einen der sechs großen Helfer des persischen Königs Darius I. zurückführte. Seit dem Ausgang des 5. Jahrhunderts v. Chr. sind Angehörige der Familie im Dienst der persischen Großkönige bezeugt. Der erste ist wohl Ariobarzanes, der Sohn des Mithradates, der Nachfolger des Pharnabazos als Satrap des hellespontischen Phrygien. Dieser Ariobarzanes war ein sehr eigenmächtiger Herr, der sich vom persischen Großkönig unabhängig gemacht hat. Aber er fiel einer Intrige seines eigenen Sohnes zum Opfer und wurde zur Strafe für seinen Abfall ans Kreuz geschlagen (362). Sein Sohn mit Namen Mithradates war in seinen späteren Jahren ein Bundesgenosse des Eumenes von Kardia; nach dessen Untergang findet man ihn im Gefolge des Antigonos Monophthalmos. Da dieser aber fürchtete, er werde zur Gegenpartei übergehen, ließ ihn Antigonos im Jahr 302 kurzerhand umbringen. Sein Sohn, gleichfalls Mithradates geheißen, ist der Gründer des pontischen Reiches, das sich am Nordrand Anatoliens, in den nördlichen Teilen Kappadokiens, dem sogenannten Pontos, ausdehnte, wobei auch verschiedene Griechenstädte an der Küste des Schwarzen Meeres unter die Herrschaft des Fürstenhauses gekommen sind. Mithradates, der ‚Gründer', erscheint seit etwa 280 mit dem Königstitel, durch den er sich den hellenistischen Monarchen an die Seite gestellt hat.

In der Landschaft Pontos wohnte eine kleinasiatische Bevölkerung, doch gab es im Land auch zahlreiche Perser, sie hatten insbesondere die Spitzenstellungen in der Verwaltung inne. Durch den Kontakt mit den Hellenen am Schwarzen Meer erhielten das Land und seine Bewohner Zugang zur griechischen Kultur, doch hat diese niemals tiefe Wurzeln im Innern des Pontos geschlagen. Die Herrscher aber wußten sehr wohl, was sie den Griechen zu verdanken hatten. Die Könige verstanden Griechisch, sie zogen zahlreiche Hellenen ins Land, da diese für die Verwaltung und Wirtschaft des Königreiches ganz unentbehrlich waren. Die Annalen verzeichnen im 3. und 2. Jahrhundert v. Chr. insgesamt fünf Herrscher, die über dieses Land, das im Westen an Bithynien, im Osten an Armenien und im Süden an Großkappadokien grenzte, mit wechselndem Erfolg regiert haben. Der erste von ihnen war der bereits erwähnte Mithradates I. Ktistes (der ‚Gründer'). Ihm folgte im Jahr 266 sein Sohn Ariobarzanes nach, dann kamen die Könige Mithradates II. (reg. v. etwa 250 bis gegen 220), Mithradates III. (reg. v. etwa 220 bis ungefähr 190), Pharnakes (reg. v. etwa 190 bis 170), Mithradates IV. Philopator Philadelphos (reg. v. etwa 170 bis 150) und schließlich Mithradates V. Euergetes (reg. v. etwa 150 bis 120). Bekannt geworden ist von diesen sechs pontischen Königen vor allem Pharnakes. Er hat die wichtige Handelsstadt Sinope erobert (183) und gegen eine Anzahl kleinasiatischer Fürsten einen Krieg geführt, bis er schließlich auf Grund eines römischen Machtspruchs sich zum Frieden bequemen mußte (179). In der Person des Pharnakes lebt so manches von dem späteren Mithradates VI. Die Konflikte, die sich später zwischen Rom und dem Königreich Pontos anbahnen sollten, sind im Leben dieses Monarchen bereits vorgezeichnet. Pharnakes war der Großvater, Mithradates V. war der Vater des großen Mithradates. Der Vater ist in seinem Palast in Sinope einer Verschwörung zum Opfer gefallen. Auf Grund seines Testaments sollte die Witwe mit den beiden noch minderjährigen Söhnen die Regierung führen, eine Anordnung, die sich als wenig glücklich erweisen sollte. Sie ist offenbar auf einen Kompromiß zurückzuführen, wenn das Testament überhaupt authentisch gewesen ist. Das Ereignis fällt in das Jahr 120 v. Chr. Die Römerherrschaft in der Provinz Asia am Westrand Anatoliens war damals bereits stabilisiert, und es war kein Wunder, wenn man von Rom aus die Vorgänge im Königreich Pontos mit Aufmerksamkeit beobachtet hat.

Mithradates Eupator war beim Tod seines Vaters zwölf Jahre alt. Er hatte einen jüngeren Bruder, gleichfalls Mithradates genannt, mit dem Beinamen Chrestos, der ‚Gerechte', dazu noch fünf Schwestern. Von ihnen war Laodike mit dem König Ariarathes von Kappadokien, später mit Nikomedes III. von Bithynien verheiratet, die zweite Schwester ist die Gattin des Mithradates selbst geworden, von den drei übrigen – sie hießen Rhoxane, Stateira und Nysa – ist weiter nichts bekannt. Mütterlicherseits konnte Mithradates seinen Stammbaum auf die Seleukiden zurückführen, seine Mutter war eine Tochter des Königs Antiochos IV. Epiphanes, des Herrschers, der durch seine Auseinandersetzung mit den Makkabäern in die Geschichte eingegangen ist. Wie es bei großen Männern auch sonst zu beobachten ist, hatte die Sage viel Wunderbares aus der Jugend des Mithradates zu berichten. So erzählte man, daß der Blitz in seine Wiege eingeschlagen und die Windeln des Säuglings entzündet habe. Mit seiner Geburt und seiner Thronbesteigung werden Erscheinungen von Kometen in Verbindung gebracht. Diese Dinge gehören ins Arsenal der hellenistischen Geschichtsschreibung, sie durften auch bei Mithradates nicht fehlen. Geboren und aufgewachsen in Sinope, einer Griechenstadt am Schwarzen Meer, kam er schon in früher Jugend in Kontakt mit den Quellen der hellenischen Bildung, doch hielt er ganz bewußt an der iranischen Tradition seines Hauses fest, insbesondere auch am Mazdaïsmus, der ihn sein Leben lang begleitet hat. Seine Beziehungen zur Mutter, der seleukidischen Prinzessin Laodike, wurden schon in der Jugend einer schweren Belastungsprobe unterworfen, denn Mithradates fürchtete, ob mit Recht oder mit Unrecht, ist schwer zu sagen, für sein Leben und zog sich in die Einsamkeit des Paryadres-Gebirges zurück. Hier führte er das Leben eines Verbannten, frönte den Freuden der Jagd und hatte Gelegenheit, seinen Körper durch Entbehrungen jeder Art auf das Äußerste abzuhärten, so daß ihm später weder die Kälte noch die Hitze etwas anzuhaben vermochten. Sieben Jahre soll der Aufenthalt gedauert haben, eine harte Zeit für einen Prinzen, der am Hof von Sinope in Reichtum und Überfluß aufgewachsen war.

Mithradates zählte zwanzig Jahre, als er an die Herrschaft gelangte, auf welchem Weg, ist nicht bekannt. Seine Mutter Laodike ist nach der einen Version von Mithradates umgebracht worden, nach der anderen habe er sich damit begnügt, sie unschädlich zu machen, indem er sie in einen Kerker warf, wo sie zugrunde gegangen sei. Auch seinen Bruder Mithradates Chrestos ließ der junge Herrscher bald beseitigen. Nach dem Vorbild, das letztlich auf die Achämeniden zurückzuführen ist, nahm er seine Schwester Laodike zur Frau. Dies war der Anfang seiner Herrschaft, die insgesamt achtundvierzig Jahre, von 111 bis 63 v. Chr., gedauert hat.

Das pontische Reich des Mithradates erstreckte sich an der Süd- und Ostküste des Schwarzen Meeres (von den Hellenen Pontos Euxeinos genannt) von der Stadt Amastris bis nach Dioskurias, gelegen in der Küstenebene, die das Kaukasusgebirge offenläßt. Bithynien, Paphlagonien, Kappadokien und Großarmenien waren die Nachbarn, aber von diesen spielte nur Armenien in der Weltpolitik eine gewisse Rolle. Großarmenien war nämlich ein typischer Pufferstaat zwischen dem östlichen Kleinasien und dem Partherreich. Die übrigen Staaten orientierten sich mehr oder weniger nach Rom, das nach dem Tod des letzten Attaliden im Jahr 133 seinen Fuß auf den Boden Anatoliens gesetzt und diesen auch nicht wieder zurückgezogen hatte. Zwischen den Hellenenstädten des pontischen Reiches und den Griechen auf der Halbinsel Krim hatten von jeher enge Beziehungen bestanden, und so braucht man sich nicht zu wundern, wenn die Stadt Chersonesos (Sebastopol), eine Tochterstadt des pontischen Herakleia, ein Hilfegesuch an den König richtete. Mithradates entsandte seinen Vertrauten Diophantos nach der Krim, damit dieser den Griechen der Halbinsel gegen den Ansturm der Skythen aus dem Inneren der Krim und aus den Steppen Südrußlands zur Hilfe kommen sollte (110). Die Expedition endete mit einem durchschlagenden Erfolg, die ganze Halbinsel Krim unterwarf sich der Herrschaft des Königs, der dadurch auch im Norden des Schwarzen Meeres festen Fuß gefaßt hatte. Im übrigen aber dauerten die Kämpfe noch einige Jahre an, erst 107 v. Chr. fielen auch die Städte Theodosia (Feodosia) und Pantikapaion (Kertsch) in die Hände des Königs, der sich von nun an „König des Kimmerischen Bosporus und Schirmherr von Chersonesos“ nannte. Der Kimmerische Bosporus ist die Straße von Kertsch. Mithradates aber hatte nördlich des Schwarzen Meeres ein ganzes Reich erobert, das durch die Existenz der Griechenstädte für ihn besonders wertvoll war. Unschätzbar aber waren die Handelsbeziehungen, die sich ihm zu den Gebieten Südrußlands öffneten. Die großen Flüsse waren reich an Fischen, die Länder nördlich der Halbinsel Krim und der Mäotis (Asowsches Meer) waren eine richtige Kornkammer, sie brachten dem Mithradates einen jährlichen Tribut von 180000 Medimnen Korn und dazu noch alljährlich 200 Talente Silber. In dem Getreidehandel hatte sich Mithradates eine Monopolstellung errungen. Neben dem Korn aus Ägypten und Sizilien waren es die Erträge aus Südrußland, die vor allem in Anatolien und in der griechischen Welt gebraucht wurden. Außerdem verfügten die Gebiete in Südrußland über ein schier unerschöpfliches Menschenmaterial, das vor allem für das Heer des pontischen Königs in Betracht kam. Insbesondere dienten in ihm zahlreiche Skythen, aber auch die Geten, Jazygen und Roxolanen haben Kontingente gestellt. Von ihnen gehören die Jazygen zur Volksgruppe der Sarmaten, die durch ihre leichte Reiterei, die Vorläufer der Kosaken, berühmt waren, dazu kamen schließlich noch die (wahrscheinlich keltischen) Bastarner, sie lebten in Bessarabien und waren durch ihre Kampfkraft als Bundesgenossen sehr begehrt. Enge Beziehungen hatte Mithradates zu den Hellenenstädten am Westpontos, zu Istros, Tomi, Odessos, Mesembria und Kallatis. Sie waren bedeutende Handelsrepubliken; ihre Gegner waren die Geten, die immer wieder ihr Landgebiet verheerten. Aber auch in Kleinasien vermochte der König seine Grenzen zu erweitern, die wichtigste Erwerbung war Kleinarmenien, das wie in einem Schraubstock zwischen den Landschaften Kolchis und Pontos eingeklemmt war (Th. Reinach). Das Land, ein Zankapfel zwischen Pontos und Großarmenien, war die Heimat der kunstreichen Stämme der Chalyber und Tibarener, von denen sich die ersteren vor allem auf die Aufbereitung von Eisen verstanden. Das Königreich Pontos hatte durch die Annexion Kleinarmeniens seine größte Ausdehnung nach Osten gewonnen, der obere Euphrat war erreicht.

Die Erwerbungen auf der Krim, in Kolchis und in Kleinarmenien haben dem Reich des Mithradates ein neues Gesicht gegeben. Das Reich umklammerte nun von Süden, Osten und Norden her das Schwarze Meer, Mittelpunkt war die Residenzstadt Sinope. Sie wurde von dem Herrscher mit prächtigen Bauten geschmückt, von denen aber nichts auf unsere Zeit gekommen ist. Die Gebiete nördlich des Schwarzen Meeres waren wegen der Kornversorgung wichtig, Kleinarmenien aber war als Rückhalt für den Fall eines Krieges gedacht, deshalb hatte der König hier zahlreiche Burgen errichten lassen, sie sollten ihm als strategische Stützpunkte dienen. Außerdem waren sie dazu bestimmt, das thesaurierte Edelmetall aufzunehmen, das in reicher Fülle die Städte des Königreiches zu entrichten hatten. Für einen anderen Herrscher wäre mit der Errichtung des Schwarzmeer-Reiches die Lebensaufgabe erfüllt gewesen, Mithradates aber war noch zu jung, um zu resignieren. Längst hatte er sich als ein weiteres Feld für seine rastlose Tätigkeit die im Süden an Pontos angrenzenden Landschaften ausgesucht. In der Tat herrschten hier Zustände, die dringend einer grundlegenden Änderung bedurften. Zwar hatten die Römer den Westrand Kleinasiens, das ehemalige Königreich Pergamon, neu organisiert, doch waren die Bewohner durch die rigorose römische Administration, die an die Stelle der patriarchalischen Verwaltung durch die Attaliden getreten war, zutiefst enttäuscht, insbesondere die Gesellschaften der Steuerpächter hatten aus dem Lande große Summen herausgepreßt. Anderseits war viel römisches Kapital in die Provinz Asia geflossen, wodurch die Hilfsquellen des Landes nach einer längeren Stagnation neu organisiert werden konnten. Überhaupt ist das konventionelle Bild von der Habsucht der Römer nicht das ganze, sondern nur das halbe Bild der Wirklichkeit. Aber wer zahlt schon gern Steuern, dazu noch an die Römer, die auf die einheimische Bevölkerung, Griechen und Kleinasiaten, mit Hochmut herabblickten? Erst in der Zeit Ciceros hat sich die Einstellung der Römer geändert. Um benachbarte Landschaften kennenzulernen, soll Mithradates incognito eine Reise durch die römische Provinz Asia und durch Bithynien unternommen haben. Er hatte dabei nur wenige Begleiter an seiner Seite, und es fällt nicht schwer zu vermuten, daß er sich über die inneren Zustände der Länder ein eigenes Urteil bilden wollte. Ob er auch Paphlagonien, Galatien und Kappadokien besucht hat, davon berichten die Quellen (Justin XXXVII 3) nichts, es wäre aber durchaus möglich. Am wichtigsten war nämlich ohne Zweifel Kappadokien, das im Süden an sein Gebiet angrenzende Königreich. Das Land hatte wechselvolle Schicksale erlebt, seitdem sein König, Ariarathes V., im Aristonikos-Krieg als Bundesgenosse der Römer im Jahre 130 vor dem Feind gefallen war. Seine Witwe, Nysa mit Namen, soll fünf ihrer Söhne beseitigt haben, um allein regieren zu können. Die Rache erreichte sie in Gestalt des sechsten Sohnes, der, aus dem Ausland zurückgekehrt, die Regierung übernommen hat. Seine Herrschaft dauerte ungefähr 15 Jahre (von etwa 125 bis 111 v. Chr.). Ariarathes VI. Epiphanes fand ein gewaltsames Ende durch Gordios, einen Magnaten des Landes; sein Nachfolger war der noch unmündige Sohn mit Namen Ariarathes VII. Philometor, die Regierung aber lag in den Händen seiner Mutter Laodike. Es lag auf der Hand, daß die Zustände in Kappadokien die Nachbarn zum Eingreifen veranlassen würden. Dazu kam noch, daß der Pontos und Kappadokien von einer stammesverwandten Bevölkerung bewohnt wurden, die Grenze zwischen den beiden Königreichen galt als naturwidrig, eine Vereinigung der beiden Reiche erschien nicht als eine Utopie, sondern im Gegenteil als eine naheliegende politische Möglichkeit, falls sich ein unternehmender Herrscher finden würde. Doch war es schon damals jedem Einsichtigen klar, daß territoriale Veränderungen in Anatolien ohne die Zustimmung der Römer schwerlich vollzogen werden konnten. Die Römer waren die Schiedsrichter auch in den dynastischen Streitigkeiten, die immer von neuem die Königreiche Kleinasiens erschütterten.

Mithradates war kaum von seiner Informationsreise zurückgekehrt (wahrscheinlich im Jahr 108), als er sein Heer in Kriegsbereitschaft setzte. Vorher hatte er seine Gattin Laodike, seine leibliche Schwester, umbringen lassen. Angeblich war sie ihm nicht nur untreu geworden, sie hatte ihn auch vergiften lassen wollen. In Verbindung mit seinem Bundesgenossen, dem König Nikomedes III. von Bithynien, besetzte Mithradates Paphlagonien, danach auch Galatien. Beide Landschaften wurden zwischen den beiden Monarchen aufgeteilt. Ihre Begehrlichkeit war nun geweckt, und jeder von ihnen richtete seine Augen auf eine noch größere Beute. Dies aber war Kappadokien, das der Invasion wehrlos gegenüberstand. Das Land wurde zunächst von den Bithynern, dann aber, nach ihrer Vertreibung, durch ein Heer des Mithradates besetzt. Den jungen König Ariarathes VII. Philometor hatte man in seine Hauptstadt Mazaka zurückgeführt. Ariarathes war übrigens der Neffe des pontischen Königs, aber er schien ihm nicht gefügig genug, so reifte in dem Oheim der Plan, den jungen Herrscher zu beseitigen. Bei einer Zusammenkunft, zu der sich Ariarathes unvorsichtigerweise bereitfand, stieß ihn Mithradates mit eigener Hand nieder; an seiner Statt setzte er einen seiner eigenen Söhne als König über Kappadokien ein. Dieser Sohn aber war gerade acht Jahre alt. Er hieß von nun an Ariarathes Eusebes Philopator, so als ob er ein Mitglied der Familie der Ariarathiden wäre. Die Römer hatten unterdessen eine Gesandtschaft unter der Führung des Marius nach Kleinasien geschickt, die hier nach dem Rechten sehen sollte. Aber niemand hörte auf sie, Mithradates konnte es sich leisten, die Warnungen der Römer in den Wind zu schlagen. Man schrieb das Jahr 99 v. Chr. Aber Rom ließ dieses Mal nicht locker. Der Senat verfügte, daß sowohl Nikomedes wie auch Mithradates ihre Eroberungen herausgeben und ihre Truppen aus den Ländern Paphlagonien und Kappadokien zurückziehen sollten. Von Galatien ist in den antiken Quellen nicht die Rede (Justin XXXVIII 5, 6), vielleicht ist die Landschaft hier aber nur vergessen worden. Das war ein harter Schlag für beide Könige; aber so, wie die Dinge nun einmal lagen, mußten sie sich dem Spruch der Römer beugen. Sie haben auch dementsprechend gehandelt. Die Anstrengungen des Mithradates waren umsonst gewesen, im Jahre 95 stand er wieder dort, wo er sich vor der Aufnahme seiner Expansionsbestrebungen befunden hatte.

Im Jahre 91 brach in Italien der Bundesgenossenkrieg aus, die Stämme Mittelitaliens erhoben sich gegen die Hegemonie der Römer; diese aber sahen sich an den Rand der Niederlage gedrängt, sie hatten in Italien alle Hände voll zu tun, um sich militärisch zu behaupten. Es konnte nicht anders sein, als daß dieser Krieg das Ansehen der Römer weltweit erschütterte, auch in Kleinasien machte er sich wie ein Erdbeben bemerkbar. Für Mithradates aber kam der Bundesgenossenkrieg in Italien zu früh, er hatte seine Rüstungen noch nicht beendet. Dennoch hat er die Gelegenheit ergriffen, die sich ihm in so unerwarteter Weise darbot. Er mischte sich in die Thronstreitigkeiten in Bithynien ein. Hier mußte der König Nikomedes IV. einem Bastard mit Namen Sokrates Chrestos weichen. Nikomedes IV. aber eilte spornstreichs nach Rom, mit ihm der König Ariobarzanes von Kappadokien, der gleichfalls der Gewalt hatte weichen müssen (90 v. Chr.)[2]. Die Römer hatten inzwischen die größten Schwierigkeiten des Bundesgenossenkrieges gemeistert, sie ließen durch ihren Abgesandten M'. Aquillius die Maßnahmen des Mithradates rückgängig machen, der entthronte König von Kappadokien wurde restituiert, der bithynische Herrscher Sokrates war jedoch inzwischen einem Meuchelmord von seiten des Mithradates zum Opfer gefallen. Die Nachgiebigkeit des Mithradates gegenüber den Römern hat schon die Zeitgenossen in Erstaunen versetzt, aber man wird sie verstehen, wenn man davon ausgeht, daß der König nicht das Odium des Rechtsbrechers vor aller Welt auf sich nehmen wollte. Als aber der zurückgekehrte Nikomedes IV. sich von Bithynien einen kriegerischen Überfall auf das Königreich Pontos leistete, war die Geduld des Mithradates erschöpft. Er hatte mit zahlreichen Potentaten des Vorderen Orients, ja sogar mit den Königen von Ägypten und Syrien, Verbindungen aufgenommen. Und in seinem Rücken, an der Ostgrenze, verfügte er in seinem Schwiegersohn, dem König Tigranes von Armenien, über einen wertvollen Bundesgenossen. Dazu bediente sich der pontische Herrscher einer umfassenden Propaganda, die nicht nur Kleinasien, sondern die ganze griechische Welt in ihren Bann zog. Überall waren seine Emissäre zu finden, und es war kein Wunder, wenn die öffentliche Meinung der Griechen eindeutig im Lager des Mithradates stand.

In der Geschichte der Mithradatischen Kriege ist nicht zu übersehen, daß der König seinen Gegnern solange politisch und militärisch überlegen war, als diese auf sich allein gestellt waren. Als die Römer sich endlich dazu aufrafften, ein Heer nach Kleinasien zu entsenden, da zeigte es sich, daß die Truppen des pontischen Herrschers weder in der Ausrüstung noch in der Disziplin den Römern gewachsen waren. Bis aber dieser Zeitpunkt eintrat, hatte es Mithradates vorwiegend mit rasch zusammengerafften Provinzialmilizen zu tun, die einen Vergleich mit seinem eigenen Heer nicht aushalten konnten. Der Beginn des sog. 1. Mithradatischen Krieges (89–85) ist daher gekennzeichnet durch eine nicht abreißende Kette römischer Niederlagen. Wie ein Kartenhaus stürzte die römische Herrschaft in Kleinasien zusammen, nicht weniger als vier von Römern geführte Heere wurden geschlagen. Der Proconsul M'. Aquillius, der in Mytilene auf Lesbos von Beauftragten des Mithradates festgenommen worden war, wurde in Ketten durch die Städte Kleinasiens geschleppt, man schlug ihn mit Ruten, in Pergamon wurde er buchstäblich zu Tode gemartert, angeblich soll man ihm geschmolzenes Gold in seinen Mund gegossen haben.

Die Griechenstädte Kleinasiens öffneten dem Mithradates ihre Tore, sie priesen sich glücklich, der Herrschaft der Römer entronnen zu sein. Als letztes Bollwerk der römischen Herrschaft fiel die Stadt Stratonikeia in Karien. Sie wurde für ihre römerfreundliche Haltung schwer bestraft, hatte aber immerhin die große Ehre, eine Bürgerstochter namens Monime dem König als seine Gemahlin zuzuführen. Dies alles hatte aber noch wenig zu bedeuten, bedenklicher war es, daß die Griechen fast ohne Ausnahme, sozusagen mit fliegenden Fahnen, in das Lager des pontischen Königs übergingen. Aber der Bruch mit den Römern war noch nicht unheilbar, als Mithradates durch ein entsetzliches Verbrechen das Tischtuch zwischen sich und den Römern zerschnitt. Er befahl allen Statthaltern in den neueroberten Provinzen, dazu den Magistraten der freien Städte, binnen dreißig Tagen nach Abfassung des Königsbriefes alle Italiker jedweden Standes, Freie, Freigelassene und Sklaven, ob Männer, Frauen oder Kinder, umzubringen. Die Leichen der Getöteten sollten unbestattet liegen bleiben. Für Denunzianten waren Belohnungen ausgesetzt. Wer aber einem Geächteten Asyl gewährte oder einen Getöteten bestattete, dem wurden strenge Strafen angedroht. Dieser „Blutbefehl von Ephesos" war der Beginn eines scheußlichen Massakers in der Provinz Asia. Der Befehl wurde pünktlich ausgeführt, die Asyle, in die sich die Italiker zu retten versuchten, wurden entweiht; überall, in den Häusern und auf den Straßen, spielten sich furchtbare Schreckensszenen ab, wie sie selbst in den schlimmsten Zeiten des Peloponnesischen Krieges nicht vorgekommen waren. Man tötete die Proskribierten an allen Orten, sie fielen zum größten Teil dem wütenden Mob unter der Bevölkerung zum Opfer, manche wurden sogar an den Altären umgebracht, andere ins Meer geworfen. Hier und da regten sich Gefühle der Humanität, aber sie wurden durch den Blutbefehl zum Verstummen gebracht, die Regungen des Mitleids wurden im Blut erstickt. Selbst auf den Inseln an der Westküste Kleinasiens war niemand mehr sicher, nur Rhodos erwies sich als ein unerschütterlicher Hort der Freiheit und nahm viele flüchtige Italiker in seine Mauern auf. Die grausige Mordtat des Mithradates ist unter dem Namen der ‚Ephesischen Vesper' in die Geschichte eingegangen (88 v. Chr.). Sie soll insgesamt 80000 Opfer gefordert haben. (Wenn in einer anderen Quelle, bei Plutarch, Leben d. Sulla 24, die Zahl von 150000 Toten angegeben wird, so ist dies eine tendenziöse Übertreibung.) Aber 80000 Tote waren genug, und man fragt sich, ob Mithradates sich der Wirkung seines Blutbefehls in der Öffentlichkeit bewußt gewesen ist. Er durfte doch nicht erwarten, daß Rom das Geschehen einfach ignorieren würde! Zu viele Familien in Rom und Italien waren von Verlusten betroffen, und die *maiestas populi Romani* hatte nicht nur in Kleinasien, sondern in der ganzen Welt erheblichen Schaden gelitten.

Wer sollte sich den Römern noch anvertrauen, wenn diese eine so furchtbare Schreckenstat nicht hatten verhindern können?

Ganz unzweifelhaft ist der Blutbefehl von Ephesos zunächst als ein politischer Akt zu betrachten. Mit Furcht und Terror wollte Mithradates alle noch Schwankenden auf seine Seite bringen, und dies ist ihm auch in weitestem Umfang gelungen. Aber es genügte nicht, die Herrschaft in Kleinasien zu stabilisieren. Denn auch in Griechenland regten sich, so unglaublich dies auch sein mag, gewisse Sympathien für den pontischen König, der sich immer wieder als Vorkämpfer des Hellenentums bezeichnete. Vieles kam natürlich auf die Haltung Athens an. Hier aber hatte Aristion, ein epikureischer Philosoph, als „Waffenstratege" *(strategòs epì tà hópla)* die Macht an sich gerissen, die Römerfreunde waren ihm gegenüber machtlos, so daß die Stadt bald offen in das Lager des Mithradates überging, zumal das Erscheinen des Archelaos mit einer pontischen Flotte in den Gewässern der Ägäis großen Eindruck hinterließ. Überall machte man Jagd auf die Römerfreunde, auf der kleinen Insel Delos wurden die Römer mitsamt den Italikern von den Pontiern gnadenlos niedergemacht. Mithradates selbst hat sich, soweit wir wissen, niemals in Griechenland sehen lassen, er überließ den Krieg hier seinen Generälen. Sie konnten zunächst bemerkenswerte Erfolge verbuchen, denn fast ganz Griechenland (mit Ausnahme von Thessalien und Ätolien) ging den Römern verloren, auch in Makedonien brach die römische Herrschaft zusammen. Dies wurde erst anders, als im Frühjahr 87 v. Chr. Sulla seinen Fuß auf den Boden Griechenlands setzte. Er war in Epirus gelandet und begann alsbald mit der Belagerung Athens, das aber erst am 1. März 86 in seine Hände gefallen ist. Allerdings mußte um den von Archelaos gehaltenen Piräus auch dann noch längere Zeit gekämpft werden. Durch die beiden Schlachten auf dem Boden Böotiens, bei Chaironeia und Orchomenos (86), wandte sich endgültig das Kriegsglück. Sulla war hier trotz zahlenmäßiger Unterlegenheit Sieger geblieben. Wieder hatten sich die römische Disziplin und die Strategie des Sulla als überlegen erwiesen. Sulla hatte insbesondere durch die Anlage von Gräben und Feldbefestigungen der pontischen Reiterei unüberwindliche Schwierigkeiten bereitet. Wieder fragt man sich, warum Mithradates nicht in eigener Person in Hellas eingegriffen hat – aber er hatte auch in Kleinasien Schwierigkeiten, denn hier war ein römisches Heer unter dem Befehl des L. Valerius Flaccus und – nach dessen Ermordung in Nikomedien – unter C. Flavius Fimbria erschienen, das dem pontischen Herrscher hart zusetzte. Sogar die Städte Ilion und Pergamon – dies die Residenz des Mithradates in Westkleinasien – fielen in die Hände der Römer. Sulla hatte dagegen bereits nach der Schlacht bei Orchomenos mit dem pontischen Feldherrn Archelaos Kontakt aufgenommen. Es folgten Vorbesprechungen in Delion (vielleicht auch in Aulis). Beide Teile waren friedensbereit, Sulla, weil er nach Italien zurückkehren wollte, Mithradates, weil er weitere Verluste, vor allem in Kleinasien, befürchtete. Die entscheidenden Verhandlungen fanden auf kleinasiatischem Boden, bei dem Ort Dardanos, zwischen Abydos und Ilion in der Troas, im Jahre 85 statt. Über die Szene hat Sulla einen Bericht gegeben. Aus ihm geht hervor, daß Sulla und Mithradates, beide nur mit einem kleinen Gefolge, in die Ebene hinabstiegen, Mithradates soll dem Sulla seine rechte Hand zur Begrüßung entgegengestreckt haben, eine Geste, die Sulla geflissentlich ignoriert hat. Als der König, aufgefordert von Sulla, mit der Rede begann (natürlich auf Griechisch, das beide beherrschten), unterbrach ihn Sulla mit der Bemerkung, er sei über die Beredsamkeit des Königs im Bilde, es müßten die Fakten zur Sprache kommen. Dann zählte Sulla die Verbrechen des Königs auf und verlangte von ihm eine klare Antwort, ob er die Bedingungen annehmen wolle oder nicht. Als Mithradates diese Frage bejahte, da umarmte ihn Sulla und ließ die beiden von dem König vertriebenen Herrscher, Nikomedes IV. von Bithynien und Ariobarzanes von Kappadokien, aus dem Gefolge hervortreten. Mithradates begrüßte den Nikomedes, nicht aber den Ariobarzanes, und zwar mit der Begründung, daß dieser nicht im Purpur geboren sei (womit Mithradates sicherlich recht hatte). Über die Bedingungen war man sich schon in den Vorverhandlungen in Hellas einig geworden, sie waren zwischen Sulla und Archelaos ausgehandelt worden. In ihnen war folgendes vorgesehen: 1. Wiederherstellung der territorialen Verhältnisse, wie sie im Jahre 89, d. h. vor der Eröffnung des Krieges, bestanden hatten. Dies aber bedeutete, daß Rom die Provinz Asia zurückerhielt, Mithradates aber mußte das gesamte von ihm okkupierte Gebiet, vor allem Paphlagonien und Kappadokien, wieder herausgeben. Die zweite Bedingung betraf die Kriegsentschädigung. Dabei verpflichtete sich Mithradates, 2000 Talente an Rom zu entrichten. Die dritte Bedingung war die Stellung von 70 Kriegsschiffen durch Mithradates an Sulla, er brauchte sie für seine Rückkehr nach Italien. An vierter Stelle war die Rückgabe der Gefangenen und Überläufer vorgesehen. Die fünfte Bedingung sah eine Amnestie für alle im Lauf des Krieges auf die Seite des pontischen Königs übergegangenen kleinasiatischen Griechenstädte vor. Schließlich wurde Mithradates unter die Freunde und Bundesgenossen des römischen Volkes aufgenommen.

So enttäuschend die Bedingungen für Mithradates auch gewesen sein mögen, es war ihm doch gelungen, sein eigenes Reich, das pontische, völlig intakt zu erhalten. Außerdem hatte Sulla den Grundsatz ignoriert, daß Rom bisher nur mit niedergeworfenen Gegnern Verhandlungen geführt hatte.

Mithradates aber war keineswegs niedergeworfen. Er stand vielmehr dem römischen Feldherrn als gleichberechtigter Partner gegenüber, und niemand wußte, was die Zukunft in Kleinasien bringen würde. Insbesondere war es ganz zweifelhaft, ob sich Mithradates, wenn er nicht dazu gezwungen wurde, an den Vertrag von Dardanos halten würde. Übrigens hatte man auf eine schriftliche Ausfertigung des Vertrages verzichtet, der Vertrag war eine persönliche Abmachung zwischen den beiden Machthabern.

Niemand wird verkennen, daß der Vertrag von Dardanos einen tiefen Einschnitt im Leben des Mithradates darstellt. Zum ersten Mal in seinem Leben war ihm in Sulla ein Mann entgegengetreten, der in seiner Person die *maiestas populi Romani* verkörperte, wenn sich der römische Feldherr auch damals im Gegensatz zur Regierung in der Hauptstadt befunden hat. Die weitausgreifenden Aspirationen des Mithradates waren auf den Boden der Tatsachen zurückgeführt worden. Insbesondere Europa war für ihn verloren, das Blutvergießen in der Provinz Asia war völlig vergeblich gewesen. In Zukunft galt es, alle Kräfte auf den Ausbau des pontischen Reiches diesseits und jenseits des Schwarzen Meeres zu konzentrieren. Denn immer noch war dieses Reich der bei weitem bedeutendste Staat, der auf anatolischem Boden existierte, und seine Verbindungen reichten bis weit hinein nach Südrußland und sogar noch weit darüberhinaus.

Im Jahre des Friedens von Dardanos, im Jahre 85, stand Mithradates auf der Höhe seines Lebens, er war 47 Jahre alt. Was aber war Mithradates für ein Mensch? Die antiken Quellen haben ihn natürlich als den geschworenen Feind der Römer charakterisiert, aber nicht alles, was man bei Sallust, Plutarch oder Appian nachlesen kann, ist die lauterste Wahrheit. Seinen Zeitgenossen war Mithradates unheimlich, ein Mensch mit anscheinend ganz unvereinbaren Gegensätzen: Grausamkeit und Milde, Freundschaft und Feindschaft, Treue und Hinterlist, Großmut und Niedertracht, Kultur und Barbarei – dies alles und noch so vieles andere wohnte in seiner Brust. Aber nicht allein hierdurch hat sich das Bild des Königs der Mitwelt tief eingeprägt, auch mit seiner riesenhaften Erscheinung war er den meisten seiner Mitmenschen überlegen. Er verfügte über eine ganz ungewöhnliche Körperkraft, er war ein hervorragender Krieger, Reiter und Wagenlenker, der es selbst mit berufsmäßigen Wagenlenkern aufnehmen konnte. Im Essen und Trinken leistete er, auch noch in vorgerücktem Alter, ganz Ungewöhnliches, anderseits vermochte er aber auch seine Freude an kulinarischen Genüssen zu zügeln, wenn die Umstände es erforderten. Dann konnte er sich mit der einfachsten Kost begnügen. Die Münzporträts zeigen ein längliches Gesicht, umrahmt von flatternden Haaren nach dem Vorbild Alexanders d. Gr. Das Antlitz verrät Geist und

Feuer, es strahlt eine ungewöhnliche Energie aus und erinnert an die Porträts der Seleukiden, mit denen er durch seine Mutter verwandt war.

Erstaunlich war die Menschenkenntnis des Königs. Sie steht in der Antike einzigartig da und übertrifft alles, was sonst aus dem Altertum bekannt ist. Nicht nur in der Wahl seiner Freunde und Mitarbeiter, auch im Umgang mit seinen Feinden, unter ihnen auch mit den Römern, wußte er deren Bedeutung sofort richtig einzuschätzen, er durchschaute die Menschen auf den ersten Blick und verstand es, jeden, der sich in seinen Dienst begab, am richtigen Platz zu verwenden. Auch in schweren Zeiten haben ihm seine Freunde und Diener die Treue gehalten, er konnte sich immer auf sie verlassen, ebenso wie sie in ihm einen dankbaren Monarchen gefunden hatten, der ihre Dienste zu belohnen wußte. Für seinen Herrscherberuf war er durch hohe Intelligenz geradezu prädestiniert, er scheute keine Mühen und Strapazen, sein Reich durch ausgedehnte Reisen kennenzulernen. Dabei legte er selbst große Entfernungen in kurzer Frist zurück, indem er sich des Systems der Relaispferde bediente. Manches Pferd mag er auf diese Weise zuschanden geritten haben. Durch seine Allgegenwart erfreute er sich bei seinen Untertanen großer Beliebtheit, anderseits war er auch gefürchtet, denn seine Launen waren die eines orientalischen Sultans, seine Untertanen waren für ihn nur Sklaven, so wie dies einst im Perserreich der Achämeniden der Brauch gewesen war. Um seine Feinde zu beseitigen, war ihm jedes Mittel recht. Kaum ein anderer Herrscher der Antike hat sich in so vielen Fällen des Dolches und des Giftes bedient wie Mithradates, der nicht die geringste Untreue unbestraft gelassen hat. In diesem Punkt ist er mit den Maßstäben der abendländischen Moral nicht zu messen, auch nicht darin, daß er gegenüber den Mitgliedern seiner eigenen Familie eine Rücksichtslosigkeit walten ließ, die selbst in Vorderasien ihresgleichen kaum findet. Seine Söhne Ariarathes und Xiphares schickte er in die Unterwelt, den erstgenannten soll er mit eigener Hand umgebracht haben, und auch vor seiner eigenen Mutter schreckte seine Mordgier nicht zurück. Aber sind dies nicht alles Taten, wie sie auch sonst im Orient, wie etwa im Hause der Achämeniden, vorgekommen sind? Sie belasten Mithradates als Menschen schwer, aber sie sind nichts Ungewöhnliches und müssen auf dem Hintergrund seiner Zeit gesehen werden.

Erstaunlich ist die Sprachenkenntnis des Königs. Er beherrschte nicht nur das Griechische und Persische, auch in allen anderen Sprachen, die in seinem Königreich Pontos gesprochen wurden (angeblich waren es nicht weniger als 22 oder sogar 25), kannte er sich aus, so daß er sich ohne Dolmetscher mit den Soldaten aller Zungen in seinem Heer unterhalten konnte. Unter seinen Freunden standen zwei Griechen in hohen Ehren, Diodoros von Adramyttion und

Metrodoros von Skepsis aus der Troas. Diodoros war ein enragierter Parteigänger des Mithradates, man warf ihm vor, er habe in seiner Heimatstadt die Gegner des Königs umbringen lassen, um den Anschluß der Stadt an die Sache des Mithradates herbeizuführen. Als ihm nach dem Frieden von Dardanos der Boden in seiner Heimatstadt zu heiß geworden war, ließ er sich in Amaseia im Pontos nieder (die Stadt ist übrigens die Heimat des Geographen Strabon). Als Mithradates tot war und kein pontisches Reich mehr existierte, gab sich Diodoros durch Nahrungsentziehung selbst den Tod, denn er hatte Angst vor dem, was nun unweigerlich kommen würde. Metrodoros war ein höchst vielseitiger Gelehrter, er war Philosoph, Rhetor, Historiker und Geograph, und durch seine Werke ist er weithin bekannt geworden. Sein Ruhm hatte ihm eine reiche Frau aus Chalkedon zugeführt, so daß er völlig unabhängig leben konnte. Aber auch er war ein geschworener Feind der Römer, deshalb nannte man ihn den „Römerhasser" *(misoromaios).* Seine Römerfeindschaft führte ihn ins Lager des pontischen Königs, dieser aber nutzte seine Fähigkeiten und bestellte ihn zum obersten Richter seines Reiches. Dazu verlieh er ihm den Ehrentitel eines „Vaters des Königs" *(patèr tou basiléos).* Dies alles hat aber Mithradates nicht gehindert, gegen Metrodoros ein Todesurteil auszufertigen, es wurde jedoch nicht vollstreckt, aber die Römer haben die vom König unterschriebene Urkunde in einem der Archive des Reiches wiedergefunden. Wie so viele Tyrannen alter und neuer Zeit glaubte sich Mithradates von Verschwörungen umgeben. Deswegen hatte er sich von Jugend auf dem Studium der Giftpflanzen zugewandt. Gegen seine Feinde wußte er das Gift in virtuoser Weise anzuwenden. So soll er nicht nur seine Gattin und Schwester Laodike, sondern auch seinen Sohn Ariarathes durch Gift aus dem Wege geräumt haben. Und im Knauf seines Krummsäbels soll er stets eine tödlich wirkende Dosis eines Giftes bei sich geführt haben. Aber durch den ständigen Gebrauch von Giften hatte er seinen Körper praktisch immun gemacht, so daß es ihm unmöglich wurde, sich selbst durch Gift umzubringen. Im übrigen aber war seine Beschäftigung mit den Giften eine bezeichnende Mischung von Pseudowissenschaft und handfestem Aberglauben, wie überhaupt die damalige Medizin viel mit sympathetischen Mitteln gearbeitet hat. Das von Mithradates erfundene Gegengift wurde nach einer antiken Angabe des Älteren Plinius (n. h. XXIII 8, 141) folgendermaßen zubereitet: „Nehmet zwei dürre Nüsse, zwei Feigen, zwanzig Geisrautenblätter; zerstampft vorschriftsgemäß und bestreut mit ein wenig Salz. Dieses Mittel, wenn nüchtern des Morgens eingenommen, macht den ganzen Tag jedes Gift wirkungslos" (Übersetzung nach Th. Reinach).

Was man bei Mithradates am allerwenigsten vermuten würde, ist seine

Liebe zur Kunst. Mithradates war einer der großen königlichen Kunstsammler, vor allem hatten es ihm die Gemmen angetan, von denen er sich eine große Kollektion erworben hat. Die Sammlung ist später von Pompejus als Kriegsbeute nach Rom überführt worden. Die Liebe zur Kunst war ein Erbteil seiner Vorfahren, die sich gleichfalls für griechische Kunst und Künstler sehr interessiert hatten. Seine Liebe für prächtige Kleider, Pferdeschmuck, kostbare Waffen, für goldene Betten, wie sie bei den Symposien verwendet wurden, für Gegenstände aus Gold und Edelsteinen war in der ganzen Welt bekannt. Ganze Wagenladungen mit diesen Dingen wurden nach seinem Sturz nach Rom geschafft, darunter waren auch ausgesprochene Kuriositäten wie das angebliche Ruhebett des Darius d. Gr. und das Gewand *(chlamys)* Alexanders. Noch heute kann man im Capitolinischen Museum zu Rom die berühmte Vase bewundern, die Mithradates dem Gymnasium der Eupatoristen auf Delos als Zeichen seiner besonderen Huld verliehen hat. Es ist eine schwungvoll gearbeitete Bronzevase, die von dem hohen Stand der Toreutik im Pontos, dem Lande, in dem das Eisen wächst, Zeugnis ablegt.

Residenzstadt des Mithradates war das alte Sinope, aber auch an anderen Orten besaß er Burgen und Schlösser wie z. B. in Amisos und Amaseia. Hier befanden sich auch die älteren Königsgräber, die neueren wurden nach Sinope verlegt. An seinem Hof wimmelte es von Ärzten, Traumdeutern, Eunuchen, Priestern und Sekretären – sie alle lebten in der Furcht ihres Herrn, aber sie dienten ihm mit Eifer und Pünktlichkeit, doch fehlte es nicht an Erscheinungen einer typisch orientalischen Günstlingswirtschaft. Außer zahlreichen Griechen gab es hier auch einzelne Römer, welche der Krieg zwischen Sulla und den Marianern in die Arme des pontischen Königs getrieben hatte. Die bedeutendsten unter ihnen sind zwei Offiziere namens Magius und Fannius. Um sein eigenes Leben war der König sehr besorgt, und eine antike Quelle (Aelian, Hist. animal. VII 46) berichtet, daß im Vorzimmer seines Schlafgemachs drei Tiere geruht hätten: ein Pferd, ein Hirsch und ein Stier, um bei einer auftretenden Gefahr den König zu warnen. Dies mag in der Tat Legende sein, doch ist die Situation zutreffend wiedergegeben. Zum Hof des Königs gehörte vor allem auch der Harem, in dem sich zahlreiche Frauen griechischer Abkunft befanden. Mit seiner Favoritin Monime aus Stratonikeia soll der König einen ausgedehnten Briefwechsel erotischen Inhalts geführt haben, den Pompejus wiedergefunden haben soll. Märchenhaft ist übrigens die Geschichte einer anderen Frau, der Stratonike, gleichfalls einer Griechin. Sie soll eine Sängerin gewesen sein, ihr Vater begleitete sie auf der Zither beim Gelage des Königs. Dieser aber schickte den alten Mann nach Hause und behielt seine Tochter im Harem. Als der Vater am nächsten Morgen in seinem Haus aufwachte, fand er sich inmitten von Gold- und Silbergerät, von dienenden Knaben und Eunuchen. Die Welt hatte sich für ihn vollständig verändert. Als ihm der König dann noch einen ausgedehnten Landbesitz schenkte, war es um die Fassung des Alten geschehen. Er lief durch die Straßen und rief ein um das andere Mal: „Dies alles, ja dies alles ist mein!" Die Erzählung erinnert an die Märchen aus 1001 Nacht und zeigt Mithradates als den Gönner seiner Freunde, die er wie durch ein Wunder aus tiefster Armut zu Glanz und Reichtum emporhob. Aber in der Brust des Herrschers lebten ganz verschiedene Neigungen: die Liebe zur hellenischen Kultur, der Haß gegen alles Römische, dazu die Anhänglichkeit an die iranische Vergangenheit seines Hauses. Und wenn er sich vor große Entscheidungen gestellt sah, so beschwor er in seinem Gedächtnis das Vorbild Alexanders d. Gr., er verehrte ihn aus tiefster Seele, ohne jedoch seine Einzigartigkeit erreichen zu können. Im Leben und Handeln des Mithradates finden sich zweifellos Spuren von Genialität, aber noch mehr von Fanatismus, dieser sicherlich ein Erbe seiner iranischen Vorfahren, das der König an seine Nachkommen weitergegeben hat.

Um seine Person versammelten sich die „Freunde" des Königs, sie saßen im Staatsrat, in dem die wichtigsten Entscheidungen der Verwaltung und Rechtsprechung beraten wurden. In der Administration seines Reiches findet sich ein prinzipieller Unterschied zwischen den Provinzen des alten Königreiches Pontos einerseits und den neu erworbenen Gebieten anderseits. Die Regionen Anatoliens waren in Satrapien eingeteilt, an ihrer Spitze standen – wahrscheinlich – Satrapen. Die überseeischen Gebiete, die Länder am Kimmerischen Bosporos (Straße von Kertsch) und das Gebiet von Kolchis an den Westausläufern des Kaukasus waren Vizekönigen unterstellt. Ihre Machtbefugnisse unterschieden sich kaum von denen der Satrapen in Anatolien. Aber gerade die Vizekönige haben wiederholt versucht, sich von Mithradates unabhängig zu machen, Bestrebungen, die natürlich vom König mit aller Strenge unterdrückt worden sind. Von der Freiheit der Kommunen hielt Mithradates offenbar nicht viel, denn in den Griechenstädten Westkleinasiens, ebenso auch im Pontos, finden sich wiederholt Militärgouverneure. Sie befehligten nicht nur die Besatzungen, sie hatten auch das städtische Leben unter ihrer Kontrolle. Auf Grund von Strabon, der sich in seiner Heimat, der Landschaft Pontos, gut auskannte, hat man angenommen, daß das pontische Reich mit seinen Regionen, mit Paphlagonien, Kappadokien, Kleinarmenien und dem Küstengebiet, in eine Anzahl von Distrikten eingeteilt gewesen sei, nach Th. Reinach insgesamt 25 an der Zahl. Dies ist jedoch ganz zweifelhaft, da Strabon (XII 544 ff.) keineswegs von Verwaltungsbezirken, sondern nur von den historischen Landschaften spricht, die mit jenen anderen nicht identisch waren[3]. Man kann es sich gut vorstellen, daß Mithradates sein Reich nach hellenistischen Vorbildern organisiert hat, von den Einzelheiten ist jedoch zu wenig bekannt[4]. Das Rückgrat einer jeden geordneten Verwaltung aber sind die Finanzen. Hier aber muß man dem Mithradates zugestehen, daß er es verstanden hat, zu allen Zeiten über volle Kassen zu verfügen. Sie wurden gespeist von den Einkünften der Staatsgüter, von den Zöllen und der Kriegsbeute (die ja auch in Rom ein wichtiger Posten der Einkünfte gewesen ist). Die Beute belief sich im ganzen auf riesige Summen. Außerdem verstand es der Herrscher, seine Einkünfte durch Steuern noch beträchtlich zu steigern. Man wird es verstehen, daß die Vermögensabgaben und die Kriegssteuern den Untertanen sehr lästig gewesen sind, aber der König konnte auf sie nicht verzichten. Mithradates hat einen riesigen Staatsschatz hinterlassen, der sich auf 684 Millionen Sesterzen belief. Diese Summe hat Pompejus in den Stand gesetzt, nicht nur seine Offiziere und Soldaten königlich zu belohnen, sondern auch noch eine große Summe an den römischen Staatsschatz abzuliefern. Wie bei allen Herrschern des Hellenismus so standen auch bei Mithradates die Ausgaben für das Heer und die Flotte an erster Stelle. Der König soll insgesamt über 300 000 Mann verfügt haben. So stand es im Jahr 88, als er den Höhepunkt seiner Macht erreicht hatte. Später ging es mit dem Heer zahlenmäßig bergab, auch hinsichtlich der Qualität war es nicht mehr auf alter Höhe. Den Endkampf soll Mithradates mit 30 000 Mann zu Fuß und etwa 3 000 Reitern geführt haben. Aus der Perserzeit stammten die Sichelwagen. Sie waren zwar bei den Gegnern sehr gefürchtet, sie haben sich aber niemals als kampfentscheidend erwiesen; im Grunde gehörten sie nicht aufs Schlachtfeld, sondern in ein historisches Kriegsmuseum. Anders stand es mit der Flotte, einer persönlichen Schöpfung des Königs. In ihrer besten Zeit kam sie auf 300 oder sogar 400 Trieren und Penteren (Dreidecker und Fünfdecker). Sie waren mit gepanzerten Schiffsschnäbeln ausgestattet und dadurch vor allem zum Rammstoß geeignet. Auf der Flotte dienten in erster Linie Griechen aus den Hafenstädten des Schwarzen Meeres, später hat der König auch ägyptische, phönizische und kilikische Kapitäne in seinen Dienst gestellt. Die Flotte war ein sehr wertvolles Kriegsinstrument, sie hat in den Kriegen Bedeutendes geleistet. Sie hätte wohl noch mehr erreichen können, wenn Mithradates nicht, ebenso wie die Perser zur Zeit des Xerxes, die Flotte vorwiegend zur Unterstützung der Operationen des Landheeres verwandt hätte. Eine eigene Seestrategie hat sie nicht entwickeln können.

In Dardanos hatten Mithradates und Sulla auf eine schriftliche Ausfertigung des Vertrages verzichtet. Diese Unterlassung sollte sich als ein Fehler erweisen, er hat sich vor allem zum Nachteil des pontischen Königs ausgewirkt. Sulla hatte dem L. Licinius Murena das Kommando in Kleinasien übergeben, als er sich auf den Rückweg nach Italien begab. Mit diesem Nachfolger hatte Sulla keine gute Wahl getroffen. Denn dem Murena ging es nur darum, seine eigenen Vermögensverhältnisse durch möglichst reiche Kriegsbeute aufzubessern. So rückte er ohne jeden Grund in Kappadokien ein, denn das Gerücht, Mithradates plane einen neuen Einfall in die Provinz Asia, dürfte schon damals niemand geglaubt haben. Urheber des Gerüchts war Archelaos, der ehemalige Feldherr des Königs, der mit seinem Herrn zerfallen war, er hatte sich bei Nacht und Nebel zu Murena abgesetzt. Als Murena sogar eine Invasion des Pontos, des Kernlandes des Mithradates, wagte, da war das Maß voll. Mithradates hatte sich wiederholt darum bemüht, den Frieden wiederherzustellen – aber bei Murena stieß er mit dieser Absicht auf taube Ohren. Was blieb ihm übrig, als die Verteidigung seiner Herrschaft selbst in die Hand zu nehmen und die Scharen des Murena nach Phrygien zurückzutreiben? Die Einwohner seines Landes atmeten befreit auf, als sie sich von den beutegierigen Soldaten des Murena befreit sahen (82 v. Chr.). Nun aber sprach Sulla ein Machtwort. Er befahl Murena, die Feindseligkeiten unverzüglich einzustellen. Damit war der 2. Mithradatische Krieg (83–81) beendet. Mithradates aber hatte nichts von seinem Territorium eingebüßt, er hatte sogar noch ein paar angrenzende Landschaften Kappadokiens hinzugewonnen. Immer noch bemühte er sich darum, nun endlich eine schriftliche Ausfertigung des Vertrages von Dardanos in die Hand zu bekommen. Aber die Verhandlungen konnten in Rom nicht zu Ende geführt werden, da Sulla im Jahr 78 eines plötzlichen Todes starb. Vorher hatte er Mithradates aufgefordert, die kappadokischen Annexionen wieder herauszugeben. Mithradates aber hatte sich dem Machtspruch ohne weiteres gebeugt und dadurch seine Friedensbereitschaft vor aller Welt klar zu erkennen gegeben. In Rom aber ging nichts mehr vorwärts, die pontischen Gesandten mußten vielmehr unverrichteter Dinge wieder in die Heimat zurückkehren.

Der Schwebezustand barg einen gefährlichen Zündstoff. Rom fürchtete sich vor Mithradates, und der König fürchtete sich vor den Römern, die er als Landräuber und Vertragsbrecher zur Genüge kennengelernt hatte. Inzwischen aber hatte sich in Vorderasien eine folgenschwere Veränderung vollzogen. Sie manifestierte sich in dem Aufstieg Armeniens unter dem König Tigranes, dem Schwiegersohn des Mithradates. Dieses Reich hatte gegen Ende der achtziger Jahre eine große Expansion erlebt. Gefördert durch den Zerfall des Seleukidenreiches hatte Tigranes seine Hand auf das nördliche Syrien und später auch auf das seleukidische Kilikien gelegt. Beide Länder wurden der Verwaltung des Magadates, eines Armeniers, unterstellt. Sie erlebten inmitten der Wirren im

Vorderen Orient, in den Jahren von 83 bis 69, eine kostbare Friedenszeit, wie sie den Bewohnern dieser Landschaften nur selten in ihrer Geschichte zuteil geworden ist. Das vergrößerte armenische Reich – seine Hauptstadt war Tigranokerta im nördlichen Mesopotamien (wahrscheinlich Majafarqin) – aber war ein wichtiger Bundesgenosse des Mithradates.

Der entscheidende Konflikt mit Rom entzündete sich aber nicht an Armenien, sondern an Bithynien. Hier war der König Nikomedes IV. im Jahr 74 gestorben. Er hatte sein Reich nach dem Vorbild anderer hellenistischer Herrscher den Römern testamentarisch vermacht. Diese aber nahmen die Erbschaft an, ohne zu bedenken, daß durch ihr Übergreifen auf Bithynien wichtige Interessen der Nachbarn berührt wurden.

Das Testament Nikomedes' IV. hat in alter und neuer Zeit viele Kritiker gefunden, vor allem deshalb, weil in Bithynien ein Sohn des Königs gleichen Namens vorhanden war, der normalerweise der Erbe hätte sein müssen. Aber dieser Nikomedes galt als unebenbürtiger Bastard und als nicht erbberechtigt. Ob der Vorwurf begründet war oder nicht, ist eine andere Frage, die sich nicht entscheiden läßt. Wichtiger ist die Tatsache, daß sich römische Steuerpächter wie die Geier auf das reiche Bithynien stürzten. Der Statthalter der Provinz Asia, Marcus Juncus, entsandte einen Beauftragten, um das Land für die Römer in aller Form in Besitz zu nehmen. Für Mithradates stellte sich nun die Frage, wie er sich zu dieser Veränderung der politischen Landkarte in Westkleinasien, noch dazu an seiner Westgrenze, verhalten sollte. Wenn erst die Römer sich in festem Besitz des ehemaligen Königreichs Bithynien befanden, so waren sie imstande, jederzeit die Handelsstraße des Bosporus zu sperren; ob diese Meeresstraße für die Ausfuhr des pontischen Getreides benutzt werden konnte oder nicht, lag dann ganz im Belieben der Römer. Dies aber durfte sich Mithradates nicht bieten lassen. Aber wenn sich eine neue Auseinandersetzung mit den Römern abzeichnete, so brauchte er Bundesgenossen, um nicht isoliert diesen Kampf aufnehmen zu müssen. So ist es nicht verwunderlich, wenn er mit den Feinden des römischen Volkes Verbindungen anzuknüpfen versuchte, in erster Linie mit Sertorius, der sich in Spanien eine eigene Herrschaft aufgerichtet hatte. Aber Sertorius und Spanien waren viel zu weit entfernt, als daß es zu einer wirksamen Zusammenarbeit zwischen ihm und dem pontischen König hätte kommen können. Daher beschloß der König, den Römern in Bithynien zuvorzukommen. Dies aber gelang ihm mit geringer Mühe; ein kleines römisches Aufgebot unter Aurelius Cotta wurde bei Chalkedon vernichtet (Winter 74/3). Wieder erschien Mithradates in der römischen Provinz Asia. Er trat hier als Befreier auf, wobei er vorgab, im Namen des Sertorius zu handeln. Aber es ging nicht alles nach seinem Wunsch, denn vor den Mauern der Stadt Kyzikos, der einzigen, die den Römern treu geblieben war, holte er sich eine eindeutige Niederlage, sein Gegner war der Römer L. Licinius Lucullus, der an dieser Stelle seine ruhmvolle Laufbahn begonnen hat. Als ein römisches Heer in das Königreich Pontos einmarschierte, war es um Mithradates geschehen. Er wurde bei Kabeira das Opfer einer in seinem Lager entstandenen Panik und konnte nur mit knapper Not sein eigenes Leben retten. Er flüchtete nach dem Osten, nach Armenien, wo ihm Tigranes ein Asyl gewährte (72). Zuvor hatte Mithradates wie ein echter Sultan den Befehl gegeben, alle seine Frauen, unter ihnen auch seine leiblichen Schwestern, umzubringen, damit sie nicht in die Hände der Römer fielen. Bei der Ausführung des unmenschlichen Befehls kam es zu furchtbaren Schreckensszenen, die zu beschreiben sich die Feder sträubt. Manchen Frauen erschien jedoch der Tod nicht einmal unerwünscht. Sie hatten das Leben im Harem längst satt und endeten durch Selbstmord. So wollte sich die Favoritin des Königs, Monime, umbringen; sie hatte die Absicht, sich mit Hilfe ihrer Kopfbinden zu erhängen. Aber der schwache Strick riß, worauf ein Eunuch ihr den Todesstoß gegeben haben soll. Die barbarische Wildheit des Mithradates hat schon die Zeitgenossen mit Furcht und Abscheu erfüllt, und in der Tat paßt sie nicht zum Bild eines Herrschers, der den Römern immer wieder Treulosigkeit und Vertragsbruch vorgeworfen hat. Aber dies ist die andere Seite seines Charakters, die seinen Freunden und Untergebenen viel zu schaffen gemacht hat.

Tigranes, der König von Armenien, hatte seinem Schwiegervater eine Burg in Armenien zugewiesen. Sie lag in einer sumpfigen Umwelt und bot wohl auch sonst nur wenig Annehmlichkeiten. Nicht weniger als zwanzig Monate hat sich Mithradates auf dieser Burg aufgehalten, vom Herbst 71 bis zum Frühjahr 69. Die Stätte lag fernab von allem Weltgeschehen; auch von den Ereignissen in seinem eigenen Lande, dem Pontos, erfuhr er nicht viel. Im Pontos hatten die Römer mit ihren Belagerungsmaschinen zum Sturm auf die festen Städte des Landes angesetzt, die sich ohne Ausnahme tapfer zur Wehr setzten. Die Hellenen in den Städten Amisos, Herakleia, Amastris, Amaseia und Sinope waren keine Freunde des pontischen Königs, aber mehr als seine Willkür fürchteten sie die Herrschaft der Römer, sie wußten nur zu gut, daß es mit ihren Freiheiten und Immunitäten zu Ende sein würde, wenn einmal ein römischer Statthalter in ihre Tore einziehen würde. Herakleia hat fast zwei Jahre lang den römischen Belagerungsmaschinen standgehalten, die Hauptstadt Sinope und Amaseia, die Heimat Strabons, fielen erst im Jahr 70. Dies alles vermochte Mithradates im fernen Armenien nicht zu verhindern. Als aber die Römer die Offensive gegen Tigranes von Armenien ergriffen und ihm bei Tigranokerta eine entscheidende Niederlage bereiteten, da erschien Mithradates noch einmal auf dem Plan. Er nahm sich des völlig gebrochenen Schwiegersohns an und versuchte ihn durch Zuspruch wieder aufzurichten. Aber Tigranes war ein typisch orientalischer Despot, er hatte allen Mut verloren und war nur noch ein Schatten seiner selbst. Dennoch gab Mithradates die Sache nicht verloren. Er organisierte in Armenien den Widerstand gegen die Römer, nahm umfangreiche Aushebungen vor und rief die begeisterungsfähige Jugend unter die Waffen. Selbst an dem Versuch, die Parther zum Krieg gegen die Römer zu bewegen, ließ es Mithradates nicht fehlen. Armenien aber wurde dadurch gerettet, daß die Soldaten dem römischen Feldherrn L. Licinius Lucullus den Gehorsam aufkündigten, sie weigerten sich, weiter vorzurücken, so daß sich Lucullus gezwungen sah, den Rückzug in die reichen Landschaften Mesopotamiens, Mygdonien und Gordyene, anzutreten. Im Felde waren die Römer überall siegreich geblieben, auch Mithradates hatte die Kampfkraft der römischen Legionen, als sie sich auf dem Vormarsch nach Artaxata befanden, zu spüren bekommen (September 68). Dem König waren inzwischen Nachrichten über die Zustände im Pontos zugegangen, die große Hoffnungen in ihm weckten. In dem ehemaligen Königreich hatten die Römer die Bevölkerung bis aufs äußerste ausgesogen, so daß es verständlich wird, wenn mancherorts sich Sympathien für Mithradates regten. Seine Sultansherrschaft erschien vielen erträglicher als die Erbarmungslosigkeit der römischen Eroberer. Als daher Mithradates, von Armenien kommend, die Grenze seines ehemaligen Königreichs überschritt, fielen ihm die Einwohner in ganzen Scharen zu, im Land erhob sich der Aufstand gegen die römische Unterdrückung, und als Mithradates den Sklaven die Freiheit versprach, da gab es kein Halten mehr, zumal die Römer in einem Gefecht bei Kabeira eindeutig geschlagen wurden. Der König hatte sich, wie er es gewohnt war, auf ein Pferd geschwungen und die Attacke mitgeritten, war dabei aber verwundet worden, so daß der Erfolg nicht voll ausgenutzt werden konnte. Aber der Schaden für die Römer war schon groß genug. Mithradates hatte Kleinarmenien und die östlichen Teile des Pontos zurückgewonnen, und wenn auch in den Auseinandersetzungen mit der römischen Besatzungstruppe nicht alles nach dem Wunsch des Königs gegangen ist, so waren die Römer doch gezwungen, immer neue Verstärkungen nach dem Pontos zu werfen. Noch einmal schien sich das Glück dem Mithradates zuzuwenden, als ein Zwischenfall eintrat, der für ihn verhängnisvoll werden sollte: bei der Verfolgung der Römer unter Triarius trug Mithradates, der sich wiederum exponiert hatte, eine tiefe Wunde im Schenkel davon. Sie hätte ihm wohl den Tod gebracht, wenn es nicht seinem Leibarzt Timotheos gelungen wäre, die Blutung zum Stillstand zu bringen. Bei Gaziura (in der Nähe von Zela) mußten die Römer wiederum eine schwere Niederlage hinnehmen. Wie es heißt, sollen insgesamt 24 Militärtribunen, 150 Centurionen und 7000 römische Soldaten gefallen sein (Frühjahr 67), sie blieben unbestattet auf der Walstatt liegen, erst Pompejus hat drei Jahre später dafür gesorgt, daß die Gefallenen ein ehrenvolles Begräbnis gefunden haben. Es schien so, als ob die Feinde dem Mithradates nichts anhaben konnten; eine Verschwörung, angezettelt von dem Römer Attidius, einem Flüchtling, gegen das Leben des Königs wurde entdeckt, Attidius und seine Genossen büßten die Konspiration mit dem Tode. Im übrigen bewies Mithradates einen ungewöhnlichen Großmut: er verzichtete gegenüber Attidius auf die peinliche Befragung unter der Folter, die Freigelassenen des Römers blieben sogar völlig straflos. Ein ganz anderes Gesicht zeigte der König den Einwohnern der Stadt Eupatoria. Der Ort verfiel der Zerstörung, weil die Bewohner ihre Stadttore kampflos dem Lucullus geöffnet hatten.

Im Jahre 67 wurde dem Pompejus das Kommando im Seeräuberkrieg übertragen, das Blatt begann sich zu wenden. Und als auf Antrag des C. Manilius im folgenden Jahr auch noch der Krieg gegen Mithradates dem Pompejus zufiel, da war der Entscheidungskampf nahe. Der Ruhm des Pompejus führte diesem von allen Seiten Soldaten in Massen zu, und es war nicht zweifelhaft, daß die Römer dieses Mal die Vernichtung des Mithradates und seiner Machtpositionen beabsichtigten. Der König rettete sich zunächst dadurch, daß er gegenüber der überlegenen Kriegsmacht der Römer einen verlustreichen Kleinkrieg begann, um den Gegner zu zermürben: Proviantkolonnen wurden überfallen, Versprengte abgefangen, die Heereszüge des Pompejus ließ er durch seine Reiterpatrouillen beobachten und beunruhigen, so daß die Römer zu äußerster Wachsamkeit gezwungen wurden. Endlich gelang es dem Pompejus, den König mit dem Rest seines Heeres in der Nähe des Euphrats durch ein Befestigungswerk einzuschließen. Bei den Belagerten begann der Hunger seine Opfer zu fordern, bis sich Mithradates zum Äußersten entschloß: in der Stille der Nacht wurde das Lager aufgegeben, unter völliger Ruhe zogen die Pontier ab, und zwar durch die römischen Zernierungslinien, die, wie immer, sich als durchlässig erwiesen, zumal im Dunkel der Nacht. Von dem Ausbruch der Pontier war auf römischer Seite nicht das Geringste bemerkt worden, da die Lagerfeuer der Gegner immer noch brannten. Nach Plutarch habe der Ausbruch des Königs nach einer 45-tägigen Belagerung stattgefunden, nach einer anderen Quelle (Appian) sei der König sogar 49 Tage eingeschlossen gewesen! Immerhin, eine bemerkenswerte Leistung des Mithradates! Pompejus, der die Tat zu würdigen wußte, hat den Vorgang auf einem Gemälde darstellen lassen, das er bei seinem Triumph in Rom mitführen ließ. Aber in der Folge gab es für Mithradates wieder Unglück. Auf dem

Rückmarsch an den Euphrat (das Ziel kann wohl nur das Land Armenien gewesen sein) wurden die Pontier bei dem Durchzug durch eine enge Gebirgsschlucht von den Römern überfallen, die dichten Massen der Asiaten boten den Waffen der Römer ein lohnendes Ziel, und als gar die Legionen sich zum Angriff entwickelten, war auf der Seite des Mithradates alles verloren, alle Ordnung löste sich auf, mehr als 10000 Gefallene sollen das Schlachtfeld bedeckt haben. So berichtet jedenfalls der Historiker Cassius Dio (XXXVI 48–49). Appian dagegen (Mithr. 99–100) weiß zu erzählen, das Unglück des Königs sei dadurch entstanden, daß er sich in ein für ihn verlustreiches Reitergefecht eingelassen habe. Die Reiter, die ihre Pferde holen wollten, hätten eine Panik ausgelöst, worauf alles auseinandergelaufen sei. Es mag sein, daß hier der Zufall mit im Spiel gewesen ist – im ganzen gewinnt man aber den Eindruck, daß Mithradates der entwickelten Kriegstechnik der Römer unter der Führung des Pompejus nicht gewachsen war. Seine Erfolge waren zu sehr auf Überraschungen abgestellt, um sich vor den Römern zu schützen, mußte er immer wieder ein festes Lager beziehen, selbst auf die Gefahr hin, in ihm belagert und abgeschnitten zu werden.

Der Krieg war verloren, der König, immer noch umgeben von seiner Leibwache, schlug sich auf Seitenpfaden in die Berge, sein Gefolge aber schmolz immer mehr zusammen, zuletzt soll er mit nur zwei treuen Dienern und einer Frau in Manneskleidern namens Hypsikrateia die Flucht fortgesetzt haben. Von Sinoria aus, das unweit des Euphrat gelegen war, schickte Mithradates Boten an Tigranes, aber dieser feige Herrscher wollte nichts mehr von ihm wissen, er soll vielmehr ein Manifest erlassen haben, das demjenigen eine Belohnung von 100 Talenten versprach, der ihm den Kopf des Mithradates brächte. Da dem Pontier die Wege nach dem Osten versperrt waren, wandte sich Mithradates notgedrungen nach dem Norden. Unter schier unsäglichen Schwierigkeiten und Entbehrungen schlug er sich in das Land der Kolcher am Kaukasus durch. Hier ließ er sich zunächst in Dioskurias nieder. Als es wieder Frühjahr wurde, man schrieb das Jahr 65, unternahm der König einen geradezu sagenhaften Zug am Nordostufer des Schwarzen Meeres entlang, der ihn nach Überwindung größter Hindernisse und Gefahren nach Phanagoreia führte. Hier, im Bosporanischen Reich, herrschte sein Sohn Machares. Dieser aber hatte sich von dem Vater losgesagt, er war über die Ankunft des Vaters zu Tode erschrocken. Das Volk aber erlag noch einmal dem Zauber der Persönlichkeit des Mithradates, es verließ in hellen Scharen seinen Sohn Machares, so daß sich dieser in die Enge getrieben sah und seinem Leben durch das Schwert ein Ende setzte. Mithradates aber hatte – zum letzten Mal in seinem Leben – wieder festen Boden unter seinen Füßen erhalten (65).

Das römische Heer unter Pompejus war inzwischen bis in die Nähe des Kaspischen Meeres vorgedrungen, es machte nun wieder kehrt und wurde zur Eroberung der zahlreichen Burgen im pontischen Reich eingesetzt. Hierbei fielen den Römern an verschiedenen Stellen gewaltige Geldsummen in die Hände. In Sinoria hatte Mithradates seine Tochter Drypetina zurückgelassen. Als die Festung fiel, wurde sie von dem Kommandanten Menophilos, einem Eunuchen, getötet, dieser aber gab sich über dem Leichnam der Drypetina selbst den Tod. An ähnlichen Schreckensszenen hat es auch an anderen Orten nicht gemangelt. Sie zeigen die Wildheit eines Volkes, für das der Tod seinen Schrecken verloren hatte.

Über das Ende des Königs Mithradates gibt es eine ausführliche Darstellung im Geschichtswerk Appians, der um 160 n. Chr. geschrieben hat. Der Bericht steht in seiner „Römischen Geschichte" und zwar in den Kapiteln, die dem Mithradates gewidmet sind (Mithr. 109 ff.). Im Bosporanischen Reich, wo Mithradates sich in Pantikapaion (Kertsch) einen festen Mittelpunkt geschaffen hatte, war der König mit Rüstungen beschäftigt, sie waren angeblich für einen Kriegszug bestimmt, der sich letzten Endes gegen Italien richten sollte, und zwar hatte Mithradates die Absicht, an der Nordküste des Schwarzen Meeres vorzurücken, die Donau aufwärts zu ziehen und dann, nachdem der Gebirgswall der Alpen überwunden sei, von Norden her in Oberitalien einzufallen. Aber dieser Plan scheint so phantastisch, daß er in der Forschung wenig Glauben gefunden hat, und in der Tat wird man ihn wohl in das Reich der Legende verweisen müssen, ähnlich wie den letzten Plan Caesars, der diesen vom Kaspischen Meer durch Südrußland, das Land der Germanen und Kelten nach Italien zurückführen sollte. Aber wenn Mithradates auch an eine Durchführung des Unternehmens geglaubt haben mag, so hätte er schwerlich einen so weit ausgreifenden Plan zu einem glücklichen Ende führen können, dazu waren die Schwierigkeiten und Hindernisse viel zu groß. Und wenn Théodore Reinach meint: „Wer vermag zu sagen, ob nicht Rom schon damals das Schicksal erlitten hätte, das ihm fünf Jahrhunderte später Alarich, Geiserich und Totila bereitet haben?", so ist hierzu nur zu sagen, daß die Phantasie dem sonst so kritischen Forscher einen Streich gespielt hat. Mit Realpolitik haben die angeblichen letzten Pläne des Mithradates ebensowenig zu tun, wie die sogenannten letzten Pläne Caesars. Sie zeigen nur, was die Zeitgenossen für möglich gehalten haben.

Richtig ist vielmehr folgendes: Die umfangreichen und gegenüber der Bevölkerung des Bosporanischen Reiches ganz rücksichtslosen Rüstungen des Mithradates sind letzten Endes der Nagel zu seinem Sarg geworden. Die Rüstungen hatten eine tiefgreifende, ständig wachsende Unruhe in der Bevölkerung zur Folge. Der König hat diese Bewegung jedoch erst bemerkt, als es fast zu spät geworden war. Mithradates litt nämlich mehrere Wochen an einer Gesichtsrose und hatte dadurch den Kontakt mit seiner Umwelt fast gänzlich verloren. Da kam die Hiobspost, daß die Stadt Phanagoreia abgefallen sei, wobei der spätere rhodische Geschichtsschreiber Kastor eine bemerkenswerte Rolle als Stadtkommandant gespielt hat. Dem Beispiel Phanagoreias folgten alsbald die Städte Theodosia, Nymphaion und Chersonesos, nur in seiner Residenzstadt Pantikapaion war der König inmitten seines Heeres noch sicher. Aber Pharnakes, der Lieblingssohn des alten Mannes, wollte nun nicht mehr länger warten, und Mithradates mußte von der Zitadelle der Stadt Vorgängen zusehen, die er wenige Tage zuvor nicht für möglich oder auch nur für denkbar gehalten hätte. Vor seinen Augen wurde Pharnakes zum König gekrönt, man hatte kein Diadem zur Hand und legte ihm angeblich einen Purpurstreifen um das Haupt, den man aus einem Tempel herbeigeschafft hatte. Mithradates machte noch einen letzten Versuch, seinen Sohn durch die Entsendung von Unterhändlern umzustimmen, aber ihm wurde keine Antwort mehr zuteil. Da wußte Mithradates, daß es jetzt um sein Leben ging, und weil er fürchtete, an die Römer ausgeliefert zu werden und ihren Triumphzug in Rom zieren zu müssen, entließ er resigniert die wenigen Freunde, die ihm noch treu geblieben waren. Er ließ sie mitsamt den Leibwächtern zum neuen König ziehen, dann entnahm er dem Knauf seines Krummsäbels das tödliche Gift, das er immer mit sich geführt hatte. In seiner unmittelbaren Umgebung befanden sich bei seinem Ende zwei seiner Töchter, Mithradatis und Nyssa, sie waren in früher Jugend mit den Königen von Ägypten und Cypern verlobt gewesen. Sie verlangten, vor dem Vater das Gift nehmen zu dürfen. Während bei den Töchtern das Gift sofort seine Wirkung tat, wartete der alte König vergebens auf den Tod, er war zu sehr an Gift gewöhnt, es vermochte ihm nichts mehr anzuhaben. Da forderte er einen keltischen Offizier seiner Leibwache namens Bitoitos auf (in andern Quellen heißt er Bitocus), ihn zu töten. Der Kelte gehorchte, zog sein Schwert und durchbohrte den König. Nach Appian sei Mithradates 68 oder 69 Jahre alt geworden, von denen er 57 regiert habe, eine ungewöhnlich lange Zeit, die nur von wenigen Herrschern der Geschichte erreicht und von sehr wenigen übertroffen worden ist.[5]

Im Nachruf, den Appian dem Mithradates gewidmet hat (Mithr. 112), lesen wir von seinen großen Taten, von seiner körperlichen Rüstigkeit, von seinen hohen geistigen Fähigkeiten und von seinem Verhalten gegen Freund und Feind. Noch besonders hervorgehoben wird seine unvorstellbare Rücksichtslosigkeit gegenüber den Mitgliedern seiner eigenen Familie, die er in der Tat wie Sklaven behandelt hat. Daß der König ein ganz außergewöhnlicher

Mensch gewesen ist, daran hat man schon im Altertum nicht gezweifelt – wird man ihn aber auch zu den großen Herrschern rechnen dürfen? Eine positive Antwort auf diese Frage wird man kaum geben können, denn zu einem wirklich überragenden Herrscher fehlte ihm doch sehr vieles, vor allem hat er nichts Dauerhaftes geschaffen. Sein Reich, das pontische, war eine Schöpfung, der von vornherein die Vergänglichkeit an der Stirn geschrieben stand. Wer es wie Mithradates unternahm, große Gebiete Anatoliens mit den weit entfernten Landschaften jenseits des Schwarzen Meeres, mit der Krim und den Ländern am Asowschen Meer, dazu noch mit dem schwer zugänglichen Kolchis an den Ausläufern des Kaukasus zu einer staatlichen Einheit zu verbinden, dem durfte die Einsicht nicht fehlen, daß dieses Reich nur solange existieren konnte, als es von außen her nicht bedroht wurde. Letzten Endes war es allein die Persönlichkeit des Gründers, die das Reich zusammenhielt. Ein gemeinsames Staatsbewußtsein war in den verschiedenen Landschaften und bei den vielen Völkern nicht vorhanden, und von einer tiefen Anhänglichkeit an den König und an sein Haus konnte schwerlich die Rede sein. Man folgte ihm, solange er in seinen Unternehmungen glücklich war, in der Not fand er nur wenige Freunde. Und im übrigen konnte sich das Reich nur behaupten, wenn es sich auf die Intelligenz und die Leistung der Hellenen gründete. Mithradates hat dies nur zu gut gewußt; seine Bemühungen, die Griechen Kleinasiens an sich heranzuziehen, sind nur zu sehr verständlich. Er legte Wert darauf, ihnen gegenüber in der Attitüde des Befreiers aufzutreten, aber die Griechen erkannten nur zu bald, daß sie keinen Befreier, sondern einen Tyrannen für die Herrschaft der Römer eingetauscht hatten.

Mithradates selbst aber hatte die Römer bei weitem unterschätzt. Dies mag auf Fehlinformationen durch römische Überläufer zurückzuführen sein. Doch wird der Leichtsinn des Herrschers, der die Römer geradezu zum Kampf herausgefordert hat, durch nichts entschuldigt. Rom aber konnte sich die Übergriffe des Mithradates auf die Dauer nicht bieten lassen, weil sonst das ganze Vertrauen in die römische Sache in Kleinasien erschüttert worden wäre. Der König aber wollte nicht zur Kenntnis nehmen, daß der Vertrag von Dardanos (85) letztlich auf eine momentane Verlegenheit Sullas zurückzuführen war, dem der Boden unter den Füßen brannte, weil er nach Italien zurückkehren wollte, um dort mit seinen Gegnern abzurechnen. Mithradates wußte zu wenig von der Mentalität der Römer, und wenn ihm Sertorius im fernen Spanien die von dem pontischen König annektierten Landschaften in Anatolien (mit Ausnahme der Provinz Asia) überlassen hat, so bedeutete dies nichts Entscheidendes, denn auf die Entschlüsse des römischen Senats hatte Sertorius keinen Einfluß. Es ist kein Zweifel: die Perspektiven der Rompolitik des

Mithradates waren verkehrt; daß er an dieser Fehleinschätzung unentwegt bis zu seinem Ende festgehalten hat, ist ein ganz wesentlicher Faktor seines Untergangs. Von seinem letzten Plan, der eine Invasion Italiens vorsah, braucht man hier nicht mehr zu sprechen, darüber ist an anderer Stelle das Notwendige gesagt worden (s. o. S. 275). War denn alles falsch im Leben des Mithradates? Nein, dies zu behaupten wäre nicht richtig, aber die Aufgabe, die er sich selbst gestellt hatte, überstieg die Kraft seines Staates, und an diesem Mißverhältnis ist er zugrunde gegangen. Es ist sehr bezeichnend, daß er auch im Vorderen Orient keine zuverlässigen Bundesgenossen gefunden hat, selbst Tigranes von Armenien, sein Schwiegersohn, hat sich mit den Römern geeinigt, ohne auf Mithradates auch nur die geringste Rücksicht zu nehmen. Und schließlich hat sich Mithradates durch seine abenteuerliche Flucht nach Pantikapaion selbst aus der Politik ausgeschaltet. Was sich danach noch ereignet hat, ist nur noch der Epilog eines großen Dramas, das notwendig mit dem Untergang des Königs enden mußte.

Literatur

Théodore Reinach, Mithradates Eupator, König von Pontos. Deutsche Übersetzung von A. Götz, Leipzig 1895 (ein klassisches Werk, auch heute noch grundlegend); F. Geyer, RE XV (1932) Sp. 2163–2205 s. v. Mithridates 12; M. Rostovtzeff u. H. A. Ormerod, in: Cambr. Anc. History IX (Neudr. 1951), Kap. 5; H. A. Ormerod und M. Cary, ebd. Kap. 8; M. Rostovtzeff, Die hellenistische Welt. Gesellschaft und Wirtschaft, übs. v. G. u. E. Bayer, Bd. II (1955) S. 738 ff.; E. Olshausen, in: Aufstieg und Niedergang der römischen Welt (Festschr. J. Vogt), Bd. I, 1 (1972) S. 806–815 (Forschungsbericht). – Eine Charakteristik bei Th. Mommsen, Röm. Gesch. II S. 265 ff.

Anmerkungen

1. Die Namensform Mithradates ist nach den Urkunden die richtige. Die antiken Historiker bevorzugen dagegen die Form Mithridates.
2. Ariobarzanes war, wahrscheinlich im Jahr 95, durch Wahl auf den Thron gelangt; er war danach zweimal vertrieben und ebensooft von den Römern zurückgeführt worden.
3. So mit Recht F. Geyer, RE XV (1932) Sp. 2201, gegenüber Th. Reinach.
4. H. Bengtson, Strategie in der hellenist. Zeit II (1944, Neudr. 1964) S. 262 ff.
5. Die 57 Jahre sind vom Tode des Vaters des Mithradates gerechnet.

12

Kleopatra VII., Königin von Ägypten

* 70/69, † 30 v. Chr.

Das Leben der Kleopatra, der letzten makedonischen Königin Ägyptens, fällt in eine ungewöhnlich bewegte Zeit. Sie wird durch eine Fülle von Ereignissen erster Ordnung gekennzeichnet. Als Kleopatra geboren wurde, bekleidete Pompejus, erst 36 Jahre alt und für römische Traditionen viel zu früh, sein erstes Konsulat. Als sie zehn Jahre zählte, wurde in Rom das erste Triumvirat zwischen Pompejus, Caesar und Crassus geschlossen, das der *res publica libera* die Axt an die Wurzel legte. Mit ungefähr zwanzig Jahren wurde Kleopatra Zeitgenossin des Ausbruchs des Bürgerkrieges zwischen Pompejus und Caesar im Jahre 49 v. Chr. Und wiederum zehn Jahre später, als sie gerade an der Schwelle der Dreißig stand, mußte sie es erleben, daß Antonius sie verließ und sich der Octavia, der Schwester des Octavian, zuwandte. Kleopatra stand in ihrem 40. Jahr, als die römischen Legionen unter Octavian in Alexandrien einmarschierten und der Selbständigkeit Ägyptens ein Ende bereiteten. Die Seeschlacht bei Actium hatte am 2. September des Jahres 31 v. Chr. für Octavian und gegen Antonius, den großen Schirmherrn *(patronus)* der Kleopatra, entschieden. In ihrem Leben hatte sie die Liebe und Zuneigung von zwei großen Männern errungen, von Caesar und Antonius. Der erste war einem feigen Mordanschlag in Rom zum Opfer gefallen, der zweite war im Kampf um die Herrschaft seinem Gegner Octavian unterlegen und hatte sie mit sich ins Verderben gerissen. Die Propaganda Octavians ist nicht müde geworden, die Königin zu schmähen und sie als die Erzfeindin der Römer darzustellen – aber mit Recht hat die Nachwelt das negative Charakterbild Kleopatras nicht übernommen, sie sieht vielmehr in der letzten Königin aus dem Hause der Ptolemäer eine Persönlichkeit, die ihrer Vorgänger auf dem Thron nicht nur würdig gewesen ist, sondern diese sogar noch übertroffen hat: Kleopatra ist es gewesen, die das Staatsschiff Ägyptens durch eine wechselvolle Zeit gelenkt und durch ihre Verbindung mit Antonius dem Lande noch einmal eine große politische Bedeutung verliehen hat. Mit dem Tod der Königin sinkt auch das letzte der großen hellenistischen Reiche ins Grab, wenn auch die ägyptische Zivilisation noch Jahrhunderte lang weiterlebt und mit ihr das Andenken an eine Königin, die sich den Tod gegeben hat, um nicht im Triumphzug Octavians aufgeführt zu werden.

Der Name Kleopatra ist in den makedonischen Dynastien wiederholt bezeugt. Er bedeutete wohl „die durch ihren Vater Berühmte". Die Schwester Alexanders d. Gr., Tochter Philipps II., hat diesen Namen getragen. In das Haus der Ptolemäer ist er eingeführt worden durch eine Seleukidin, Kleopatra I., die Tochter des Antiochos III. (s. o. S. 201), die dem 5. Ptolemäer mit dem Beinamen Epiphanes (reg. von 204 bis 180 v. Chr.) in die Ehe gegeben worden ist. Unter den Kindern war eine Tochter gleichen Namens. Es ist Kleopatra II., die zuerst mit ihrem älteren Bruder Ptolemaios VI. Philometor (reg. von 180 bis 145), nach dessen Tod mit ihrem jüngeren Bruder, Ptolemaios VIII. Euergetes II. (reg. von 145 bis 116), verheiratet gewesen ist. Aus der Ehe mit dem 6. Ptolemäer ist die Tochter Kleopatra III., aus der anderen Ehe sind nicht weniger als drei Töchter, alle des Namens Kleopatra, hervorgegangen: Kleopatra IV., Kleopatra Tryphaina und Kleopatra Selene. Kleopatra V. ist dagegen eine Tochter des 9. Ptolemäers, der den Beinamen Soter II. geführt hat. Kleopatra VI. (gleichfalls mit dem Modebeinamen Tryphaina, zu deutsch „die Prächtige") entstammt, ebenso wie ihre berühmte Schwester Kleopatra VII., der Ehe des Ptolemaios XII. Neos Dionysos (auch Auletes genannt) und der Kleopatra V., seiner Schwester (siehe den Stammbaum S. 328). Die Verwandtschaftsverhältnisse in der Familie der späteren Ptolemäer sind dadurch gekennzeichnet, daß eine Reihe von Geschwisterheiraten zu verzeichnen sind. Sie sind insofern bemerkenswert, weil von irgendwelchen Degenerationserscheinungen in der Familie der Lagiden, jedenfalls soweit sich dies heute beurteilen läßt, nicht die Rede sein kann. Am allerwenigsten gilt dies für die weiblichen Mitglieder der Königsfamilie, die ohne Ausnahme hervorragend intelligente Frauen und Herrscherinnen gewesen sind.

Wie aber sah es in Ägypten um das Jahr 70/69 v. Chr. aus? Das Ptolemäerreich existierte zwar noch, aber seine großen Zeiten waren längst vorüber. Das Reich und seine Dynastie befanden sich im Bannkreis der römischen Orientpolitik, Ägypten war zum Objekt der Machtpolitik der großen Männer Roms geworden. An erster Stelle ist Pompejus zu nennen, der sich anschickte, das Erbe des L. Licinius Lucullus im Osten anzutreten. Die *lex Gabinia* (67) hatte ihm das Oberkommando im Krieg gegen die Seeräuber, die *lex Manilia* (66) noch zusätzlich das Imperium im Kriege gegen den römischen Erzfeind Mithradates übertragen. Gestützt auf die umfassenden Vollmachten hat Pompejus in Kleinasien und Syrien Großes geleistet und sich eine riesige Klientel aufgebaut. Mit der Begründung der Provinz Syria im Jahr 64/63 v. Chr. aus den Resten des untergegangenen Seleukidenreiches war die Macht der Römer an die Ostgrenze Ägyptens herangerückt, und auch von Westen her, von der Cyrenaica aus (seit dem Jahr 74 römische Provinz), konnte man Ägypten, wenn es notwendig war, von zwei Seiten in die Zange nehmen. Der Zeitpunkt der Annexion des Nillandes schien nahe. Daß diese Entwicklung um mehr als dreißig Jahre aufgehalten worden ist, ist wenigstens zum Teil das Verdienst der Kleopatra, die immerhin 21 Jahre lang die ägyptische Doppelkrone getragen hat (51–30 v. Chr.).

Der Vater der Kleopatra war Ptolemaios XII. Neos Dionysos, der von 80 bis 51 v. Chr. regiert hat, jedoch mit einer längeren Unterbrechung, in der er sich im Exil in Rom aufgehalten hat (58–55). Über diesen Ptolemäer ist nicht viel Gutes zu berichten. Er wurde von seinen Zeitgenossen „Auletes", d. i. der Oboenspieler, genannt. Der Beiname ist ihm zuteil geworden, weil er Freude daran hatte, Chöre auf seiner Doppelflöte zu begleiten. Ptolemaios XII. galt in der früheren Forschung als unebenbürtig, aber es scheint doch manches dafür zu sprechen, daß er ein legitimer Sohn des Ptolemaios IX. Soter II. gewesen ist. Die Regierung des 12. Ptolemäers fiel in eine für Ägypten geradezu trostlose Zeit. Ägypten hatte seine große politische Bedeutung längst eingebüßt, überall regte sich der Widerstand der einheimischen Bevölkerung. Infolge der Bedrükkung durch übermütige Funktionäre, aber auch infolge von Mißernten kam es immer wieder zu Arbeitsniederlegungen, die sich ruinös auswirkten und das Land in schwere Bedrängnis brachten. Im Jahre 58 sah sich Ptolemaios XII. wegen eines Aufstandes sogar gezwungen, das Land und die Hauptstadt Alexandrien zu verlassen. Er machte zuerst auf Rhodos Station, wo er dem Jüngeren Cato seine Aufwartung machte, und begab sich dann über Athen nach Rom. Hier versuchte er, Verbindungen mit den mächtigen Nobiles aufzunehmen, um seine Restituierung in Alexandrien zu betreiben. Man wird davon ausgehen dürfen, daß ihn seine damals elfjährige Tochter Kleopatra begleitete. Es war dies ihre erste große Reise in das Ausland, und die Eindrükke, die sie in Athen wie in Rom empfangen hat, sind ihr im späteren Leben sicher gegenwärtig gewesen. In Rom wurde sie Zeugin des Ringens um das ägyptische Kommando, um das sich die verschiedenen politischen Gruppierungen in Rom stritten. Jede wollte ihren Führer, sei es nun Pompejus oder Crassus (Caesar war damals in Gallien), an der Spitze des Heeres sehen, das für die Wiedereinsetzung des 12. Ptolemäers in Alexandrien Sorge tragen sollte. Am 6. Februar 56 kam das brisante Thema in der Volksversammlung zur Sprache. P. Clodius, der Volkstribun, hatte die Frage mit Absicht in der Versammlung hochgespielt, um die Leidenschaften des Volkes anzufachen. Clodius hat dies so ausgedrückt: „Wer will sich nach Alexandrien schicken lassen? ‚Pompejus'. Wen wollt ihr nach Alexandrien schicken? ‚Crassus'". Aber dieses Mal war es noch zu früh, im Grunde gönnte nämlich niemand dem anderen den fetten Bissen. So wurde die Heimsendung des 12. Ptolemäers vertagt, er blieb zunächst noch in Rom. Aber seine freigebig ausgestreuten

Gelder taten allmählich ihre Wirkung, und im folgenden Jahr (55) war es dann endlich so weit. Der König hatte lange genug warten und antichambrieren müssen. A. Gabinius, der Statthalter Syriens, erhielt den Befehl, den Ptolemäer in sein Land zurückzuführen. Hinter Gabinius aber stand Pompejus. Der 12. Ptolemäer hat sich die Restituierung etwas kosten lassen; er soll dem Gabinius eine Riesensumme, angeblich 10000 Talente, in Aussicht gestellt haben. Er konnte sie freilich erst zahlen, als er sich wieder im Besitz der königlichen Einkünfte von Ägypten befand. Bei dem Einmarsch in Ägypten hat sich zum ersten Mal Antonius ausgezeichnet. Er hatte mit seiner Reiterei in überraschendem Zugriff die Stadt und Festung Pelusion in römischen Besitz gebracht. Das römische Heer hatte nun freie Bahn, die Legionen marschierten ohne Schwierigkeiten nach Alexandrien, Ptolemaios XII. konnte die Regierung wieder übernehmen. Diese Vorgänge fallen in das Frühjahr 55 v. Chr. (wahrscheinlich in den Februar oder März des Jahres). Kleopatra war 15 Jahre alt, als sie im Gefolge ihres Vaters wieder den Boden der Hauptstadt betrat. Sie hatte, so jung sie war, die Wandelbarkeit des Glücks erfahren, und was sie jetzt in Alexandrien erleben sollte, wird sich tief in ihr Gedächtnis eingeprägt haben. Ihr Vater, der die Vertreibung nicht hatte verwinden können, ließ nämlich kurzerhand Berenike IV., die Schwester der Kleopatra, hinrichten. Sie hatte dem Wunsch der Alexandriner nachgegeben und sich während der Abwesenheit des Vaters zur Königin von Ägypten krönen lassen. Dies aber wollte ihr der Vater nicht verzeihen, er sah in ihrem Verhalten einen Majestätsfrevel, der sich gegen ihn persönlich richtete. Von Gnade und Verzeihung wußte Ptolemaios XII. nichts, er glaubte hier durchgreifen zu müssen, damit sich ähnliche Vorgänge nicht noch einmal wiederholten.

Von der Mutter der Kleopatra VII. war bisher nicht die Rede. Wahrscheinlich war Kleopatra die Tochter der Kleopatra V. Tryphaina. Die Mutter ist wohl schon im Jahre 69 (vielleicht auch erst im Jahre 68) verstorben. Da die Geburt der Kleopatra VII. ganz an den Anfang des Jahres 69, vielleicht sogar noch an das Ende des vorhergehenden Jahres fällt, sind die Daten miteinander zu vereinbaren. Im übrigen gibt es nirgendwo in der antiken Literatur die geringste Andeutung, daß Kleopatra VII. die Tochter einer unebenbürtigen Mutter gewesen wäre. Die Rücksichtslosigkeit des Vaters, der vor der Hinrichtung seiner eigenen Tochter Berenike IV. nicht zurückschreckte, wird ihren Eindruck auf Kleopatra nicht verfehlt haben. Sie wußte, daß die Geschichte mit Blut geschrieben wird, auch die des Ptolemäerhauses. Und sie wußte auch, daß jedes Mittel recht sei, wenn man sich selbst behaupten wolle. Kleopatra hatte fünf Geschwister, sie stammten von einer anderen Mutter. Es waren dies die älteren Schwestern Kleopatra VI. Tryphaina (verstorben im Jahre 57) und

Berenike IV., von deren traurigem Ende bereits die Rede war, ferner zwei Brüder, Ptolemaios XIII. (geboren um 61) und Ptolemaios XIV. (geboren um 58), dazu noch eine Schwester, Arsinoe IV., die gleichfalls mehrere Jahre jünger war. Auch auf diese Schwester wartete ein schlimmes Schicksal. In den Wirren des Alexandrinischen Krieges (s. u. S. 291) ist sie zur Königin Ägyptens ausgerufen worden, später hat sie Caesar mit sich fortgeführt. Im Jahre 41 wurde sie dann auf Befehl des Antonius in Ephesos umgebracht, weil Kleopatra in ihr eine unbequeme Rivalin gesehen hat. Aber mit diesen Ereignissen sind wir der Geschichte um mehr als ein Jahrzehnt vorausgeeilt.

Ptolemaios XII., der Vater der Kleopatra, verstarb im Jahre 51 v. Chr. Sein Leben war reich an Wechselfällen gewesen. Glück und Unglück hatten ihn emporgehoben und niedergebeugt. Er war ein ganz skrupelloser Mensch, von moralischen Qualitäten findet man bei ihm nichts, dafür aber viel Härte und Unerbittlichkeit, auch gegen sein eigenes Fleisch und Blut. Er fällt damit nicht aus dem Rahmen der hellenistischen Monarchen heraus, aber ihm fehlte die Genialität, die dem Mithradates von Pontos eigen war, der ihn in seiner Rücksichtslosigkeit noch übertroffen hat. Ptolemaios XII. hatte sein Haus wohl bestellt. Nach seinem letzten Willen sollte der damals etwa zehnjährige Ptolemaios XIII., zusammen mit seiner ungefähr doppelt so alten Schwester Kleopatra VII., über das Land Ägypten regieren. Es war eine ‚Samtherrschaft' geplant, beide Herrscher sollten gleichen Anteil an der Macht haben – aber der König Ptolemaios XII. wird sich darüber nicht im unklaren gewesen sein, daß der junge Prinz nur ein Spielball in den Händen seiner energischen Schwester sein würde. Trotzdem hat er die Anordnung für zweckmäßig gehalten. In Ägypten war es Sitte, daß die Männer regierten, die Frauen auf dem Thron sollten nach außen hin möglichst wenig in Erscheinung treten. Wie sehr die Ptolemäer von Rom abhängig waren, zeigt sich darin, daß der Erblasser in aller Form das römische Volk ersuchte, für die Ausführung des Testaments Sorge zu tragen. Dies aber war ein kluger Schachzug des Königs, er hatte die Zeichen der Zeit längst erkannt und wußte, daß ohne den Willen Roms in Ägypten nichts mehr geschehen konnte. Ob der König wenige Monate vor seinem Ableben seine beiden ältesten Kinder (Kleopatra VII. und Ptolemaios XIII.) zu Mitregenten eingesetzt hatte, um den Übergang der Krone auf seine Nachfolger zu sichern, ist möglich, aber nicht mit voller Sicherheit zu sagen. Zuzutrauen wäre es dem 12. Ptolemäer ohne weiteres, denn die Kontinuität der Ptolemäerherrschaft war für ihn so wichtig, daß er sie nicht dem Zufall überlassen wollte.

Was aber weiß man von der Persönlichkeit der jungen Kleopatra? Sie muß als weibliches Wesen von Jugend auf die Männer fasziniert haben, wenn es wahr ist, daß Antonius von ihr ganz hingerissen gewesen sein soll, als er mit Gabinius im Jahre 55 in Alexandrien erschien. Eine Schönheit aber war die junge Kleopatra nicht. Dies bestätigen die Münzporträts. Sie zeigen zwar ein regelmäßiges, wenn auch mehr charakteristisches als schönes Antlitz, das von einer überlangen, nach vorn überkippenden Nase bestimmt wird. Ihr Gesicht zeugt eher von Kraft und Entschlossenheit, sie hat es jedenfalls nicht für notwendig gehalten, das Münzbild zu stilisieren, sie wollte so abgebildet werden, wie sie in Wirklichkeit den Menschen ihrer Zeit erschienen ist. Bei Plutarch (Leb. d. Antonius c. 27) steht folgendes zu lesen: „An und für sich war ihre Schönheit nicht über jeden Vergleich erhaben noch war sie von der Art, daß sie jeden mit Notwendigkeit in den Bann geschlagen hätte. Aber die Konversation mit ihr hatte einen unwiderstehlichen Reiz, und ihre Gegenwart in Verbindung mit der Kraft der Überredung und mit ihren bestrickenden Umgangsformen machte einen tiefen Eindruck (wörtlich: sie ließen einen Stachel zurück). Dazu kam die betörende Stimme, und ihre Zunge konnte sie, einem Saiteninstrument vergleichbar, auf jede Sprache richten, in der sie sich ausdrücken wollte, und in der Tat brauchte sie nur bei ganz wenigen Barbaren einen Dolmetscher, den meisten aber antwortete sie selber, wie z. B. den Äthiopen, den Troglodyten, Juden, Arabern, Syrern, Medern und Parthern. Man sagte, sie habe auch noch die Sprachen anderer Völker gelernt, obwohl die Könige von Ägypten vor ihr sich nicht bemüht hätten, die Sprache der Einheimischen zu lernen, und einige von ihnen hätten sogar den makedonischen Dialekt nicht mehr sprechen können." Plutarch, dessen Leben in die römische Kaiserzeit fällt (etwa 46–127 n. Chr.), wird diese Angaben einer zeitgenössischen Quelle entnommen haben; man wird hier an den Leibarzt der Kleopatra namens Olympos denken. Aber auch Q. Dellius, der Freund des Antonius und später des Octavian, hat die Königin genau gekannt; doch wissen wir nicht, ob er Aufzeichnungen über sie hinterlassen hat.

Bei ihrem Regierungsantritt stand Kleopatra vor einer ungemein schwierigen Situation. Aber sie verfügte ohne Zweifel über eine hohe Intelligenz, und deshalb wußte sie, daß der Wohlstand des Landes vor allem auf der Arbeitskraft der einheimischen Bevölkerung beruhte, die es wieder zu aktivieren galt. Das Hauptaugenmerk mußte auf die Durchführung der Feldbestellung gerichtet werden, aber gerade hier gab es ganz große Schwierigkeiten, die wenigstens zum Teil durch die zu geringe Nilschwelle – die Jahre 48 und 42 waren durch ausgesprochen niedrige Wasserstände gekennzeichnet – herbeigeführt worden waren. Kleopatra hat diese Dinge sicherlich erkannt, aber zur Regierung verspürte sie nur wenig Lust. Ernsthafte Arbeit für das Volk lag ihr ganz fern, diese überließ sie der Vormundschaftsregierung, die ihr Vater bestellt hatte.

Haupt der Regierung aber war der Eunuch Potheinos. Aber auch von ihm war nur wenig zu erwarten, seine Hauptsorge bestand darin, die Römer zufrieden zu stellen, die riesige Summen aus dem Lande herauspreßten. Ein Dokument der Hilflosigkeit der Regierung ist ein Papyrus[1], in dem die Aufkäufer von Getreide und Hülsenfrüchten in Mittelägypten aufgefordert werden, bei Androhung der Todesstrafe alles Korn und die gesamten Hülsenfrüchte nur nach Alexandrien zu transportieren, offenbar um hier Hungerkrawalle zu vermeiden. Wenn derartig strenge Strafen angedroht werden, so muß die Lage im Lande geradezu trostlos gewesen sein. Aber der eigentlich Verantwortliche war, wie gesagt, Potheinos; von einer jugendlichen Königin von etwa zwanzig Jahren wird man tiefere Einsichten in die Notwendigkeiten einer rigorosen Regierungspraxis nicht erwarten dürfen. Kleopatra und ihr Bruder Ptolemaios XIII. waren nur der Form nach die Regenten Ägyptens, sie figurierten in den Präskripten der Urkunden, jedermann in Ägypten kannte die beiden Herrscher, aber sie regierten nicht, sie genossen die Privilegien ihrer gottähnlichen Position und gingen auf in zeremoniellen Nichtigkeiten. Mit dem Glanz des Ptolemäerhofes in Alexandrien kontrastierte die Lage auf dem flachen Lande. Die Bevölkerung hatte längst den Glauben an die Gerechtigkeit verloren, manche Bauern waren widerspenstig, die Bürokratie war korrupt, und die Priesterschaft wachte eifrig über ihre Vorrechte. Ringsum erblickte man unbestellte Felder, die Bauern waren in die Tempelasyle geflüchtet und warteten dort auf bessere Zeiten. In den fünfziger Jahren des 1. Jahrhunderts v. Chr., noch vor dem Regierungsantritt der Kleopatra, hatte es in Ägypten einen Aufstand gegeben, der sich über weite Teile Mittelägyptens, über die Gaue von Herakleopolis, Oxyrhynchos und über den Arsinoïtes (heute: Faijûm) erstreckt hatte. Die Behörden standen dem Ereignis, wie so oft, ratlos gegenüber, und man wundert sich nicht, wenn auch unter Kleopatra VII. im herakleopolitischen Gau Militär eingesetzt werden mußte, um die Bevölkerung zur Räson zu bringen[2]. Sehr merkwürdig ist übrigens das Erscheinen der Bezeichnung *speira* für einen Truppenteil; hier kann es sich wohl nur um römische Truppen handeln (*speira* = Manipel), die seit der Zeit des Gabinius (55) im Lande stationiert waren. An genuine Römer oder Italiker ist hierbei allerdings wohl kaum zu denken, eher schon an Soldaten aus dem Orient, wie sie später vor allem auch in den Legionen des Antonius zu finden sind. Aber mit der Niederwerfung der Aufstandsbewegungen hat man sich nicht begnügt. Es gibt einen Erlaß des Königs und der Königin, d. h. des Ptolemaios XIII. und seiner Schwester Kleopatra VII., vom Jahre 49/8 v. Chr.[3] In diesem Dokument wird einer bestimmten Gruppe innerhalb der Bevölkerung, jener nämlich, die sich im Besitz von Schutzbriefen befindet *(pisteis),* die persönliche Bewegungsfreiheit zugesichert, damit sie sich im Interesse der Landwirtschaft betätigen können. All diese Urkunden sind aber nur ein paar ganz zufällig auf unsere Zeit gekommene Dokumente; sie zeigen jedoch, wie schwierig die wirtschaftliche Lage in Ägypten unter Kleopatra VII. geworden war.

Es ist nicht verwunderlich, wenn die Samtherrschaft der beiden an Jahren so ungleichen Ptolemäer bald zu Reibungen geführt hat. Beide standen unter dem Einfluß ihrer Ratgeber, und diese zogen nicht am gleichen Strang. Es bildeten sich am Hof in Alexandrien geradezu zwei verschiedene Parteien, die sich gegenseitig den Rang abzulaufen versuchten. Ein hohes Maß von Schuld fällt hier auf Kleopatra. Sie hat ihren jüngeren Bruder unterdrückt und von jeder Mitarbeit in Regierungsangelegenheiten ferngehalten, obwohl das Testament des Vaters ausdrücklich das Gegenteil angeordnet hatte[4]. Zu Anfang hat die Königin offenbar sogar allein regiert, dies aber wohl nur kurze Zeit, denn in einer Urkunde, datiert am 27. Oktober 50 v. Chr.[5], erscheint der junge König im Präskript, und zwar deutlich hervorgehoben an erster Stelle, *vor* der Königin. Hinter dieser Veränderung ist die Hand des Potheinos zu vermuten. Als Cn. Pompejus, der Sohn des Pompejus Magnus, im Frühjahr oder im Sommer 49 in Alexandrien weilte – der römische Bürgerkrieg zwischen Pompejus und Caesar hatte schon begonnen, Pompejus Magnus hatte sich nach Griechenland eingeschifft – da traf er beide Ptolemäerherrscher in der Hauptstadt. Wenn aber Plutarch (Leb. d. Antonius c. 25,4) von einem Liebesverhältnis zwischen dem jungen Pompejus und der Königin zu berichten weiß, so ist dies üble Nachrede, ebenso wie die Angabe Appians (B. C. V 8), wonach Kleopatra schon im Jahr 55 eine Liaison mit M. Antonius angeknüpft haben soll. Die Nachrichten sind von der *chronique scandaleuse* erfunden, sie zeigen aber, was man alles der Kleopatra zutraute; sie dürfte aber schwerlich so unvorsichtig gewesen sein, sich durch eine Verbindung mit Cn. Pompejus dem Jüngeren eindeutig für die Gegner Caesars zu entscheiden. Denn noch wußte niemand, wie sich die große Auseinandersetzung zwischen den beiden mächtigsten Pareiführern Roms entwickeln würde, Pharsalos (Sommer 48) war noch nicht in Sicht.

Die Samtherrschaft der beiden Geschwister, die im Jahr 49 bezeugt ist, hat offenbar nicht lange gehalten, Kleopatra muß nämlich ein paar Monate vor der Ankunft Caesars in Alexandrien (1. Oktober 48 = 27. Juli jul.) wieder einmal vertrieben worden sein. Und diese Vertreibung fällt wohl in den Sommer des Jahres 48 (nach dem revidierten Kalender). Mag sein, daß sie in die Thebaïs ausgewichen ist, doch wird man auf die Angabe des Syrers Johannes Malalas[6] nicht zuviel Gewicht legen dürfen, da dieser Historiker aus dem VI. Jahrhundert n. Chr. manches falsch verstanden und berichtet hat.

Ein auch für Kleopatra entscheidendes Ereignis in ihrem Leben war die Anerkennung des Ptolemaios XIII. durch den pompejanischen Gegensenat in Thessalonike. Dieses Ereignis gehört an das Ende des Jahres 49 v. Chr. Es war insofern von Bedeutung, als sich die legitime römische Regierung damit ganz eindeutig für den jungen Ptolemäer ausgesprochen hatte. Und Kleopatra? Sie hing gewissermaßen in der Luft, die gegnerische Gruppe, zu denen man wohl nicht nur Potheinos, sondern auch Achillas und Theodotos, einen griechischen Rhetor aus Chios, rechnen muß, hatte den Sieg davongetragen. Was aber mag sich der große Pompejus dabei gedacht haben? Er ignorierte geflissentlich das Testament des 12. Ptolemäers, das eine Alleinherrschaft des Ptolemaios XIII. – aus verständlichen Gründen – nicht gewollt hatte. Aber Pompejus glaubte, sich der politischen Situation in Ägypten anpassen zu müssen, denn dieses Land war für die Republikaner sehr wichtig, seine Hilfsquellen fielen für den bevorstehenden Entscheidungskampf schwer in die Waagschale.

Und wie mag Kleopatra die Entscheidung des großen Pompejus aufgenommen haben? Wurde sie nicht dadurch unwillkürlich auf die Seite der anderen Partei, der des Caesar, gedrängt? Aber Caesar war am Ende des Jahres 49 noch weit. Er hatte Italien besetzt, war nach Spanien gezogen und sammelte am Ende des Jahres 49 seine Streitkräfte in Unteritalien für die Entscheidung in Griechenland. Er hatte ganz andere Sorgen und keine Zeit, sich um die innere Entwicklung Ägyptens zu kümmern.

Und dann kam Pharsalos (9. August 48). Pompejus erlitt – wider alles Erwarten – eine geradezu katastrophale Niederlage. Sein Verhalten in der Schlacht zeigt einen gebrochenen Mann, er war nur noch ein Schatten seiner selbst. Der große Feldherr begab sich auf ein zufällig vorbeifahrendes Schiff eines Römers und gelangte über Amphipolis und Lesbos nach Pelusion. Den Gedanken, bei den Parthern um Hilfe anzuklopfen, hatte er wieder aufgegeben, mit Recht, denn ein Paktieren mit dem Erbfeind der Römer (Niederlage des Crassus im Jahre 53 bei Carrhae) hätte ihn in den Augen aller Römer völlig diskreditiert. Wie es heißt, soll Theophanes von Mytilene, der Freund und Historiograph des Pompejus, es gewesen sein, der ihm den verhängnisvollen Rat gegeben hat, sich nach Ägypten zu wenden. Ptolemaios XIII. war dem Pompejus durch ein *hospitium*-Verhältnis verbunden, man durfte hoffen, daß der König den geschlagenen Römer nicht im Stich lassen würde. Und wie stand es im Nilland? Hier war der dynastische Streit immer noch nicht beendet. Kleopatra hatte sich nach Syrien begeben, man wird annehmen dürfen, daß sie aus Ägypten verdrängt worden war. In Syrien hatte sie durch Werbungen ein Heer zusammengebracht, mit dessen Hilfe sie sich die Rückkehr auf den Thron erzwingen wollte. Ptolemaios XIII. erwartete die Invasion an der Ostgrenze Ägyptens, er stand am Kasischen Vorgebirge, die Truppen seiner Schwester hatten ihm gegenüber ein Lager bezogen. Hier ereignete sich eine große Tragödie. Pompejus kam auf der Flucht zu Schiff in diese Gegend. Obwohl man ihm davon abriet, ging er an Land. Der ehemalige römische Militärtribun L. Septimius und der Centurio Salvius töteten ihn mit ihren Schwertern. Pompejus starb am 28. September 48 v. Chr., einen Tag vor seinem 58. Geburtstag. Ganz ohne Zweifel fällt die Tat den Ratgebern des 13. Ptolemäers, dem Potheinos, Achillas und Theodotos, zur Last. Nur zwei Tage später ging Caesar in Alexandrien an Land (1. Oktober 48) und erfuhr vom Tode seines großen Gegners. In die Stadt war Caesar als römischer Konsul mit den Fasces eingezogen, eine Geste, die von den Alexandrinern als ein offener Affront aufgefaßt wurde, denn ein römischer Magistrat durfte dort die Fasces nicht führen, wo das *dominium populi Romani* zu Ende war. Ägypten aber war, trotz seiner Bindungen an Rom, dem Namen nach ein freies Land, es unterstand seinen eigenen Gesetzen und nicht denjenigen der Römer. Aber Caesar hat sich hierüber einfach hinweggesetzt. Auch den in der Stadt entstandenen Tumult ignorierte er, obwohl er genau wußte, daß der Auflauf die Antwort auf seine eigene Haltung war. Als der König Ptolemaios XIII. in die Hauptstadt zurückkehrte, wurde es Zeit, den dynastischen Streit zwischen ihm und seiner Schwester Kleopatra beizulegen. Caesar aber hatte bereits Verhandlungen mit Kleopatra aufgenommen, es wurde ihr gestattet, nach Alexandrien zurückzukehren. Auf geradezu abenteuerliche Weise gelang es der Königin, in die Burg zu Caesar zu kommen. Mit Hilfe ihres Freundes Apollodoros, eines sizilischen Griechen, hatte sie ein kleines Boot bestiegen. Sie ließ sich in einen großen Wäschesack stecken und gelangte auf diese Weise, von niemandem bemerkt, von der Seeseite her in den königlichen Palast, in dem Caesar sein Hauptquartier aufgeschlagen hatte. Man fragt sich, ob diese Aktion durch Caesar geplant gewesen ist. Jérôme Carcopino hat dies angenommen[7], aber diese Annahme ist, wie so viele andere Hypothesen des geistreichen französischen Historikers, durch nichts, aber auch durch gar nichts erwiesen, denn das Wesentliche an dieser Aktion der Königin war ja die Tatsache, daß sie vor aller Welt geheim bleiben sollte – auch vor den Römern. Kleopatra hat es verstanden, das Herz Caesars zu rühren, sie wird sich ihm zu Füßen geworfen und ihn gebeten haben, ihr einen Anteil an der Herrschaft über Ägypten zu geben – sie hatte ja ein unbezweifelbares Recht darauf, da ihr Vater dies in seinem Testament so gewollt hatte. Angeblich soll die Königin den Eunuchen Potheinos als den eigentlich Schuldigen an ihrem Unglück bezeichnet und seinen Tod von Caesar gefordert haben. Dazu mag sie wohl auch noch andere Argumente vorgebracht haben. Jedenfalls ist dies die Ansicht Lucans[8], der letzten Endes wohl auf Livius zurückgegriffen hat. Der römische Feldherr war damals ein Mann von 52 Jahren, Kleopatra war noch nicht zweiundzwanzig. Ihr ist es nicht schwer gefallen, den mehr als doppelt so alten Caesar in ihren Bann zu schlagen, Caesar aber ist, wie so viele Männer vor und nach ihm, dem Charme der Kleopatra erlegen. Von nun an war er nicht nur ihr großer Patronus, sondern auch ihr Liebhaber, der sich, wie es Kornemann ausgedrückt hat[9], willig von dem Recht der Königin auf die Herrschaft von Ägypten überzeugen ließ. Am Morgen danach kam es zu einer erregten Szene in Alexandrien: Als Caesar den jungen Bruder der Kleopatra, Ptolemaios XIII., rufen ließ, um ihn mit der Schwester zu versöhnen, da war es um die Selbstbeherrschung des jungen Ptolemäers – er war erst 13 Jahre alt – geschehen. Er hörte sich die Worte Caesars gar nicht erst an, sondern stürzte ins Freie und rief der erwartungsvoll wartenden Menge zu, man habe ihn verraten. Dabei riß er sich das Diadem, das Zeichen der Herrscherwürde, vom Haupt, die Menge nahm eine drohende Haltung gegen Caesar ein, doch gelang es dem Römer, die Alexandriner noch einmal zu beschwichtigen. Caesar begab sich in Begleitung der beiden Ptolemäer in die Öffentlichkeit und verlas das Testament des 12. Ptolemäers. In aller Form bestätigte Caesar den beiden die Herrschaft über Ägypten, ihren Geschwistern, der Arsinoe und dem Ptolemaios XIV., die über die Insel Cypern. Daß diese bereits zehn Jahre zuvor in das Imperium Romanum eingegliedert worden war, darum kümmerte sich Caesar nicht, vielleicht war er der Meinung, daß die Abtretung römischen Territoriums durch die momentane Notlage, in der er sich befand, gerechtfertigt würde. Und wenn er dies nicht gedacht haben sollte, so hielt er die ganze Cypernangelegenheit nicht für wichtig, die Insel war weit, mochten die Ptolemäer sehen, wie sie sich mit diesem Problem auseinandersetzten, nach dem Sprichwort: Kommt Zeit, kommt Rat. Über diese Konzession hat Caesar in seinen Schriften wohlweislich den Mantel des Schweigens gebreitet, und dies hat sogar dazu geführt, daß moderne Historiker (W. Judeich) die Angabe gar nicht ernst genommen haben. Aber dies wäre ein schwerer Fehler, denn daß Cypern den beiden jüngeren Geschwistern der Kleopatra übereignet worden ist, zeigt die Tatsache, daß im Jahr 43 ein ptolemäischer Gouverneur (Stratege) namens Serapion auf der Insel bezeugt ist. Und dies scheint bei der Beurteilung der Cypernfrage entscheidend.

Das Problem der Aussöhnung der Kleopatra mit ihrem Bruder Ptolemaios XIII. war aber immer noch nicht befriedigend gelöst, es gab immer noch den Eunuchen Potheinos, der alle Fäden der Verwaltung und der inneren Politik in seinen Händen hielt. Dieser Potheinos aber sah natürlich in Caesar seinen eigentlichen Widersacher, ihn galt es aus dem Nilland zu verdrängen. Die

Überlieferung berichtet von einem Giftmordanschlag des Potheinos auf Caesar – aber dies ist sicherlich eine Legende, denn Caesar wußte nur zu gut, daß ihm Potheinos nicht gewogen war, und hat sich natürlich entsprechend gegen ihn gesichert. Zusammen mit seinem Freund Achillas wollte Potheinos das Ptolemäerheer vom Vorgebirge Kasios am Sirbonissee nach Alexandrien ziehen lassen, um Caesar zu überfallen und ihn aufzuheben. Die Absicht des Potheinos wurde Caesar überbracht, der den Eunuchen hinrichten ließ[10]. Caesar, von dem Anmarsch des ägyptischen Heeres in Kenntnis gesetzt, versuchte durch zwei Gesandte namens Dioskurides und Serapion in Verhandlungen mit dem Strategen Achillas, dem Oberbefehlshaber des Ptolemäerheeres, einzutreten. Aber die Erbitterung auf der anderen Seite war bereits so hoch gestiegen, daß Achillas den einen der beiden Gesandten einfach umbringen ließ, der andere hatte rechtzeitig das Weite gesucht. Mit geringer Mühe vermochte sich Achillas in den Besitz der Hauptstadt zu setzen, Caesar versuchte, sich im Palastviertel zu verteidigen; er konnte die Insel Pharos besetzen, wodurch er sich die Verbindung mit dem Meer offenhielt. Aber im ganzen stand es um Caesar und Kleopatra, die bei ihm im Palast lebte, außerordentlich schlecht, die zahlenmäßige Überlegenheit der Ptolemäertruppen war erdrükkend, und wenn Caesar keine Verstärkung erhielt, so war er verloren. Beide, Caesar und Kleopatra, wären dem Volkszorn zum Opfer gefallen, wenn es dem Achillas gelungen wäre, sich ihrer zu bemächtigen.

Dies aber war der Beginn des Alexandrinischen Krieges. Man befand sich etwa in der Mitte des Monats November 48 v. Chr. Ende März des folgenden Jahres war er zu Ende, er hatte also immerhin eine Zeit von $4^1/_2$ Monaten gedauert. Der Verlauf der militärischen Aktionen ist im einzelnen in der Schrift mit dem Titel „*Bellum Alexandrinum*" geschildert. Sie findet sich im *Corpus Caesarianum,* stammt aber nicht aus Caesars Feder, sondern hat wahrscheinlich A. Hirtius, den Freund Caesars, zum Verfasser. Dabei muß man freilich wissen, daß Hirtius nicht mit in Alexandrien war, aber man wird annehmen dürfen, daß das Kriegsgeschehen auf Grund der Aufzeichnungen des Lagerjournals geschildert worden ist. Und es ist so gut wie sicher, daß auch Caesar zur Darstellung einiges beigetragen hat, denn er stand ja im Mittelpunkt aller Aktionen. Bezeichnenderweise wird Kleopatra in der Schrift gar nicht erwähnt. Überraschend ist dies jedoch nicht, denn was im *Bellum Alexandrinum* geschildert wird, sind Ereignisse der Kriegsgeschichte, Kleopatra hat in ihnen keinen Platz.

Bei den Kämpfen in Alexandrien ging es für Caesar und Kleopatra um Sein oder Nichtsein. Mehrmals geriet Caesar in unmittelbare Lebensgefahr, aber er hatte, wie so oft in seinem Leben, das Glück auf seiner Seite. Außerdem dürfte ihm Kleopatra durch ihre Kenntnis der Topographie der Hauptstadt von Nutzen gewesen sein. Man kann sogar vermuten, daß er sich ohne ihre Hilfe kaum so lange hätte behaupten können. Für Caesar kam alles darauf an, die Verbindung zum Meer offenzuhalten. Denn sonst wäre Caesar verloren und der von ihm dringend angeforderte Entsatz nicht mehr möglich gewesen. Kein Wunder, wenn er die entscheidenden Punkte, die Insel Pharos und den Heptastadiondamm, um jeden Preis in seine Hand bekommen wollte, eine Absicht, die ihm auch (im Februar 47) gelungen ist. Aber nicht alles ging nach seinem Wunsch: als er den südlichen Brückenkopf am Ende des Dammes besetzen wollte, holte er sich eine bittere Niederlage. In dem Kampf hatte sich Caesar selbst bis zum äußersten eingesetzt. Er rettete sich schließlich, vom Damm herabspringend, schwimmend auf ein Schiff. Dabei verlor er seinen purpurnen Feldherrnmantel, den die triumphierenden Feinde als Beute davontrugen. In der Stadt selbst hatten die Kämpfe viel Unheil angerichtet, es entstanden Brände, bei denen ein Teil der Bücher des hochberühmten Museions den Flammen zum Opfer fiel[11]. Im übrigen konnte Caesar darauf hinweisen, daß er für das Recht der Kleopatra das Schwert gezogen habe; auf die Alexandriner aber hat dies nicht den geringsten Eindruck gemacht. Für sie war und blieb Caesar ein fremder Eindringling, die Römer waren überhaupt in Ägypten verhaßt, und die Alexandriner hätten es viel lieber gesehen, wenn der jugendliche Ptolemaios XIII. allein die Regierung des Landes geführt hätte. Zu allem Überfluß beging Caesar noch einen schweren psychologischen Fehler: er gab den jungen König, der sich in seiner Gewalt befand, den Alexandrinern heraus. Diese hatten seine Freilassung gefordert, und zwar als Vorbedingung für die Einleitung von Friedensverhandlungen. Was mag Kleopatra zum Verhalten Caesars gesagt haben? Sie kannte ihren Bruder, sie kannte auch die Alexandriner, und es war für sie keine Überraschung, wenn sich Ptolemaios XIII., kaum ins Lager der Ägypter zurückgekehrt, sogleich diesen zur Verfügung stellte. Einen Vorteil aber hatte der Entschluß Caesars immerhin gebracht: die Fronten waren klar abgesteckt, der Krieg in der Hauptstadt reifte der Entscheidung entgegen. Anfang März erschien, von Caesar herbeigerufen, Mithradates von Pergamon, angeblich ein unebenbürtiger Sohn des großen Mithradates VI. Eupator. Nach der Einnahme der Sperrfestung Pelusion an der Ostgrenze des Landes drang Mithradates auf dem Landweg über Memphis nach der ägyptischen Hauptstadt vor, er mußte dabei einen großen Umweg südlich um das Deltagebiet herum in Kauf nehmen. Aber er kam gerade noch rechtzeitig. An dem Mareotischen See stieß er auf Widerstand, aber Caesar hatte die Situation erkannt (offenbar war er durch Kundschafter von dem Herannahen des Entsatzheeres unterrichtet) und vereinigte sich mit Mithradates, nachdem er die

Ägypter durch eine Flottenfahrt in die Irre geführt hatte. Der Ort der Entscheidungsschlacht ist nicht bekannt, er dürfte in der Nähe des Mareotischen Sees zu suchen sein, vielleicht bei dem Ort Chairea (?). Caesars Gegner, der König Ptolemaios XIII., ist im Nil ertrunken. Caesar eilte mit der Reiterei in die Hauptstadt zurück und konnte die förmliche Kapitulation Alexandriens entgegennehmen. Man schrieb den 27. März 47 v. Chr., ein Datum des unrevidierten römischen Kalenders, das dem 15. Januar julianischen Stils entspricht.

Mit dem Tod des 13. Ptolemäers ging eine Epoche in der Geschichte der Dynastie zu Ende. Denn von nun an herrschte in Alexandrien und Ägypten nur noch der Wille Caesars. Er bestellte den jüngeren Bruder der Kleopatra, den erst elfjährigen Ptolemaios XIV., zu ihrem Mitregenten. Beide, Kleopatra VII. und Ptolemaios XIV., führten nominell die gemeinsame Regierung, wobei jedoch der Bruder nur ein Strohmann war. In den Urkunden heißen sie die „vaterliebenden Götter“ *(theoi philopatores),* doch wußte jedermann, daß ohne die Zustimmung Caesars nichts geschehen konnte. Er war der allmächtige Patronus, dem sich alle unterzuordnen hatten. Drei römische Legionen blieben als Besatzung in Ägypten. Dies zeigt, eine wie hohe Bedeutung Caesar dem Lande beigelegt hat. Ägypten war als Kornkammer für Rom von geradezu unschätzbarem Wert. Wer will es Caesar verdenken, wenn er sich nach den Schrecken des Krieges, in dem er mehrfach in Lebensgefahr geschwebt hatte, von den Reizen Kleopatras bestricken ließ und mit ihr rauschende Feste am Nil feierte? Auf einem Prachtschiff ließ er sich, zusammen mit der Königin, auf dem Strom nach Süden rudern. (Ernst Kornemann hat diese Fahrt als die Hochzeitsreise des Paares bezeichnet.) Auch in den Symposien, die sich des öfteren bis in den frühen Morgen ausdehnten, stand Caesar seinen Mann, die überstandene Gefahr und die Nähe der Kleopatra weckten in ihm die frühere Lebensfreude, und Kleopatra tat alles, um Caesar ganz in ihren Bann zu schlagen. Aber der Aufenthalt Caesars neigte sich allmählich dem Ende zu, Anfang Juni 47 hat er das Land verlassen, er hat es in seinem Leben nicht mehr betreten, und wenn er sich später an Ägypten erinnerte, so schien ihm alles wie ein Traum, der sein ganzes Leben verändert und der ihn bis an sein Ende begleitet hat.

Die Ereignisse im Vorderen Orient erforderten dringend die Anwesenheit Caesars, insbesondere in Kleinasien war in Pharnakes der römischen Herrschaft ein Gegner entstanden, den es in die Schranken zurückzuweisen galt.

Nur wenige Wochen nach Caesars Abreise gebar Kleopatra einen Sohn (nach einer Serapeumsstele, heute im Louvre zu Paris, am 23. Juni 47). Er hat den Namen Caesar erhalten. Die Alexandriner aber nannten ihn Kaisarion, d. h. den „kleinen Caesar“. Da der Diktator Caesar es ausdrücklich zuließ, daß dem Kind sein Name gegeben wurde, kann an der Paternität Caesars kein Zweifel bestehen. Daran ändert die Tatsache nichts, daß schon im Altertum gegenteilige Meinungen geäußert worden sind. So hat C. Oppius, ein Freund Caesars, die Vaterschaft Caesars bestritten, der Historiker Cassius Dio (aus der Severerzeit) ist ihm hierin gefolgt (Hist. Rom. XLVII 31,5). Und in unseren Tagen hat vor allem Jérôme Carcopino sich bemüht, darzulegen, daß dieses Kind nicht von Caesar stammen könne. Aber dies war ganz vergebliche Mühe, die Ausführungen des prominenten Historikers können heute als erledigt gelten, vor allem, seitdem Heinz Heinen die Frage noch einmal in äußerst gründlicher Weise untersucht hat. Heinen ist zu dem Ergebnis (wenn man überhaupt von einem solchen sprechen kann) gekommen, daß der Annahme von Caesars Paternität kein ernsthaftes Hindernis im Wege steht, wenn sich auch die Abstammung Kaisarions von Caesar natürlich mit unseren Mitteln nicht eindeutig beweisen läßt.

Durch die Geburt Kaisarions, den wir getrost als Caesars Sohn bezeichnen können, war die Position Kleopatras in bemerkenswerter Weise gefestigt. Und der allmächtige römische Diktator hatte endlich einen Sohn, der ihm in seiner Ehe mit Calpurnia versagt geblieben war. Und dieser Sohn war der legitime Nachfolger auf dem Thron der Pharaonen; Kleopatra hatte ihren Liebhaber aufs engste mit dem Schicksal der Ptolemäerdynastie verbunden. Wenn die Königin auch *de iure* nicht die rechtmäßige Gattin Caesars war, so war sie doch die Königin von Ägypten, und als Klientin Caesars verfügte sie über seinen persönlichen Schutz. Auch in Ägypten ist die Paternität Caesars ohne weiteres angenommen worden. Die Priester von Hermonthis behaupteten, es sei der Gott Rê gewesen, der in der Gestalt Caesars den Sohn gezeugt habe. Sie ließen die Geburt des Prinzen in realistischer Weise an der Tempelwand von Hermonthis darstellen. Damit war die Verbindung Caesars und Kleopatras vor aller Welt sanktioniert. Anders dachten hierüber freilich die Römer. Als Caesar ein Jahr darauf seinen Triumph in Rom feierte, mußte er es zulassen, daß sich seine Soldaten über seine Beziehungen zur ägyptischen Königin lustig machten und dreiste Spottverse in der Öffentlichkeit laut werden ließen.

Im Sommer 46 reiste Kleopatra mit ihrem Bruder Ptolemaios XIV., ihrem nominellen Gemahl, nach Rom. Sie kam auf Einladung des Diktators, angeblich sollte ein Bündnis zwischen Rom und Kleopatra abgeschlossen werden. Die Königin wohnte jenseits des Tiber in den Gärten Caesars, dort empfing sie in einer Villa die Besuche des großen Patronus und zahlreicher anderer Römer, die ihr um die Wette den Hof machten. Den aufrechten Republikanern aber war ihre Anwesenheit in der Hauptstadt ein Ärgernis, ganz besonders bitter und gallig hat sich Cicero in seiner Korrespondenz über die Königin ausgesprochen. Kleopatra verlängerte mehrfach ihren Aufenthalt, und so kam es, daß sie noch an den Iden des März des Jahres 44 in Rom war, als Caesar dem Mordanschlag des Brutus und Cassius zum Opfer fiel. Man hat sich gefragt, ob die Anwesenheit der Königin mit zur Entstehung des Komplotts gegen das Leben des Caesar beigetragen hat. Dies mag immerhin möglich sein, denn daß der Aufenthalt Kleopatras in der Hauptstadt jedem echten Römer von altem Schrot und Korn ein Dorn im Auge war, diese Tatsache wird man schwerlich leugnen können. Und ihr Gönner Caesar ist vor allem auch deswegen ermordet worden, weil er immer wieder die altrömische Tradition mit den Füßen getreten hatte, auch durch seine Verbindung mit der ägyptischen Königin. Dies ist ihm von den Römern nie verziehen worden, weil sie fürchteten, daß er die Hauptstadt vom Ufer des Tiber an das Ufer des Nils, nach Alexandrien, verlegen würde. Im übrigen blieb Kleopatra auch nach der Ermordung ihres Patronus noch einige Wochen in Rom, erst am 15. April 44 schreibt Cicero, daß die Flucht der Königin ihm keineswegs ungelegen sei *(reginae fuga mihi non molesta est)*. Man war froh, sie wieder losgeworden zu sein. Für sie selbst aber hatte der Aufenthalt in Rom nach Caesars Tod seinen Sinn verloren.

Nach der Ankunft in Ägypten verstarb ihr Bruder und Mitregent Ptolemaios XIV. im Alter von nur 14 Jahren. Wenn Flavius Josephus, ein geschworener Feind der Königin, behauptet, Kleopatra habe ihren Bruder durch Gift aus dem Weg geräumt, so ist dies zum mindesten nicht erwiesen, wahrscheinlich ist es nichts als böse Nachrede. An die Stelle des Bruders, der über eine Statistenrolle auf dem Thron der Pharaonen niemals hinausgekommen ist, hat Kleopatra, hier der Sitte der Ägypter folgend, wiederum einen männlichen Mitregenten gesetzt, es war dies der in jenen Tagen erst dreijährige Kaisarion, der kaum den Windeln entwachsen war. Aber er wurde dennoch König und Mitregent. Wenn Kaisarion auch nicht in Rom herrschen durfte (in Caesars Testament fand sich sein Name nicht, der Erbe war vielmehr Octavian, der Großneffe des Diktators), so wollte seine Mutter ihm wenigstens die Herrschaft über Ägypten sichern. Aber wer sollte ihr jetzt helfen? Und wer konnte wissen, wie der Kampf um das Erbe des Diktators Caesar in Rom und Italien enden würde? Von den Caesarmördern hatte Kleopatra nichts zu hoffen, aber auch von Octavian und Antonius nicht, diese hatten ganz andere Sorgen, Ägypten lag damals außerhalb ihres Gesichtskreises. Man muß die Energie der Königin bewundern, die bei dem Durcheinander des römischen Bürgerkrieges kühlen Kopf behalten hat. Von ihrer Residenz in Alexandrien beobachtete sie die Kämpfe der Prätendenten, ohne sich auch nur im geringsten in die Streitigkeiten einzumischen. Dann aber nahm sie Kontakt zu Cornelius Dolabella auf. Dieser aber war ein ganz unfähiger Mensch; es war ganz allein seine Schuld, wenn die römischen Legionen in Syrien auf die Seite des Cassius überwechselten. Schließlich kamen die Tage der beiden Schlachten bei Philippi (Oktober 42 v. Chr.). Die Caesarianer Antonius und Octavian blieben hier Sieger, die Unterlegenen, die beiden Caesarmörder Brutus und Cassius, gaben sich selbst angesichts der Niederlage den Tod. Hell strahlte der Ruhm des Antonius, seine Feldherrnkunst hatte die Gegner zu Boden gezwungen, während sein Rivale Octavian nur einen bescheidenen Anteil am Erfolg gehabt hatte. Von seinen Soldaten wurde Antonius geradezu vergöttert, er war ein Liebling der Frauen, prachtliebend, freigebig, großzügig, in seinen Passionen geradezu ausschweifend. Das Geld hatte für ihn nur den Zweck, mit vollen Händen hinausgeworfen zu werden. An Städte und Bürger verschenkte er in unerhört liberaler Weise Privilegien und Immunitäten. Seinen bevorzugten Umgang bildete das leichtlebige Volk der Schauspieler, Tänzerinnen und Musiker, sie alle besaßen an ihm einen gnädigen Herrn, der sich für seine Person hemmungslos den Vergnügungen widmete, wenn er nicht gerade dem Kriegsgott Mars opfern mußte. Dieser Mann fühlte sich als das irdische Abbild des Gottes Dionysos, und die Griechen, froh den Erpressungen der Caesarmörder entronnen zu sein, verehrten ihn in geradezu überschwenglicher Weise, wie dies seit unvordenklichen Zeiten nicht mehr üblich gewesen war. Antonius war so ganz anders als Caesar, er war nicht nur um 15 Jahre jünger, er bemühte sich auch, seinem großen Vorbild nachzueifern, ohne ihn jedoch in den wesentlichen Dingen erreichen zu können. Nach Philippi war Antonius ganz zweifellos der berühmteste Mann seiner Zeit, er fühlte sich als der ungekrönte König des ganzen Orients. Auch Ägypten wollte er in seine Pläne einbeziehen. Deshalb entsandte er seinen Freund Q. Dellius nach Alexandrien; er überbrachte der Königin die Aufforderung, sie möge sich für ihre Haltung im Bürgerkrieg vor Antonius rechtfertigen. Es mag sein, daß bei Antonius die Neugierde irgendwie mit im Spiel gewesen ist, hatte er sie doch schon im Jahre 55 in Alexandrien gesehen, und auch Antonius war es nicht verborgen geblieben, daß sie eine ganz außergewöhnliche Frau war. Von ihrem Charme und ihrer Intelligenz erzählte man sich wahre Wunderdinge. Die Königin aber gehorchte und erschien im Jahr 41 zu Schiff in Tarsos in Kilikien. Sie fuhr den Fluß Kydnos aufwärts, und zwar nicht auf einem der damals üblichen Reiseschiffe, sondern auf einer Prachtbarke, die Segel waren aus Purpur, der Farbe der Könige, die Ruder mit Silber beschlagen, zum Takt der Ruderer spielte eine sanfte Flötenmusik. Die Königin selbst lag in ihrem aus Gold gewirkten Prachtzelt, ihr zur Seite Knaben mit bunten Fächern, gekleidet als Eroten, daneben Dienerinnen, den Nereiden und Sirenen vergleichbar. Das Schiff aber verströmte alle Wohlgerüche des Morgenlandes. Es gab einen riesigen Auflauf des Volkes, alles eilte zum

Fluß, und Antonius sah sich auf dem Marktplatz von Tarsos allein gelassen, zum ersten Mal in seinem Leben nach der Schlacht bei Philippi. Seine Einladung zum Mahl lehnte Kleopatra ab, sie antwortete vielmehr mit einer Gegeneinladung, Antonius nahm sie ohne weiteres an und geriet, ohne es zu wollen und zu wissen, alsbald in den Zauberkreis der Kleopatra, aus dem es für ihn kein Entrinnen mehr geben sollte. Kein Wunder, wenn er ihre Wünsche in generösester Weise erfüllte! Als sie verlangte, man möge sie von der Existenz ihrer Schwester Arsinoe befreien, hat ihr Antonius die Bitte erfüllt. Obwohl diese fernab von Ägypten weilte, hielt Kleopatra die Schwester für eine ernsthafte Rivalin, Arsinoe aber fand ein trauriges Ende: man zerrte sie aus dem Tempelasyl in Ephesos hervor, in das sie sich geflüchtet hatte, und schickte sie in den Tod, eine Tat, die jedem göttlichen und menschlichen Recht zuwiderlief. Aber darum haben sich weder Kleopatra noch Antonius gekümmert, Menschenleben galten ihnen wenig. Wer ihnen im Weg stand, der mußte fallen. Liebe und Grausamkeit, Sinnlichkeit und Härte, Sympathie und Haß – dies alles wohnte in der Brust der Königin, die es von Jugend auf gelernt hatte, sich ihrer Vorzüge als Frau zu bedienen, wenn es galt, persönliche und politische Vorteile zu erringen. Sie war wohl niemals eine naive Liebende, weder in ihrem Verhältnis zu Caesar und noch weniger als die Geliebte des Antonius. Und was entscheidend ins Gewicht fiel: mit ihrer immer zur rechten Zeit ins Spiel gebrachten Berechnung hat sie ihre Liebhaber vollkommen in ihren Bann gezogen, sie kamen von ihr nicht wieder los, und es ist kein Zufall, wenn die Beziehungen Kleopatras zu Caesar und Antonius erst durch zwei Katastrophen beendet worden sind.

Den Winter des Jahres 41/40 v. Chr. verbrachte das unzertrennliche Paar in Alexandrien. Es war ein Winter voll von Festivitäten und Ausschweifungen, wie sie nur der raffinierte Luxus einer antiken Weltstadt hervorbringen kann. Die Führende scheint die Königin gewesen zu sein, Antonius stand völlig in ihrem Bann. Kleopatra war ganz unerschöpflich in der Erfindung immer neuer Vergnügungen, weder bei Tag noch bei Nacht wurden sie unterbrochen. Kleopatra beteiligte sich am Würfelspiel, an den ausgedehnten Symposien, an den Jagden, sie sah dem Antonius bei seinen Fechtübungen zu (er unterließ sie auch in Alexandrien nicht, um nicht völlig einzurosten), und wenn es dunkel wurde, so schwärmten sie in Verkleidungen durch die Straßen der Stadt, indem sie mit den erschrockenen Einwohnern ihren Schabernack trieben. Kleopatra hatte das Gewand einer Dienerin, ihr Geliebter die Tracht eines Sklaven angelegt. Dabei kam es gelegentlich zu wüsten Prügelszenen, denn die Einwohner wußten nicht immer, wen sie vor sich hatten, obwohl man hinter diesen Gestalten Antonius und Kleopatra vermutete. Die Alexandriner, so meint Plutarch (Leb. d. Antonius 29), seien im übrigen nicht unwillig über die Streiche der beiden gewesen, sie hätten im Gegenteil ihren Spaß daran gehabt. Sie pflegten zu sagen, daß Antonius gegenüber den Römern das tragische Antlitz, ihnen aber das komische gezeigt habe. Und dann erzählt Plutarch noch eine sehr heitere Szene, die sich beim Fischen ereignet habe. Antonius, der an diesem Tag wenig Glück hatte, ließ an seiner Angel einen Fisch befestigen, den er vorher gefangen hatte; aber er hatte wieder Pech, Kleopatra hatte ihn durchschaut und befahl einem ihrer Diener, unterzutauchen und an die Angel ihres Freundes einen gesalzenen pontischen Hering zu hängen. Als Antonius voller Freude die Angel aus dem Wasser zog, erhob sich ein wahrhaft homerisches Gelächter. Allein Kleopatra war der Situation gewachsen, sie rief dem mißgelaunten Sportfischer zu: „Imperator, gib deine Angel den Fischern[12] von Pharos und Kanopos! Dein Sport ist nicht das Angeln, sondern die Jagd auf Städte, Königreiche und ganze Kontinente". Wenn die Geschichte nicht wahr ist, so ist sie doch gut erfunden: Spott und Schmeichelei sind einander nahe benachbart. All diese Dinge vermögen aber nicht zu verdecken, daß bei der Königin nüchterne politische Berechnung mit im Spiel war: im Jahr 41 war Antonius der bei weitem mächtigste Mann auf Erden, vor ihm neigten sich die Völker des Vorderen Orients, an seiner Tür antichambrierten die Gesandten aus aller Welt, und selbst im Westen des Imperiums, in Gallien und in Italien, hatte Antonius zahlreiche Anhänger, die bereit waren, sich für ihn einzusetzen. All diese Dinge waren der Kleopatra nicht nur gut bekannt, sie vermochte sie auch in ihrer Bedeutung zutreffend einzuschätzen. Wenn es ihr gelang, diesen Mann auf die Dauer an ihre Person zu binden, so mußte auch auf sie ein Abglanz seines Ruhmes zurückstrahlen. Die Frage, wer in diesem Bund die treibende Kraft gewesen ist, läßt sich mit Zuversicht beantworten: es war Kleopatra, nicht Antonius, der ihr nur solange diente, als er sich in ihrem Bannkreis befunden hat.

Inzwischen waren im Westen des Reiches Ereignisse eingetreten, die auch Antonius nicht völlig kalt lassen konnten. Zuerst, im Jahre 41/0, der sog. Perusinische Krieg, für den Fulvia, die Gattin des Antonius, die Hauptverantwortung trägt. Octavian hat die Flamme dieses Krieges ausgelöscht, jedoch nicht ohne Grausamkeit. Antonius hat sich nicht in ihn eingemischt, er war viel zu weit vom Schuß, und an einem Bruch mit Octavian hatte er gerade in dieser Zeit kein Interesse. Da überschwemmten die Parther mit ihren Reiterheeren unter dem Römer Labienus weite Gebiete Vorderasiens, sie gelangten sogar bis an das Ägäische Meer; es wurde hohe Zeit, mit ihnen abzurechnen. Antonius eilte zu Schiff nach Italien, er brauchte die Hilfe Octavians. In Brundisium traf er mit ihm zusammen (September 40), das Ergebnis war ein

Vertrag, wonach Octavian den Westen, Antonius den Osten des Imperiums regieren sollte. Dies aber bedeutete, daß Octavian dem Rivalen den Partherkrieg überließ, der sich bereits am Horizont abzeichnete. Damit waren die Würfel gefallen. Antonius hatte sich für den Orient entschieden, die Trennungslinie zwischen den Gebieten der beiden Machthaber verlief durch den Ort Skodra (Skutari) in Illyrien. Der Pakt der beiden mächtigsten Männer der Welt wurde durch ein Ehebündnis besiegelt. Antonius reichte der Octavia, der Schwester Octavians, die Hand (seine Gattin Fulvia lebte nicht mehr). Für seinen Krieg gegen die Parther brauchte Antonius die Rekruten aus Italien, und die Persönlichkeit der Octavia, die als eine der geistreichsten Frauen der Römer geschildert wird, siegte über die Erinnerung an die ägyptische Königin; diese stand zwar, wie man annehmen muß, mit Antonius durch Botschaften in Verbindung, ihr Bild aber mußte mit der Zeit im Herzen des Antonius verblassen, während nun Octavia all sein Denken und Fühlen beherrschte. War Antonius gegenüber der Herrscherin in Alexandrien undankbar? Man wird dies bejahen müssen, aber die Politik hatte den Vorrang, das Verhalten des Antonius wird aus machtpolitischer Perspektive verständlich; er vergaß die Schwüre, die er der Kleopatra geleistet hatte. Wie aber mag diese das Verhalten ihres Patronus beurteilt haben? Hätte sie für seine Lage Verständnis aufbringen sollen? Oder zürnte sie ihm und schalt ihn einen Ungetreuen, einen Verräter? Als Unterpfand der Liebe besaß sie (seit dem Jahr 40) Zwillinge von Antonius, einen Sohn namens Alexander Helios, und eine Tochter, Kleopatra Selene. Die Namen sind bemerkenswert. Sie haben eine kosmische Bedeutung und symbolisieren die Ewigkeit des Herrschertums, so wie Sonne und Mond von Ewigkeit zu Ewigkeit bestehen. Die Ewigkeit der ptolemäischen Dynastie, das war eine Idee, die Kleopatra bewegte, und sie rechnete fest damit, daß Kaisarion und ihre Kinder von Antonius die Dynastie fortsetzen würden.

Von Kleopatra berichten die antiken Quellen während der Abwesenheit des Antonius nicht das Geringste. Die Zeit – es waren immerhin mehr als drei Jahre, von 40 bis 37 v. Chr. – wird für sie sehr bitter gewesen sein, zumal wenn sie sich daran erinnerte, daß der Geliebte an der Seite einer anderen Frau für sie als verloren gelten mußte. Denn inzwischen waren auch aus der Ehe des Antonius und der Octavia zwei Kinder hervorgegangen, Antonia Maior, geboren im Jahr 39, und Antonia Minor, geboren im folgenden Jahr. Und als sich Antonius in den Osten begab, im Jahr 37, soll Octavia wiederum schwanger gewesen sein, von der Geburt des Kindes erfährt man jedoch nichts. Octavia ist es auch gewesen, die zur Vorbereitung des Paktes von Tarent (37) das Ihre beigetragen hat, die Vereinbarung der beiden Machthaber, des Octavian und des Antonius, ist ganz wesentlich auf ihre Initiative zurückzuführen.

Er beendete das Wettrüsten zwischen dem Bruder und dem Gatten, das ihr so schwere Sorgen bereitet hatte. Die Vereinbarungen von Tarent aber waren für Antonius die Voraussetzung für die Aufnahme des Partherkrieges, in dem sich der Triumvir neuen Ruhm zu erwerben gedachte. In der Tat schien es notwendig, die Parther in die Schranken zu weisen, da die römische Niederlage unter Crassus bei Carrhae (53) immer noch nicht gerächt worden war. Was Antonius jedoch plante, war eine völlige Niederwerfung des Partherreiches. Dabei glaubte er, auf die Hilfe Ägyptens nicht verzichten zu können. Und dies mußte, wohl oder übel, wieder zu einer Annäherung an Kleopatra führen, der er, durch die Verhältnisse gezwungen, länger als drei volle Jahre ferngeblieben war. Kaum war Antonius in Syrien an Land gegangen, da entbot er Kleopatra zu sich, sie gehorchte – wie lange hatte sie auf den Ruf ihres Herrn und Gebieters warten müssen! Den Winter des Jahres 37/6 verlebten Antonius und Kleopatra gemeinsam in der alten Diadochenresidenz Antiocheia am Orontes. Octavia war aus dem Gesichtskreis des Antonius entschwunden, nur selten belebte sich die Erinnerung an die Gattin des Antonius, wenn ihn Korrespondenzen aus Rom und Italien erreichten, darunter auch besorgte Briefe der Octavia. Aber die neu entfachte Leidenschaft war größer, und jetzt endlich hat Antonius den Bund mit der ägyptischen Königin legalisiert: Antonius sah nun Kleopatra als seine rechtmäßige Gattin an. Dies ist jedenfalls die natürliche Auslegung, die sich aus Antonius' eigenen Worten (bei Sueton, Augustus c. 69) ergibt. Man hat dieses Zeugnis in Zweifel ziehen wollen. So hat Konrad Kraft[13] gemeint, der Satz *Uxor mea est* („sie ist meine Frau') an der angegebenen Suetonstelle sei als Fragesatz aufzufassen – was natürlich die Aussage in das genaue Gegenteil verkehren würde –, aber dies gäbe kaum einen rechten Sinn, und wenn Antonius hätte sagen wollen, Kleopatra sei *nicht* seine Gattin, so hätte er sich doch wohl unzweideutiger ausdrücken müssen. Und die Kinder der Kleopatra von Antonius, Alexander Helios und Kleopatra Selene? Die Zwillinge standen im vierten Lebensjahr, und man wird annehmen müssen, daß auch sie damals von Antonius legitimiert worden sind. Noch im Jahr 36 gebar Kleopatra wieder ein Kind des Antonius. Es erhielt den Namen Ptolemaios Philadelphos, einen dynastischen Namen, der die großen Zeiten der Ptolemäer wieder heraufbeschwören sollte. Umgeben von ihren Kindern, zu denen auch Kaisarion zählte, war Kleopatra das Haupt des Ptolemäerreiches, Antonius aber, ihr Gemahl, hatte sich ganz eindeutig für die Königin entschieden, ohne jedoch der Octavia den Scheidebrief zu übersenden. In dieser Hinsicht war Antonius nicht kleinlich. Hatte er nicht in Rom die Gattin Fulvia gehabt, als er in Ägypten mit Kleopatra zusammenlebte? Man darf diese Dinge nicht zu sehr vom juristischen Standpunkt aus betrachten, sehr viel wichtiger sind machtpolitische Gesichtspunkte, die in der Tat für die Beziehungen des Antonius zu der Königin nicht ignoriert werden dürfen. Antonius aber ließ das Porträt der Kleopatra auf der Rückseite seiner Münzen abbilden; auf diese Weise wurde der Bund der beiden auch der Öffentlichkeit zur Kenntnis gegeben. Und dazu kam noch die Übereignung von Territorien an Kleopatra, eine Schenkung, die man als eine „territoriale Morgengabe" bezeichnet hat. Hierzu gehörte die phönikische Küste vom Eleutherosfluß (Litani) bis nach Sidon, die Insel Cypern, das Küstengebiet Kilikiens, dazu noch Ländereien in Kreta, Judäa und im Nabatäerland. Auf Kosten des römischen Imperiums zeigte sich Antonius außerordentlich großzügig, was ihm, nicht nur von Octavian, sehr verdacht worden ist. Aber auch hier hatten dem Antonius juristische Bedenken völlig ferngelegen. Es war seine angeborene Noblesse, die ihn zu diesem kostspieligen Geschenk bewogen hat. Kleopatra hat die Territorien mit großer Freude entgegengenommen, sie dienten der Arrondierung des Ptolemäerreiches, das sich auf dem Wege befand, zu einer achtunggebietenden Macht in Vorderasien emporzusteigen. Kleopatra hat die Schenkung jedenfalls als so wichtig angesehen, daß sie vom Jahr 36 v. Chr. eine neue Ära begonnen hat, wobei das 16. Jahr ihrer Regierung, das Jahr 36 v. Chr., als das ‚Jahr 1' bezeichnet worden ist. Für Kleopatra begann damit ein neues Zeitalter, ihr Triumph als Frau und Königin war vollständig. Die frühere Forschung hat gelegentlich die neue Datierung (16. = 1. Jahr) auf die Eheschließung des Antonius und der Kleopatra bezogen (so der gelehrte französische Inschriftenkenner Letronne), aber diese Ansicht wird durch ein eindeutiges Zeugnis des Porphyrios (3. Jh. n. Chr.), wiedergegeben bei Eusebius[14], widerlegt. Im übrigen soll Kleopatra mit der Schenkung nicht einmal zufrieden gewesen sein, sie hat noch mehr gefordert, was Antonius ihr aber abgeschlagen haben soll. Da dies aber in einer für Kleopatra notorisch feindlichen Quelle steht, bei Flavius Josephus[15], so scheint hier Skepsis notwendig. Auf jeden Fall war es Kleopatra gelungen, persönliche und machtpolitische Aspirationen miteinander zu verbinden. Sollte es ihr auch möglich sein, mit Hilfe des Antonius das Ptolemäerreich noch einmal auf den Gipfel seiner Macht zurückzuführen? Vielleicht wäre ihr das auch gelungen, wenn sich ihr nicht weltpolitische Ereignisse als Hindernisse in den Weg gestellt hätten. Von ihnen wird sogleich noch zu sprechen sein.

Kleopatra war im Jahre 36 v. Chr. ungefähr 34 Jahre alt, zwar schon eine *femme de trente ans,* aber sie wurde immer noch den Männern gefährlich, da sie es selbst mit den Gebildetsten durch ihre Intelligenz ohne weiteres aufnehmen konnte. Aber welchem Ziel strebte sie zu? Hatte sie wirklich einen konkreten Plan? Hing nicht alles ab vom Erfolg ihres Gatten Antonius, der sich die Niederwerfung der Parther als nächstes Ziel gesetzt hatte? Und war es nicht wahrscheinlich, daß der Sieger über die Parther auch vor dem letzten Schritt, sich zum König über den gesamten Orient krönen zu lassen, nicht zurückschrecken würde? Auf diesen Moment wartete Kleopatra. Es war klar, daß sie reichen Anteil am Ruhm des Antonius erhalten würde, wenn die Partherpläne so, wie sie vorgesehen waren, zur Durchführung kamen. Und wenn erst die Parther besiegt waren, dann konnte der neue Alexander, als der sich Antonius fühlte, auch dem Octavian das Gesetz des Handelns vorschreiben, denn es war nicht anzunehmen, daß Antonius sich allein auf den Osten beschränken würde. Aber dies alles waren Zukunftsphantasien, ihre Durchführung mußte der Zeit nach dem Partherfeldzug und dem Sieg über den parthischen Großkönig vorbehalten bleiben.

Es kam jedoch alles ganz anders. Der mit dem Einsatz von nicht weniger als sechzehn Legionen unternommene Partherfeldzug des Antonius[16] scheiterte im Herbst des Jahres 36 an den festen Mauern von Gazaka/Vera (später Phraaspa genannt) in Media Atropatene. Auf dem Rückzug nach Armenien, der von fern an den Rückzug der Großen Armee in Rußland im Jahr 1812 erinnert, büßte Antonius ein volles Drittel seines Heeres ein, es war dies ein furchtbarer Aderlaß, den er niemals wieder ersetzen konnte, und dies umso weniger, als Octavian ihm nun die Werbungen in Italien und überhaupt im Westen des Reiches unterband.

Der Partherfeldzug hatte nicht nur die Bedeutung eines vorübergehenden militärischen Rückschlags, mit seinem Scheitern begann eine neue Ära im Leben des Antonius und der Kleopatra. Aber das Unglück führte die beiden nur noch enger zusammen, sie waren aufeinander angewiesen; wenn der eine fiel, so mußte auch die andere fallen.

In den jüdischen Quellen werden ganz erstaunliche Dinge von Kleopatra erzählt. Als Antonius sie vor Eröffnung des Partherfeldzugs nach Alexandrien entlassen hatte, soll sie von Damaskus aus Herodes von Judäa aufgesucht haben, angeblich um den Pachtzins für die Ländereien am Toten Meer von ihm einzutreiben. Dabei habe sie, so behauptet Flavius Josephus, den Herodes verführen wollen, um ihn, wenn die Tat ruchbar geworden wäre, bei Antonius unmöglich zu machen. Darüber kann jedoch nicht der geringste Zweifel bestehen, daß diese Geschichte eine ganz bodenlose Erfindung des Josephus gewesen ist: sie wird allein schon dadurch diskreditiert, daß Herodes der Königin das Ehrengeleit bis nach Pelusion gegeben hat. Zwischen den beiden war nicht das Geringste vorgefallen. Man sieht hieran, zu welchen Verleumdungen Josephus gegenüber einer Frau und Königin fähig gewesen ist, die überall als Gegnerin der Juden bekannt war. Wie hätte Herodes auch nur den

Plan in Betracht ziehen können, die Königin zu ermorden, wie man dies bei dem jüdischen Historiker nachlesen kann?

Nach dem Scheitern des Partherfeldzuges aber brauchte Antonius die Königin notwendiger denn je. Er entbot sie nach Leuke Kome, einem kleinen Hafen zwischen Berytos (Beirut) und Sidon. Kleopatra brauchte einige Zeit, um die für Antonius bestimmten Hilfssendungen zusammenzustellen. Endlich erschien sie mit ihrem Schiff auf der Reede, Antonius hatte sie mit größter Ungeduld erwartet. Wiederum verbinden sich in dieser Situation im Leben der beiden Liebe und Politik, und für den Triumvirn war die Hilfe der Kleopatra in seiner Notlage geradezu ein Geschenk des Himmels. Nun aber gab es für ihn kein Schwanken mehr: er schnitt alle Verbindungen mit dem Westen ab und ging endgültig in das Lager der Königin über. Wenn ihn jedoch noch jemand retten konnte, so war es Kleopatra. Als ihm die Nachricht überbracht wurde, Octavia habe sich auf die Reise in den Osten begeben, um ihm 2000 Soldaten und Vorräte zuzuführen, da gab er ihr die Weisung, unverzüglich nach Italien zurückzukehren. Auf diese Hilfesendung verzichtete er, sie hätte ihm auch nur wenig nützen können.

Im übrigen aber mußte Antonius das Angebot Octavians als völlig ungenügend betrachten, der Rivale im Westen hatte ihn praktisch abgeschrieben. Wie es heißt, soll es Kleopatra gewesen sein, die dem Antonius den Entschluß der Absage an Octavia mit Wehklagen und der Drohung, sie würde sich selbst den Tod geben, abgerungen haben soll. Dies mag sogar der geschichtlichen Wahrheit entsprechen – die Konsequenzen des Entschlusses aber waren noch unabsehbar. Antonius hatte das Tischtuch zwischen sich und Octavian zerschnitten, der Westen und der Osten des Reiches gingen von diesem Zeitpunkt an – man schrieb das Jahr 35 v. Chr. – eigene Wege.

Der Gegensatz zwischen den Interessen des Herodes und der ägyptischen Königin führte noch einmal zu Spannungen, bis es dem geschickten Politiker Herodes gelang, sich vor dem Angesicht des Antonius von allen Vorwürfen zu reinigen. Kleopatra war hierüber wenig glücklich, sie sah nämlich in Herodes ihren persönlichen Feind, den sie mit glühendem Haß verfolgte, und zwar ebenso aus persönlichen wie aus politischen Gründen. Sie hätte das Reich des Herodes in Palästina am liebsten ausradiert, aber Antonius konnte es sich nicht leisten, auf den Vasallen zu verzichten, da halfen alle Bitten und Beschwörungen der Kleopatra nichts, denn Herodes hatte einen festen Platz im System der östlichen Vasallenstaaten, die nach dem mißglückten Partherfeldzug wichtiger waren als zu irgendeiner Zeit vorher.

Aber der Sieg Kleopatras über ihre Rivalin Octavia war vollständig. Die Römerin war gedemütigt worden (sie hatte es in keiner Weise verdient). Die

Königin von Ägypten hatte ihr seit langem erstrebtes Ziel erreicht: Antonius, ihr Gemahl und Patronus, hatte sein Schicksal auf Gedeih und Verderb mit dem ihren verbunden. Für Antonius gab es nun kein Zurück mehr, er mußte den Weg mit Kleopatra bis ans Ende gehen.

Die Bindung der beiden wurde noch enger, als Antonius sich, nachdem er auf den erneut geplanten Partherfeldzug verzichtet hatte, gegen Armenien und dessen König Artavasdes wandte (34), den er als den an der Niederlage Hauptschuldigen betrachtete, natürlich ganz zu Unrecht. Mit Terror und Verrat brachte Antonius den bedauernswerten König in seine Gewalt, man legte ihn in silberne Ketten und schaffte ihn nach Alexandrien. Hier zierte er den Triumphzug des Antonius. Er wurde weiterhin in Alexandrien gefangengehalten. In der allerletzten Zeit der Kleopatra wurde er sogar noch hingerichtet.

Der Triumph des Antonius war der allererste, der außerhalb Roms gefeiert worden ist. In der Welt des Vorderen Orients machte er einen gewaltigen Eindruck. Der Triumph aber war letzten Endes eine Absage an Rom und an alles römische Wesen. In Rom war die Empörung groß, und wenn Antonius seinen Lorbeerkranz in die Hände des alexandrinischen Sarapis legte, so zeigt dies, wohin sein Weg führte. Antonius war dabei, sich im Orient als Weltherrscher und Nachfolger Alexanders zu etablieren. Dabei assistierte ihm Kleopatra, sie ließ sich, auf hohem Thron sitzend, die Proskynese erweisen. Dabei aber hatte sie nicht mit der Zivilcourage des armenischen Königs gerechnet, der sich ganz offen weigerte, vor ihr in den Staub zu sinken (was ihm Kleopatra nie verziehen hat). Alsdann vollzog sich die berühmte Szene im Gymnasium zu Alexandrien, und zwar nur wenige Tage nach dem Triumph. Auf erhöhtem Tribunal saßen Antonius und Kleopatra, umgeben von ihren Kindern und den Würdenträgern des Reiches, römischen Offizieren und makedonischen Statthaltern in buntem Durcheinander. Für die Königin hatte man einen goldenen Thron errichtet, die Tribüne war mit Silber beschlagen, das Volk sah auf ihr die mächtigsten Herrscher des Orients, zusammen mit ihren Kindern, Kaisarion in römischem Gewand, die anderen Prinzen in der Prachtkleidung der Herrscher des Ostens. Und hier tat Antonius den letzten Schritt, der ihm noch zu tun übrig geblieben war: Er rief Kleopatra vor allem Volk zur „Königin der Könige" aus *(basílissa basiléon),* ihre Kinder zu Königen. Und zwar sollte Kleopatra über Ägypten und Libyen herrschen, außerdem sollte sie eine Art von Oberherrschaft über ihre Kinder ausüben. Kaisarion, der Älteste, wurde zum Mitregenten der Mutter proklamiert. Alexander Helios sollte die Herrschaft über Armenien und Medien einschließlich aller Gebiete östlich des Euphrats innehaben, Kleopatra Selene sollte über Kyrene (das eine römische

Provinz war), Ptolemaios Philadelphos über die ptolemäischen Nebenlande von Syrien und Phoinikien bis nach Kilikien regieren. Die Wirklichkeit sah allerdings ganz anders aus; denn weder Antonius noch Kleopatra hatten in den Ostländern irgendetwas zu sagen, und wortreiche Proklamationen vor dem Gymnasium in Alexandrien konnten nicht ersetzen, was hier an wirklicher Macht nicht vorhanden war. Auch bei dieser nach außen hin sehr eindrucksvollen Szene hatte Antonius den allmächtigen Patronus der Ptolemäer gespielt. Er hatte eine gewisse Schwäche für prunkvolle Massenszenen, und das Volk der ägyptischen Hauptstadt war hingerissen von seiner alles überwältigenden Männlichkeit. Kleopatra aber, die im Gewand der Göttin Isis aufgetreten war, bezeichnete sich von nun an als die „Neue Isis" *(Nea Isis),* und zwar ganz offiziell. Hier aber war die Schranke zwischen dem Menschlichen und dem Göttlichen überwunden, die Königin war schon zu ihren Lebzeiten zu den Göttern emporgehoben. Mit vollem Recht bemerkt dazu Felix Stähelin: „Was Caesar vergeblich angestrebt hatte, eine griechisch-römische *basileia,* ein Königreich mit römisch-hellenistischer Doppelnatur, war jetzt in hellenistisch-römischer Form verwirklicht[17]". Doch vor den letzten Konsequenzen ist Antonius – hierin seinem großen Vorgänger Caesar vergleichbar – noch zurückgeschreckt: nirgends findet sich das geringste Anzeichen dafür, daß sich Antonius etwa als „König der Könige" an der Seite der Kleopatra hätte proklamieren lassen wollen; es genügte ihm, wenn er als Patronus die tatsächliche Macht in den Händen hatte. Und was hat ihn letztlich zurückgehalten? Es dürfte die fehlende Legitimation gewesen sein. Antonius konnte zwar der Gatte einer Königin sein und ihr Beschützer, nicht aber ein Herrscher von Gottes Gnaden, begabt mit einem persönlichen Charisma. Man sollte diesen Unterschied nicht gering achten, er rührt an die letzten Geheimnisse des antiken Herrschertums.

Die Schenkungen von Alexandrien (34 v. Chr.) sind dem Antonius in Rom sehr verdacht worden. In der Tat gab er die römischen Traditionen preis, in denen er aufgewachsen war. Er fühlte sich nämlich als ein neuer Alexander. Man braucht sich nicht zu wundern, wenn in Rom die unsinnigsten Gerüchte die Runde machten. Ganz besonders die Gelage, die am Hofe der Kleopatra veranstaltet wurden, gaben zu vielen boshaften Bemerkungen Anlaß. Auch Römer sollen sich nicht gescheut haben, an den Symposien teilzunehmen wie etwa Munatius Plancus (der später einer der intimsten Freunde des Augustus geworden ist). Im Kostüm des Meergreises Glaukos soll er vor der Hofgesellschaft einen lasziven Tanz aufgeführt haben. Und als Kleopatra mit Antonius in purem Übermut eine Wette einging, indem sie behauptete, sie könne 10 Millionen Sesterzen auf einmal verschlingen, da soll derselbe Munatius Plancus die Funktion des Schiedsrichters übernommen haben. Kleopatra aber soll eine unendlich kostbare Perle in Essig aufgelöst und dann hinuntergeschluckt haben – wenn es wirklich wahr ist, was die antiken Quellen (vor allem Plinius, n. h. IX 119 ff.) hierüber berichten. Vielleicht ist dies aber nur ein märchenhaftes Gerücht. Auch Erzählungen wie die von dem Amethyst als Amulett gegen Trunkenheit und die von dem goldenen Nachtgeschirr der Königin – dies alles sind Ausschmückungen einer ausufernden Phantasie, die aber in Rom selbst von seriösen Männern geglaubt worden sind, weil man in Alexandrien, dem Babel der Antike, alles für möglich hielt. Insbesondere die früheren Freunde des Antonius, die auf die andere Seite übergegangen waren, wie C. Asinius Pollio und M. Valerius Messalla, konnten sich nicht genugtun, das Haremsleben des Antonius in den glühendsten Farben zu schildern. Aber dies gehört bereits in die Propaganda, die von den Gegnern des Antonius betrieben wurde. Sie hat sich den dankbaren Stoff nicht entgehen lassen, Antonius als eine rücksichtslose Landsknechtsnatur und Kleopatra als eine abgefeimte Zauberin erscheinen zu lassen, die den Römer völlig in ihren Bann geschlagen habe.

In der Tat ging es in Alexandrien hoch her. Tafelfreuden wechselten mit Jagden, raffinierte Symposien mit vulgären Vergnügungen auf den Straßen der Hauptstadt. Antonius war von einem Schwarm von Parasiten und Schmeichlern umgeben. Sie alle redeten ihm nach dem Munde und priesen ihn als den größten Feldherrn aller Zeiten. Antonius vergaß darüber die Wirklichkeit und lebte nur noch seinen Vergnügungen. Von Rom drang nur wenig in die Welt der beiden Liebenden, und besonders Antonius hatte natürlich allen Grund, seine Beziehungen zu Octavian zu verdrängen und aus seinem Herzen zu verbannen. Und zu Octavia waren die Brücken abgebrochen, Kleopatra regierte uneingeschränkt.

Aber so ganz ohne Wolken war auch der Himmel über Alexandrien nicht. Im Jahre 33 weilte Antonius noch einmal in Armenien. Zu einem Partherfeldzug hatte man keine Zeit mehr, die Rüstungen gegen den Rivalen im Westen, gegen Octavian, hatten bereits begonnen. Das Landheer wurde vom Osten nach dem Westen umdirigiert, die Legionen setzten sich von Armenien nach dem westlichen Anatolien in Bewegung. Antonius wählte als Hauptquartier die altberühmte Griechenstadt Ephesos, wohin ihm auch Kleopatra folgte (noch im gleichen Jahr). Zwischen Octavian und Antonius entwickelte sich ein Briefwechsel, der an Deutlichkeit nichts zu wünschen übrig ließ. Insbesondere Antonius, durch verschiedene Maßnahmen seines Rivalen gereizt, nahm nun kein Blatt vor den Mund mehr. Octavian war entrüstet, daß Antonius seine Kinder von Kleopatra und vor allem Kaisarion als Caesars Sohn anerkannt hatte. Octavian konnte dies unmöglich anders als einen Affront gegen seine eigene Position als Erbe des großen Caesar auffassen. Genug, die Spannungen der beiden Machthaber wurden nun vor aller Welt offenbar, nirgends aber fand sich ein Mann, der dem Ausgleich das Wort geredet hätte. Dies wäre wohl auch kaum möglich gewesen, denn solange Antonius an seiner Ehe mit Kleopatra festhielt, konnte er auf ein Verständnis in Rom schwerlich hoffen. Anderseits verstand es Kleopatra, sich dem Triumvirn immer unentbehrlicher zu machen. Vor allem die Flotte des Antonius war von den Versorgungsschiffen der Kleopatra abhängig, sie selbst aber wich nicht mehr von seiner Seite und ließ im übrigen alle Rücksichten auf römische Gebräuche vermissen. Antonius, immer noch verliebt, ließ es geschehen, daß Kleopatra seine Gerichtssitzungen durch ihre Liebesbillette störte, und als bei einer Verhandlung auf der Agora von Ephesos die Königin sich auf einer Sänfte vorbeitragen ließ, da soll Antonius alles liegen und stehen gelassen haben, er begab sich an die Seite Kleopatras und geleitete sie zu ihrem Wagen. An und für sich waren es ganz harmlose Dinge, aber die Gerüchtemacher stürzten sich gierig auf jede Nachricht, so daß die Freunde des Antonius in Rom einen schweren Stand hatten. Sie schickten daher Geminius auf die Reise zu Antonius, aber dieser konnte sich bei Antonius nicht durchsetzen, zumal Kleopatra einen Gegner in ihm witterte. Geminius soll den Antonius, und dazu noch in Gegenwart der Königin, gebeten haben, er möge sie nach Ägypten zurückschicken, worauf Kleopatra gesagt haben soll: „Du hast recht getan, Geminius, die Wahrheit zu sagen, ohne der Folter unterworfen zu werden". Die Anekdote ist historisch nicht sehr wahrscheinlich, noch weniger freilich die andere über das Dictum des Q. Dellius. Dieser nämlich soll der Königin vorgeworfen haben, sie ließe ihren Freunden sauren Wein vorsetzen, während die Freunde Octavians in Rom Falerner zu trinken bekämen.

In Rom hatte Octavian durch Überläufer (Munatius Plancus und Titius) Kunde von dem Testament des Antonius erhalten, das dieser bei den Vestalinnen deponiert hatte. Gegen jedes Recht erzwang Octavian die Herausgabe des Schriftstücks. In ihm stand unter anderem, daß Antonius in Alexandrien an der Seite der Kleopatra begraben zu werden wünsche. Außerdem fanden sich im Testament bedeutende Vermächtnisse für die Kinder des Antonius aus der Verbindung mit Kleopatra, und es fand sich die Anerkennung Kaisarions als Caesars Sohn. Bedurfte es noch weiterer Beweise, daß Antonius sein Vaterland vergessen habe und an der Seite der ägyptischen Königin ein Feind Roms geworden sei?

Antonius aber hatte (etwa im April 32 v. Chr.) sein Hauptquartier von Ephesos nach der Insel Samos verlegt. Hier begann vor einem Parkett von Königen und Dynasten, die aus dem ganzen Vorderen Orient, von Syrien bis Armenien, zusammengeströmt waren, eine Zeit, deren Charakteristik Festlichkeiten aller Art gewesen sind. Das Hauptquartier war umlagert von Schauspielern und Musikern, Aufführungen von Theaterstücken wechselten ab mit musischen Wettbewerben, jede Stadt im Machtbereich des Triumvirn soll angeblich einen Ochsen zum Opfer gespendet haben. Die fremden Könige wetteiferten untereinander mit Gaben und Schaustellungen, kurz, es war ein buntes Durcheinander, in dem sich die Pracht und die Macht des Antonius vor aller Welt manifestierte. Als Antonius, etwa im Mai 32, nach Athen übersiedelte, nahmen die Festlichkeiten hier ihren Fortgang. Die Dionysischen Techniten hatte er vorher nach Priene entlassen, nachdem er ihnen zahlreiche Privilegien verliehen hatte. Kleopatra bemühte sich auf ihre Art, die Gunst der Athener zu gewinnen, die sich vorher für Octavia begeistert hatten. Die Stadt vergalt es der Königin mit Ehrenbeschlüssen, und in der Abordnung, die ihr diese zu Füßen legte, befand sich auch Antonius, denn er besaß ja das attische Bürgerrecht. Octavia gegenüber zeigte er sich jetzt völlig rücksichtslos, ja sogar grausam. Er befahl ihr, sein Haus in Rom zu verlassen, ihre Kinder solle sie mitnehmen, nur Fulvius, der älteste Sohn des Antonius von der Fulvia, solle in seinem Haus zurückbleiben. Und zusammen mit diesem Befehl schickte Antonius endlich den Scheidebrief, der von Kleopatra erzwungen worden war (Mai/Juni 32). Antonius hatte damit das letzte ideelle Band, das ihn noch mit seiner römischen Frau verbunden hatte, zerrissen, Kleopatra hatte, zu einer späten Stunde, einen vollständigen Triumph über die Rivalin, die sie vor Jahren in Rom gesehen hatte, davongetragen. In Rom hielt sich die Version, Antonius habe den Verstand verloren, er sei nur noch ein Werkzeug in der Hand der ägyptischen Zauberin. Sein Wille gelte nichts mehr, sondern nur noch das, was die Ratgeber der Königin und die Kammerfrauen Iras und Charmion für richtig hielten. So urteilte jedenfalls Octavian. Natürlich entsprach dies nicht den Tatsachen, auch Octavian hat dies genau gewußt, aber er vermochte auf diese Weise auch jene, die immer noch dem Antonius zugetan waren, von der Nutzlosigkeit ihres Tuns zu überzeugen. Antonius, der Gefangene der Ägypterin, das war die herrschende Meinung in Rom.

Inzwischen war es für Antonius an der Zeit, sich um den strategischen Aufmarsch zu kümmern. Angriff oder Verteidigung, das war die Frage, die man sich im Stab des Antonius stellen mußte. Antonius entschied sich für die Defensive. Natürlich mußte dabei auf die Wünsche der Kleopatra Rücksicht genommen werden. Man wird sogar annehmen müssen, daß der Kriegsplan ausführlich mit ihr besprochen worden ist. Das Ergebnis war denkbar schlecht: es war eine weit auseinander gezogene Defensivstellung, die sich von Kyrene bis nach Korkyra erstreckte. Diese Aufstellung überspannte die Kräfte der Verbündeten und widersprach außerdem einem elementaren Grundsatz der Strategie, den Friedrich der Große so formuliert hat: „Wer alles defendieren will, defendiert nichts". Die Hauptmacht der Flotte konzentrierte Antonius an der Küste zwischen der Insel Korkyra und dem akarnanischen Festland. Hier befanden sich auch 200 Schiffe aus Ägypten. Man wollte eine Invasion Octavians verhindern, die Entscheidung sollte zur See gesucht werden. Diesen Gefallen aber hat Octavian seinem Gegner nicht getan. Im Gegenteil, unter der überlegenen Führung des M. Vipsanius Agrippa wurde die Flotte des Antonius in den Golf von Actium gedrängt, bald wurden die Lebensmittel knapp, da die Versorgung der großen Menschenmassen auf dem Landweg auf beträchtliche Schwierigkeiten stieß. Schließlich blieben dem Antonius nur noch zwei Möglichkeiten übrig: Antonius mußte versuchen, die Blockade zu sprengen (dann war freilich die große Masse des Landheeres einem ganz ungewissen Schicksal ausgesetzt) oder er mußte mit dem Heer nach Mittelgriechenland oder Makedonien abziehen, wobei wiederum die Flotte sich selbst überlassen blieb. Dies letztere war jedoch deswegen nicht praktikabel, weil dann Ägypten dem Feind preisgegeben worden wäre. So siegte im Kriegsrat der Vorschlag Kleopatras; sie votierte für einen Abmarsch des Heeres zu Land und für einen Durchbruch der Flotte zur See. Nichts aber zeigt deutlicher, wie eng Antonius an Kleopatra gebunden war, und zwar auch in der Strategie. Aber was hätte Antonius ohne Kleopatra noch tun sollen? Ging Ägypten verloren, so fiel der ganze Vordere Orient wie ein Kartenhaus zusammen, mit der Herrschaft des Antonius im Orient wäre es ein für allemal zu Ende gewesen.

Und wie war das Zahlenverhältnis bei Actium? Nach Plutarch (Leb. d. Anton. 61) verfügte Antonius über 500 Linienschiffe, zum Teil mit acht oder sogar mit zehn Ruderdecks, außerdem über eine Armee von 100000 Mann zu Fuß und 12000 Reiter. Zahlreiche Könige und Dynasten standen unter seinen Fahnen: Kontingente hatten gesandt Bocchus, der König von Mauretanien, Tarkondemos, der König des Oberen Kilikien, Archelaos von Kappadokien, Philadelphos von Paphlagonien, Mithradates von Kommagene, und Sadalas, der König der Thraker. Diese Herrscher waren bei Actium anwesend, Truppen hatten außerdem noch gestellt Malchos, der König der Araber, Herodes von Judäa, Amyntas, der König von Lykaonien und Galatien, sowie der König von Medien. Dem Octavian standen dagegen nur 250 Kriegsschiffe zur Verfügung, dazu 80000 Mann Infanterie und 12000 Reiter. Aus der Übersicht geht klar hervor, daß es dem Antonius auf Grund des Zahlenverhältnisses ohne weiteres möglich gewesen wäre, die Oberhand zu gewinnen – aber die Rücksichten auf Kleopatra haben ihn in ganz entscheidender Weise behindert, und eben darin ist die Ursache seiner Niederlage zu suchen. Bei Plutarch steht zu lesen, daß

Antonius Schwierigkeiten hatte, seine großen Schiffe ausreichend zu bemannen, so daß die Schiffskommandanten auf ganz ungeeignete Leute zurückgreifen mußten, unter denen sich selbst Landstreicher und Eselstreiber befunden haben. Seine Schiffe waren schwer beweglich, ganz anders als die schnellen und wendigen Schiffe des Gegners. In Verbindung mit der überlegenen Führung des M. Vipsanius Agrippa sollte sich dies als ein ganz entscheidender Vorteil für Octavian erweisen.

Was sich in der Seeschlacht bei Actium am 2. September 31 v. Chr. ereignet hat, ist im wesentlichen ein Durchbruchsversuch der Kleopatra, der im übrigen voll gelungen ist. Sie hatte mit sechzig Schiffen hinter der Front Stellung bezogen, um einen günstigen Moment für ihr riskantes Manöver abzuwarten. Mit einem Sieg hatte Antonius offenbar gar nicht gerechnet, denn er hatte einen Teil seiner Schiffe schon vor dem Beginn der Kampfhandlungen verbrennen lassen. Allein sechzig Einheiten hatte er für die Schlacht bereitstellen lassen. Sie waren mit der Elite seiner Kampftruppen besetzt, denn sie sollten den Kern eines neuen Heeres bilden, das er an einer anderen Stelle zu formieren gedachte, d. h. wahrscheinlich in Ägypten und in den Nachbarländern.
Dem Kriegsplan des Antonius und der Kleopatra ist Konsequenz nicht abzusprechen. Denn wäre er ohne zu große Einbußen gelungen, dann hätte Octavian noch einmal einen Krieg führen müssen, in dem es um die letzte Entscheidung, um Sein oder Nichtsein, gegangen wäre. Mit Hilfe des von Nordwesten her wehenden Windes gelang Kleopatra auf ihren Schnellseglern der Durchbruch durch die Reihen der Gegner, ihre Flottenabteilung folgte ihr, und Antonius, anstatt die Führung im Kampf von Schiff gegen Schiff zu übernehmen, verließ sein hochgerühmtes Admiralsschiff und stieg in einen Fünfdecker (Pentere) um, zusammen mit zwei Freunden, Alexas, einem Syrer, und Scellinus, einem Römer. Alle übrigen blieben zurück, sie waren einem ungewissen Schicksal überlassen. Antonius aber nahm den gleichen Kurs wie Kleopatra, ein günstiger Wind blähte die Segel, und bald waren die Schiffe am Horizont mit Kurs nach Süden, zur Peloponnesos, verschwunden. Kleopatra zog ein Signal auf und ließ Antonius auf ihr Schiff übersteigen, aber die beiden vermieden es, sich von Angesicht zu Angesicht zu sehen, zu tief war der Eindruck der verlorenen Seeschlacht. Antonius begab sich auf das Vordeck des Schiffes, er setzte sich nieder und nahm sein Haupt in beide Hände. Liburnische Schnellsegler aus der Flotte des Octavian kamen in bedrohliche Nähe, Antonius gab Befehl, den Kampf mit ihnen aufzunehmen, alle Feinde wurden abgewiesen, nur das Schiff des Eurykles, des Tyrannen von Sparta, setzte dem Schiff des Antonius zu. Eurykles aber kam so nahe, daß er einen Speer auf das Deck des Antonius schleudern und sich selbst zu erkennen geben konnte: „Ich

bin Eurykles, der Sohn des Lachares," so soll er gerufen haben, „dem die Tyche die Möglichkeit gibt, den Tod seines Vaters zu rächen". Schließlich aber wandte er sich dem zweiten Admiralsschiff zu, das schwer beladen war. Eurykles konnte dieses Schiff nehmen, kein schwerer Verlust für Antonius, denn die mit dem Schiff verlorengegangenen Lebensmittel waren leicht zu ersetzen. Antonius aber versank nach überstandener Gefahr wieder in Lethargie, drei Tage soll er auf dem Vordeck verbracht haben, man weiß nicht, ob er auf Kleopatra zornig war oder ob er sich vor ihr schämte. An Kap Tainaron an der Südspitze Lakoniens angelangt, führten die Frauen des Gefolges Antonius und Kleopatra wieder zusammen. Die beiden ließen sich überreden, wieder gemeinsam zu speisen und zu schlafen. So steht es bei Plutarch (Leb. d. Anton. 65 ff.). Dieser ist zwar kein Augenzeuge der Begebenheit gewesen, er dürfte aber über gute Quellen verfügt haben. Welche Gefühle mögen das Herz der Königin bewegt haben? Sollte sie versuchen, ihr eigenes Schicksal von dem des Patronus zu trennen? Und sollte sie dann an Octavian ein Friedensangebot richten? Konnte sie überhaupt hoffen, von diesem kühlen Rechner Gnade zu erwirken? Ihr allein, der Königin von Ägypten, nicht dem Antonius, galt der Krieg der Römer, und was ihr nach der Kapitulation bevorstehen würde, das vermochte sie sich unschwer vorzustellen. Sollte sie den Gedanken der Trennung von Antonius jemals ernstlich erwogen haben, so hat sie ihn bald als unrealistisch von sich gewiesen. Gerade die verlorene Seeschlacht bei Actium band die beiden Liebenden noch fester aneinander, sie mußten versuchen, die momentane Depression zu überwinden und nach neuen Möglichkeiten des Widerstandes Ausschau zu halten. In Rom herrschte das Gefühl vor, daß die Kriegsentscheidung durch die Flucht der Königin in eine ferne Zukunft verschoben worden sei. Der Siegesjubel des Horaz ist gedämpft, die große Feindin des römischen Volkes war noch keineswegs überwunden. Das hat man in Rom genau gewußt.

Auch Antonius schöpfte wieder Hoffnung. Er befahl dem Canidius, der das Landheer bei Actium führte, sich so schnell wie möglich über Makedonien nach Kleinasien abzusetzen. Seine Freunde beschenkte Antonius mit reichen Gaben und sandte sie nach Korinth, er gab ihnen den persönlichen Rat, sich mit Octavian auszusöhnen. Seinen Soldaten in Heer und Flotte war die Flucht ihres Feldherrn zunächst unbekannt geblieben. Als diese dann ruchbar wurde, da wunderten sich alle, daß er nicht weniger als 19 Legionen unbesiegter Soldaten und 12000 Reiter ihrem Schicksal überlassen hatte, aber sie hielten ihm auch weiterhin die Treue, die sie ihm geschworen hatten. Sieben Tage lang weigerten sie sich, auf die Kapitulationsvorschläge Octavians einzugehen. Erst als auch Canidius das Weite gesucht hatte, brach ihr Widerstand zusammen, sie ergaben sich dem Sieger, dieser aber versprach ihnen, er werde ihre Versorgung in großzügiger Weise in die Hand nehmen.

Während sich Antonius nach Libyen begab, schickte er Kleopatra über Paraitonion nach Ägypten voraus. In Libyen aber gingen die Legionen auf die Seite des Gegners, des Octavian, über. Kleopatra hatte mit bekränzten Schiffen und unter Siegesgesängen ihren Einzug in den Hafen von Alexandrien gehalten. Aber sie fühlte sich hier nicht mehr vor Octavian sicher, daher traf sie Anstalten, das Land Ägypten zu Schiff zu verlassen. Eine Anzahl von Schiffen brachte sie zu Land über den Isthmos an den Golf von Akaba, sie ließ ihre wertvollsten Schätze an Bord dieser Schiffe bringen, auch die Besatzung befand sich bereits auf den Schiffen. Aber die nabatäischen Araber verbrannten die Seefahrzeuge, so daß das Unternehmen aufgegeben werden mußte. Antonius aber, der angeblich immer noch nichts von der Kapitulation seines Landheeres bei Actium erfahren hatte, ließ sich auf der Insel Pharos ein Domizil erbauen. Hier lebte er in der Gesellschaft seiner Freunde und sagte, er wolle hier wie der Menschenfeind Timon leben, da seine Erfahrungen, die er habe machen müssen, keine anderen seien als die des Timon, insbesondere fühlte sich Antonius von aller Welt schlecht behandelt und von den meisten seiner Freunde verraten. Einige hielten freilich bei ihm aus, und diese bildeten den Klub der „Todesfreunde", sie gaben sich den Tafelfreuden hin und spielten mit dem Gedanken eines nahen Todes. Die Szene in Alexandrien war trostlos, der Wille des Antonius war zerbrochen. Kleopatra aber wälzte immer neue Pläne, wie sie Ägypten verlassen und sich der Rache Octavians entziehen könnte. Wohin sollte sie sich wenden? Nach dem Westen, nach Spanien, oder nach dem Osten, nach Asien oder gar nach Indien, das damals durch die Aufnahme der direkten Seefahrt über das hohe Meer dem Lande Ägypten um ein beträchtliches Stück näher gerückt war? Für alle Fälle erprobte sie eine Anzahl von tödlichen Giften. Diese wurden, um sie auszuprobieren, an Verbrecher verabreicht, die zum Tode verurteilt waren. Aber Kleopatra war mit der Wirkung des Giftes nicht zufrieden. Die stärkeren Giftsorten verursachten rasende Schmerzen, und die schwächeren brauchten zu lange, um den Tod herbeizuführen. Sie wandte sich daher der Beobachtung von Tieren zu, die sie gegeneinander hetzte. Dabei beobachtete sie, daß der Biß einer Schlange *(aspis)* einen verhältnismäßig schmerzlosen Tod herbeiführte. Aber sie gab immer noch nicht alles verloren. Sie schickte unter der Führung des Euphronios, des Lehrers ihrer jungen Kinder, eine Gesandtschaft an Octavian, der sich damals im Anmarsch von Syrien gegen Ägypten befand. Sie bat um die Herrschaft ihrer Kinder über Ägypten, während Antonius die Bitte aussprach, man möge ihn als Privatmann in Athen leben lassen, wenn er schon nicht in

Ägypten leben dürfe. Ein früherer Versuch, durch Alexas von Laodikeia, einen Freund des Antonius, zu Kontakten mit Octavian zu kommen, und zwar durch die Vermittlung des Idumäers Herodes, war fehlgeschlagen. Man hatte Alexas in Fesseln gelegt und ihn dann in Laodikeia töten lassen. Die Vorschläge des Antonius wies Octavian ein für allemal zurück, er soll aber Kleopatra aufgefordert haben, sie möge sich des Antonius entledigen, entweder dadurch, daß sie ihn umbringe oder daß sie ihn aus dem Lande weise. Unter den Gesandten Octavians befand sich ein Mann namens Thyrsos. Dieser aber machte sich durch ein längeres privates Gespräch mit der Königin verdächtig; Antonius wurde argwöhnisch, er ließ den Mann ergreifen und überantwortete ihn der Züchtigung durch Geißelung. Dem Octavian soll Antonius geschrieben haben, er möge den Thyrsos gleichfalls geißeln und dann aufhängen lassen. Mag diese Anekdote nun wahr sein oder nicht – immerhin kann man aus ihr entnehmen, daß Antonius mit dem Rivalen in Kontakt zu kommen versuchte. Da aber trat eine Pause in den Kriegshandlungen ein, Octavian wurde durch Agrippa nach Italien zurückgerufen, hier war seine Anwesenheit wegen der Schwierigkeiten mit den Veteranen dringend erforderlich geworden. Aber dies war nur noch eine Galgenfrist, denn im Frühjahr 30 v. Chr. rückten die Heere des Octavian von Osten und Westen gegen das Nilland heran. Als die Festung Pelusion gefallen war, offenbar ohne großen Widerstand, wollte ein Gerücht wissen, der Kommandant Seleukos habe die Stadt aufgegeben, nicht ohne die Zustimmung Kleopatras. Diese aber ließ an der Frau und den Kindern des Seleukos die Todesstrafe vollziehen. Sie griff zur Sippenhaftung, um auf diese Weise Furcht und Schrecken zu verbreiten. Im übrigen wurde jetzt auch die Königin von der Untergangspanik erfaßt, sie ließ alle ihre Pretiosen – Gold, Silber, Smaragde, Perlen, Ebenholz, Elfenbein und Zimt – in ihr Grabmonument bringen, das sie im Bereich der Königsburg beim Isistempel hatte errichten lassen. Dazu wurde im Grabmal viel brennbares Material, vor allem Werg und Holz, aufgespeichert. Kleopatra dachte an Selbstverbrennung, ihre wertvollsten Schätze wollte sie mit in den Tod nehmen. Anderseits aber glomm in ihr immer noch ein letzter Funke der Hoffnung, daß sich Octavian doch noch zu einem Übereinkommen bereit erklären würde. Am 14. Januar 30 hatte man noch einmal unter großem Aufwand den Geburtstag des Antonius gefeiert. Von dem Geburtstag der Kleopatra – er fiel entweder in den Beginn des Januar oder bereits in die letzten Wochen des Dezember – hatte man dagegen wenig Aufhebens gemacht. Wollte sie Antonius in Sicherheit wiegen? Sie kämpfte längst nicht mehr für ihn, sondern nur um ihr eigenes Leben und um das ihrer Kinder, und da konnte ihr nur einer helfen, das aber war Octavian, nicht Antonius. Die Reiterei Octavians war quer durch das Delta bis in die unmittelbare Nähe der alexandrinischen Stadtmauer vorgedrungen, hier aber stellte sich Antonius noch einmal zum Kampf. Zum letzten Mal trug er in einem Treffen den Sieg davon, er verfolgte den Gegner bis zu seinem Lager; noch berauscht von seinem Erfolg eilte er zu Pferd in die Königsstadt und schloß Kleopatra in seine Arme und küßte sie. Er präsentierte ihr den Tapfersten der Tapferen unter seinen Kriegern, Kleopatra überreichte diesem als Ehrengabe einen goldenen Brustpanzer und einen Helm aus dem gleichen Metall – es war vergebens, der hochdekorierte Soldat soll in der folgenden Nacht Fahnenflucht begangen haben und auf die Seite Octavians übergewechselt sein. In der Stadt Alexandrien herrschte in der Nacht bedrückendes Schweigen, jedermann erwartete Unheil. Antonius aber nahm mit Freunden und Dienern die letzte Mahlzeit ein, wobei er seine Aufwärter ermunterte, ihm reichlich einzuschenken, denn niemand wisse, was der Morgen bringen werde. In der Stadt aber hielt sich das Gerücht, Bacchus (oder Dionysos) habe den Antonius verlassen, und zwar habe der Gott seinen Weg durch jenes Tor genommen, das den Feinden gegenüber liege. Am folgenden Morgen – es war der 1. August 30 v. Chr. – versuchte Antonius noch einmal im Angesicht der Stadtmauern zu Wasser und zu Lande Widerstand zu leisten; es war umsonst, die Schiffe mitsamt der Besatzung und die Reiterei gingen zum Feind über, Antonius sah sich allein gelassen, denn die Infanterie hatte dem Druck des Feindes keinen Widerstand leisten können. Antonius sah sich in die Stadt gedrängt, er verwünschte Kleopatra, sie habe ihn verraten und dies, obwohl er nur ihretwegen Krieg geführt habe. Kleopatra aber flüchtete in das Grabmal, sie ließ die Zugänge durch feste Riegel verschließen, so daß niemand zu ihr hereinkommen konnte. Sie sandte Boten an Antonius, die ihm berichteten, die Königin sei tot. Antonius schenkte der Botschaft Glauben, er forderte einen treuen Sklaven namens Eros auf, ihn mit dem Schwert zu töten. Dieser aber stürzte sich vor Kummer selbst in das Schwert. Antonius soll daraufhin gesagt haben, der Sklave habe ihn gelehrt, wie man sterben müsse, und rannte sich das Schwert durch den Leib. Aber die Verwundung war nicht tödlich, und obwohl Antonius seine Freunde dringend bat, ihm den Gnadenstoß zu geben, wollte sich niemand dazu bereit finden. Es war eine furchtbare Szene: Antonius lag, sich windend und schreiend auf dem Ruhebett, bis der Geheimsekretär Diomedes von Kleopatra eintraf mit der Anordnung, Antonius ins Grabmal der Kleopatra zu bringen. Als Antonius, auf der Sänfte liegend, am Grabmonument angekommen war, wollte ihn Kleopatra nicht einlassen, sie hielt alle Türen verschlossen und zeigte sich an einem Fenster. Sie ließ einen Korb an Seilen herab. Auf diesen Korb legte man Antonius; blutüberströmt und mit dem Tode ringend streckte er ihr die Hand entgegen. Mit großer Mühe vermochten die drei Frauen die Last hinaufzuziehen, im Antlitz der Kleopatra spiegelte sich die große Anstrengung wider, während die unten Stehenden sie ermunterten und an ihrer Mühe teilnahmen.

Als sie ihn durch die Fensteröffnung hineingezogen hatte, bettete sie ihn auf ein Ruhebett und zerriß ihre Kleider, legte sie über den Sterbenden und schlug sich auf ihre Brüste und zerkratzte sie mit den Händen, wischte sein Blut ab und bestrich damit ihr eigenes Antlitz, indem sie Antonius ihren Herrn, Gatten und Imperator nannte. Über dem Mitleid mit Antonius habe Kleopatra ihren eigenen Schmerz vollständig vergessen, sagt Plutarch. Antonius aber hieß sie ihre Schmerzensausbrüche beenden, er bat sie um einen Trunk Wein, entweder weil er Durst hatte, oder weil er sein qualvolles Ende abkürzen wollte. Danach ermahnte er sie, sich um ihre eigene Rettung zu kümmern, von den Freunden Octavians empfahl er ihr vor allem Proculeius. Um ihn, Antonius, möge sie nicht trauern, sie solle ihn vielmehr glücklich preisen, weil ihn das Leben auf der Menschheit Höhen emporgetragen habe. Und damit hauchte er seinen Geist aus. Da erschien bereits Proculeius, von Octavian gesandt. Denn dieser hatte von dem Selbstmordversuch des Antonius durch Derketaios, einen Mann der Leibwache des Antonius, Kenntnis erhalten. Auf Octavian soll die Nachricht einen tiefen Eindruck hinterlassen haben, er sprach sogleich mit seinen Freunden über Antonius und gedachte ihrer früheren Freundschaft und Verbundenheit sowie der Waffentaten, die sie beide gemeinsam ausgeführt hätten. Auch die Briefe des Antonius und seine eigenen Antwortbriefe soll er den Freunden vorgelesen haben, um ihnen zu zeigen, daß er immer versöhnlich gewesen sei, während Antonius ihm hochmütig und von oben herab geantwortet habe. Dem Proculeius aber gab er den Auftrag, Kleopatra, wenn möglich, lebendig in seine Gewalt zu bringen. Großen Wert legte er auch auf ihre Kostbarkeiten, die er beim Triumph in Rom zeigen wolle. Proculeius mußte von außen, an einer Tür stehend, mit Kleopatra verhandeln; wieder bat die Königin, man möge ihre Kinder im Besitz der Herrschaft über Ägypten belassen. Mit dieser Bitte kehrte Proculeius zurück, Octavian aber sandte Cornelius Gallus. Auch dieser versuchte, mit Kleopatra ins Gespräch zu kommen, und zwar auf die gleiche Weise wie Proculeius. Dieser aber hatte sich inzwischen eine Leiter besorgt und stieg durch das Fenster, durch das man Antonius hineingezogen hatte, in das Grabmal ein. Zusammen mit zwei Sklaven gelang es ihm, die Königin zu überraschen und festzunehmen. Einen Selbstmordversuch mit einem Dolch, den sie an ihrem Gürtel trug, konnte der Römer verhindern. So ist die Königin in die Gewalt ihrer Feinde gefallen, diese aber hatten das größte Interesse daran, die Gefangene am Leben zu erhalten, und zwar für den Triumphzug in Rom.

Was sollte nun weiter geschehen? Zunächst traf das Todeslos den Antyllus, den Sohn des Antonius von seiner zweiten Gattin Fulvia. Er wurde von seinem eigenen Lehrer Theodotos verraten und von Soldaten des Octavian umgebracht. Die Kinder Kleopatras wurden bewacht, aber großzügig behandelt, man war sich noch nicht schlüssig, was man mit ihnen anfangen sollte. Kaisarion befand sich auf dem Weg zum Roten Meer, um sich hier unter Mitnahme beträchtlicher Geldsummen nach Indien einzuschiffen. Hätte er es nur getan! Aber Kaisarion ließ sich durch seinen Lehrer Rhodon zur Umkehr bewegen, angeblich, weil ihm Octavian das Königreich Ägypten übergeben wolle. Aber dieser dachte gar nicht daran, er hat den jungen Mann, als Kleopatra schon tot war, einfach umbringen lassen. Denn einen Rivalen konnte er nicht brauchen, weder in Ägypten noch in Rom. Im übrigen spricht das Verhalten Octavians dafür, daß Kaisarion ein echter Sohn Caesars gewesen ist.

Inzwischen hatte Kleopatra mit Erlaubnis ihrer römischen Bewacher dem Antonius ein würdiges Begräbnis bereitet. Aber sie fühlte sich krank, ihre Brüste waren entzündet durch die Wunden, die sie sich selbst zugefügt hatte. Fieber kam hinzu und sie begrüßte dies, weil sie sich deswegen der Nahrung enthalten und so ungestört auf den Tod warten konnte. In ihrer Umgebung hatte sie einen Arzt namens Olympos, der sie beriet. Olympos hat die letzten Ereignisse im Leben der unglücklichen Königin miterlebt und sogar ein Buch darüber geschrieben, das sehr bekannt geworden ist. Octavian aber war mißtrauisch und setzte ihr durch Drohungen, die sich auf das Schicksal ihrer Kinder bezogen, sehr zu; an der Pflege ihres Körpers und an der Nahrung ließ er jedoch nichts fehlen. Nach ein paar Tagen kam Octavian selbst, um mit ihr ein Gespräch zu führen. Darauf hatte sie lange gewartet. Wie es scheint, hatte sie immer noch einen Schimmer von Hoffnung, den mächtigsten Römer auf ihre Seite zu ziehen. Die Szene ist von Plutarch, wahrscheinlich nach dem Buch des Olympos, geschildert worden. Kleopatra lag auf einem einfachen Ruhebett, mit einem Chiton *(tunica)* bekleidet, ohne alle Abzeichen einer Königin. Als Octavian eintrat, warf sie sich ihm zu Füßen, ihr Haar und ihr Antlitz waren in Unordnung, ihre Stimme zitterte, das Leben in ihren Augen war erloschen. Der Augenzeuge, d. i. wohl Olympos, meint, ihr Körper sei in keinem besseren Zustand als ihr Geist gewesen. Aber ihr Charme und ihre reife Schönheit waren nicht vollständig verschwunden, sie leuchteten immer noch aus ihren Bewegungen hervor. Octavian forderte sie auf, wieder Platz zu nehmen, und begann, neben ihr sitzend, ein Gespräch, in welchem Kleopatra alle Schuld auf Antonius abzuwälzen versuchte. Als Octavian ihr widersprach, verlegte sie sich aufs Bitten und versuchte das Mitleid des Imperators zu erregen, wie jemand, der am Leben hängt und den Tod fürchtet. Dann übergab sie dem Octavian eine Liste von Wertgegenständen und wurde sehr böse, als Seleukos, einer ihrer Diener, behauptete, sie habe einige sehr wertvolle Stücke davon ausgenommen und diese versteckt. Kleopatra sagte, sie habe diese Dinge nur zurückgehalten, um sie der Octavia und der Livia zum Geschenk zu machen. Octavian mußte aus ihrem Verhalten den Eindruck gewinnen, daß sie wirklich am Leben hänge, er machte ihr einige Zusicherungen über ihre künftige Behandlung und glaubte, er habe sie getäuscht, aber in Wirklichkeit hatte er sich selbst durch die raffinierte Königin täuschen lassen. Kleopatra aber beschloß, nachdem sie noch einmal die Urne mit der Asche des toten Antonius besucht hatte, ein Ende zu machen. Sie ließ sich ein Bad bereiten und nahm an der Tafel Platz. Da kam ein Mann mit einem Korb voll Feigen. Nachdem sie die Mahlzeit eingenommen hatte, übersandte sie dem Octavian eine Schreibtafel, beschrieben und versiegelt. Sie forderte alle Anwesenden auf, sich aus dem Raum zurückzuziehen, nur zwei Dienerinnen blieben bei ihr zurück. Vorher hatte sie die Türen schließen lassen.

Octavian öffnete das Schriftstück, er las darin, daß Kleopatra an der Seite des Antonius begraben werden wolle. Da wußte er, was inzwischen geschehen war. Er schickte eilends zu Kleopatra, um das Äußerste zu verhindern. Der Bote kam zu spät. Die Königin fand man auf einem goldenen Ruhebett liegend in königlicher Kleidung. Von ihren Dienerinnen lag Iras sterbend zu ihren Füßen. Die andere, Charmion, war dabei, das Diadem in Ordnung zu bringen, das um den Kopf der Toten befestigt war. Auch Charmion starb nach wenigen Augenblicken. Es war der 12. August 30 v. Chr.[18], elf Tage nach der Einnahme Alexandriens durch Octavian.

Es ist das Wahrscheinlichste, daß in dem Korb mit Feigen eine Uräusschlange, deren Biß absolut tödlich war, verborgen gewesen ist. Kleopatra scheint davon aber zunächst nichts gewußt zu haben, als sie aber einige Feigen fortgenommen hatte, sagte sie: „Dort!", und hielt der Schlange ihren Arm zum Biß entgegen. Nach einer anderen Version sei die Schlange in einer Wasserschüssel verborgen gewesen, Kleopatra habe sie mit einer goldenen Spindel aufgestört, worauf die Schlange herausgesprungen sei und die Königin in den Arm gebissen habe. Das Merkwürdige ist aber die Tatsache, daß in dem Sterbezimmer keine Schlange gefunden worden ist. Aber man erzählte, der Arm habe zwei kleine Einstiche aufgewiesen. Der Tod durch Schlangenbiß ist die Version, die sich auch Octavian zu eigen gemacht hat. Im übrigen sorgte er, ihrem Willen gemäß, für ein angemessenes Begräbnis, sie fand ihre letzte Ruhe an der Seite ihres Gatten Antonius. Kleopatra war 39 Jahre alt geworden, sie hatte im ganzen 22 Jahre regiert. Mit Antonius hatte sie 12 Jahre die Macht geteilt. Antonius aber zählte bei seinem Ende 56 Jahre, nach anderen wäre er nur 53 Jahre alt geworden.

Dies ist das Ende einer der erstaunlichsten Frauen der ganzen Alten Geschichte. Ihr Andenken blieb lange lebendig, aber die spätere römische Überlieferung hat ihr den Schimpf angetan, sie als königliche Dirne zu bezeichnen. Das aber war sie nicht, sie war eine Königin und eine Frau, und als solche hat sie ganz bewußt die Mittel ihres Geistes und Körpers eingesetzt, wenn es um den höchsten Einsatz ging. Sie hat den Diktator Caesar ebenso bezaubert wie Antonius. An Octavian prallten ihre Künste ab, er hatte den Stab über sie gebrochen, bevor er ihr die letzte Audienz gewährte. Rom hatte ihr den Krieg erklärt, und es entsprach nicht den Interessen Octavians, die Feindin seines Volkes zu verschonen.

Mit Recht hat man der Königin vorgeworfen, sie habe sich zu wenig um die Verwaltung des Landes Ägypten gekümmert. In der Tat befand sich das Land, als es in den Besitz Octavians überging, in einem beklagenswerten Zustand. Kleopatra hat versucht, durch ihre Edikte[19] einzugreifen, im ganzen ohne nachhaltigen Erfolg. Aber nicht alles war ihre Schuld. Auch die Römer hatten durch ihr Verhalten seit dem Jahre 55 zu den Schäden Beträchtliches beigetragen. Aber Ägypten war immer noch sehr reich an Hilfsmitteln, und ohne den Rückhalt an Ägypten hätte Antonius kaum den Partherkrieg führen können. Auf gespanntem Fuß stand die Königin mit den Juden, nicht nur mit den Juden von Alexandrien. Ihr geschworener Feind Flavius Josephus behauptet, die Königin habe gesagt, nachdem die Hauptstadt in die Hände Octavians gefallen sei, es sei jetzt nur noch Rettung möglich, wenn sie eigenhändig alle Juden umbringen könne. Dies kann man noch heute in der Streitschrift des Flavius Josephus gegen Apion (II 60) nachlesen. Es ist keine Frage, daß die jüdische Überlieferung aus ihrer Abneigung gegen Kleopatra nirgends ein Hehl gemacht hat. Die von Josephus berichteten Fakten dürfen daher nicht ohne Kritik als historisch genommen werden.

An Bildung konnte sich Kleopatra ohne weiteres mit Antonius messen. Sie hatte Freude am Gespräch mit Philologen und Philosophen, so wie die schwedische Königin Christine. Sogar ein Musikvirtuose namens Tigellius erscheint in ihrer Umgebung. Aber die Bildung war nicht ihr eigentliches Lebenselement, sie war eine königliche Frau, die wußte, was Macht bedeutet, und man wird nicht fehlgehen in der Annahme, daß sie die Pläne Caesars und des Antonius maßgebend beeinflußt hat. Wenn Caesar nach einem Königtum hellenistischer Prägung gestrebt haben sollte – die Meinungen sind darüber geteilt –, so stand Kleopatra hinter diesen Plänen, und auch die Nachahmung Alexanders durch Antonius ist ohne ihre Inspiration schwerlich denkbar. Sie träumte von einem unerhörten Wiederaufstieg des Ptolemäerreiches, und ihre Proklamation zur „Königin der Könige“ in Alexandrien hatte einen durchaus politischen Hintergrund, jedenfalls in ihrer Berechnung, die allerdings mit der Wirklichkeit nicht übereinstimmte. Ideal und Wirklichkeit spielen überhaupt in ihrem Leben eine gegensätzliche Rolle, sie hat zu viel gewollt, und außerdem beging sie einen ganz entscheidenden Fehler: sie unterschätzte die Kräfte des Römertums, und sie unterschätzte letzten Endes auch Octavian, der diese Kräfte, unterstützt von treuen Freunden, zum planvollen Einsatz gebracht hat. Dem Octavian ist es zu verdanken, wenn die folgenden Jahrhunderte unter dem Zeichen des Römertums, nicht unter dem des Hellenismus, gestanden haben.

Literatur

A. Bouché-Leclercq, Histoire des Lagides II (Paris 1904, Neudr. Brüssel 1963) S. 179 ff.; F. Stähelin, RE XI (1921) Sp. 750–781 s. v. Kleopatra Nr. 20 (grundlegend); Jérôme Carcopino, Passion et politique chez les Césars (Paris 1958, Hachette) S. 1 ff.; H. Volkmann, Kleopatra. Politik und Propaganda (München 1953); E. Kornemann, Große Frauen des Altertums, 3. Aufl., Wiesbaden 1947, S. 134 ff. (anregende Skizze); H. Heinen, Rom und Ägypten von 51 bis 47 v. Chr. Untersuchungen zur Regierungszeit der 7. Kleopatra und des 13. Ptolemäers, Diss. Tübingen 1966. – Zum Bildnis der Königin siehe J. Carcopino, a. a. O. S. 16 ff., 57 ff. Wichtig ist die Tetradrachme aus Askalon, vgl. A. Baldwin, Amer. Journ. of Arch. 41 (1937) S. 452 ff., auch H. Heinen a. a. O. S. 25 A. 1. Für das Nachleben: Ilse Becher, Das Bild der Kleopatra in der griech. und latein. Literatur, Berlin 1966.

Für die letzten Tage der Kleopatra, die oben im wesentlichen nach Plutarch, Leben des Antonius, dargestellt worden sind, gibt es eine abweichende Überlieferung in der ‚Römischen Geschichte‘ des Cassius Dio, Buch LI 7–13, aus der Severerzeit. Sie geht wohl auf Livius zurück, dessen einschlägige Bücher für uns jedoch verloren sind. Gegenüber der Überlieferung Plutarchs (Quelle: der Leibarzt Olympos) kommt sie jedoch nicht in Betracht.

Anmerkungen

1. BGU VIII 1730.
2. BGU VIII 1764 u. 1763, dazu W. Otto, HZ 1934 S. 542.
3. BGU VIII 1812.
4. H. Heinen, Rom und Ägypten von 51 bis 47 v. Chr., Diss. Tübingen 1966, S. 29.
5. BGU VIII 1730.
6. Malalas IX 279, dazu H. Heinen a. a. O. S. 33.
7. In seinem Buch „Passion et politique chez les Césars“ (1958) S. 19 ff.
8. Lucan, De bello civili X 85 ff.
9. E. Kornemann, Große Frauen des Altertums, 3. Aufl. (1947) S. 140.

10. Siehe dazu H. Heinen a. a. O. S. 110f., auch zur Chronologie.
11. Nicht die gesamte Bibliothek.
12. Nicht ‚den Königen'. Richtig Hullemann: *halieûsin* (anstatt *basileûsin* in den Handschriften). Vgl. Plut. Leb. d. Ant. 30,7.
13. Hermes 95 (1967) S. 469 ff.
14. Chron. I 170 ed. Schoene, armen. Version 79 ed. Karst.
15. Joseph. bell. Iud. I 360 f.; ant. Iud. XV 75 ff. u. a.
16. Siehe dazu H. Bengtson, Zum Partherfeldzug des Antonius, Sitz. Ber. Bayer. Akad. 1974, Heft 1.
17. RE XI Sp. 764 f.
18. T. C. Skeat, JRS 43 (1953) S. 98 ff.
19. Vgl. den letzten Erlaß der Lagiden vom Jahr 41 v. Chr., Preisigke, Sammelbuch Nr. 7337.

Schlußwort

Die hellenistische Geschichte, die sich hier in den Lebensbildern von elf Königen und zwei Königinnen spiegelt, ist ein weites Feld von persönlichen und politischen Entscheidungen, die das Schicksal des einzelnen und ganzer Völker und Staaten maßgebend bestimmt haben. Vom Tode Alexanders des Großen an haben die Diadochen die Geschicke des ehemaligen Alexanderreiches gelenkt, sie haben Teilreiche geschaffen und diese in stabile Monarchien umgewandelt. Bis zum Eingreifen der Römer, zuerst in Illyrien im Jahre 229, haben die hellenistischen Könige die Alte Welt regiert. Erst nach der Niederwerfung Karthagos (Schlacht bei Zama, 202) ist die politische Führung auf die Römer übergegangen. Das zweite Jahrhundert v. Chr. steht unter dem Zeichen ihrer Vorherrschaft, die Siege römischer Feldherrn über Philipp V. und Antiochos III., sowie die Annexion des Ptolemäerreiches durch Octavian bezeichnen Meilensteine der römischen Weltherrschaft.

Zu den Gründern der Diadochenstaaten gehören Ptolemaios I. und Seleukos I. Ihr Werk hat mehrere Jahrhunderte überdauert. Es ist vor allem *ihr* Verdienst, wenn die griechische Zivilisation in Ägypten und Vorderasien feste Wurzeln schlagen konnte. Sie sind es auch gewesen, die die Grundlagen der hellenistischen Verwaltung geschaffen haben. Anders steht es mit Demetrios Poliorketes und Pyrrhos. Beide haben nichts Dauerhaftes hinterlassen. Epirus ist nach dem Tod des Pyrrhos in Bedeutungslosigkeit zurückgefallen, das Reich des Demetrios haben seine Feinde aufgeteilt, nur wenige Stützpunkte in Griechenland sind seinem Sohn und Erben Antigonos Gonatas verblieben.

Mit der Person des Antigonos Gonatas befinden wir uns auf dem Höhepunkt der hellenistischen Entwicklung. Seine Regierungszeit (276–239) und die des Ptolemaios II. (285–246) sind hervorragende Beispiele für die Möglichkeiten der politischen und wirtschaftlichen Entwicklung, wie sie für den reifen Hellenismus charakteristisch sind. Mit der Entfaltung politischer Macht verbindet sich, vor allem in Alexandrien, der Aufstieg der wissenschaftlichen Forschung, wie er, wenigstens im Altertum, kein Gegenbild findet. Der Ruhm des alexandrinischen Museions leuchtet durch die Jahrhunderte bis in die römische Kaiserzeit. Mit der Generation des Antiochos III., Philipps V. und des Spartanerkönigs Kleomenes III. treten neue Herrscher auf den Plan. Sie waren weniger vom Glück begünstigt als ihre Vorgänger. Antiochos III. und

Philipp V. haben die Waffen mit den Römern gekreuzt, beiden ist aber das Kriegsglück versagt geblieben, weil sie den Kampf isoliert und ohne mächtige Bundesgenossen aufgenommen haben. Und Kleomenes III. ist an seinen unrealistischen Zielen zugrunde gegangen. Glücklicher als sie alle war der pergamenische König Eumenes II. Als treuer Bundesgenosse der Römer hat er sein Reich beträchtlich erweitern und seine Hauptstadt mit prächtigen Bauten schmücken können.

Für sich allein steht die Figur des Mithradates VI. Eupator, des Königs von Pontos. Er ist der große Feind der Römer, mit seinem Namen ist die furchtbare ephesische Vesper des Jahres 88 v. Chr. auf immer verbunden. Aber er war trotz allem ein hervorragender Herrscher, der die Römer zum Einsatz großer Machtmittel gezwungen hat.

Die Geschichte der hellenistischen Reiche endet mit der Gestalt der Ptolemäerin Kleopatra VII., der Geliebten Caesars und der Gattin des Triumvirn Marcus Antonius. Sie hat noch einmal das Reich ihrer Väter zu hoher politischer Bedeutung geführt, aber die Niederlage bei Actium (2. September 31 v. Chr.) hat sie in den Sturz des Antonius verwickelt. Sie starb am 12. August 30 v. Chr., weil sie ihr Unglück nicht überleben wollte.

Bei aller Verschiedenheit der Charaktere und ihrer spezifischen Begabung ist die historische Bedeutung der hellenistischen Herrschergestalten kaum zu überschätzen. Sie haben in einer weltgeschichtlich wichtigen Epoche die Geschicke der Staaten in Makedonien, Vorderasien und Ägypten gelenkt, sie haben neuen Ideen und Methoden auf dem Gebiet der Politik und der Wirtschaft zum Durchbruch verholfen, die von den Römern übernommen und von diesen zur vollen Reife geführt worden sind.

Anhang

Königsverzeichnisse

1. Die Ptolemäer

Ptolemaios I. Soter	–283
Ptolemaios II. Philadelphos	285–246
Ptolemaios III. Euergetes I.	246–221
Ptolemaios IV. Philopator	221–204
Ptolemaios V. Epiphanes	204–180
Ptolemaios VI. Philometor	180–145
Ptolemaios VII. Neos Philopator	145–144
Ptolemaios VIII. Euergetes II. (Physkon)	145–116
Ptolemaios IX. Soter II.	116–107 und 88–80
Ptolemaios X. Alexander I.	107–88
Ptolemaios XI. Alexander II.	80
Ptolemaios XII. Neos Dionysos (Auletes)	80–51
Ptolemaios XIII. Kleopatra VII.	51–48
Ptolemaios XIV. Kleopatra VII.	47–44
Kleopatra VII. Kaisarion	–30

2. Die Seleukiden

Seleukos I. Nikator	312–281
Antiochos I. Soter	281–261
Antiochos II. Theos	261–246
Seleukos II. Kallinikos	246–225
Seleukos III. Soter	225–223
Antiochos III., der Große	223–187
Seleukos IV. Philopator	187–175
Antiochos IV. Epiphanes	175–164(?)
Antiochos V. Eupator	164 (?)–162
Demetrios I. Soter	162–150
Alexander Balas	150–145

Demetrios II. Nikator	145–140 und 129–125
Antiochos VI. Epiphanes	145–142/41
Antiochos VII. Sidetes	139/38–129
Kleopatra Thea Antiochos VIII. Grypos	125–121
Seleukos V.	125
Antiochos VIII. Grypos	121–96
Antiochos IX. Kyzikenos	115–95
Seleukos VI. Epiphanes Nikator	96–95
Antiochos X. Eusebes Philopator	95–83
Demetrios III. Eukairos	95–88
Antiochos XI. Philadelphos	94
Philippos I. Philadelphos	94–83
Antiochos XII. Dionysos	87–84
Antiochos XIII. Asiatikos	69–64
Philippos II.	65–64

Von 83 bis 69 war Syrien eine Provinz des armenischen Reiches des Tigranes I.

Die Antigoniden

Antigonos Monophthalmos	–301
Demetrios Poliorketes	306–283
(König von Makedonien:	294–287)
Antigonos Gonatas	283–239
(König von Makedonien:	276–239)
Demetrios II., König von Makedonien	239–229
Antigonos Doson	229–222/21
Philipp V.	222/21–179
Perseus	179–168

Die Attaliden von Pergamon

Philetairos	283–263
Eumenes I.	263–241
Attalos I. Soter	241–197
Eumenes II. Soter	197–159
Attalos II.	159–139/38
Attalos III.	139/38–133

Die beiden ersten Attaliden haben den Königstitel noch nicht geführt.

Stammbäume

1. DAS HAUS DES PTOLEMAIOS I.

Lagos ∞ Arsinoë

- Eurydike (T. des Antipatros) ∞ Ptolemaios I. ∞ Berenike
  - (Kinder der Eurydike):
    - Ptolemaios Keraunos
    - Meleagros
    - Lysandra ∞ 1. Alexander, S. des Kassander ∞ 2. Agathokles, S. des Lysimachos
    - Ptolemaïs ∞ Demetrios Poliorketes
  - (Kinder der Berenike):
    - Arsinoë (II.) ∞ 1. Lysimachos ∞ 2. Ptol. Keraunos ∞ 3. Ptol. II. (Philadelphos)
    - Philotera
    - Theoxene ∞ Agathokles von Syrakus
    - Ptolemaios II. (später Philadelphos) ∞ 1. Arsinoë I. (T. des Lysimachos) ∞ 2. Arsinoë (II.)
      - (Kinder der Arsinoë I.):
        - Ptolemaios III. Euergetes ∞ Berenike, T. des Magas I.
          - Ptolemaios IV. Philopator ∞ Arsinoë III. (Schwester)
          - Magas II.
          - Arsinoë III.
        - Lysimachos
        - Berenike ∞ Antiochos II.
- Menelaos (Stratege von Cypern)

2. DIE SPÄTEREN PTOLEMÄER

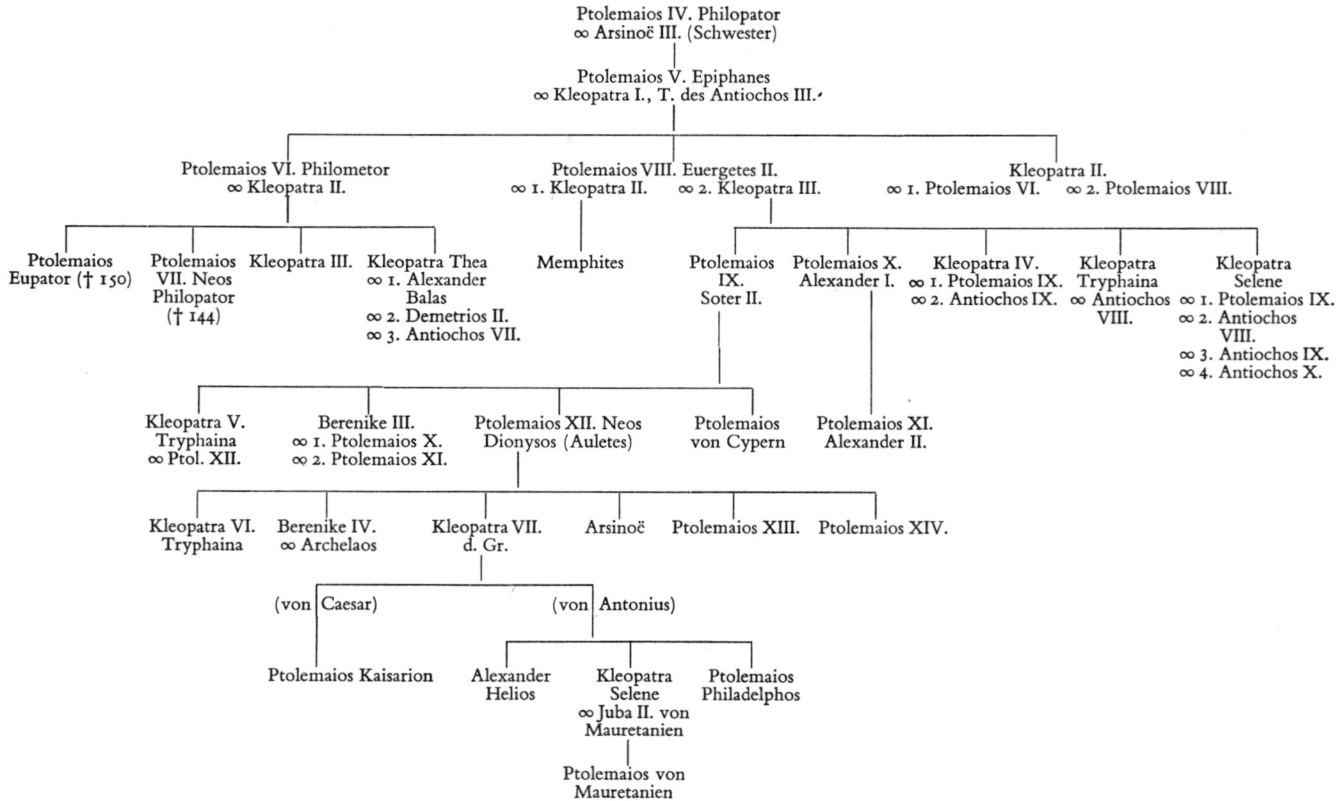

3. DAS HAUS DES SELEUKOS I.

Apame I. (T. des Spitamenes) ∞ Seleukos I. Nikator ∞ Stratonike (T. des Demetrios Poliorketes)

- Antiochos I. ∞ Stratonike (Stiefmutter)
  - Seleukos
  - Antiochos II. Theos ∞ 1. Laodike I. (T. des Achaios d. Älteren) ∞ 2. Berenike (1 Sohn)
    - (von Laodike)
      - Seleukos II. Kallinikos ∞ Laodike II. (Schwester des Achaios d. Jüngeren)
        - Seleukos III. Soter
        - Antiochos III. der Große ∞ 1. Laodike III., T. des Mithradates II. von Pontos ∞ 2. Euboia von Chalkis
      - Antiochos Hierax ∞ Tochter des Ziaëlas von Bithynien
      - Stratonike III. ∞ Ariarathes III. von Kappadokien
      - Laodike ∞ Mithradates II. von Pontos
  - Apame II. ∞ Magas von Kyrene
  - Stratonike II. ∞ Demetrios II. von Makedonien
- Achaios d. Ältere
- (von Stratonike:) Phila II. ∞ Antigonos Gonatas

4. DIE SPÄTEREN SELEUKIDEN

Antiochos III. der Große

- Antiochos († 193 v. Chr.)
- Seleukos IV. Philopator
  - Antiochos (beseitigt 170 v. Chr.)
  - Demetrios I. Soter
    - Demetrios II. Nikator ∞ 1. Kleopatra Thea (2. Ehe) ∞ 2. Rhodogune, T. des Mithradates I. von Parthien
      - (von Kleopatra)
        - Seleukos V.
        - Antiochos VIII. Epiphanes Philometor (Grypos)
          - Seleukos VI. Epiphanes
          - Antiochos XI. Philadelphos
          - Philipp I. Philadelphos
            - Philipp II.
          - Demetrios III. (Eukairos)
          - Antiochos XII. Dionysos
          - Laodike ∞ Mithradates I. von Kommagene
            - Antiochos I. von Kommagene
    - Antiochos VII. Euergetes (Sidetes) ∞ Kleopatra Thea (3. Ehe)
      - Antiochos IX. Philopator (Kyzikenos)
        - Antiochos X. Eusebes
          - Antiochos XIII. (Asiatikos)
- Antiochos IV. Epiphanes
  - Antiochos V. Eupator
  - (Alexander Balas) ∞ Kleopatra Thea (1. Ehe)
    - Antiochos VI. Epiphanes Dionysos
- Kleopatra Syra ∞ Ptolemaios V. Epiphanes

5. DIE ANTIGONIDEN

- Antigonos I. der ‹Einäugige› (Monophthalmos) († 301)
  - Demetrios (gen. Poliorketes) † 283
    ∞ 1. Phila I. ∞ 2. Eurydike (Athenerin) ∞ 3. Deidameia ∞ 4. Lanassa ∞ 5. Ptolemaïs
    - (von Phila I.) Antigonos II. Gonatas † 239 ∞ Phila (II.)
      - Demetrios II. († 229) ∞ 1. Stratonike II. ∞ 2. Phthia ∞ 3. Chryseïs
        - (von Phthia) Philipp V. († 179)
          - Perseus
            - Philippos
            - Alexander
            - Tochter
          - Demetrios
          - Tochter ∞ Prusias II.
          - Tochter ∞ Teres von Thrakien
    - (von Phila I.) Stratonike ∞ 1. Seleukos I. ∞ 2. Antiochos I.
    - (von Ptolemaïs) Demetrios der ‹Schöne› ∞ Olympias (Thessalierin)
      - Antigonos III. Doson († 221) ∞ Chryseïs

6. DIE ATTALIDEN

- Attalos ∞ Boa (Paphlagonierin)
  - Philetairos
  - Attalos
    - Eumenes
      - Philetairos
    - Attalos ∞ Antiochis
      - Attalos I. ∞ Apollonis
        - Eumenes II. ∞ Stratonike
          Attalos III. (von Stratonike)
        - Attalos II. ∞ Stratonike
        - Philetairos
        - Athenaios
  - Eumenes
    - Eumenes I.

Zeittafel

323 (10. Juni)	Alexander stirbt in Babylon
323 (Sommer)	Beschlüsse von Babylon: Neuverteilung der Satrapien unter Leitung des Perdikkas
321	Perdikkas auf dem ägyptischen Feldzuge ermordet. Krateros fällt in Kleinasien. Reichsordnung von Triparadeisos: Antipater ‚Reichsverweser', Antigonos Monophthalmos Stratege von Asien
317	Athen geht auf die Seite Kassanders über
317–307	Demetrios von Phaleron Vertrauensmann Kassanders in Athen
315–311	1. Koalitionskrieg (Kassander, Lysimachos, Ptolemaios und Seleukos gegen Antigonos)
312	Schlacht bei Gaza: Antigonos' Sohn Demetrios durch Ptolemaios besiegt. Rückkehr des Seleukos nach Babylonien
311	Friedensschluß (Seleukos nicht miteinbegriffen)
307	Demetrios Poliorketes gewinnt Athen
307–304	‚Vierjähriger Krieg' in Hellas; Erfolge Kassanders
306	Seesieg des Demetrios über Ptolemaios bei Salamis (auf Cypern). Antigonos und Demetrios nehmen den Königstitel an
305	Annahme des Königstitels durch Ptolemaios, Kassander, Lysimachos, Seleukos
305/04	Belagerung von Rhodos durch Demetrios
302 (Frühjahr)	Panhellenischer Bund von Korinth; Antigonos und Demetrios Hegemones
301 (Sommer)	Schlacht bei Ipsos: Tod des Antigonos Monophthalmos
299/98	Hochzeit von Rhossos. Seleukos heiratet Stratonike (Tochter des Demetrios Poliorketes)
298 (?)	Tod Kassanders
294 (Frühjahr)	Demetrios Poliorketes erobert Athen (seit 301 abgefallen) und wird König der Makedonen (294–287)

292	Demetrios gewinnt Böotien
287	Pyrrhos und Lysimachos teilen sich Makedonien; (Sommer): Befreiung Athens durch Olympiodoros. Demetrios in Kleinasien
286	Demetrios gerät in die Gefangenschaft des Seleukos I.
285	Ptolemaios I. bestellt seinen Sohn Ptolemaios II. zum Mitregenten
283	Tod des Demetrios und des Ptolemaios I. Lysimachos läßt seinen Sohn Agathokles hinrichten
281	Kurupedion: Tod des Lysimachos
281 (Spätsommer)	Seleukos I. von Ptolemaios Keraunos ermordet
280 (Anfang)	Pyrrhos nach Italien
280 (Sommer)	Pyrrhos siegt über die Römer bei Herakleia am Siris
280–279	Kämpfe zwischen Ptolemaios II. und Antiochos I.: syrischer Erbfolgekrieg
279	Ausculum. Einbruch der Kelten in Makedonien und Griechenland. Tod des Ptolemaios Keraunos
278	Pyrrhos landet in Sizilien (Tauromenion)
277	Sieg des Antigonos Gonatas über die Kelten bei Lysimacheia
276	Antigonos Gonatas König der Makedonen (–239)
275	Schlacht bei Maleventum (später Beneventum genannt). Pyrrhos kehrt nach Epirus zurück
274–271	1. Syrischer Krieg: Ptolemaios II. gegen Antiochos I.
272	Tod des Pyrrhos in Argos
267–261 (?)	Chremonideïscher Krieg (Ptolemaios II., Areus von Sparta und Athen gegen Antigonos Gonatas)
263/62	Athen kapituliert und erhält eine makedonische Besatzung (–229). Zenon von Kition stirbt
um 260	Bildung des Großkappadokischen Reiches unter Ariarathes
260–253	2. Syrischer Krieg (Ptolemaios II. gegen Antiochos II. und Antigonos Gonatas)
255	Sonderfriede zwischen Ptolemaios II. und Antigonos Gonatas
253	Friede zwischen dem Ptolemäer- und dem Seleukidenreiche
253/52 (?)	Abfall des Vizekönigs Alexander von Antigonos Gonatas

251	Aratos befreit Sikyon
247 (Frühjahr)	Beginn (‚Epoche') der parthischen Ära
246–241	3. Syrischer Krieg (Ptolemaios III. gegen Seleukos II.): Laodikekrieg
243	Aratos nimmt Akrokorinth
242–228/27	Antiochos Hierax in Kleinasien
241	Tod des Reformkönigs Agis IV. von Sparta
239	Antigonos Gonatas stirbt
229–228	1. Illyrischer Krieg Roms gegen Teuta
ca. 228/7–223	Vorübergehende Expansion des Attalos I. über das ganze seleukidische Kleinasien diesseits des Tauros. Höhepunkt der ätolischen Macht in Griechenland
227	Flottenexpedition des Antigonos Doson nach Karien. Staatsstreich Kleomenes' III. in Sparta
224	Hellenenbund des Antigonos Doson
223	Thronbesteigung des Antiochos III. im Seleukidenreich (–187)
222 (Sommer)	Schlacht bei Sellasia
222/1–179	Philipp V., König der Makedonen
221–217	4. Syrischer Krieg: Antiochos III. gegen Ptolemaios IV. Philopator
220–217	Bundesgenossenkrieg in Hellas
220	Aufstand des Molon durch Antiochos III. niedergeschlagen
219	Antiochos III. nimmt Seleukeia in Pieria. 2. Illyrischer Krieg der Römer
217	Schlacht bei Raphia
215	Bündnis zwischen Hannibal und Philipp V.
215–205	1. Makedonischer Krieg
213	Achaios in Sardes gefangen und hingerichtet
212–06	Die Ätoler im Kampfe gegen Philipp V.
212–205/4	Die ‚Anabasis' des Antiochos III. in den Osten
205	Friede von Phoinike (in Epirus)
204	Tod des Ptolemaios IV. Philopator
203/02 (Winter)	Geheimvertrag zwischen Philipp V. und Antiochos III. über die Aufteilung des Ptolemäerreiches
201	Einfall des Antiochos III. in Südsyrien (5. Syrischer Krieg), Seeschlacht bei Chios: Philipp V. gegen Attalos I., die Rhodier, Byzanz und Kyzikos

200–197	2. Makedonischer Krieg der Römer
197	Schlacht bei Kynoskephalai
196	Freiheitserklärung des T. Quinctius Flamininus. Antiochos III. in Europa: Aufbau Lysimacheias
195 (?)	Friedensschluß zwischen Antiochos III. und Ptolemaios V. Epiphanes
195 (Sommer)	Hannibal bei König Antiochos III. in Ephesos
192–188	Krieg der Römer gegen Antiochos III.
190 (Ende) oder 189 (Anfang)	Schlacht bei Magnesia (am Berge Sipylos)
188	Friede von Apameia
187	Tod des Antiochos III. bei Susa
179	Philipp V. stirbt. Perseus, König der Makedonen (–168)
171–168	Krieg der Römer gegen Perseus
168 (22. Juni)	Schlacht bei Pydna
seit 166	Kämpfe der Makkabäer
146	Der Achäische Krieg. Zerstörung Korinths
133	Tod des Attalos III. von Pergamon, der in seinem Testament Rom zum Erben einsetzt
132–129	Aufstand des Aristonikos in Westkleinasien
111–63	Mithradates VI. Eupator, König von Pontos
117 (oder 116)	Entdeckung des direkten Seeweges von Ägypten nach Indien mit Hilfe des Monsuns
89–85	1. Mithradatischer Krieg
88	Ephesische Vesper: Ermordung von 80 000 Italikern
86	Sullas Siege bei Chaironeia und Orchomenos über Archelaos, den Feldherrn des Mithradates VI. Eroberung Athens durch Sulla
85	Friede von Dardanos
83–82	2. Mithradatischer Krieg
83–69	Syrien (und Ostkilikien) eine Provinz des armenischen Reiches des Tigranes I.
80–51	Ptolemaios XII. Neos Dionysos (genannt ‚Auletes') König von Ägypten
74	Bithynien durch Nikomedes IV. den Römern vermacht
74–67	3. Mithradatischer Krieg: die Griechenstädte am Pontos schwer heimgesucht

72–70	Eroberung der pontischen Griechenstädte durch Lucullus
63	Ende der Seleukidendynastie in Syrien, Errichtung der Provinz Syria durch Pompeius. Tod des Mithradates VI. Eupator
48	Schlacht bei Pharsalos. Pompeius in Ägypten ermordet
48/47	Der Alexandrinische Krieg Caesars
42	Schlacht bei Philippi
41	Kleopatra VII. in Tarsos vor Antonius
37/36	Antonius schenkt Kleopatra VII. das Königreich Chalkis am Libanon
36	Mißglückter Partherfeldzug des Antonius
34	Die alexandrinischen Schenkungen
31 (2. September)	Schlacht bei Actium
30 (1. August)	Fall Alexandreias. Tod Kleopatras (12. August)

Verzeichnis der Abbildungen

Register

Nur die wichtigeren Stichworte sind aufgenommen. Römische Persönlichkeiten finden sich unter ihrem gebräuchlicheren Namen.
Verwendete Abkürzungen: Br. = Bruder; G. = Gemahlin; K. = König; M. = Mutter; p. = passim, wiederholt; S. = Sohn; Schl. = Schlacht; Schw. = Schwester; T. = Tochter; V. = Vater